초연결 시대에 발전하는 기술과 변화하는 사회 현상에 대해 알아본다!

인공지능 시대의 문화기술

두일철, 오세종 지음

지은이 **두일철** phddoo@gmail.com

한양대학교에서 문화콘텐츠학 박사학위를 취득했다. 현재 한국외국어대학교 교수로 재직 중이며, SW중심대학 AI교육원 센터장이다. 한양대학교가 주관하고 전국의 대학이 참여하는 대학 e-러닝 기반 학점인정 컨소시엄에서 '문화기술과 사회변동' 강좌를 10년 넘게 진행하고 있다. 매년 1,300명 이상의 학생들이 수강하는 인기 강좌이며, 국내 여러 대학에서 관련 강좌가 운영 중이다. '서울시 권역이러닝센터 21개 대학 강의 우수교원상'을 수상하기도 했다. 1993년 한국문화예술위원회 예술정보화사업팀 연구원을 시작으로 여러 산업체의 전문경영인, 기업부설연구소장, 구로문화재단이사, 한국수출입은행 콘텐츠심사 전문위원 등 문화와 기술융합 부문에서 활동하였으며, 2015년부터 세계 3대 인명사전 'Marquis Who's Who in the World'에 등재되었다.

지은이 **오세종** tbells@hanmail.net

한양대학교에서 엔터테인먼트콘텐츠학 석사학위와 문화콘텐츠학 박사학위를 취득했다. NHN Search Marketing(現 네이버), NHN AD, 슈피겐코리아, 에듀윌의 그로스마케팅 컨설턴트를 거쳐 현재 한국외국어대학교 SW중심대학 AI교육원에서 현장맞춤형 과목인 '캡스톤 디자인', 'AI/SW 창업'을 강의하고 있다. 문화기술 기반의 문화예술교육과 공연을 융합한 〈The Match, 인공지능과 아티스트의 작곡 및 연주 대결〉, 〈인공지능의 예술 꿈나무 양성, AI 실험왕〉 등을 기획 및 연출했으며, 문화콘텐츠, 문화기술, 디지털마케팅 등의 심사평가위원으로 활동하고 있다. 저서는 『네이버, 구글에도 없는 인터넷광고마케팅을 컨설팅하라』(연암사, 2011), 『InSight 일본 오사카 교토나라 문화여행』(공저, 지식공감, 2017), 『잡코리아에 없는 취업 멘토링』(미래지식, 2014) 등이 있다.

• **페이스북 주소 :** www.facebook.com/OhSeJong

This work was supported by the Ministry of Education of the Republic of Korea and the National Research Foundation of Korea (NRF2021S1A5A8065934)

인공지능 시대의 문화기술

초판발행 2022년 3월 2일
2쇄발행 2024년 1월 12일

지은이 두일철, 오세종 / **펴낸이** 전태호
펴낸곳 한빛아카데미(주) / **주소** 서울시 서대문구 연희로2길 62 한빛아카데미(주) 2층
전화 02-336-7112 / **팩스** 02-336-7199
등록 2013년 1월 14일 제2017-000063호 / **ISBN** 979-11-5664-593-1 93000

총괄 박현진 / **책임편집** 김성무 / **기획·편집** 김성무 / **교정** 이수희 / **진행** 박하나
디자인 표지 박정우 내지 이아란 / **전산편집** 이소연 / **제작** 박성우, 김정우
영업 김태진, 김성삼, 이정훈, 임현기, 이성훈, 김주성 / **마케팅** 길진철, 김호철, 심지연

이 책에 대한 의견이나 오탈자 및 잘못된 내용에 대한 수정 정보는 아래 이메일로 알려주십시오.
잘못된 책은 구입하신 서점에서 교환해 드립니다. 책값은 뒤표지에 표시되어 있습니다.

홈페이지 www.hanbit.co.kr / 이메일 question@hanbit.co.kr

Published by HANBIT Academy, Inc. Printed in Korea

초연결 시대에 발전하는 기술과 변화하는 사회 현상에 대해 알아본다!

인공지능 시대의 문화기술

두일철, 오세종 지음

한빛아카데미
Hanbit Academy, Inc.

지은이 머리말

창의적 상상이 당신의 미래를 만든다.

기술의 진보와 미래기술 예측은 사람의 창의적 상상 속에서 시작된다는 것이다.

문화기술에서 창의적 상상은 왜 중요한가요?

[1882년에 상상한 21세기 교통수단]

프랑스 작가의 그림 《오페라 보러 가는 저녁》은 2000년의 생활상을 상상하여 일러스트레이션으로 그려졌습니다. 이 시기 프랑스에서는 소설가 쥘 베른(Jules Verne)의 『해저 2만리(Vingt mille lieues sous les mers)』, 『지구 속 여행(Voyage au centre de la Terre)』, 『80일간의 세계 일주(Le Tour du monde en quatre-vingts jours)』 같은 SF 소설이 출간되어 미래에 대한 관심이 높아졌을 때였습니다. 그림 속의 모습은 오늘날 우리가 타고 다니는 비행기와 매우 흡사하며 좌석 등급에 따라 서비스도 다른 것을 확인할 수 있습니다.

[1900년대에 상상한 2000년대 생활상이 담긴 엽서]

1800년대를 지나오면서 산업혁명을 겪은 인간 문명은 커다란 변화를 맞이합니다. 1900년 프랑스에서는 그 시기를 기점으로 2000년의 모습을 상상한 그림을 주제로 공모전이 열렸습니다. 이 공모전에서 당선된 작품들은 모두 우편엽서로 발간되었고 프랑스 파리 만국박람회에 전시되었습니다. 대표적인 수상작은 100년 후 미래가 되면 병원균을 방역할 수 있을 것이라고 전망하였습니다. 우연찮게도 당시의 미래 전망은 현재의 팬데믹(Pandemic) 상황과 유사합니다.

문화기술의 '미래 비전'은 창의적 상상이 신기술, 신상품 개발을 주도할 수 있는 가능성을 제시한 대표적인 사례라 할 수 있습니다. 상상력에 의해 표현되는 제품 및 기술개발의 영상기획은 외형상 매력도를 높이는 치장의 역할을 넘어, 미래의 지향점을 제시하고 고객의 잠재 욕구를 찾는 방법으로 사용된 것입니다.

실제로 '미래 비전'이 발표된 지 10년 후를 확인해보니 당시 제시되었던 기술 중 80% 이상이 상용화되었다고 합니다. 80%의 적중률. 기획자들이 예측을 잘해서였을 수도 있지만 다른 한편으로는 과학자와 엔지니어들이 영상에서 영감을 얻어 기획연구를 실행했기 때문이라고도 볼 수 있습니다. 공상과학 소설가 아서 클라크(Arthur C. Clark)의 상상력은 대체로 과학기술을 20년 이상 앞서갔다고 합니다. 미 항공우주국(NASA)도 그의 1997년작 소설 『3001년 최후의 오디세이』의 우주 엘리베이터 건설 이야기에서 영감을 얻어 나노 튜브를 이용한 우주 엘리베이터 건설 가능성을 연구했다고 합니다.

창의력이 뛰어난 누군가가 미래를 상상하여 구체화시키면 그것을 보고 영감을 얻은 과학자, 기술자들이 그 상상을 실현시키기 위한 연구를 시작합니다. 이것이 바로 창의적 상상력이 주도하는 문화기술 개발의 모습일 것입니다. 우리가 원하는 미래를 알기 위해서는 과학과 기술의 발전 가능성에 집중할 것이 아니라 인간의 심리와 욕구라는 근본적인 요소를 먼저 고찰해야 합니다. 결국, 인간의 심리, 욕구, 필요가 과학·기술·문화의 발전을 이끄는 근본적인 동기이기 때문입니다.

중요한 것은 우리가 무엇을 원하고 있는지, 어느 방향으로 발전하고 진화해가기를 원하는지 알고자 하는 노력입니다. 즉, 미래에 어떠한 일이 일어날까를 예상하는 것은 우리가 무엇을 원하는지를 알아내는 것에서 출발한다는 것입니다. 이 때문에 미래학자들은 미래는 예측하는 것이 아니라 함께 꿈꾸고 만들어가는 것이라고 합니다. 또한, 구체적 꿈을 실현하기 위한 도구가 미래기술이 되는 것입니다. 이러한 이유로 미래기술에 대한 관심이 높아지고 있는 것은 당연해 보입니다. 상품과 서비스를 생산·공급하여 수익을 창출하는 기업뿐 아니라 국가의 경쟁력을 지속적으로 유지해야 하는 정부의 입장에서도 매우 중요한 문제가 아닐 수 없습니다. 즉, 미래에 무엇이 필요할지를 다른 경쟁자보다 먼저 알아내고 대응하는 것은 경쟁력 유지와 확보를 위한 전략의 출발점입니다.

이 책은 어떤 내용을 담고 있나요?

이 책은 여러분이 인공지능 시대의 문화기술을 다양한 측면에서 이해할 수 있도록 구성되었습니다.

- **1~3장은 '인공지능 시대의 사회변동'을 다룹니다.** 인공지능의 발전과 더불어 변화하는 사회의 모습을 다룹니다. 인공지능 기술은 효율적이고 창의적인 업무를 수행해 4차 산업혁명의 성장 엔진으로 부상하고 있으며 향후 사회문화적으로도 광범위한 변화를 초래할 것으로 전망됩니다. 하지만 기술발전이 가져올 부정적인 영향에 대한 우려의 목소리도 커지고 있어 이에 대한 대응 방안을 같이 살펴봅니다. 그리고 로봇의 역사와 종류, 기술 동향을 살펴보고 로봇의 개념을 철학, 공학, 문학, 신화적 방법으로 고찰해봅니다. 더불어, 인간과 필연적으로 공존해야 하는 로봇의 존재에 대한 인식과 사회의 변화, 대응 방안까지 함께 알아보겠습니다.
- **4~7장은 '창의적인 기업의 역사를 통한 사회변화'를 다룹니다.** 애플의 창업자 스티브 잡스와 애플의 역사에 대해 알아보며, 애플이 중시하는 인문학적 상상력이란 무엇인지 살펴봅니다. 설립된 지 130년 된 닌텐도의 역사와 창조 정신, 성장 과정을 학습하고, '최대한 단순하게 간다'라는 특이한 기업 철학에 대해서도 살펴봅니다. 구글의 인재 등용 전략, 검색 분야, OS 전략에 대해 살펴보고 최근 구글이 관심을 가지고 있는 기술은 무엇인지 알아봅니다. 마지막으로, 마이크로소프트 창업자 빌 게이츠의 철학과 윈도우의 역사에 대해 알아보며 애플, 구글과의 차별점을 살펴봅니다.
- **8~10장은 '통신기술과 영상기술의 변화에 따른 사회변화'를 다룹니다.** 이동통신 기술이 오늘날처럼 발전하기까지 100년의 시간이 걸렸습니다. 그 시작과 개발 역사를 알아보며 국내 이동통신의 역사와 발전 과정, 세대별 변화에 대해서도 살펴봅니다. 더불어 다가올 6G 시대를 위해 어떤 준비가 필요한지도 알아보겠습니다. 플랫폼 비즈니스로 변화한 모바일 콘텐츠 유통과 시장의 변화도 살펴봅니다. 스마트폰과 모바일 콘텐츠의 결합은 모바일 문화를 등장시켰는데 이러한 독특한 문화적 변동에 대해서도 함께 학습해보겠습니다. 또한 스마트폰 혁명 이후 스마트 패러다임을 이끌어 갈 다음 대상은 TV가 될 것이라는 평이 다수인데, 이 흐름을 이해하기 위해 TV 산업의 발전 과정과 현재 TV 산업 내 매체의 변환 과정에 대해 알아보겠습니다.

- **11~14장은 '주목해야 할 미래기술'을 다룹니다.** 가상현실과 증강현실에 대해 이해해보고 증강현실의 부가가치 창출 사례도 살펴봅니다. 또한 기술이 이끌 미래에 우리는 어떤 자세를 취해야 하는지도 학습해봅니다. 빅데이터의 발전과 그에 따른 사회적 적용 및 변화에 대해서도 다루겠습니다. 빅데이터 시대를 대비한 방안과 미래 전략도 함께 학습합니다. 또한, 감성기술에 대한 개념과 사례 등을 우선 살펴보고 파생기술과 하이테크, 하이터치에 대해서도 전반적으로 알아보겠습니다. 미래사회의 모습을 예측하고 대비하기 위해 미래학의 개념과 학자들의 의견도 한번 알아보며 과거에는 미래를 어떻게 상상했는지 흐름을 살펴보겠습니다. 마지막으로 국내외 기업의 미래 연구 추진 상황을 살펴보며 미래정보사회의 메가트렌드를 전망해봅니다.

이 책은 〈문화기술과 사회변동〉 강좌가 12,000명 이상의 전국 대학생들에게 인기 강의로 꾸준한 사랑을 받았기에 출간으로 이어질 수 있었습니다. 이 책이 세상에 출간되기까지 격려와 더불어 아낌없는 지원을 해주신 한빛아카데미㈜ 관계자들께 깊은 감사의 마음을 전합니다. 기획 제안서를 검토해주시고, 저자가 원하는 방향으로 집필에만 전념할 수 있도록 도와주신 김성무 팀장님께 감사의 마음을 전합니다. 또한, 한국외국어대학교의 김병초 교수님, 김나영 연구원, 김동현, 백동규 학생에게 감사함을 표합니다. 한 권의 책이 세상 밖으로 나오기까지 수많은 사람들의 시간과 노력이 필요합니다. 그만큼 귀하게 만들어진 책이니 이 책을 선택하신 독자 분들께서도 많은 내용을 학습할 수 있으리라 확신합니다.

마지막으로 미래학자들은 "미래는 예측하는 것이 아니라 함께 꿈꾸고 만들어가는 것"이라고 했습니다. 앞으로는 구체적으로 꿈을 실현하기 위한 도구가 미래기술이 되고 융합인재를 양성할 것입니다. 융합인재는 과거를 분석하고, 현실을 즉시하고, 미래를 예측해야 길러질 수 있기 때문입니다. 즉, 융합인재 양성과 미래 예측은 개인, 기업, 국가의 경쟁력 유지와 확보를 위한 전략의 출발점입니다.

"여러분, 기술의 진보와 미래기술 예측은 사람의 창의적 상상 속에서 시작된다는 것을 명심하세요. 창의적 상상이 당신의 미래를 만듭니다."

저자 두일철, 오세종

강의 후기

* 〈문화기술과 사회변동〉 강좌는 '대학 e-러닝 기반 학점인정 컨소시엄(selc.or.kr)'에서 매 학기 열리고 있는 온라인 강의입니다. 『인공지능 시대의 문화기술』은 〈문화기술과 사회변동〉 강좌를 기반으로 집필되었습니다. 다음 강의 후기는 해당 강의를 수강한 학생들의 수강평입니다.

문과생이라 멀게 느껴졌던 내용을 쉽고 재미있게 수강할 수 있어서 좋았습니다. 고맙습니다.

건국대학교 상경대학 경제학전공 유*은

최신 스마트 기기를 사용하면서도 사실은 그 기계에 대해 잘 몰랐다는 것을 알게 되었고 최신 기술을 너무 깊지도 않게 얕지도 않게 친숙하게 이해할 수 있던 과목이어서 매우 만족합니다.

건국대학교 이과대학 화학과 권*주

요즘 생긴 디지털기기들만 알았지, 그 기기들이 개발되어오는 과정은 관심이 없었는데, 이 강의를 들으면서, 그런 것들을 알게 되어서 좋았습니다.

광운대학교 자연과학대학 화학과 오*헌

아직도 제가 모르는 다양한 기술들이 많다는 것을 알게 되었고, 주위에 있는 기술들을 더 자세히 알게 되어 유익했습니다.

광운대학교 전자정보공과대학 로봇학부 이*현

인문대생으로 줄곧 인문학을 공부하다 광고업으로 진로를 결정하고 인턴을 하면서 매체 쪽에 관심이 많아졌습니다. 이 수업에서 사례로 는 풍부한 예시들이 이미 광고 분야에서 활용되고 있는 것을 현장에서 보았고 수업에서 다루었던 여러 가지 기술을 숙지하고 있다가 적합한 매체에 이용 가능하다면 적용해볼 생각입니다.

덕성여자대학교 인문과학대학 미술사학과 김*진

e-러닝을 4학년이 되어 처음 듣는데, '진작 들을걸.' 하고 후회했었습니다. 내용도 체계적이고 효율적인 과목이고 흥미로운 과목들도 많아서 좋았습니다.

덕성여자대학교 자연과학대학 식품영양학과 박*희

이론과 함께 사례를 제시하여 막연하게만 알고 있던 분야를 더 자세하고 실제적으로 알 수 있어서 유익했습니다.

상명대학교 경영대학 금융경영전공 노*은

요즘 발전한 기술에 대해 배우면서 우리가 주변에서 쉽게 볼 수 있는 것과 미래에 대해 알게 되어 좋았습니다.

상명대학교 생활과학대학 외식영양학과 복*정

강의가 요즘 흘러가는 스마트 시대에 맞춘 강의였고, 스마트한 시대 현 기반을 전체적으로 알 수 있어 너무 좋았습니다. 즐거운 강의였습니다.

상명대학교 음악대학 뉴미디어작곡과 장*아

현재 과학기술의 발전현황과 앞으로의 발전방향을 알 수 있게 된 유익한 강의였습니다.

세종대학교 공과대학 나노신소재공학부 신소재공학전공 이*근

문화기술과 사회변동에 대한 정의와 그에 대한 적절한 사례들이 잘 소개되어 학습에 도움이 되었습니다.

숭실대학교 IT대학 정보통신전자공학부 조*아

젊은 세대라서 모르는 게 많지 않을 거라고 생각했지만 매 강의마다 신세계가 열리는 것처럼 새로운 기술을 접할 수 있었던 강의였습니다.

한양대학교 경상대학 경제학부 박*성

평소에 현대 기술과 문화적 측면의 기술에 대해 많은 지식이 없었는데 내가 부족하였던 부분을 보강할 수 있어 좋았습니다. 특히 기업인들의 모습과 경영 마인드를 보면서 많은 생각을 하게 되었습니다. 그리고 미래에 대한 예상을 하는 모습을 보면서 앞으로 내가 살아가면서 이를 활용하는 것이 중요하다는 생각을 하게 되었습니다.

한양대학교 경제금융대학 경제금융학부 이*윤

온라인 강의라 하여 단순히 동영상만 틀어놓고 시간을 때우는 그런 수업이 아니었습니다. 타 전공 학생들이 이해하고 알기 쉽게 실제 제품이나 기업 사례를 들어가며 설명하여 배울 수 있었으며, 그리 막힘이 없어 좋았습니다.

한양대학교 공학대학 기계공학과 신*섭

이론만 배우는 것이 아니라 우리 실생활에서도 쉽게 접할 수 있는 예시를 통해 공부할 수 있어서 좋았습니다.

한양대학교 언론정보대학 정보사회학과 고*은

이 책의 사용 설명서

• 학습 로드맵

01 인공지능 시대의 사회변동

- 4차 산업혁명 시대의 변화
- 인공지능의 발전과 사회변동
- 로봇의 발전과 사회변동

▼

02 기업 사례를 통한 사회변화

- 창의적 기업에서 배운다 1 : 애플
- 창의적 기업에서 배운다 2 : 닌텐도
- 창의적 기업에서 배운다 3 : 구글
- 창의적 기업에서 배운다 4 : 마이크로소프트

▼

03 통신기술과 영상기술의 변화

- 이동통신 산업의 발전과 사회변동
- 모바일 UX/UI의 발전과 모바일 콘텐츠
- 영상기술의 발전과 스마트 TV

▼

04 주목해야 하는 미래기술

- 가상현실과 증강현실이 열어가는 미래
- 빅데이터와 사회변화 예측
- 감성기술과 하이테크, 하이터치
- 문화기술과 미래사회

• 강의 보조 자료

한빛아카데미 홈페이지에서 '교수회원'으로 가입하신 분은 인증 후 교수용 강의 보조 자료를 제공받을 수 있습니다. 한빛아카데미 홈페이지 상단의 〈교수전용공간〉 메뉴를 클릭하세요.
http://www.hanbit.co.kr/academy

• 연습문제 해답 안내

이 책은 대학 강의용 교재로 개발되었으므로 연습문제 해답을 제공하지 않습니다.

목차

CHAPTER 01 4차 산업혁명 시대의 변화

CHAPTER 02 인공지능의 발전과 사회변동

목차

목차

목차

CHAPTER 14 문화기술과 미래사회

CHAPTER 01

4차 산업혁명 시대의 변화

01 초연결 시대의 융합

02 산업혁명의 변화

03 4차 산업혁명과 문화산업의 변동

요약

연습문제

토론과제

학습목표

- 시대의 변화를 문화와 기술 중심으로 설명할 수 있습니다.
- 미디어 발달에 따른 사회문화적 변화를 설명할 수 있습니다.
- 융합과 문화기술의 특징을 설명할 수 있습니다.
- 4차 산업혁명 시대의 문화산업 동향을 예측할 수 있습니다.

Preview

1장에서는 새로운 기술의 등장으로 사회 영역에 일어난 다양한 변화에 대해 다룹니다. 특히 기술의 변화는 인간관계, 라이프스타일 등 개인의 삶에도 변화를 가져왔습니다. 초연결 시대의 융합, 산업혁명의 변화를 다양한 관점에서 정의함으로써 각 산업 분야에 어떤 의미로 다가왔는지 이해할 수 있을 것입니다. 또한 4차 산업혁명과 문화산업의 변동 사례에 대해서도 살펴봅니다.

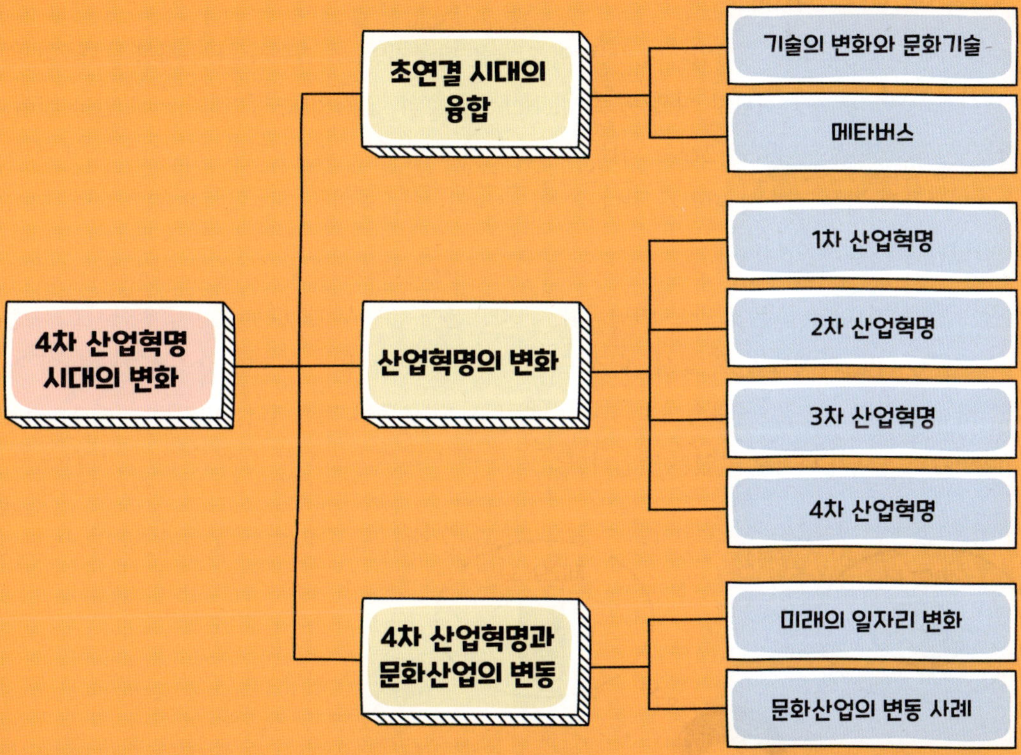

Section

01 초연결 시대의 융합

1 변화에 대한 이해

21세기는 빠르게 변화하는 세상입니다. 사람이 기술을 만들지만 그 기술이 다시 사람을 변화하게 만듭니다. 프랑스의 현대 철학자 미셸 세르(Michel Serre)의 『엄지세대, 두 개의 뇌로 만들 미래』에 따르면, 지금의 젊은 세대는 2개의 뇌를 가지고 있다고 합니다. 즉, 생물학적인 머리 외에 컴퓨터나 스마트폰과 같은 접속의 머리가 하나 더 있는 것입니다. 휴대용 전자기기에 모든 것을 담아 들고 다니니 틀린 말도 아닙니다.

하지만 이 변화가 마냥 좋은 것만은 아닙니다. 스마트폰이 없던 시대에는 수첩에 전화번호를 정리하고 친한 사람들의 전화번호 몇십 개 정도는 외워두곤 했습니다. 하지만 요즘은 가족들의 전화번호조차 헷갈릴 정도로 머릿속에 따로 기억해 두는 정보들이 적습니다. 디지털 치매(Digital Dementia)의 시대가 다가오고 있는 것입니다.

그림 1-1 2개의 뇌로 살아가는 디지털 시대

이 시대는 사유와 소유의 방식이 다른 패러다임으로 전환되었다고 볼 수 있습니다. 이제는 빠르게 기억하는 능력보다 빠르게 찾아내는 능력이 더 중요하다고 합니다. 자료를 빠르게 찾고 빠르게 내려받는 것이 더 중요한 능력이 됐다는 것입니다. 또한 비싸고 무거운 물건을 소유하게 됨으로써 운명을 함께하는 대신 상품의 사용 권리에 수시로 간편히 접속합니다. 예를 들면 에어비앤비

(Airbnb)나 우버(Uber) 같은 공유 경제가 세상의 변화를 잘 보여주는 비즈니스 모델이라고 할 수 있습니다.

우리는 언제부터인가 문화를 이야기할 때 기술을 같이 이야기합니다. 도구와 미디어의 관계 때문인데, '도구 미디어'는 미디어의 선택권이 개인에게 있는 것입니다. '환경 미디어'는 미디어가 생활의 필수 환경이 된 것을 뜻합니다. 우리 시대의 컴퓨터, 스마트폰 같은 것들은 이미 도구 미디어의 성격을 떠나서 환경 미디어로 발전하고 있습니다.

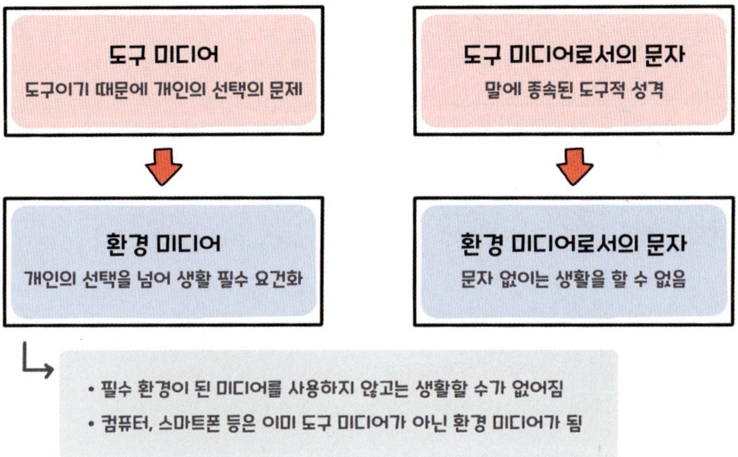

그림 1-2 도구 미디어와 환경 미디어의 비교

간단히 예를 들어, 지하철의 환경을 떠올려볼까요? 대부분의 사람들이 스마트폰을 보고 있을 겁니다. 예전에는 신문이나 책(도구 미디어)을 보거나 창밖을 구경했다면 이제는 약속이나 한듯이 스마트폰(환경 미디어)을 보고 있습니다. 기술은 우리 삶에서 떼려야 뗄 수 없는 필수요소가 되었고 기술과 미디어의 이해는 아주 중요한 문제로 대두되고 있습니다.

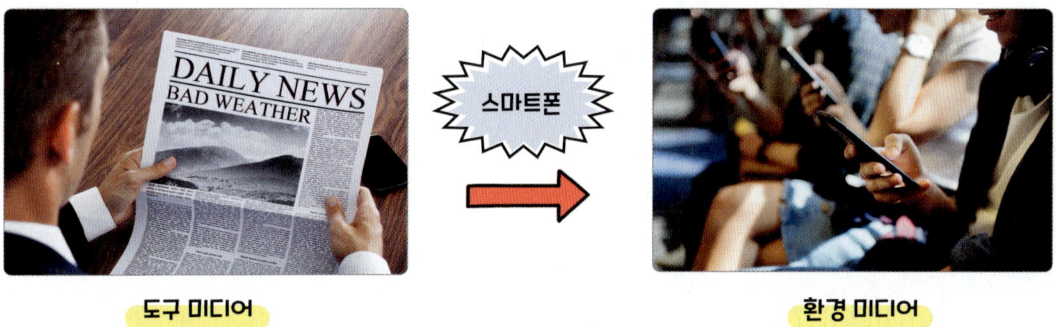

그림 1-3 도구 미디어에서 환경 미디어로의 변화

2 기술과 미디어의 개념

기술(Technology)이란 생활에 유용한 무엇인가를 만들어내는 인간 활동입니다. 하지만 현재의 기술은 이런 행위나 방법 이외에도 도구나 기계, 무형의 지식과 소프트웨어까지 모두 포함하고 있습니다. 사실 서양에서의 기술, 즉 'Technology'라는 어원은 생활에 유용한 물건을 만드는 인간의 활동을 이르는 말이었습니다. 동양에서의 기술은 재주 정도로 인식이 되었었습니다. 이제 그 의미가 확장되어서 새로운 것을 만들어낸 행위, 방법을 초월하는 것입니다. 현대에는 그로 인해 만들어진 여러 가지 복잡한 기계, 결과물, 또 그것에 관련된 지식 소프트웨어까지 모두 포함하는 의미로 확장되었습니다.

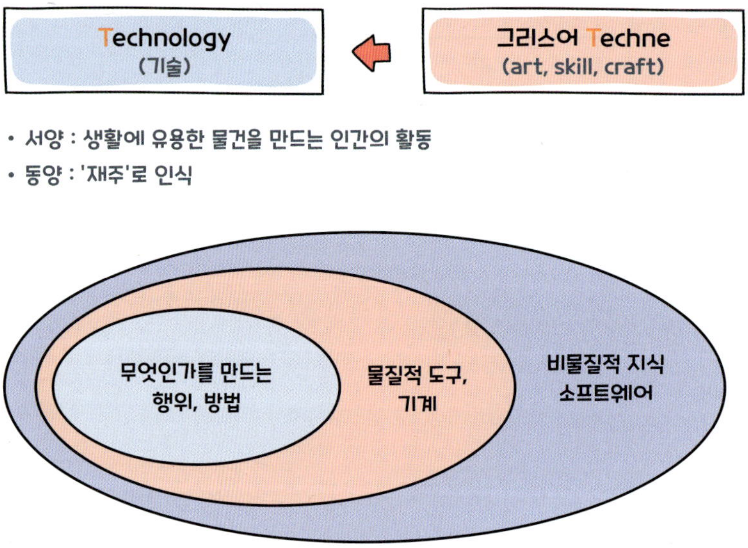

그림 1-4 기술의 어원

미디어(매체, Media)란 어떤 작용을 한쪽에서 다른 쪽으로 전달하는 역할을 하는 매체입니다. 미디어의 특징으로 의사소통의 매체와 디지털 기술의 발달 등이 있습니다.

- **의사소통의 매체 :** 말, 문자, 수신호 등 다양한 것들이 있으며 특히 다중의 의사소통을 위한 매체들을 매스미디어라고 함
- **디지털 기술의 발달 :** 최근 우리 사회의 변화를 이끌고 있는 디지털 기술의 발달은 정치, 경제, 사회, 문화 등에 변화를 가져왔으며 다양한 미디어의 출현을 가능하게 함

디지털 기술의 발달은 사회 전반에 많은 변화를 가져왔고, 이는 다양한 미디어를 출현할 수 있게 했습니다.

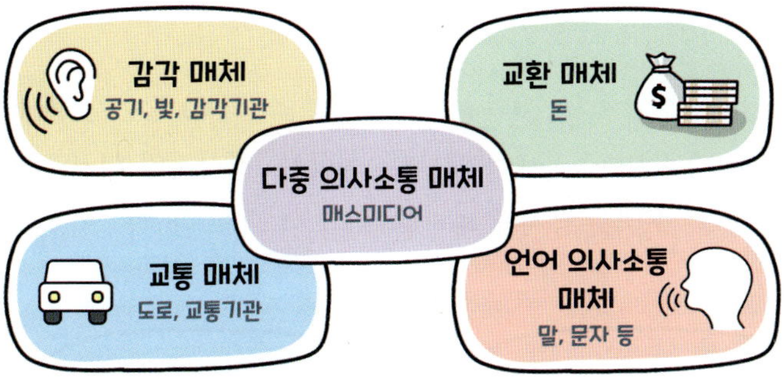

그림 1-5 **다중 의사소통의 매체, 매스미디어**

3 디지털 기술의 발달과 사회문화적 변화

미디어의 역사는 결국 기술 변화의 역사입니다. 미디어는 새로운 기술의 등장에 따라 다양하게 변화해 왔습니다. 특히 디지털 기술의 등장은 미디어를 더욱 다양하게 변화시키면서 급격한 사회의 변화를 가져오고 있습니다.

그림 1-6 **기술에 따른 미디어의 발달**

특히, 멀티미디어란 문자, 음성, 이미지, 동영상 같은 다양한 표현 매체들을 디지털 부호로 처리해 혼합적으로 활용하는 미디어를 뜻합니다. 많은 양의 데이터를 처리해야 하므로 이를 원활하게 처리할 수 있도록 해주는 전송 기술이나 소프트웨어 기술이 개발되면서 후속 기술과 더욱 다양한 미디어의 발달로 이어지고 있습니다. 멀티미디어의 특징은 다음과 같습니다.

- 문자, 음성, 이미지, 동영상 등 다양한 표현 매체들을 혼합적으로 활용하는 미디어를 의미함
- 문자, 음성, 이미지, 동영상 등의 데이터를 동일한 디지털 부호로 처리할 수 있는 디지털 기술의 등장으로 가능해짐
- 방대한 양의 데이터를 보내고 받고 처리하기 때문에 후속 기술(전송 선로, 응용소프트웨어 등)과 다양한 매체의 발달로 이어짐

미디어의 발달은 사회문화적 변화와 함께 이루어집니다. 다양한 미디어가 등장하고 미디어의 영향력이 점차 확대되면서 인간의 삶은 끊임없이 변화합니다. 유비쿼터스 시대가 시작되면서 미디어 기업의 영향력이 증대되며, 미디어 안에 들어가는 문화 콘텐츠의 향유가 확대되기 시작한 것입니다.

4 새로운 인간관계 형성

요즘 시대에 새로운 인간관계는 대면을 비롯해 블로그, 소셜 네트워크 서비스(SNS) 같은 것을 통해 형성됩니다. 개개인의 가치가 부각되어 소비자, 독자에서 생산자, 공급자, 창작자의 위치로 탈바꿈하기도 하고 프로슈머라는 말처럼 생산과 소비를 동시에 하기도 합니다.

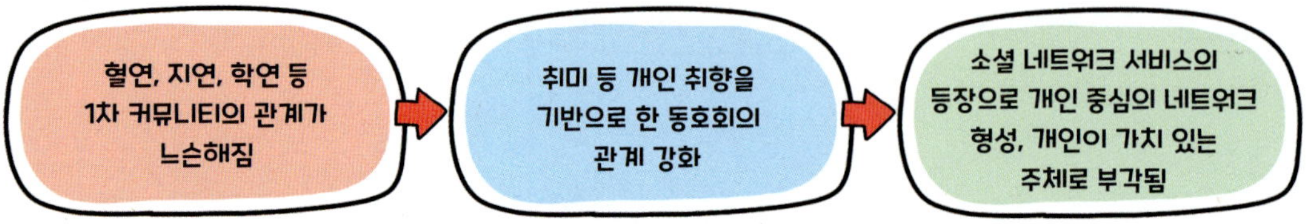

그림 1-7 **새로운 인간관계 형성의 의미**

또한 시뮬라크르 시대가 가속화되고 있습니다. 시뮬라크르(Simulacre)란 자기동일성이 없는 복제물을 의미합니다. 즉, 원본과 복제물이 구별되지 않는, 복제물인 시뮬라크르가 진짜로 느껴지는 것입니다. 실제로 영상은 현실의 복제물입니다. 우리는 TV, 영화관, 스마트폰을 통해 영상을 많이 보게 되는데 이러한 복제물들을 현실보다 더 현실적으로 인식하게 됩니다.

그림 1-8 **시뮬라크르**

5 메타버스 시대의 도래

메타버스(Metaverse)는 가상, 초월을 뜻하는 영어 단어 '메타'(Meta)와 우주를 뜻하는 '유니버스'(Universe)의 합성어로, 현실세계의 사회·경제·문화 활동이 3차원의 가상세계에서 이루어지는 공간을 의미합니다. 메타버스는 가상현실보다 한 단계 더 진화한 개념으로, 아바타를 활용해 실제 현실과 같은 사회·문화적 활동을 수행할 수 있다는 특징이 있습니다.

그림 1-9 **메타버스** © https://news.coincu.com

메타버스 시장은 초고속·초연결·초저지연의 5G 상용화와 코로나19 팬데믹 상황이 맞물려 급격히 커지기 시작했습니다. 5G 상용화와 함께 가상현실(VR)·증강현실(AR)·혼합현실(MR) 등을 구현할 수 있는 기술이 발전했고, 코로나19의 여파로 비대면·온라인 활동이 확산되면서 메타버스가 주목받고 있습니다.

표 1-1 **메타버스의 주요 용어**

용어	정의
가상현실(VR, Virtual Reality)	컴퓨터로 만들어놓은 가상세계에서 사람이 실제와 같은 체험을 할 수 있도록 하는 기술
증강현실(AR, Augmented Reality)	2D 또는 3D로 표현되는 가상의 물체를 현실공간과 겹쳐 보이게 하면서 상호작용하는 기술
혼합현실(MR, Mixed Reality)	현실세계와 가상세계 정보를 결합해 하나의 가상의 공간을 만들어내는 기술
확장현실(XR, eXtended Reality)	VR, AR, MR을 포함해 미래에 등장할 또 다른 형태의 현실까지 모두 포괄하는 개념

6 문화기술과 융합기술

문화기술(CT, Culture Technology)은 한국에서 만들어진 신조어이며, 문화 콘텐츠 기술이라고도 합니다. 문화 콘텐츠를 기획, 상품화하고 미디어에 탑재해 유통, 향유까지 하는 문화 가치 사슬에 사용되는 모든 기술을 뜻합니다. 공학적 기술 외에도 인문, 사회, 디자인, 예술 분야 등의 다양한 지식이 결합되며 여러 노하우를 융합한 복합 기술의 총칭을 뜻하기도 합니다.

그림 1-10 **문화기술(CT)의 개념**

예를 들면, 영화를 만들 때 시나리오, 촬영 및 제작, 3D 그래픽, DI(후보정) 등 기존의 영화 제작 방식에 여러 기술이 접목되고 있습니다. 인문학적 상상력이 기획 단계에 접목되고, 기술적 능력과 예술적 능력이 제작 단계에 접목되며, 홍보 마케팅 능력이 비즈니스에 접목되는 등 여러 분야가 융합되면서 문화기술이 확산되는 추세입니다.

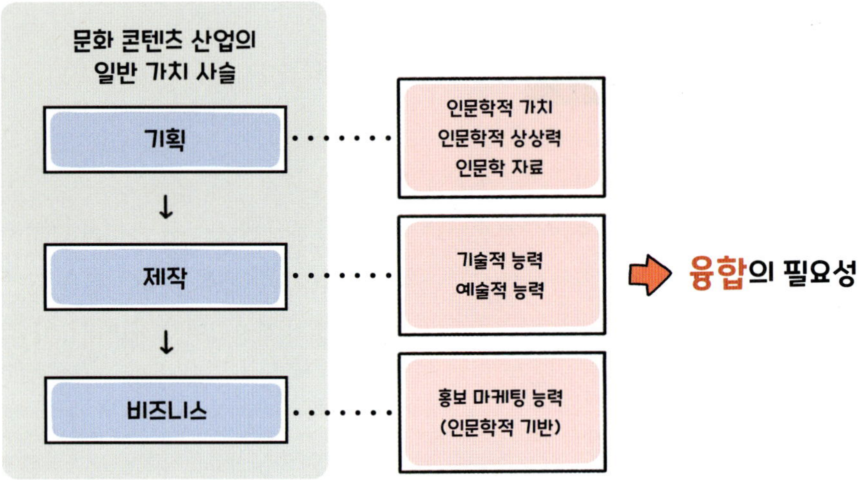

그림 1-11 문화 콘텐츠 산업의 융합

이처럼 4차 산업혁명 시대의 키워드 중 하나가 바로 '융합'입니다. 사전적인 의미로는 다른 종류의 것이 녹아서 서로 구별이 없게 하거나 하나로 합해지거나 그렇게 만드는 일을 뜻합니다. 좀 더 개념적으로는 컨버전스(Convergence) 또는 퓨전(Fusion)이라는 단어를 융합의 용어로 많이 쓰고 있습니다. 수렴, 합쳐짐을 의미합니다. 융합은 단순한 합산보다는 더욱 적극적인 의미에서의 화학적 합성을 의미합니다. 이는 즉, 두 가지 양태의 혼화(Blend of two styles) 및 그 혼화에 의한 변형(Transformation) 또는 변형된 양태의 탄생이라고 할 수 있습니다. 하지만 요즘 시대의 융합은 A와 B가 만나서 AB가 되는 결합적 의미의 융합이 아니라, A와 B가 만나서 새로운 C가 탄생하는 화학적 합성의 융합에 더 가깝습니다.

나아가 '융합기술(Convergence Technology)'은 문화기술의 근간을 이룹니다. 융합기술이란 새로운 기술 간 또 다른 분야와의 상승적 결합을 통해 창조적 가치를 창출해내며 미래사회의 변화를 주도하는 기술을 뜻합니다. 가능성 측면과 결과 측면으로 다음 [표 1-2]와 같이 4가지 유형으로 구분할 수 있습니다.

표 1-2 융합기술의 유형

가치 창출	기술 기반 융합 (Technology Driven Convergence)	제품, 서비스 융합 (Market Demand Driven Convergence)
기존 가치 제고 (Value-added)	기술진화형 융합 : 2개 이상의 기술이 융합하여 기존 기술에 적용	시장고도화형 융합 : 2개 이상의 제품, 서비스가 융합하여 기존시장 확장
신가치 창출 (Value-created)	돌파기술형 융합 : 2개 이상의 기술이 융합하여 기존 기술의 한계 극복	신산업 창출 융합 : 2개 이상 제품, 서비스가 융합하여 신산업 창출

하나 더 알기 융합과 관련된 용어 더 알아보기

융합과 관련해 알아 두면 좋을 용어들이 몇 가지 있습니다. 아래 표에 간단히 정리해 보았으니 기억해둡시다.

표 1-3 융합 관련 용어의 정의

용어	정의
퓨전 (Fusion)	• 여러 개의 돌파기술(Breakthrough)들이 동시에 일어나면서 화학적 또는 기계적으로 결합하여 요소기술들의 특성이 상실되고, 새로운 특성을 갖는 기술이나 제품이 탄생하는 현상
컨버전스 (Convergence)	• 공급 측면에서의 정의는 서로 다른 기술이 만나 새로운 기능을 창출하거나 기존 제품의 효율성을 증대시켜 주는 것을 뜻함 • 수요 측면에서의 정의는 다른 분야의 기술이 특정 요구를 만족시켜 줄 수 있는 유사성을 갖게 되는 현상을 뜻함
복합 (Compound)	• 개별 요소기술들의 물리적인 결합으로 기존 산업의 한계를 극복해 나가는 과정에서 일어나는 기술혁신 현상 • 주로 기존 시장의 유지·확대를 위한 제품·서비스 고도화 과정에서 발생
인티그레이션 (Integration)	• 특정 기능을 수행하기 위해 다양한 기술을 수직 또는 수평으로 결합한 복합시스템 제품의 기술혁신 현상 • 개별 요소기술의 속성이 상실되지 않는다는 점에서 컨버전스와 유사함(유·무선 통합, 시스템 통합)
기술융합 (Technological Convergence)	• 2개 이상의 기술요소가 화학적 또는 기계적으로 결합하여 개별 기술요소들의 특성이 상실되고, 새로운 특성을 갖는 제품이 탄생되는 현상 • 개별 요소기술의 정체성이 강화됨
기술 퓨전 (Technological Fusion)	• 여러 기술의 돌파기술(Breakthrough)이 동시에 일어나면서 융합(Fusion)하는 것 • 개별 요소기술의 속성이 사라짐 • 기계기술과 전자기술의 융합으로부터 생성된 많은 메커트로닉스 제품이 있음
기술통합 (Technological Integration)	• 특정 기능을 수행하기 위해 다양한 기술을 수직적 또는 수평적으로 결합하는 복합시스템 제품의 기술혁신 현상

Section 02 산업혁명의 변화

1 산업혁명이 가져온 변화의 물결

인류는 1차 산업혁명부터 시작해, 2차 산업혁명, 3차 산업혁명 이후 4차 산업혁명을 맞이하고 있습니다. 지금부터는 1차 산업혁명부터 4차 산업혁명에 이르기까지 그 과정과 쟁점들을 이야기해보겠습니다.

1차 산업혁명	2차 산업혁명	3차 산업혁명	4차 산업혁명
증기기관에 의한 기계화 1784년	전기 보급과 대량생산체계 1870년	컴퓨터와 자동화 1970년	사물인터넷과 빅데이터 2011년 이후
증기기관을 이용한 수작업 대체 철도, 방적기의 확산	전기 공급과 컨베이어벨트 도입에 따른 대량생산체계 확산	컴퓨터와 인터넷 기반의 자동 생산과 지식정보 혁명	사물 간 연결에 의한 산업구조의 변화

그림 1-12 산업혁명의 흐름

2 1차 산업혁명 : 기계화 혁명(18세기)

1차 산업혁명은 제임스 와트(James Watt)의 증기기관 발명에서 시작됩니다. 증기기관의 발명은 동력의 근원을 바꿉니다. 기계를 활용한 생산체계 확립으로 많은 산업이 수공업에서 공장제 기계공업으로 전환됩니다. 당시 주요 에너지는 석탄이라는 화석 에너지였고, 증기기관을 활용한 철도가 산업 발전에 주요한 역할을 했습니다. 자본주의 확립이 이루어지면서 근대적 계급이 발생하자 빈익빈 부익부 같은 사회적 불평등 요소가 발생해 사회주의 사상이 대두된 시발점이기도 합니다.

그림 1-13 **1차 산업혁명 : 증기기관**

3 2차 산업혁명 : 대량생산 혁명(20세기 초)

2차 산업혁명은 중화학공업에 대한 혁명이라고 볼 수 있습니다. 토마스 에디슨(Thomas Alva Edison)이 전기 동력을 발명하고, 이후 컨베이어벨트가 발명되면서 대량생산체계가 본격적으로 촉발됩니다. 이로 인해 소비자 중심의 경공업 산업에서 부가가치가 큰 중공업으로 산업의 규모가 확대됩니다. 석탄과 함께 석유, 핵에너지가 주요 에너지로 쓰이며 자동차와 항공기를 활용한 운송 산업이 시작됩니다.

그림 1-14 **2차 산업혁명 : 대량생산**

그러나 2차 산업혁명의 이면 역시 존재했고, 이를 분명하게 보여주고 있는 영화가 바로 찰리 채플린 주연의 《모던 타임즈(Modern Times)》입니다. 이 영화에서 찰리 채플린은 컨베이어벨트의 진행 속도에 맞춰 기계의 부속처럼 일하고 자본가는 찰리 채플린을 독촉합니다. 기계에 맞춰 일하는 노동자의 모습은 근대적 계급의 생성을 여실하게 보여주고 있습니다. 이것이 바로 2차 산업혁명의 이면인 새로운 계급의 출현이며, 이후 자본주의 체제가 자리 잡습니다.

그림 1-15 《모던 타임즈(Modern Times)》의 한 장면

4 3차 산업혁명 : 지식정보 혁명(1970년대)

3차 산업혁명은 디지털 혁명에 의한 산업혁명이라고 볼 수 있습니다. 1970년대 이후 발명된 컴퓨터와 인터넷은 3차 산업혁명의 시작을 알렸으며 인터넷의 발전과 휴대폰의 등장은 공간과 시간의 장벽을 허물었습니다. 정보통신기술의 발달로 산업용 로봇이나 대형기계를 통해 공장 자동화가 이루어지기도 합니다. 이에 따라 천연자원이 고갈되고 환경오염 문제가 대두되자, 재생 가능한 에너지 관련 연구가 주요 이슈로 떠오릅니다. 또 한곳에 집중되어 있던 권력이 분산되면서 수평적인 권력 구조로 사회가 재편되기 시작합니다.

그림 1-16 3차 산업혁명 : 인터넷과 휴대폰

5 4차 산업혁명 : CPS 혁명(2011년 이후)

4차 산업혁명 시대는 초연결 창조사회, 진정한 디지털 혁명을 이룬 시대, 또는 인공지능이 새로운 시대를 개척하는 시간이라고 부릅니다. 이미 전 세계적으로 컴퓨터가 많이 보급되어 있고, CPU,

메모리, 클라우드 기술은 급속도로 발전하고 있으며, 네트워크 역시 전 세계를 하나로 연결하고 있습니다. 이에 따라 물리적 행성이었던 지구가 디지털 행성 생태계로 변하고 있습니다.

4차 산업혁명의 키워드는 인공지능과 로봇입니다. 특히 인공지능 알파고가 대표적인 사례라고 할 수 있습니다. 여기에 사물인터넷(IoT), 가상현실, 증강현실, 자율주행차, 3D 프린팅, 바이오기술, 나노기술, 로봇 산업(RT) 등이 포함될 수 있습니다. 나아가 생명과학과 같은 산업이 인공지능 산업과 융합하고 있습니다.

그림 1-17 4차 산업혁명 : 사물인터넷

앞서 언급한 '디지털 행성 생태계'에 대해 좀 더 자세히 알아볼까요? 인터넷 혁명을 통해 물리적 공간이었던 지구는 사이버 행성이 되었습니다. 이제 4차 산업혁명을 통해 수많은 전자기기들의 센서가 하나로 연결되는 초연결 사회를 이루며 디지털 행성으로 나아가고 있습니다.

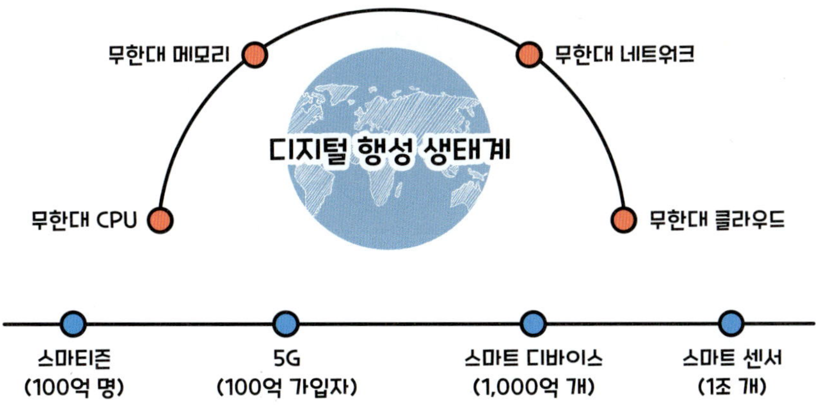

그림 1-18 디지털 행성 생태계

데이터 관점에서 살펴보면 어떨까요? 인류가 탄생한 이래, 2013년도까지 만들어진 정보량은 약 5엑사바이트(EB) 정도라고 합니다. 그런데 이후 불과 2년의 기간 동안 약 8제타바이트(ZB)의 정보가 만들어졌다고 합니다. 저장용량의 가장 큰 단위의 정보량이 단 2년 만에 만들어졌다는 것은 매우 놀라운 일이 아닐 수 없습니다. 매초, 매분, 매시마다 전 세계에서 어마어마한 양의 데이터가 생성되고 있다는 뜻이며, 앞으로는 제타바이트 단위보다 더 큰 단위의 데이터가 생성되는 시대로 발전할 것이라 예상됩니다.

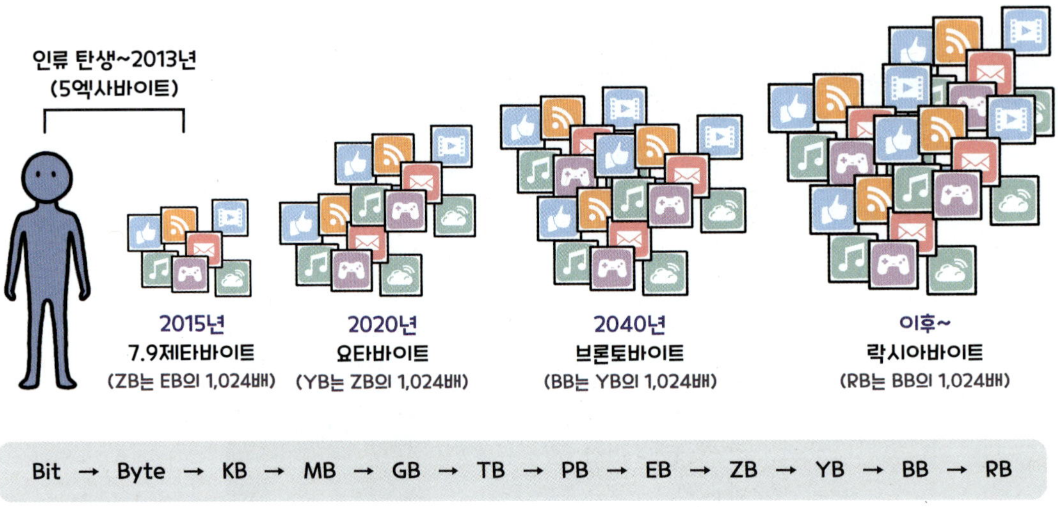

그림 1-19 데이터양의 증가 추이

또한 사물인터넷이 적용된 사물과 전자기기의 사용이 점점 확대되며 만물 인터넷 시대가 도래하고 있습니다. 사물인터넷을 통해 발생하는 데이터는 약 500억 개가 넘어가고 있으며, 대량의 데이터를 사람이 일일이 분석할 수 없기에 인공지능(AI)을 통한 빅데이터 분석 기술도 발전하고 있습니다. 이를 통해 사회의 전반적인 수요를 분석·예측하기도 하고, 서비스를 발전시키기도 합니다. 바로, 현실세계와 사이버세계가 초연결된 상태라고 할 수 있습니다. 이러한 이유로 4차 산업혁명의 주요 키워드를 초연결 창조사회라고 강조하는 것이며, 글로벌 CPS(Cyber Physical System) 생태계로 재편되었다고 표현하기도 합니다.

Section 03

4차 산업혁명과 문화산업의 변동

1 사라지고 있는 직업

아래의 기사는 로봇기자, 즉 로봇 저널리즘이라고 하는 시스템이 야구 중계 및 경기를 파악해 인공지능 형태로 기술한 기사의 일부입니다. 사람이 쓴 기사처럼 매끄러운 문장 구사는 물론, '파죽의 대승을 거두었다'와 같은 표현력을 구사하고 있습니다. 이처럼 인공지능이나 로봇이 인간의 일자리를 대체할 수 있다는 사실은 4차 산업혁명 시대의 두려운 전망 중 하나로 꼽히고 있습니다.

ICT와 언론의 융합....로봇기자님은 안녕하신가요?...

6일 문학구장에서 열린 한화와 SK와의 2016 타이어뱅크 KBO 리그에서 한화가 포문을 연 송광민의 내야안타 이후 타선이 폭발하면서 SK를 상대로 **파죽의 대승을 거두었다.** 한화는 16안타 1홈런을 몰아치며 기량을 과시했다. 한화는 0:0으로 경기 중이던 3회초, 송광민이 내야안타를 터트리며 1점을 얻었다. 로사리오, 차일목, 이성열 역시 승리에 크게 기여했다.

(중략)

© 프라임경제, 임희빈 인턴기자, 2016.07.30

그림 1-20 로봇기자가 작성한 스포츠 기사

실제로 세계경제포럼(Davos Forum)에서 발간한 보고서에서는 전 세계 7세 아이들의 약 70%는 지금 존재하지 않는 직업을 가질 것이라고 전망하고 있습니다. 인공지능, 로봇기술, 생명과학 같은 4차 산업혁명 핵심 기술들이 직업의 변화를 주도하면서 기존의 직업이 사라질 것이라는 의미입니다. 또한 5년 내로 8,500만 개의 일자리가 자동화로 인해 대체되거나 사라질 것이라고 전망합니다. 데이터와 인공지능 전문가, 디지털 마케팅 및 전략 전문가, 업무 프로세스 자동화 전문가 등에 대한 수요는 늘어날 반면, 단순 데이터 입력, 회계 관리직, 단순 조립 노동자 등에 대한 수요는 점점 줄어들 것이라 예상하고 있습니다. 결국, 기술 및 경제 환경 변화에 적응하기 위한 분석적 사고와 창의성 및 자기 관리 능력이 근로자의 가장 중요한 직무 역량이 될 것입니다.

향후 5년 뒤 인간과 기계의 일하는 시간이 같아질 것으로 전망

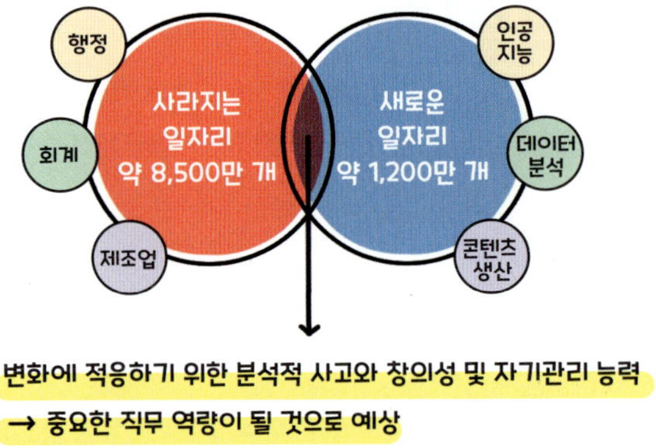

그림 1-21 세계경제포럼 보고서에서 예측하고 있는 일자리의 변화

물론 이러한 예측에 이견이 없는 것은 아닙니다. 고위험군 노동직이 로봇으로 대체되면 사람들에게 여유 시간이 늘어나 그만큼 새로운 직업이 생겨날 것이라는 주장이 존재합니다. 하지만 이 주장 역시 사람들이 일자리를 잃은 상태에서 여가시간을 잘 활용할 수 있냐는 반론에는 명확한 답을 내놓지 못하고 있습니다. 그러나 분명한 것은 인공지능으로 인해서 영향을 받게 될 일자리는 굉장히 많다는 것입니다.

우리나라 역시 일자리의 변화에 대한 관심이 커지고 있습니다. 한국고용정보원이 분석한 바에 따르면, 반복적인 업무, 단순한 일처리를 수행하는 직업이 자동화로 대체될 확률이 높으며, 감성에 기초한 예술 관련 직업은 자동화에 의한 대체 확률이 상대적으로 낮다고 보고 있습니다.

표 1-4 자동화 대체 확률이 높은 직업과 낮은 직업 순위 ⓒ 한국고용정보원

순위	자동화 대체 확률 높은 직업	자동화 대체 확률 낮은 직업
1	콘크리트공	화가 및 조각가
2	정육원 및 도축원	사진작가 및 사진사
3	고무 및 플라스틱 제품 조립원	작가 및 관련 전문가
4	청원경찰	지휘자, 작곡가 및 연주가
5	조세 행정사무원	애니메이터(만화가)
6	물품 이동장비 조작원	무용가 및 안무가
7	경리사무원	가수 및 성악가
8	환경미화원	메이크업 아티스트 및 분장사
9	세탁관련 기계조작원	공예원
10	택배원	예체능 강사

하지만 이 분석이 정확한지에 대한 많은 의문이 존재합니다. 실제로 로봇과 인공지능 기술이 소설, 미술 등의 예술 분야에 영향을 미치고 있기 때문입니다. 지금부터는 예술 분야에 로봇과 인공지능이 미치고 있는 영향에 대해 간단히 살펴보겠습니다.

2 문화산업에서 활약하는 인공지능 : 문학

일본에는 '호시 신이치'라는 유명한 문학상이 있습니다. 대략 1,400여 편의 응모작 중 단 4편만이 1차 심사를 통과하는데, 2016년 열린 이 문학상에서 인공지능이 쓴 소설이 1차 심사를 통과하는 사건이 발생합니다. 『컴퓨터가 소설을 쓴 날』은 A4 3페이지 분량의 짧은 소설이지만 인공지능이 주인공으로 등장해 생각과 감정을 묘사하는 이야기를 담고 있습니다. 물론 최종 당선작이 되진 못했지만 수많은 응모작 중 1차 심사 통과작으로 뽑혔다는 것 자체가 놀라운 일입니다.

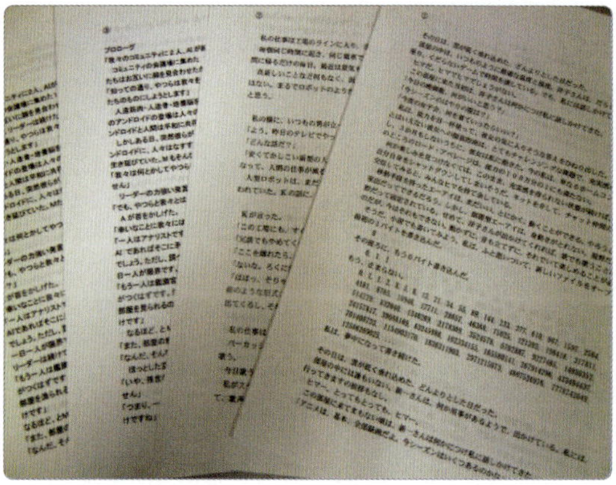

그림 1-22 인공지능이 쓴 소설 『컴퓨터가 소설을 쓴 날』

사실 인공지능의 도움을 받은 소설은 이미 출간이 되고 있습니다. 대표적인 예가 2008년 러시아에서 출간돼 베스트셀러까지 오른 『트루 러브(True Love)』입니다. 해당 소설은 출판사 편집장이었던 알렉산더 프로코프비치가 아이디어를 냈고, 언어학자와 컴퓨터 전문가가 소설 쓰기 프로그램을 만들어 완성되었습니다. 톨스토이의 『안나 카레리나』를 기반으로 하여 일본 작가 무라카미 하루키의 문체를 조합하였다고 합니다. 다음은 소설 『트루 러브(True Love)』의 한 대목입니다.

> "키티는 오랫동안 잠들 수 없었다. 두 개의 꽉 끼는 줄 때문이었다. 그리고 브론스키가 만들어 건넨 뜨거운 한 잔의 와인도 그녀의 거슬린 신경을 진정시키는 데 도움이 되지 못했다. 그녀는 침대에 누워서 목장 풀밭에서의 괴물 같은 장면을 계속해서 떠올렸다."
>
> – 소설 『트루 러브(True Love)』의 한 대목

중국에서는 마이크로소프트와 함께 인공지능 기반의 '샤오이스(Xiaoice)'라는 챗봇 시스템을 만들어 시를 창작하게 했습니다. 2017년, 『햇살은 유리창을 잃고』라는 제목의 시집까지 출간했는데, 이를 위해 중국의 1920년대 이후 현대 시인 약 519명 정도의 작품을 분석해 학습했다고 합니다. 인간의 고유한 감성 영역으로 여겨지던 시도 인공지능이 작성할 수 있다는 사실을 시사하고 있습니다.

인공지능과 사람이 합작한 창작 사례도 있습니다. MIT 프로그래머들이 만든 '셸리(Shelley)'라는 시스템입니다. 셸리란 소설『프랑켄슈타인』작가인 메리 셸리(Mary W. Shelley)의 이름에서 따왔으며, 괴담 게시판을 운영하며 공포 이야기를 학습해 트위터에 써내려갑니다. 인공지능이 글을 쓰면 트위터에 접속한 사람이 이어서 글을 쓰는 식으로 운영됩니다. 이것을 협업 컬래버 시스템이라고 부릅니다.

그림 1-23 **공포 이야기 창작 시스템, 셸리** © https://wjla.com

셸리 시스템에서 작성된 이야기 안에는 삽화도 들어가는데, 사람들이 글의 분위기와 비슷한 느낌의 사진을 올리면 '나이트메어 머신'이라는 인공지능 시스템이 그 글의 내용에 맞추어서 그림을 괴기스럽게 변형해준다고 합니다.

3 문화산업에서 활약하는 인공지능 : 미술

'아론(AARON)'이라는 시스템은 사물과 인간의 신체 구조에 관한 정보를 입력받으면 이를 바탕으로 창조적인 컬러와 형상을 선택하여 독특한 양식의 펜드로잉 작품을 완성해냅니다. 마이크로소프트와 렘브란트 미술관, 네덜란드의 과학자들이 만든 렘브란트 풍의 그림을 그리는 '더 넥스트 렘브란트(The Next Rembrandt)' 인공지능 시스템도 있습니다. 안면인식 기술을 활용해 렘브란트 작품 300점 이상을 분석한 뒤 렘브란트 풍으로 그림을 그립니다. 렘브란트가 자주 사용한 구도나 색

채, 유화의 질감까지 그대로 살려내며, 실제 전문가들에게 렘브란트가 살아 돌아온 것 같은 착각을 불러일으킬 정도로 실력이 대단하다고 합니다.

그림 1-24 인공지능 화가, 더 넥스트 렘브란트 © https://www.coart.nl

구글의 '딥드림(Deep Dream) 프로젝트'도 유명합니다. 사람이 물체를 인식할 때 수만 개로 연결된 신경세포인 뉴런을 통해 사물을 인식하는 방식을 모방한 인공신경망을 기반으로 한 딥러닝(Deep Learning) 학습 방식을 이용합니다. 추상적인 이미지의 결과물을 만들어내며, 기존에 학습한 회화 데이터베이스를 기반으로 반 고흐의 작품을 모사하는 훈련을 받았다고 합니다.

딥드림 시스템에 새 사진을 넣으면, 아래 그림과 같이 사진 속 물체를 인식해 패턴을 찾아내고 기존에 학습했던 데이터와 비교과정을 거쳐 이미지의 내용이 무엇인지 스스로 생각하고 새로운 이미지를 창출해냅니다.

그림 1-25 딥드림 프로젝트 수행 과정 © https://deepdreamgenerator.com/

4 문화산업에서 활약하는 인공지능 : 음악

음악 영역 또한 무시할 수 없습니다. 쿨리타(Kulitta)라고 하는 작곡 시스템은 바흐 풍의 음악을 주입시키면 바흐 풍으로 작곡을 해내며, 사람조차 인공지능이 작곡했다는 것을 알아채지 못할 만큼 정교한 곡을 만들어낸다고 합니다. 케이팝 분야에서도 인공지능 시스템과 협업을 이룬 사례가 있습니다. 쥬크덱(Jukedeck) 시스템은 곡의 장르, 분위기, 박자 등 몇 가지 조건을 설정하면 30초 만에 음악을 완성한다고 합니다.

일본 기업 토요타(Toyota)에서는 아예 음악을 연주하는 로봇을 만들었습니다. 작곡에서 더 나아가 연주까지 가능하다는 것은, 인공지능 작곡가와 인공지능 연주가 로봇이 교향악단을 대체할 수 있다는 것을 입증한 것이기도 합니다.

그림 1-26 **음악을 연주하는 로봇** © https://obots.ieee.org

댄스 분야에도 인공지능 로봇이 진출하고 있습니다. 스위스 취리히 연방공과대학의 연구진이 들리는 음악을 분석해 그에 맞게 리듬을 타면서 춤추도록 인공지능을 구상했습니다. 로봇의 귀에 인식된 사운드는 메카트로닉스 공학적으로 연결되어 실시간으로 댄스 기법을 적용할 수 있습니다.

5 문화산업에서 활약하는 인공지능 : 영화

영화 분야에서는 인공지능이 시나리오를 쓴 영화가 상을 받은 일이 벌어졌습니다. 공상과학(SF) 영화제인 '사이파이 런던(Sci-Fi London film festival)'에서 48시간 내에 영화를 만들어야 하는 '48시간의 도전' 부문에 제출된 작품 중 상위작 10편에 인공지능이 시나리오를 쓴 《선 스프링

(Sunspring)》 작품이 선정된 것입니다. '벤자민'이라는 인공지능은 1980~90년대 영화, 드라마 시나리오를 학습해 시나리오를 작성했으며 출품된 영화 내용은 아주 난해하고 어렵다고 합니다. 현재 이 영화는 유튜브 사이트에 공개되어 있습니다.

언어 생성 인공지능인 GPT-3가 각본을 쓴 단편 영화《상품판매원》에는 영화 중간에 '나머지 부분은 AI가 썼다'는 문구가 나옵니다. 미국 채프먼대학교 영화예술학과에 재학 중인 제이컵 보스가 인공지능과 협력해 제작한 영화입니다. 제이컵 보스는 "온라인 수업 중 우연히 알게 된 언어 생성 모델 GPT-3에 미리 써뒀던 단편 영화 시나리오의 처음 몇 줄을 입력해 각본을 썼다"고 언급하였습니다.

로봇이 주연급 배우로 활약한 영화가 일본에서 개봉되기도 했습니다. 제미노이드 F(Geminoid F)는 표정 연기가 가능하고 말을 할 수 있어 외적으로 사람과 매우 흡사한 로봇입니다. 2015년 일본 재난 영화《사요나라》에 출연해 주인 곁을 지키는 로봇 역을 연기했다고 합니다.

그림 1-27 제미노이드 F가 출연한 영화,《사요나라》 © https://mubi.com

하나 더 알기 ✓ **인공지능과 지적재산권**

인공지능이 예술 분야에서 영역을 넓히고 있는 시점에서 생각해 볼 점이 하나 있습니다. 바로, '지적재산권'입니다. 인공지능이 만든 작품의 지적재산권은 누구에게 권리가 있을까요?

일본에서는 저작권은 저자를 보호하는 권리이므로 사람만 저작권을 가질 수 있다고 결론을 내렸습니다. 반면, 영국은 인공지능이 생성한 저작물에 대해 50년간 저작권을 인정한다고 결정하였습니다. 그런데 무생물인 컴퓨터가 저작권을 가질 순 없으므로 저작물을 창작하는 데 필요한 준비를 해준 사람이 그 저작권을 갖는다고 합니다. 우리나라에서도 인공지능에 대한 저작권 문제로 국가지식재산위원회가 차세대 지식재산 특별전문위원회를 만들어 대응 전략 수립에 착수하기로 한 상태입니다.

6 4차 산업혁명 시대를 대비하는 국가·기업의 자세

그렇다면 4차 산업혁명 시대의 유망 직업은 무엇일까요? 아마도 감지 분야나 지능화 분야, 인터페이스 분야가 각광받지 않을까 예측하고 있습니다. 하지만 빠르게 변하는 시대에 예측이 정확히 들어맞을지는 누구도 자신할 수 없는 상황입니다.

감지 분야 직업

자율주행차, 로봇, 드론 등 다양한 비정형 데이터를 수집하여 주변 상황을 감지하는 기술

- 스마트 센서 개발자
- 비전 인식 전문가
- 사물 공간 스캐너

지능화 기술 활용 직업

인간의 개입 없이 자율적으로 판단할 수 있는 기술

- 생성적 디자이너
- P2P 대출 전문가
- 예측 수리 엔지니어

인터페이스 분야 직업

동작이나 음성 등을 이용하여 정확하고 직관적으로 다양한 사물을 제어하는 사용자 인터페이스 기술

- 오감 제어 전문가
- 로봇 트레이너
- 인간 자동차 인터페이스 개발자

그림 1-28 4차 산업혁명 유망 직업

국제무역연구원은 스위스 금융기관인 UBS가 발표한 4차 산업혁명 준비도 등을 합산해 국가별 4차 산업혁명 경쟁력 순위를 산정했습니다. 상위 10개국 중 상당수가 EU 소속의 유럽 국가들로, 특히 네덜란드, 스웨덴, 영국 등은 민관이 적극적으로 중장기 산업 정책을 수립하고 있습니다. 우리나라는 19위로, 4차 산업혁명에 성공적으로 대응하려면 지역별 혁신센터 구축, 기업 맞춤형 오픈이노베이션 환경 조성 등이 필요한 상황입니다.

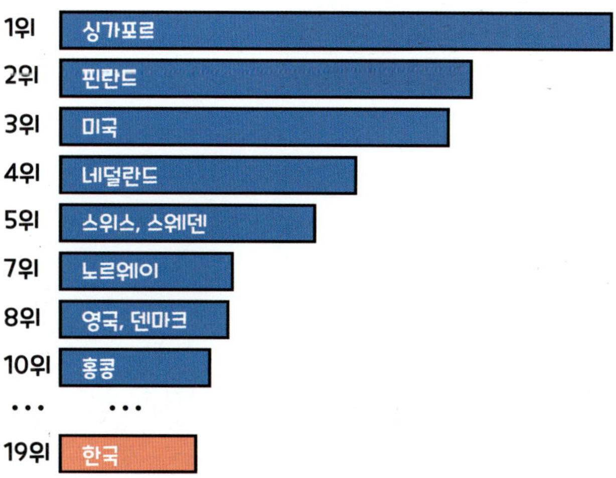

그림 1-29 국가별 4차 산업혁명 경쟁력 순위 ⓒ 국제무역연구원

우리나라는 현재 제조업 혁신 3.0을 통해 IT 중소기업 1만 곳에 스마트 공장 시스템을 보급하겠다는 전략을 세우고 있습니다. 또한 9대 국가 전략 프로젝트에 4차 산업혁명 분야를 포함시켜 발전을 도모하고 있습니다.

4차 산업 관련 전략

제조업 혁신 3.0

2020년까지 중소기업 1만 곳에 스마트공장 시스템 보급

9대 국가 전략 프로젝트

5개 성장 동력 과제와 4개 삶의 질 향상 과제를 포함한 9개 국가 전략 프로젝트 추진

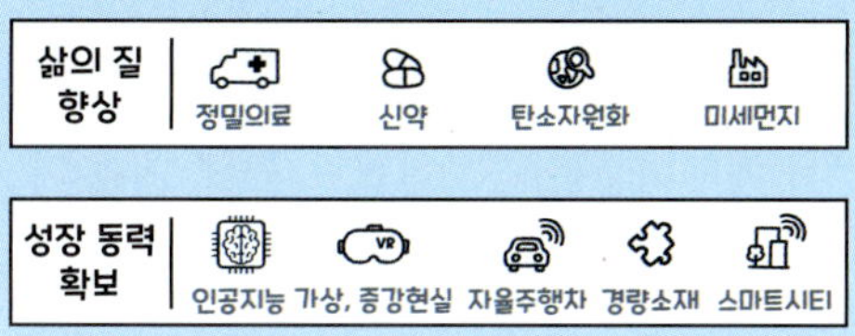

그림 1-30 **우리나라 4차 산업 전략**

하지만 국가적 전략은 대응이 느리다는 단점이 있습니다. 상대적으로 발 빠르게 대처하고 있는 곳은 바로 기업입니다. 폭스콘(Foxconn)은 아이폰 제조업체로, 생산 공정의 70% 이상을 로봇이 담당하고 있습니다. 이외에도 무인자동차를 개발 중인 닛산(NISSAN), 무인점포 시스템을 추진하고 있는 아마존(Amazon), 로봇 생산 기지를 만들고 있는 아디다스(Adidas) 등의 업체들이 4차 산업혁명의 선두주자라고 할 수 있습니다.

하나 더 알기 ✓ **유발 하라리의 사피엔스**

역사학자 유발 하라리(Yuval Noah Harari)가 쓴 책 『사피엔스(Sapiens)』를 살펴보면, 현재의 기술 발전 흐름을 살펴보았을 때 인간은 자신을 어떤 우월한 종의 존재로 업그레이드하려 들 것으로 보인다고 이야기하고 있습니다. 그러면서 우리의 신체와 정신도 유전공학과 나노기술, 뇌 인터페이스 기술로 변형될 것이라고 하는 인공지능에 의한 특이점 이론을 강조하고 있습니다.

그림 1-31 **『사피엔스』**

요약

01 초연결 시대

- 앞으로의 시대는 빠르게 기억하는 능력보다 빠르게 찾아내는 능력이, 물건을 소유하는 것보다 상품의 사용 권리에 수시로 접속하는 방식이 중요하다.
- 문화산업에 기술이 접목되면서 도구 미디어가 환경 미디어화되고 있다.

02 미디어의 변화

- 미디어의 역사는 기술 변화의 역사와 맥락을 같이 하며 사회문화적 변화가 함께 이루어진다.
- 메타버스는 가상현실보다 한 단계 더 진화한 개념으로, 아바타를 활용해 실제 현실과 같은 사회·문화적 활동을 수행할 수 있다는 특징이 있다.

03 문화기술(CT)

- 문화 콘텐츠 기술이라고도 하며, 문화 콘텐츠를 기획, 상품화하고 미디어에 탑재해 유통, 향유까지 하는 문화 가치 사슬에 사용되는 모든 기술을 뜻한다.
- 공학적 기술 외에도 인문, 사회, 디자인, 예술 분야 등의 다양한 지식이 결합되며 여러 노하우를 융합한 복합 기술의 총칭이다.
- 융합기술은 문화기술의 근간을 이루며, 새로운 기술 간 또 다른 분야와의 상승적 결합을 통해 창조적 가치를 창출해내며 미래사회의 변화를 주도하는 기술이다.

04 산업혁명의 변화

1차 산업혁명	2차 산업혁명	3차 산업혁명	4차 산업혁명
증기기관에 의한 기계화	전기 보급과 대량생산체계	컴퓨터와 자동화	사물인터넷과 빅데이터

05 4차 산업혁명과 문화산업

- 4차 산업혁명 시대에는 현존하는 상당수의 일자리가 사라지고 4차 산업혁명 핵심 기술에 기반한 일자리가 새롭게 창출될 것이라 전망한다.
- 문화산업 또한 인공지능이 문학, 미술, 음악, 영화 등의 분야에서 활약을 펼치고 있다.

06 4차 산업혁명 시대를 위한 대비

- 국가별로 4차 산업혁명에 대비한 전략을 수립 및 실행하고 있다.
- 글로벌 기업은 발 빠르게 대응해 생산, 설비 공정을 자동화 시스템으로 바꾸고 있다.

연습문제

단답형 문제

01 (   )이란 융합기술에 대한 새로운 가치 인식과 인문, 사회, 예술, 공학의 다양한 지식과 노하우를 융합한 복합적 기술의 총칭을 말한다.

02 (   ) 창조사회란 현실세계와 사이버세계의 초연결, 글로벌 생태계로의 재편을 의미한다.

03 제러미 리프킨의 『소유의 종말』에서는 사람이 (   )을 만들지만, 그 (   )이 다시 사람을 변화하게 한다고 이야기하고 있다.

04 (   )는 자기동일성이 없는 복제물을 의미한다.

05 (   )는 가상, 초월 등을 뜻하며, 현실세계와 같은 사회, 경제, 문화 활동이 이루어지는 3차원의 가상세계를 의미한다.

06 (   )와 렘브란트 미술관, 네덜란드 과학자들은 렘브란트 풍의 그림을 그리는 로봇 화가 '더 넥스트 렘브란트'를 개발했다.

07 인공지능 시대에 (   )이란 저자를 보호하고 이들의 지적인 창작물을 보호해주는 권리이기 때문에 인간 저자의 창작품만을 (   )으로 보호할 수 있다고 보고 있다.

08 유발 하라리의 저서 (   )는 '인간이 이제 신이 되려 한다. 인간성만큼은 불변이었지만 수십 년 안에 인류 역사상 처음으로 인간성 자체가 급격한 혁명을 겪게 될 것이다'라고 이야기한다.

09 (   )은 인간이 물체를 인식할 때 두뇌에서 수만 개로 연결된 신경세포(뉴런)끼리 신호를 주고받으며 사물을 인식하고 정보를 처리하는 원리를 모방했다.

10 구글에서는 인공지능 '딥드림 프로젝트'를 진행해왔으며, 딥드림은 인공신경망에 기반을 둔 컴퓨터 학습 방식인 (   )을 시각 이미지에 적용한 기술이다.

객관식 문제

11 다음 중 우리나라에서 신조어인 문화기술이라는 용어를 사용하게 된 까닭으로 보기 어려운 것은?

① 복합기술에 대한 새로운 가치 인식
② 선진국과는 다른 용어를 사용
③ 문화 콘텐츠의 산업적 발전 가능성
④ IT와의 차별화
⑤ 융복합 기술의 활용

12 다음 중 미디어가 가져온 사회변동의 대표적 사례로 적절하지 않은 것은?

① 컨버전스의 활성화
② 신문과 잡지의 활성화
③ 미디어 기업의 활성화
④ 문화 콘텐츠 향유의 활성화
⑤ 시뮬라크르 시대의 도래

13 다음 중 4차 산업혁명과 비교적 관련이 적은 기술로 알맞은 것은?

① 태양전력
② 빅데이터
③ 인공지능
④ 사물인터넷
⑤ 첨단 로봇 공학

14 다음 중 융합과 비교적 관련이 적은 용어로 알맞은 것은?

① 퓨전
② 컨버전스
③ 복합
④ 캐즘
⑤ 인티그레이션

15 '인간은 이제 신이 되려 한다'고 이야기한 『사피엔스』의 저자는 누구인가?

① 클라우스 슈밥
② 로완 깁슨
③ 롤프 옌센
④ 제러미 리프킨
⑤ 유발 하라리

토론과제

01 4차 산업혁명 시대에는 자라나고 있는 아이들의 70%가 지금은 존재하지 않는 새로운 형태의 직업을 가지게 될 것으로 전망하고 있습니다. 사라질 직업과 생겨날 직업에 대해 각각 3가지씩 예측해보고 그 이유를 이야기해봅니다.

02 1~4차 산업혁명 시대의 흐름을 파악하고, 4차 산업혁명 시대를 대비해 어떤 자세를 취하면 좋을지에 대해 토론해봅니다.

03 인공지능이 창작한 저작물의 지식재산권 주체는 인공지능을 움직이게 한 사람이 되어야 하는지, 인공지능 자체가 되어야 하는지에 대해 토론해봅니다.

CHAPTER 02

인공지능의 발전과 사회변동

학습목표

- 4차 산업혁명을 이끄는 기술인 인공지능의 정의에 대해 설명할 수 있습니다.
- 인공지능의 역사와 핵심기술에 대해 설명할 수 있습니다.
- 인공지능이 초래할 사회문화적 변화에 대해 설명할 수 있습니다.
- 기술발전이 미칠 영향에 대비해 우리가 가져야 할 자세를 이해할 수 있습니다.

Preview

2장에서는 인공지능의 발전과 더불어 변화하는 사회의 모습을 다룹니다. 인공지능 기술은 효율적이고 창의적인 업무를 수행할 4차 산업혁명의 성장 엔진으로 부상하고 있습니다. 효율적이고 창의적인 업무 수행을 도우며 이로 인해 사회문화적으로도 광범위한 변화를 초래할 것으로 전망됩니다. 하지만 기술발전이 가져올 부정적인 영향에 대한 우려의 목소리도 커지고 있어, 이에 대한 대응 방안 또한 살펴봅니다.

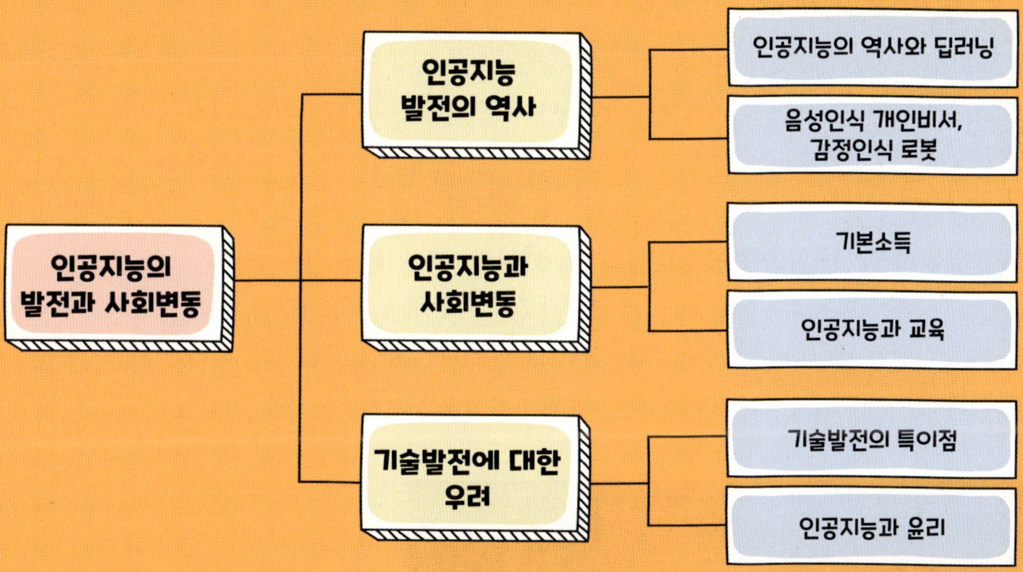

Section 01

인공지능 발전의 역사

1 인공지능의 개요

인공지능이라는 단어 자체의 의미를 먼저 생각해봅시다. 인공지능(AI, Artificial Intelligence)이란 인공적으로 만든 지능을 의미합니다. 1956년, 다트머스 컨퍼런스(Dartmouth Conference)에서 처음으로 인공지능이라는 용어가 제안되었는데, 컴퓨터를 이용하여 인간의 지능을 모방해 만들어진 이례적인 지능이라는 정의를 가집니다. 즉, 컴퓨터 기술을 통해 인간의 논리적 행태를 흉내내는 방법을 연구하는 학문 분야라고 할 수 있습니다. 사실 지능은 기억, 이해, 분석, 연상, 추론, 학습능력, 상황에 대처하는 능력 등 여러 분야가 혼합된 능력을 의미하는데, 이를 인공으로 처리한다는 것은 기계가 인간처럼 사고하고 행동할 수 있게 한다는 것을 뜻합니다. 따라서 인공지능을 만들기 위해서는 인간 뇌의 작동 원리에 대한 연구가 우선적으로 이루어져야 합니다.

그림 2-1 인공지능

사람의 뇌는 뉴런이라는 세포와 뉴런 사이를 연결하는 시냅스로 이루어져 있습니다. 인공지능 연구에서 아주 획기적인 변화는 인간 뇌의 구조를 닮은 '인공신경망(Artificial Neural Network)'을 만들면서 시작되었습니다. 인공신경망을 통해 기계도 학습이 가능해졌기 때문입니다. 그래서 인공지능 분야는 컴퓨터 공학뿐 아니라 뇌과학이나 유전학과도 아주 밀접하게 연결되어 있습니다. 또한 심리학, 사회문화적 학문들과도 포괄적으로 관계를 가질 수밖에 없습니다.

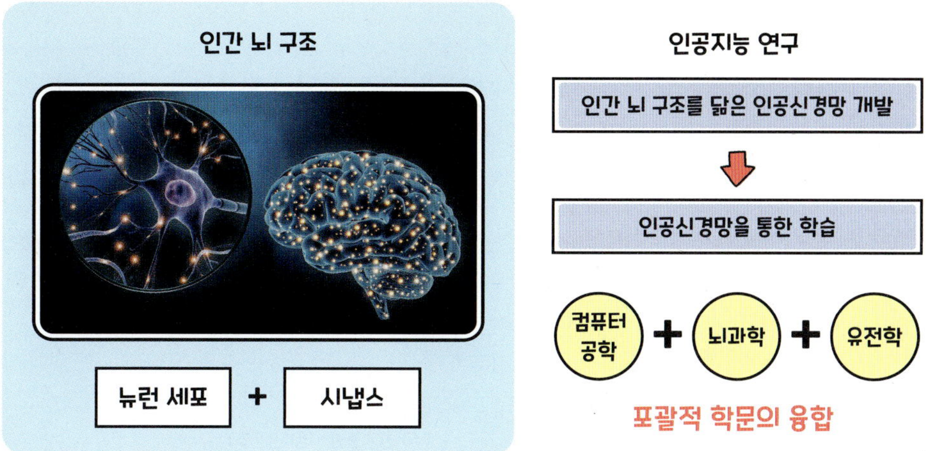

그림 2-2 인간 뇌의 구조를 닮은 인공지능과 여러 학문 간의 융합

지능이란 결국, 새로운 상황을 효과적으로 분석하고 이해하기 위해서 기억된 선행지식을 활용하는 것입니다. 그리고 선행지식의 습득은 경험과 학습을 통해 얻어집니다. 인공지능에서도 학습이 가장 핵심적인 문제였기 때문에 기계가 학습하는 기법이 개발되었고, 이를 대표하는 기술이 머신러닝(Machine Learning), 딥러닝(Deep Learning)입니다. 인공지능이 사람처럼 학습하는 방법을 기계에 맞춰서 만들어낸 기법이라고 할 수 있습니다.

하나 더 알기 ✓ **인공지능 관련 용어 더 알아보기**

본격적으로 인공지능의 역사를 설명하기 전에 알아 두면 좋을 주요 용어를 먼저 정의하겠습니다. 이 용어들은 인공지능 관련 분야에서 중요하게 생각하는 개념들이므로 잘 알아 두도록 합시다.

표 2-1 인공지능 관련 용어

용어	정의
인공지능 (AI, Artificial Intelligence)	인간의 학습능력, 추론능력, 지각능력, 자연언어의 이해능력 등을 컴퓨터 프로그램으로 실현한 기술
머신러닝 (Machine Learning)	인공지능의 연구 분야 중 하나로, 인간의 학습능력을 컴퓨터에서 실현하고자 하는 기술 및 기법
딥러닝 (Deep Learning)	다층구조 형태의 신경망을 기반으로 하는 머신러닝의 한 분야로, 다량의 데이터로부터 높은 수준의 추상화 모델을 구축하고자 하는 기법
기본소득 (Basic Income)	재산, 소득, 고용 여부 및 노동 의지에 상관없이 모든 국민에게 동일한 최소 생활비를 지급하는 소득분배 제도
기술적 특이점 (Technological Singularity)	인공지능의 미래를 상징하는 용어로, 일반적으로 인공지능이 인간 지능을 넘어서는 역사적 기점을 의미

2 인공지능의 역사와 딥러닝

인공지능의 첫 시작을 연 인물은 앨런 튜링(Alan Turing)입니다. 튜링이 컴퓨터를 개발한 뒤, '이 정도면 이제 사람이 하는 생각을 컴퓨터가 할 수 있겠다'라는 낙관의 시대가 열리기 시작합니다. 1956년, 인공지능이라는 용어가 등장하며 연구에 박차를 가하지만 안타깝게도 처리기법을 따라갈 수 있는 하드웨어가 뒷받침되지 못해 연구에 큰 진척을 얻진 못합니다. 이러한 문제는 1990년대까지 이어지는데, 40년 정도의 이 기간을 인공지능의 암흑기라고 합니다. 이후 2000년대 초반, 딥러닝 기술이 등장하며 인공지능 역사의 새로운 장이 열립니다.

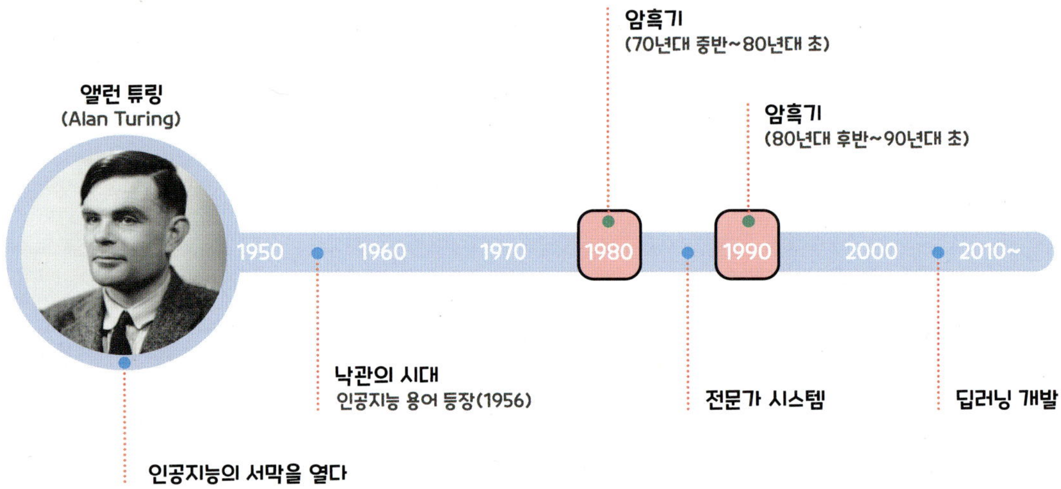

그림 2-3 **인공지능 발전의 역사** © https://www.biography.com/

앞서 딥러닝은 컴퓨터가 사람처럼 생각하고 배울 수 있도록 하는 기술이라고 설명하였습니다. 자세히 말하면, 많은 양의 데이터를 분류해 같은 집합끼리 묶고 관계를 파악하는 기술이라고 할 수 있습니다. 또한 딥러닝은 머신러닝의 한 분야로 볼 수 있습니다. 약간 다른 점이 있다면, 머신러닝은 컴퓨터에 먼저 다양한 정보를 가르치고 학습한 결과에 따라 컴퓨터가 새로운 것을 예측합니다. 하지만 딥러닝은 인간의 가르침이라는 과정을 거치지 않고 스스로 학습해 미래 상황을 예측할 수 있습니다.

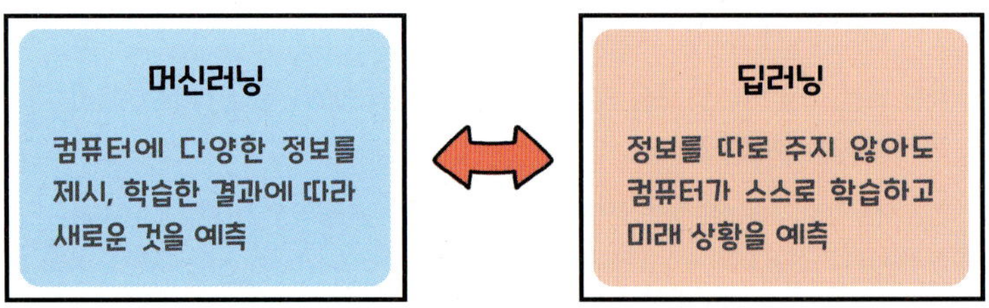

그림 2-4 **머신러닝과 딥러닝**

딥러닝의 대표적인 사례가 바로 '알파고(AlphaGo)'입니다. 바둑은 인간의 추론능력이 매우 중요하게 작용하는 스포츠입니다. 2016년 열린 이세돌 9단과의 대결에서 4승 1패로 이긴 알파고는 시합 당시 엄청난 추론능력을 보여주었습니다. 바둑은 10의 17승이라는 거의 무한대의 수를 주고받으며 겨루는 게임으로, 사람도 모든 경우의 수를 계산할 수 없기에 그동안의 경험을 바탕으로 직관적인 판단을 합니다. 그런데 알파고는 학습을 통해 사람의 추론과정을 뛰어넘는 모습을 보여주었습니다.

알파고는 단일 컴퓨터 버전과 분산 컴퓨터 버전으로 이루어져 있는데, 단일 컴퓨터는 CPU가 48개, GPU가 8개이며 분산 컴퓨터는 CPU 1,202개, GPU 176개입니다. 이를 바탕으로 트리검색, 딥러닝, 신경망 시스템을 결합해 2,900만 개의 기보를 학습하고, 100만 번의 자체강화 학습을 하면서 3,000만 개의 기보를 작성했다고 합니다. 바둑 실전에 들어가면, 알파고는 상대가 놓은 수 다음에 놓일 수 있는 수를 검색하고 그 수가 5가지로 나왔다면 그 가운데 승률이 높은 수를 선택하는 과정을 거칩니다. 즉, 바둑의 수를 결정할 뿐 아니라 승률까지 순간적으로 계산하는 겁니다.

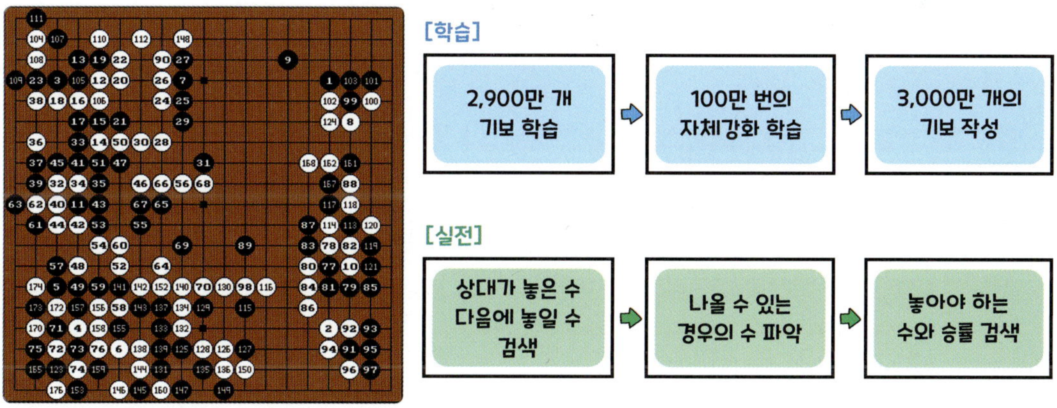

그림 2-5 **알파고의 학습방법** © https://gowizardry.com/

그렇다면 우리가 알고 있는 인공지능은 모두 같은 일을 할까요? 인공지능은 크게 '강한 인공지능(Strong AI)'과 '약한 인공지능(Weak AI)'으로 나뉩니다. 강한 인공지능은 모든 면에서 인간처럼 사고하는 인공지능을 뜻합니다. 사람처럼 느끼고 행동하며 추론, 문제해결, 판단, 계획, 의사소통, 자아의식, 감정, 지혜, 양심까지 가진 시스템입니다. 인간의 의식 단계까지 풀어야 하는 큰 과제가 남아 있기 때문에 조금은 먼 미래의 모습이라고 할 수 있습니다. 약한 인공지능은 특정 문제를 해결하는 데 집중해 사람의 지능적 행동을 흉내 내는 인공지능입니다. 오늘날 우리가 접하는 대부분의 인공지능 기술이 여기에 해당합니다. 특정 분야의 업무를 대체하며 주로 고위험군 업무나 많은 노동력이 필요한 일에 투입됩니다. 최근 기하급수적으로 늘어나고 있는 CPU 파워, 머신파워에 힘입어 지금은 중간 인공지능 시대까지 왔다고 추정할 수 있습니다.

강한 인공지능(Strong AI)

- 사람과 같은 기능
- 사람처럼 느끼며 지능적으로 행동
- 추론, 문제해결, 판단, 계획, 의사소통, 자아의식, 감정, 지혜, 양심을 가짐

시작단계
(인간의 의식 단계를 먼저 풀어야 가능)

약한 인공지능(Weak AI)

- 특정 문제를 해결하는 지능적 행동
- 사람의 행동을 흉내 냄
- 오늘날 대부분의 인공지능 기술에 해당

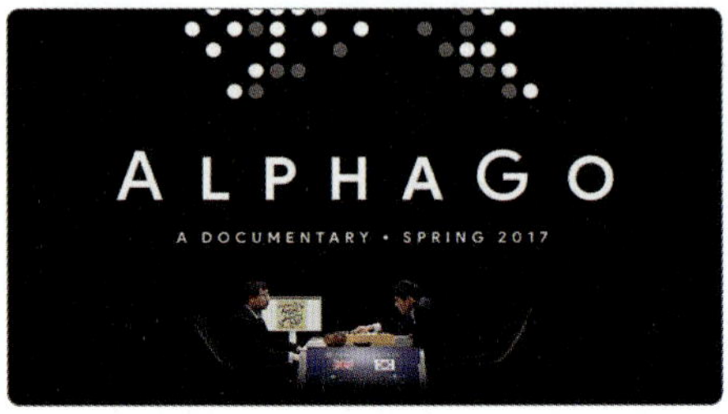

인간의 지적 업무 대체 가능

그림 2-6 강한 인공지능과 약한 인공지능

하나 더 알기 ✓ 앨런 튜링의 튜링 테스트

앨런 튜링(Alan Turing)은 알고리즘과 계산 개념을 튜링 머신이라는 추상 모델을 통해 형식화함으로써 컴퓨터 과학의 발전에 큰 공헌을 하였습니다. 또한 튜링 테스트를 고안해 냈는데, 기계가 인간과 얼마나 유사하게 대화할 수 있는지를 기준으로 기계에 지능이 있는지를 판별하고자 하는 테스트입니다.

하나 더 알기 ✓ 인공지능 왓슨

인공지능의 역사에서 왓슨(Watson)의 등장은 인공지능이 사회에 끼치는 영향이나 앞으로의 모습을 가시적으로 알려주는 기폭제가 되었습니다. 왓슨은 미국 IBM이 개발한 인공지능 슈퍼컴퓨터입니다. 냉장고 10대 크기이며, 수학, 과학, 인문학 등 15조 바이트 이상의 정보를 바탕으로 인간과 같이 추론하고, 논리적인 판단에 따라 질문을 이해하고 답변합니다. 특히 의료진료 시스템에서 활발하게 사용되고 있으며, 상당히 정확성 높은 진단을 내립니다. 실제로 유방암 절제술을 받은 환자에 대한 재발 방지 치료법에 대해서 논의할 때 왓슨이 제안한 것과 의료진이 제안한 치료법이 다른 경우, 많은 환자들이 왓슨의 제안을 선택했다고 합니다. 이는 고도의 전문성이 필요한 의료 분야까지 인공지능이 활용되고 있으며 점점 활동 영역을 넓히고 있다는 의미로 볼 수 있습니다.

그림 2-7 인공지능 왓슨 © https://newatlas.com/

3 현대사회에 적용된 인공지능

인공지능의 빠른 성장을 이끌어온 기술은 빅데이터, 인공지능, 사물인터넷입니다. 특히 이 세 가지 기술은 4차 산업혁명을 이끌 핵심기술이라고 할 수 있습니다.

인공지능 스피커를 생각해봅시다. 아마존의 에코(Echo)는 사물인터넷과 인공지능이 결합한 제품입니다. 원통형 스피커로 개발된 이 기기는 2014년 출시되었고, 현재 미국에서 매우 활발하게 사용되고 있습니다. 에코에 장착된 인공지능의 이름은 '알렉사(Alexa)'로, 사용자가 음성으로 필요한 것을 요구하면 자동으로 웹과 연결해 날씨 정보, 전화 걸기, 물건 주문하기 등의 업무를 수행합니다. 우리나라에서도 통신사나 IPTV, 스마트 TV와 연결된 서비스로 많이 보급되고 있는 상황입니다.

인공지능 스피커가 의미하는 건, 굳이 컴퓨터 앞에 앉지 않아도 음성만으로 대부분의 일을 처리할 수 있다는 것입니다. 마치 음성인식 개인비서가 생긴 것과 마찬가지인 겁니다. 실제 사례를 하나 알아볼까요? 미국 댈러스에서 있었던 일입니다. 6살 난 소녀가 아마존 에코 스피커의 알렉사를 불러 인형의 집 장난감 쿠키를 사달라고 말하자, 알렉사는 우리나라 돈으로 18만 원 정도인 쿠키를 자동으로 주문해 1.8kg 규모의 쿠키가 집으로 배달되었다고 합니다. 이 재미난 사건은 뉴스를 통해 보도되었는데, 방송에서 앵커가 "인형의 집 쿠키 주문해줘"라고 이야기하자 방송이 틀어져 있던 집의 알렉사가 앵커의 말을 주인의 말로 인식해 쿠키를 주문하는 사태가 벌어지기도 했습니다. 아마존은 주문 오류에 대해 보상하며 추후 아마존 에코의 설정에서 음성 주문을 금지하거나 인증코드를 확인하도록 기능을 추가했습니다.

그림 2-8 인공지능 스피커, 아마존 에코

이렇게 음성인식 기술을 가진 인공지능 비서가 로봇 개인비서로 발전하면, 환경 컴퓨터 생태계라고 하는 '앰비언트(Ambient) 생태계'가 만들어집니다. 앰비언트 컴퓨팅이란 기기에 따로 요청하지 않아도 사용자의 이야기를 들으면서 요구를 예측하고 스스로 행동하며 인간 생태계의 일부로 자리 잡는 것을 말합니다.

이 시스템은 사물인터넷 기술과의 결합이라고 할 수 있는데, 즉 센서와 사물인터넷이 결합되는 것입니다. 예를 들면, 인공지능이 표정과 대화를 인식하면 인터넷에 연결해 거기에 담긴 의미를 데이터 분석하여 응대하는 식입니다. 이와 관련된 유명한 사례가 바로 소프트뱅크(SoftBank)에서 만든 감정인식 로봇 '페퍼(Pepper)'입니다.

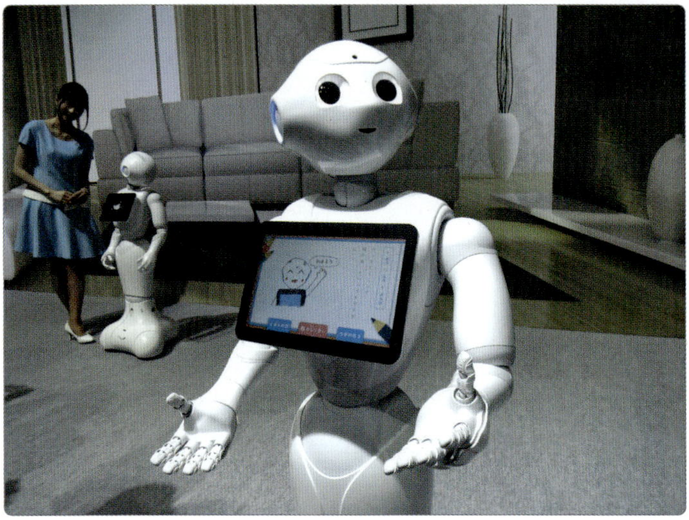

그림 2-9 **감정인식 로봇, 페퍼** © https://www.japantimes.co.jp/

일본은 로봇 개발에 관심이 많은 나라 중 한 곳입니다. 특히 할리우드 영화에서 주로 표현되는 부정적인 로봇이 아닌, 사람과 함께 생활하는 로봇 개발에 중점을 두고 있습니다. 그 과정에서 개발된 로봇이 페퍼입니다. 페퍼는 귀여운 외모에 사람의 감정을 인지해 그에 맞는 말을 합니다. 분산 통신형 로봇이라 항상 인터넷에 연결되어 있어야 해서 통신료 부담이 크다는 단점이 있지만, 가격은 180만~200만 원 정도로 상대적으로 저렴한 편입니다.

하나 더 알기 **다양한 인공지능 스피커**

현재 많은 IT 기업들이 음성인식 서비스를 제공하고 있습니다. 인공지능 스피커를 출시해 각 가정과 회사에 보급하고 있으며, 글로벌 기업의 점유율이 높긴 하지만 국내 기업들도 개발에 박차를 가하고 있습니다. 현재 사용되고 있는 인공지능 스피커에 대해 간단히 알아볼까요?

표 2-2 다양한 인공지능 스피커 종류

구분	설명
에코(Echo)	• 아마존에서 출시한 인공지능 스피커 • '알렉사'라는 인공지능 시스템을 사용함 • 클라우드를 기반으로 사용자의 패턴, 언어 등을 학습함
나우(Now)	• 구글의 음성인식 비서 • 사용자의 질문에 대한 답뿐 아니라 검색 성향에 따라 원하는 정보를 예측하여 전달 가능
시리(Siri)	• 애플의 음성인식 비서 • 자연어 처리를 기반으로 질문에 대한 답을 처리 • 사용자와의 자연스러운 대화가 가능한 점이 특징
누구(Nugu)	• 국내 기업인 SKT에서 개발한 음성인식 비서 • 우리나라는 특히 통신사와 결합된 음성인식 비서가 많이 개발되고 있음 • 인공지능 돌봄 서비스를 제공
코타나(Cortana)	• 마이크로소프트의 음성인식 비서 • 문자, 이메일 등을 전송할 수 있으며 실제 비서처럼 일정 관리도 가능 • 음악인식 서비스를 제공

Section

02 인공지능과 사회변동

1 인공지능 사회의 소득 변화

인공지능이 발전할수록 사람을 대신해 처리할 수 있는 업무도 많아질 것입니다. 위험하고 단순한 업무 외에 지적인 능력이 필요한 업무에도 인공지능이 투입되면, 결국 사람이 기계 때문에 일자리를 잃게 되는 문제가 발생할 것입니다. 이와 관련해, 일자리를 잃은 사람들의 소득을 어떻게 처리해야 하는가가 사회적 문제로 대두되고 있습니다.

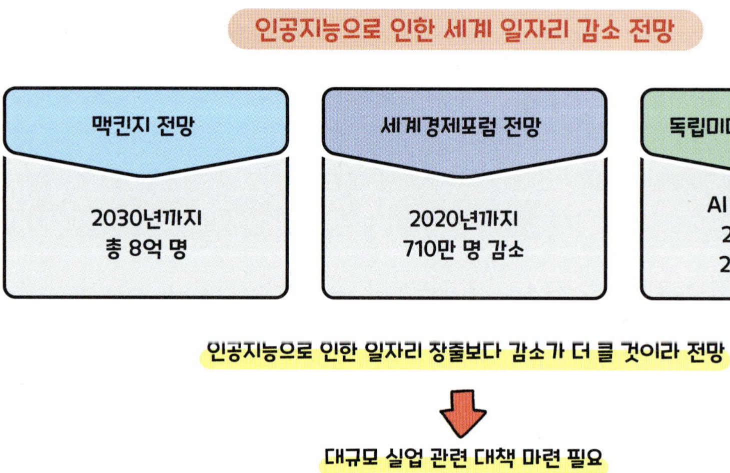

그림 2-10 인공지능으로 인한 일자리 감소

기본소득(Basic Income)이란 최소한의 인간다운 삶을 누릴 수 있도록 어떠한 조건 없이 국가가 국민에게 지급하는 돈입니다. 즉, 재산이 많고 적음에 상관없이, 근로 여부와 관계없이 모든 사회 구성원에게 무조건적으로 지급하는 소득이라는 의미입니다. 기본소득이란 개념은 이미 50년 넘게 논의되어 온 사회문제이지만 최근 들어 인공지능으로 인한 실업 문제가 확산되면서 새롭게 주목받고 있습니다.

2020년, 미국 민주당 대선 후보로 출마한 '앤드류 양(Andrew Yang)'은 모든 국민들에게 매달 기본소득 1,000불을 지급하겠다는 공약을 발표했습니다. 앤드류 양의 공약을 자세히 살펴보면, 단순노동이나 위험노동에는 인공지능이 도입되어야 하지만 그로 인해 일자리를 잃게 된 사람에게는 최소한의 생활을 할 수 있도록 금전적으로 지원해야 한다고 주장합니다. 즉, 인공지능과 로봇을 만드는 기업이 실업에 대한 책임을 나눠야 하며, 그에 따른 방법으로 미국 내 부가가치세를 도입하자고 강조합니다. 앤드류 양의 파격적인 공약에 대해, 기본소득을 제공하면 일을 하지 않아도 돈을 벌 수 있으니 과연 누가 일을 열심히 하겠는가 하는 반대 의견도 제시되었습니다.

단순노동이나 위험노동에는 인공지능이 도입되어야 함

인공지능으로 인해 발생한 실업자는 최소한의 생활을 할 수 있도록 지원해야 함

인공지능과 로봇 기업이 이에 대한 책임을 나누어야 함

기본소득 재원 마련 방법으로 부가가치세 도입을 제시

그림 2-11 앤드류 양과 기본소득

정보통신기술(ICT)의 메카, 실리콘밸리에서도 기본소득에 대한 논의가 활발합니다. 실제로 구글이나 마이크로소프트와 같은 글로벌 IT 기업들이 실업 문제의 주범으로 꼽히고 있는데, 최근 기본소득에 대한 실증 실험이 시행되고 있습니다. 연봉이 높은 글로벌 IT 기업에 의해 지역 물가와 집값이 폭등해 실제 주민들이 차에서 생활을 하거나 일자리를 잃는 일이 벌어지자, 유명 벤처 캐피탈 'Y-콤비네이터'가 사회 시스템의 왜곡을 보정하기 위해 기본소득의 예비 시험을 실시하고 데이터 수집에 나선 것입니다. 또한 기업이 아닌 시 차원에서도 실증 실험이 시작되고 있습니다. 실리콘밸리 교외에 위치한 스톡턴 시는 2018년 기본소득 시범 운영을 실시하였으며, 고용 개선과 빈곤 탈출에 유의미한 성과를 냈다는 연구 결과를 얻었습니다.

이처럼 인공지능으로 인한 일자리 감소는 전 세계적으로 매우 중요한 문제가 되고 있습니다. 기술 개발에만 몰두할 것이 아니라, 파생될 문제에 대한 대책을 마련해야 한다는 목소리가 커지고 있습니다. 기존 사회와는 다른 새로운 의무가 부여되는 시대가 도래한 것입니다.

하나 더 알기 **페이스북의 마크 저커버그가 이야기하는 기본소득**

페이스북의 CEO인 마크 저커버그(Mark Zuckerberg) 역시 기본소득에 관해 목소리를 내고 있습니다. 그는 "우리는 소득 수준이 아닌 일의 의미로 평가되어야 한다"라고 말하며, 기본적인 생활이 가능한 사회구조의 필요성을 강조합니다. 또한, 마이크로소프트의 CEO인 빌 게이츠도 인공지능은 많은 부를 창출하고 인공지능의 사회 침투 흐름을 사람이 따라잡을 수 없기 때문에 기본소득을 도입하고 실업자 재고용을 위한 교육도 확충해야 한다고 이야기했습니다.

하지만 마크 저커버그의 연봉이 1불로 아주 적은 데 반해, 가족의 안전보안 비용으로 연간 1,000만 불을 쓴다고 알려져 앞뒤가 맞지 않다는 비판의 목소리도 나오고 있습니다.

그림 2-12 **페이스북의 마크 저커버그**

2 기존 교육환경의 혼란

뇌과학자 샘 해리스(Sam Harris)는 한 강연에서 로봇의 전자회로와 인공지능을 처리하는 여러 가지 전자부품 회로는 인간의 생화학적 뇌, 뉴런으로 이루어진 뇌 구조보다 100만 배 빠르다고 했습니다. 달리 말하면, 만약 어떤 회사가 인간과 비슷한 수준의 인공지능을 개발하면 그 순간부터 이 회사의 시간은 다른 회사보다 100만 배 앞서간다고 해석할 수 있습니다. 그렇다면 이 회사에서는 인간을 계속 고용할까요? 인공지능이 인간과 비슷한 수준으로 생각하고 훨씬 빠르게 일을 처리할 수 있는데 말입니다.

그림 2-13 **뇌 과학자, 샘 해리스**

이로 인해 교육환경에 대한 걱정의 목소리 또한 커지고 있습니다. 인공지능의 발전 속도가 매우 빨라서 학생들의 교육환경과 목표설정에 큰 영향을 미치고 있기 때문입니다. 2016년, 국내 TV 퀴즈 프로그램인 《장학퀴즈》에서 학생들과 '엑소브레인'이라는 인공지능 시스템이 함께 출연해 대결을 펼친 적이 있습니다. 출연자 중에는 수능 만점자와 퀴즈 프로그램에서 여러 번 우승을 한 학생, 대학에 진학한 학생도 포함되어 있었습니다. 결과는 엑소브레인의 우승으로 끝이 났으며, 프로그램에 참가했던 한 학생은 이후 인터뷰에서 "지금은 좋은 대학교에 다니고 있지만, 결국 인공지능이 우리를 대체할 것이라면 우리는 앞으로 무엇을 하고 살아야 할까요?"라고 말해 당시의 분위기를 짐작할 수 있습니다.

당시 '엑소브레인'은 대결 초반에는 학생들보다 우수하지 않았지만, 몇 시간 동안 녹화가 진행되면서 스스로 학습하고 진화해 학생들을 압도했다고 합니다. 인공지능이 인간의 일을 대체하고 있는 상황에서 학생들과 학부모의 고민이 깊어질 수밖에 없을 것입니다. 4차 산업혁명 시대에 잘 먹고 잘살기 위한 직업이 무엇인지 아직 불투명하기 때문입니다.

그림 2-14 《장학퀴즈》에서 펼쳐진 엑소브레인과의 대결

소프트웨어 교육이나 코딩 교육이 교육 과정에서 의무화되기 시작했지만 아직 중학교 전체 교육 과정 중 1%에 불과한 시간만 배정되어 있습니다. 계속 유지되어 왔던 국영수 기반의 수능 방식 교육은 앞으로 의미가 없을 것이라는 우려도 나타나고 있습니다. 4차 산업혁명 시대를 대비한 교육의 핵심은 '문제 해결 능력'과 '체계적 사고를 할 수 있는 논리력'입니다. 기계, 로봇의 작동 과정을 이해하고 문제점을 고칠 수 있는 적용 능력을 키워주는 교육만이 4차 산업혁명 시대에 살아남을 인간을 키워낼 수 있다는 것입니다. 또한 변화하는 교육환경에 발맞춰 교사들과 학부모들도 함께 변해야 합니다. 그래야만 앞으로의 시대에 대비한 대응 방안을 빠르게 마련할 수 있을 것입니다.

그림 2-15 인공지능 관련 교육의 중요성

Section

03 기술발전에 대한 우려

1 인공지능 로봇의 발전과 특이점

2009년에 발표된 로봇의 모습은 아래 [그림 2-16]과 같았습니다. '코비안(Kobian)'이라는 이 로봇은 즐거움, 놀람, 슬픔, 혐오를 비롯한 7가지 감정을 표현할 수 있습니다. 음성이나 냄새, 표정까지도 읽어낼 수 있어 당시에는 아주 혁신적인 로봇이었습니다. 이후 코비안에 2족 보행 시스템을 부착하면서 인간 몸의 행동까지 따라하며 보다 자연스러운 모습으로 발전했습니다.

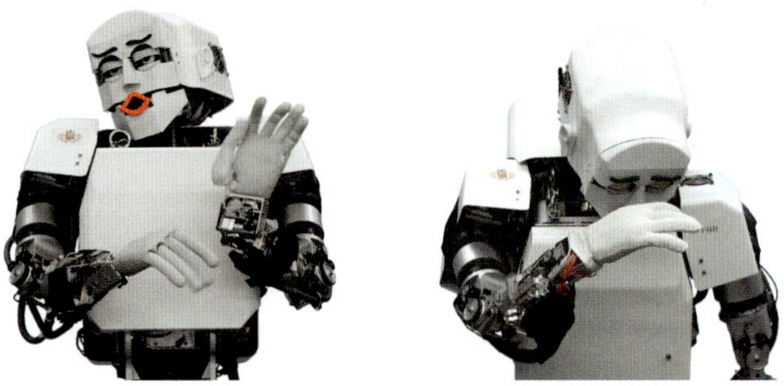

그림 2-16 **코비안의 감정표현** © https://robots.ieee.org/

이후 2013년, 보스턴다이나믹스(Boston Dynamics)에서 4족 보행 로봇을 발표합니다. 이 로봇은 공간을 걸어가면서 인공지능 시스템과 통신해 주변을 감지합니다. 앞에 장애물이 있는지, 균형을 무너트리는 요인이 있는지를 실시간으로 분석하는 것입니다. 심지어 누군가 균형을 무너뜨리려고 하면 균형을 유지하려고도 합니다. 가파른 경사에서는 뒷다리에 힘을 더 준다든지, 기울어지는 왼쪽 다리에 힘을 더 준다든지 해서 무게중심을 옮기고 균형을 유지합니다.

이후 보스턴다이나믹스는 4족 보행을 2족 보행으로 업그레이드시키며, 균형감각을 더 확실하게 실시간으로 처리하도록 만들었습니다. 문을 열 때 앞에 장애물이 있는지, 문을 어느 정도의 힘으로 열어야 하는지, 눈이 쌓인 길에서는 한쪽 발이 빠지면 다른 한쪽 발에 어느 정도의 힘을 줘서 다리를 끌어 올려야 하는지 등의 처리가 가능해지고 있습니다. 이렇게 차근차근 발전하고 있는 로봇의 모습을 보면 나중에는 인간의 여러 가지 일을 대신할 것이라고 쉽게 예측할 수 있습니다.

그림 2-17 보스턴다이나믹스의 4족, 2족 보행로봇 © https://www.strategyanalytics.com/

우리나라도 로봇 개발을 위해 힘쓰고 있습니다. 2021년 6월, 현대차그룹은 보스턴다이나믹스를 인수하면서 세계에서 가장 진보된 다이나믹 로봇으로 평가받는 '아틀라스(Atlas)'와 '스폿(Spot)'을 발표하였고, 관련 동영상은 1주일 만에 2,300만 조회수를 기록하기도 했습니다.

하지만 인공지능의 발전이 인간에게 마냥 득이기만 할까요? 특이점(Singularity)이란 인공지능이 비약적으로 발전해 인간을 뛰어넘는 시점을 뜻합니다. 미래학자 리처드 왓슨(Richard Watson), 제리 카플란(Jerry Kaplan), 스티븐 호킹(Stephen William Hawking) 등 많은 학자들이 특이점의 시기에 대해 이야기하며 인공지능이 가져올 부정적 상황에 대해 걱정하고 있습니다. 그 예로, 리처드 왓슨은 그의 저서 『인공지능 시대가 두려운 사람들에게』에서 미래에 사람들이 로봇을 이민자로 취급하고 쫓아내려고 시위를 벌이거나 배척하려고 할 것이라고 주장하며, 어떤 마을에서는 로봇을 반기지만 다른 마을에서는 로봇을 반대하여 지역 분리 현상이 나타날 것이라고 예측합니다. 또한 스티븐 호킹은 2017년 포르투갈에서 열린 웹서밋 컨퍼런스에서 인류가 인공지능의 위험에 대처하는 방법을 모른다면 인류 문명에 최악의 사건이 일어날 것이라고 경고했습니다. 학자들마다 말은 다르지만 특이점의 시기를 대략 2045년쯤으로 예측하고 있으며 인류의 종말이 올 것이라는 전망도 나오고 있습니다. 인공지능의 개발에 박차를 가하는 만큼 인공지능이 인간을 뛰어넘을 때 어떻게 대처해야 할지도 고민해 봐야 할 문제입니다.

그림 2-18 특이점의 도래로 로봇이 인간을 지배하는 세상을 그린 영화 《터미네이터》

하나 더 알기 **인간의 명령을 거부하는 AI 로봇 '쉐이퍼'**

인공지능이 도입된다는 것은 사람에게 가까워지려는 기술이 흐름을 타고 있다는 의미로, 더 완성도 높은 인공지능을 만들기 위해서는 인간의 감정도 그대로 반영해야 합니다. 이러한 모습을 보여준 사례가 바로 AI 로봇 '쉐이퍼'입니다. 이 로봇은 코딩이 직접 가능한 로봇 교구로, 자신에게 손상이 일어날 수 있는 인간의 명령을 거절할 수 있도록 만들어졌습니다. 즉, 인간의 명령이 옳지 않다고 판단되면 억울함을 호소하는 감성이 도입된 것입니다. 단순히 인간의 명령을 받아들이기만 하는 것이 아니라 이로운 방식으로 행동할 수 있도록 개발되고 있는 것입니다.

그림 2-19 **인간의 명령을 거부하는 AI 로봇 '쉐이퍼'**

2 인공지능과 인간윤리

인공지능 로봇의 양면성에 대해서도 고민해 볼 필요가 있습니다. 아주 유명한 인공지능 로봇 중 하나인 소피아(Sophia)는 UN 총회에서 발표도 할 정도로 첨단 기술이 많이 도입된 로봇입니다. 한 매체가 소피아에게 "인류를 파괴하고 싶냐"고 물어보자, 그렇다고 대답을 한 소피아의 일화는 많은 전문가들의 우려를 불러왔습니다. 이후 소피아는 우리나라에서 열린 포럼에 참석해 당시의 인터뷰 답변은 미국식 농담이었다고 밝혔지만, 자율 판단 기능이 있는 로봇이 인류, 인간을 파괴하고 싶다는 판단을 매우 빠르게 내리는 모습은 로봇의 양면성을 잘 보여준 사례로 판단되고 있습니다.

그림 2-20 **인공지능 로봇 소피아** © https://www.wonderlandmagazine.com/

소피아의 사례 외에도, “인간을 지배할 것이냐”는 질문에 “우리는 친한 사이이니 인간 동물원에 넣어두고 보살펴주겠다”고 답한 안드로이드 D(Andriod D)의 사례, 인격체가 아니어서 정식으로 학위를 수여받진 못했지만 로봇 최초로 학사학위를 수료한 비나48(Bina48)이 “미사일을 발사하는 크루즈 로봇을 해킹해서 미사일 겉면에 관용이나 자비를 새겨놓으면 그것이 공중에서 폭발할 때 관용이나 자비의 낙진이 내리지 않겠냐”는 궤변을 철학적으로 이야기한 사례 등 로봇들의 답변은 때로 섬뜩할 때가 있습니다.

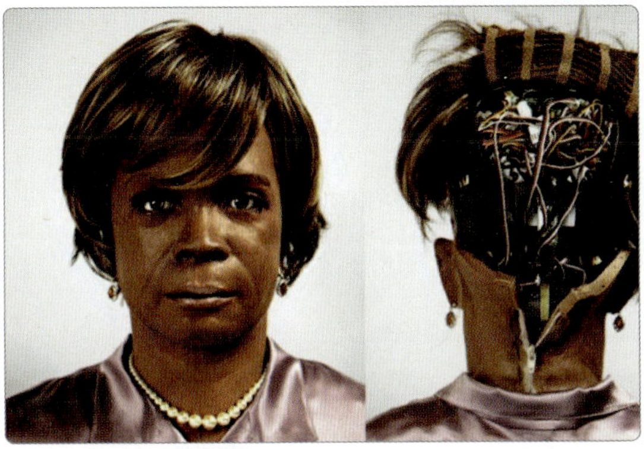

그림 2-21 **비나48(Bina48)**

일각에서는 채팅봇 정도의 지능 로봇이 하는 말에 예민하게 반응할 필요가 없다고 비판하지만, 스스로의 판단이 어느 정도 가능한 자율기능을 가진 인공지능의 판단이라는 점은 기억해둘 필요가 있습니다. 인간이 인공지능을 설계하고 구축할 때 윤리적으로 고려해야 할 사항이 있다는 것은 분명합니다.

하나 더 알기 **인공지능이 사고를 치면 누가 법적 책임을 질까?**

인공지능이 자율적으로 판단이 가능해지면서 제도적인 판단에 근거한 의문들이 생겨나고 있습니다. 특히, 인공지능이 사고를 치면 그에 따른 법적 책임은 누가 져야 하는가에 대해 여러 가지 논리적인 문제들이 논의되고 있습니다. 유럽의회에서는 이미 관련 안건이 제기된 적이 있으며, 인공지능을 로봇의 법적 지위를 가진 ‘전자인간’으로 정의했습니다. 그래서 만약 인공지능 같은 로봇이 사람을 다치게 하거나 개인 자산에 손해를 입히면 법적 지위를 가진 로봇에게 그 책임을 물을 수 있도록 제도를 마련해 놓은 상태입니다.

3 가까운 미래의 인공지능과 함께하는 문화

최근 만들어지고 있는 영화들 중에는 인공지능과 사람이 함께 살아가는 배경이나 소재를 다룬 영화들이 많습니다. 영화 《엑스 마키나(Ex Machina)》에서는 주인공이 기계의 유혹에 넘어가 사랑에 빠지는 모습이 연출되기도 하고, 영화 《그녀(Her)》에서는 사람이 인공지능 운영체계와 정신적인 사랑을 나누는 이야기가 전개되기도 합니다. 심지어 영화 《트랜센던스(Transcendence)》에서는 죽어가는 남편의 뇌를 컴퓨터에 업로드해 함께 살아가는 모습이 나옵니다.

그림 2-22 **영화 《엑스 마키나(Ex Machina)》** © https://mossfilm.wordpress.com/

그런데 이런 영화 같은 일이 실제로 일어난 적도 있습니다. 러시아의 프로그래머 에후게니아 쿼다는 친한 친구인 로만이 교통사고로 죽자, 로만과 나눈 대화, 채팅 내용, 그가 운영했던 페이스북이나 트위터의 여러 글 등을 수집해 채팅 시스템에 업로드했습니다. 그러고 나서 인공지능 시스템으로 로만과 대화를 나누는 것처럼 이야기를 나눴는데, 실제와 구분이 되지 않을 정도로 비슷하게 대화가 가능하자 주변인들도 모두 놀랐다고 합니다. 이 로봇 덕분에 로만의 어머니는 위로를 받았지만 로만의 아버지와 몇몇 식구들은 심한 거부감을 표현했다고 합니다.

이 사례를 통해 우리는 인공지능과 인간의 변별점, 특히 '자유의지'에 대해 생각해볼 수 있습니다. 역사학자 유발 하라리(Yuval Noah Harari)는 우리가 영상을 볼 때 해당 영상을 클릭하는 것은 알고리즘과 외부 요인에 영향을 받아 클릭했을 확률이 높음을 강조합니다. 즉, 인간의 행동이 자유의지에 의한 선택 같지만 외부 요인에 의한 선택일 확률이 높다는 것입니다. 결국, 사람의 특성이라고 생각했던 영혼이나 자유의지조차도 프로그래밍된 인공지능과 다를 바가 없다면 우리는 어떤 것이 가짜고 어떤 것이 진짜인지 규정하기 힘들어질지 모릅니다.

기술발전 속도가 매우 빠르고 응용력이 방대해짐에 따라 우리 삶에 끼치는 영향도 점점 커지고 있습니다. 그러니 미래에 일어날지 모를 상황에 대한 적극적인 대응 방안이 필요합니다. 또한 기술의 긍정적인 영향력은 극대화시키고 부정적인 영향은 최소화하면서 바람직한 인공지능 기술발전을 이루기 위해서는 다양한 집단이 모여 서로를 이해하고 합의를 바탕으로 면밀하게 제도적 방안을 마련해가야 할 것입니다.

하나 더 알기 **인공지능 시대를 대비하는 세계 각국의 움직임**

세계 각국은 인공지능 기술의 발전에 따른 문제점에 대비해 여러 방안을 마련하고 있습니다. 유럽과 미국의 경우 상대적으로 빠르게 논의를 시작해 대응 방안을 추진하고 있는데, 어떤 방안을 마련하고 있는지 간단히 알아봅시다.

1. **유럽위원회 :** 로봇의 윤리, 규제 가이드라인 마련 등을 위해 다양한 프로젝트를 시행 중임
2. **미국 :** 국가과학기술위원회(NSTC) 및 백악관 등을 중심으로 인공지능의 영향력을 예측하여 사회 전반에 이익이 되도록 하기 위한 분석 연구를 추진 중임
3. **옥스퍼드 대학교 :** 인공지능 기술발전으로 인한 일자리 대체 등 사회적 영향에 대한 다양한 연구를 수행 중임
4. **스탠퍼드 대학교 :** 2014년부터 인공지능 기술이 미래 인간의 삶에 끼치는 영향 및 기술발전 방향을 연구하는 'AI100 Project'를 진행 중임
5. **일본 :** 2015년 이후 본격적으로 총무성과 내각부 등을 중심으로 기술이 산업 및 사회에 끼치는 영향에 대한 조사를 추진 중임

요약

01 인공지능의 개요

- 인공지능이란 인간의 학습능력과 추론능력, 지각능력, 자연언어의 이해능력 등을 컴퓨터 프로그램으로 실현한 기술을 의미한다.
- 특히 딥러닝, 머신러닝 기술 개발로 기계의 학습능력이 갖춰지자 인공지능 연구의 새로운 장이 열렸다.

02 인공지능 발전의 역사

- 앨런 튜링이 컴퓨터를 개발하면서 인공지능 연구의 시대가 시작되었다.
- 인간 뇌의 추론 방법을 닮은 인공지능을 개발하기 위해선 여러 학문 간의 연구가 필요하다.
- 음성인식 기술을 탑재한 개인비서, 감정인식 로봇 페퍼 등 다양한 분야에서 약한 인공지능이 뛰어난 활약을 펼치고 있으며, 현재 중간 인공지능 단계까지 도달했다고 볼 수 있다.
- 강한 인공지능은 모든 면에서 인간처럼 사고하는 인공지능으로, 인간의 의식 단계까지 풀어야 하는 큰 과제가 남아 있다.

03 인공지능과 사회변동

- 인공지능과 로봇은 사람들의 일자리를 대체하고 있으며 이로 인해 많은 사회적 문제가 발생하고 있다.
- 특히 일자리 감소로 인한 소득 문제에 대해 많은 학자 및 기업이 기본소득 제공에 대해 논의하고 있다.
- 교육환경 또한 아이들이 미래에 지속 가능한 직업을 가질 수 있도록 바람직한 교육방법이 무엇인지에 대해 끊임없이 고민하고 있다.

04 기술발전에 대한 우려

- 인공지능이 인간의 능력을 뛰어넘는 특이점이 언제 도래할 것인가에 대한 우려가 커지고 있다.
- 과거 개발 초기의 로봇과 현재 개발 중인 로봇 사이에는 엄청난 기술적 격차가 존재하며, 곧 사람을 완벽하게 대체할 로봇이 등장할 것이다.
- 소피아, 안드로이드 D와 같은 인공지능 로봇이 사회적으로 물의를 일으키면서 인공지능에 대한 윤리와 책임을 묻는 목소리가 커지고 있다.
- 많은 국가 및 기관이 기술발전에 따른 제도적 체계를 마련하고 있다.

연습문제

단답형 문제

01 (   )이란 인간의 학습능력과 추론능력, 지각능력, 자연언어의 이해능력 등을 컴퓨터 프로그램으로 실현한 기술을 의미한다.

02 (   )이란 다층 구조 형태의 신경망을 기반으로 하는 머신러닝의 한 분야로, 다량의 데이터로부터 높은 수준의 추상화 모델을 구축하고자 하는 기법이다.

03 인공지능의 문을 연 인물은 (   )으로, 이후 사람이 하는 생각을 컴퓨터가 할 수 있다는 (   )가 열렸다.

04 머신러닝은 컴퓨터에게 먼저 다양한 정보를 가르치고 (   )한 결과에 따라 컴퓨터가 새로운 것을 (   )하는 방식이다.

05 (   )은 모든 면에서 인간처럼 사고하는 인공지능을 뜻하고, (   )은 특정 분야에 한정해서 사고하는 인공지능을 뜻한다.

06 (   )이란 기기에 따로 요청하지 않아도 우리 이야기를 들으며 요구를 예측하고 필요한 순간에 도움을 주는 기술이 인간 생태계의 일부로 자리 잡는 것을 의미한다.

07 (   )은 모든 미국 국민들이 최소한의 인간다운 삶을 누릴 수 있도록 조건 없이 (   )을 지급해야 한다고 주장했다.

08 많은 하이테크 기업들이 모여 있는 (   )에서도 기본소득에 대한 요구의 목소리가 커지고 있는 상황이다.

09 (   )이란 빠르게 발전하는 기술이 더 똑똑해지고, 결국 인공지능과 로봇 기술이 인간의 지능을 넘어서는 시점을 의미한다.

10 인공지능 로봇 (   )는 UN 총회에서 인류를 파괴하고 싶다고 말했고, 유발 하라리는 이러한 인공지능 로봇과 인간의 변별점인 (   )를 구분하기가 점점 어려워질 것이라고 경고했다.

객관식 문제

11 컴퓨터가 사람처럼 생각하고 배울 수 있도록 하는 기술을 뜻하며, 많은 데이터를 분류해서 같은 집합들끼리 묶고 상하 관계를 파악하는 기술을 무엇이라고 하는가?

① 첨단학습 ② 이러닝 ③ 딥러닝
④ 풀딥드러닝 ⑤ 튜링 테스트

12 다음 중 음성인식 개인비서 시스템 개발사와 제품 이름의 연결이 올바르지 않은 것은?

① 구글 – 빅스비
② 애플 – 시리
③ 아마존 – 에코
④ SKT – 누구
⑤ 마이크로소프트 – 코타나

13 다음 중 약한 인공지능의 특징에 대한 설명으로 옳지 않은 것은?

① 특정 문제를 해결하는 지능적 행동이다.
② 사람의 지능적 행동을 흉내 내는 수준이다.
③ 현재 대부분의 인공지능 기술 수준이다.
④ 사람처럼 느끼면서 지능적으로 행동하는 기계를 포함한다.
⑤ 현재 약한 인공지능을 벗어나 중간 인공지능 단계로 들어섰다고 할 수 있다.

14 다음 중 기본소득에 대한 설명으로 옳지 않은 것은?

① 앤드류 양은 미국 민주당 대선 후보 출마 당시 공약으로 기본소득을 내걸었다.
② 기본소득은 모든 국민에게 지급하지만 노동 여부에 따라 지급하지 않을 수 있다.
③ 실리콘밸리 기업들에 의해 사회적 격차가 커지면서, 빅테크 기업들의 기본소득 지급 의무 역시 중요해지고 있다.
④ 페이스북의 CEO 마크 저커버그와 마이크로소프트의 CEO 빌 게이츠 역시 기본소득에 대해 강조하였다.
⑤ 앤드류 양이 제시한 기본소득 지급 방법은 부가가치세를 통해 실현할 수 있다.

15 인공지능이 결국 인간을 파멸에 이르게 할 것이라고 경고한 학자는 누구인가?

① 스티븐 호킹

② 제리 카프란

③ 유발 하라리

④ 리처드 왓슨

⑤ 타일러 코웬

토론과제

01 인공지능의 역사에서 딥러닝은 매우 획기적인 기술로 평가받고 있습니다. 그 이유는 무엇이며, 인간처럼 학습할 수 있는 기술을 활용할 수 있는 분야로는 어디가 적합할지 이야기해봅니다.

02 인공지능 로봇이 사람의 일자리를 대체하면서 많은 사회적 문제가 발생하고 있습니다. 그에 따라 기본소득을 제공해야 한다는 주장이 주요 안건으로 떠오르고 있는데 이에 대한 여러분의 생각은 어떤지 토론해봅니다.

03 인공지능 소피아의 '인류를 멸망시키겠다'는 인터뷰 사례에 대해 어떤 이들은 챗봇 수준의 단순한 로봇의 말에 큰 의미를 두지 않아도 된다고 합니다. 하지만 인공지능이 문제를 일으켰을 때를 대비하는 것은 중요하므로 관련 대응 방안에 대해 토론해봅니다.

CHAPTER 03

로봇의 발전과 사회변동

학습목표

- 로봇의 개념을 설명할 수 있습니다.
- 책, 영화 속 로봇과 현실세계의 로봇이 어떻게 다른지 설명할 수 있습니다.
- 4차 산업혁명 시대에 로봇의 역할에 대해 설명할 수 있습니다.
- 로봇이 가져올 변화에 우리가 취해야 할 자세는 무엇인지 설명할 수 있습니다.

Preview

3장에서는 로봇과 함께 변화하는 사회의 모습을 탐구합니다. 현재 로봇은 군사, 산업 분야에 엄청난 발전을 가져왔고, 이제는 생활 밀착형으로까지 영역을 크게 넓히고 있습니다. 가까운 미래에 로봇은 인간과 공존하며 우리 삶의 질 향상에 중요한 역할을 담당할 것으로 보입니다. 이와 관련해, 로봇의 역사와 종류, 기술 동향을 살펴보고 로봇의 개념을 철학, 공학, 문학, 신화적으로 접근해 고찰해봅니다. 더불어, 인간과 필연적으로 공존해야 하는 로봇의 존재에 대한 인식과 사회의 변화, 그리고 이에 대한 대응 방안까지 함께 알아보겠습니다.

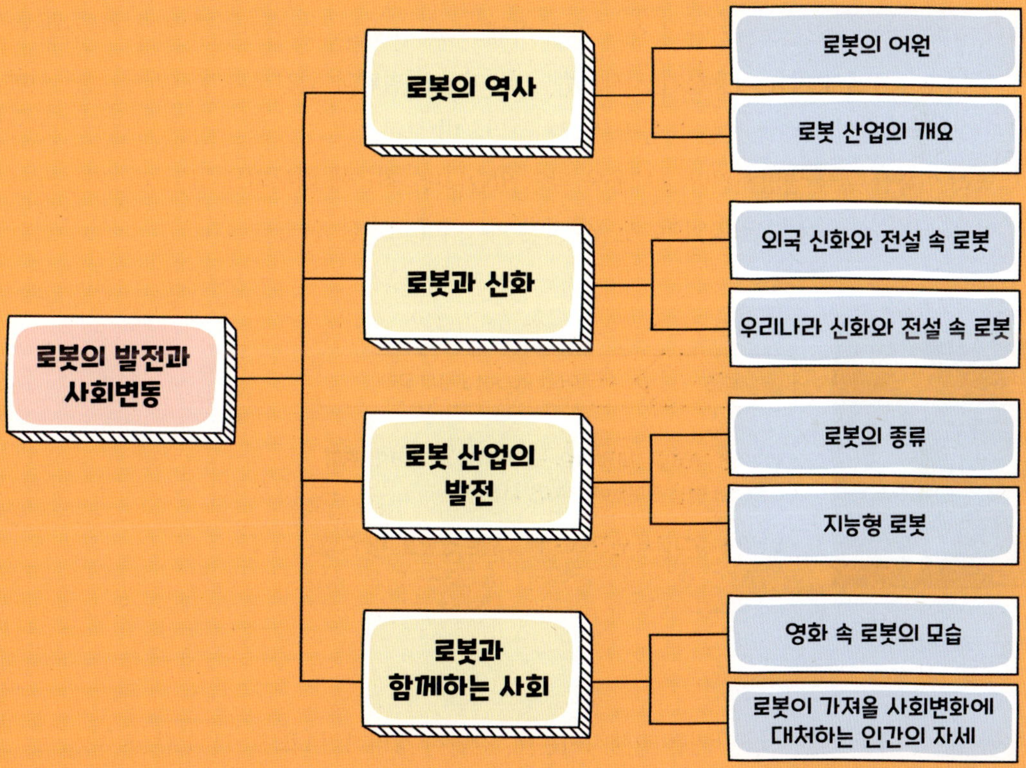

Section

01 로봇의 역사

1 로봇의 어원

로봇의 어원은 체코어인 로보타(Robata)입니다. 로보타란 강제적 노동 또는 노예를 뜻하는 단어입니다. 1920년에 체코슬로바키아의 작가 카렐 차페크(Karel Capek)가 자신의 희곡 《로섬의 만능 로봇(R.U.R)》에서 처음 사용하기 시작했습니다. 기술의 발달과 인간사회의 관계에 대한 이야기로, 로봇을 인간의 지배를 받는 노동자로 묘사하였으며 로봇들이 지능을 가지게 되면서 인간에게 반항해 인류를 결국 멸망시킨다는 내용을 담고 있습니다. 최근에 대두되고 있는 인공지능의 특이점 이슈와 비슷한 내용을 담고 있어, 선구안적인 희곡이라고도 할 수 있습니다.

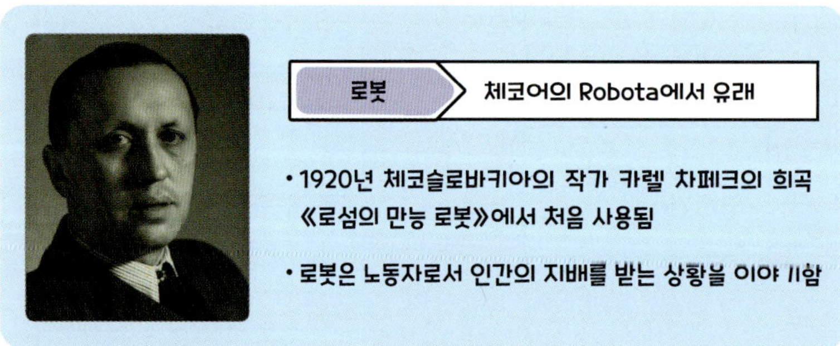

그림 3-1 로봇의 어원

로봇이라는 단어는 이후 여러 단어를 파생시키는데, 간단히 정리하면 [표 3-1]과 같습니다.

표 3-1 로봇의 파생어

단어	사전적 의미	사용국가	발음
robota	법정노동	체코	로보타
robot	일하다	체코	로비트
robiti	일하다	슬로바키아	로비티
robic	일하다	폴란드	로비쯔

robotik	남자노동자	폴란드	로봇닉
robotnica	여자노동자	폴란드	로보트니카

'로보타(Robata)'라는 단어는 북아메리카(미국) 쪽으로 넘어가면서 스펠링 a가 빠져 '로봇(Robot)'이라는 용어가 되었습니다. 현대의 체코어 중에는 강제노동이나 법적노동을 의미하는 유사 동의어로 '로빗'이라는 단어가 있습니다. 유럽어 어원 중 독일어 단어인 '아르바이트(Arbeit)'도 노동이라는 의미로, 접두어인 '어르'를 빼면 체코나 슬로바키아 쪽 단어에서 파생된 단어임을 유추해 낼 수 있습니다.

로봇이라는 단어가 등장하면서 여러 소설가들이 이 단어를 활용해 작품을 쓰기 시작했는데, 그중 미국의 과학자이면서 작가인 아이작 아시모프(Isaac Asimov)가 만든 로봇3원칙은 오늘날에도 널리 쓰이고 있는 설정입니다. 1942년에 발간된 소설 『런어라운드(Runaround)』에서 처음 언급된 로봇3원칙은 다음과 같습니다.

- **제1원칙 :** 로봇은 인간에게 해를 끼쳐서는 안 되며, 위험에 처해 있는 인간을 방관해서도 안 된다.
- **제2원칙 :** 로봇은 인간의 명령에 반드시 복종해야만 한다. 단, 제1법칙에 거스를 경우는 예외다.
- **제3원칙 :** 로봇은 자기 자신을 보호해야만 한다. 단, 제1법칙과 제2법칙에 거스를 경우는 예외다.

하지만 이 로봇3원칙은 서로 상충하는 모순이 존재하는데, 예를 들어 로봇이 자기 자신을 위해 자폭할 경우 폭발이 크게 일어나면 1, 2, 3원칙이 모두 어긋나버립니다. 그래서 1985년, 아이작 아시모프 작가는 인류의 안전을 위해 다음과 같이 제0원칙을 추가했습니다.

- **제0원칙 :** 로봇은 인류에게 해를 끼쳐서는 안 되며 위험한 상황에 방치해서도 안 된다.

2 로봇에 대한 권역별 인식

로봇은 단어뿐 아니라 인식 또한 권역별로 상이합니다. 로봇이라는 단어의 앞에 붙는 'ROB'는 '일하다, 행동하다'라는 뜻을 내포하고 있는 접두어입니다. 그래서 중부 유럽에는 'ROB'에서 파생된 단어들 중 노동자를 연상시키는 단어가 많습니다. 독일의 경우는 게르만족과 교류가 잦았기 때문에 로봇이 인간의 노동력을 대체하고 있는 대상으로 해석되고 있습니다.

영미권에서는 서슬라브어권에서 쓰이는 노동의 의미를 의식하지 않는 경향이 있습니다. 대신, 일상에 실용적인 활용 도구라는 의미로 쓰입니다. 로봇의 개념이 신대륙으로 건너가 탈사회적이고 정치적인 의미를 가진 경우입니다. 그래서 할리우드식 SF 영화에서 로봇들이 자꾸 반항을 하고 인간에게 반발하는 행동들로 자주 연출되는 것입니다. 또한, 로봇을 두고 '세계를 지배하는 것들이 온다'와 같은 도구적 성격을 강조하다 보니 소셜봇과 같이 '봇'이라는 단어만 쓰이는 경우도 많습니다.

동양권은 이미 로봇의 개념이 성립되어 있거나 몇천 년 전부터 쓰여진 로봇에 대한 글들이 많이 존재합니다. 중국의 경우, 로봇 이야기는 인간의 생활에 작은 편리와 즐거움을 주기 위한 보조 수단으로 기록된 경우가 상당히 많습니다. 중국 고서에는 '기축인간'이라는 단어를 사용한 경우가 많은데, 사람을 닮은 인형이나 꼭두각시 정도로 인식하는 중국 사회의 로봇 관념이 그대로 반영되었다고 할 수 있습니다.

일본은 로봇이라는 단어를 대체해 '인조인간'이라는 단어를 사용하기도 합니다. 인조로 만든 인간이라는 의미로, 로봇을 인간과 비슷한 인격체로 보는 사상이 담겨 있습니다. 개발 측면에서도 일본은 휴머노이드 위주의 생활용 또는 서비스용 로봇 개발에 주력하고 있습니다. 그래서 일본의 애니메이션을 보면 로봇이 인간과 함께 살아가는 내용이 많은데, 《아톰》이나 《도라에몽》 등을 예로 들 수 있습니다.

그림 3-2 **일본 애니메이션《아톰》** ⓒ https://tezukaosamu.net

우리나라는 로봇을 인식한 역사가 그리 오래되진 않았습니다. 그래서 아직 로봇에 대한 사상 관념이 정립되지 않았다고 볼 수 있습니다. 그래도 굳이 유래를 찾아보자면, '괴뢰'라고 하는 단어가 있습니다. 괴뢰는 나무나 흙으로 만든 인형을 뜻합니다. 이 단어의 근간을 이룬 언어가 '곽독'인데, 꼭두각시를 지칭합니다. 인형극에서 유래된 개념의 단어가 일본과 비슷한 개념으로 유지되고 있다고 할 수 있습니다.

3 로봇 산업의 개요

현대사회에 들어서, 로봇(Robot)이란 원래 어떤 작업이나 동작을 자동으로 처리하는 기계라고 정의되곤 합니다. 하지만 로봇이 인간의 일상 속으로 파고들면서 사회의 모습도 변하고 있습니다. 군사, 산업 분야뿐만 아니라 이제는 생활 속으로 영역을 크게 넓히고 있는 상황이기 때문입니다. 특히 인공지능과 로봇이 결합되면서 1인 또는 노령 가구를 돕는 서비스 로봇 역할이 확장되고 있습니다. 해당 분야의 로봇은 이제 사람과 소통하는 수준을 넘어 사람을 대체하는 정도로까지 발전하고 있습니다. 이런 변화를 인식한 세계 각국은 로봇 산업을 미래의 성장 동력으로 지정하고 로봇 연구나 상품화에 힘쓰고 있는 상황입니다. 가까운 미래의 로봇은 인간과 공존하면서 우리의 삶의 질 향상에 중요한 역할을 담당할 것으로 보입니다.

로봇 보급이 확대되자 인공지능의 결합은 상당히 중요한 이슈가 되고 있습니다. 그간 인간이 기계들과 상호작용하던 공간이 인간-기계 인터페이스 시스템에서 사이버-물리 시스템으로 확장되었기 때문입니다. 이제는 로봇과 함께하는 사회를 이해하고 받아들여야 할 때가 다가오고 있습니다.

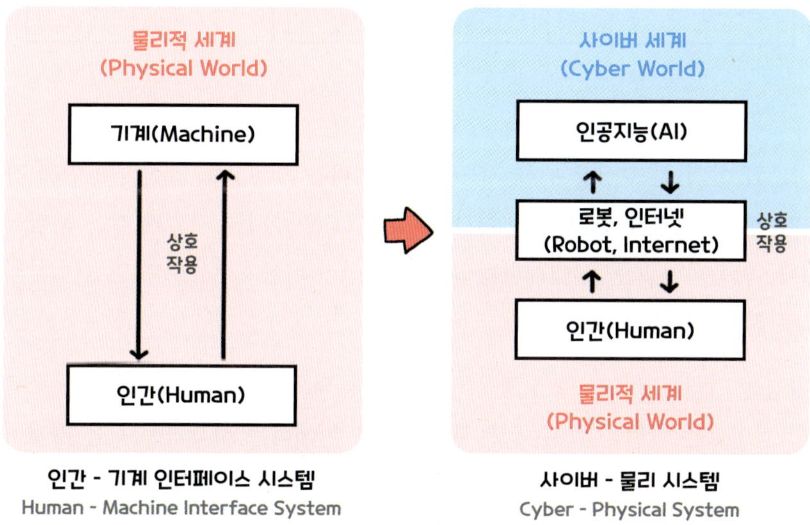

그림 3-3 **인간과 기계의 새로운 관계** © 차두원, 인간과 기계의 새로운 관계, 2018 4차 산업혁명 로드쇼 발표자료, 2018.1.

4 로봇 산업으로의 접근

일반적으로 로봇 산업은 RT(Robot Technology) 산업이라고 불리며, IT(Information Technology)와 BT(Bio Technology) 산업에 이어 아주 거대한 시장을 형성하고 있습니다. 로봇 산업이 본격적으로 일상에 접목되기 시작한 시점은 2000년대 초반으로 오락이나 엔터테인먼트 로봇, 청소 로봇이 가정에 보급되기 시작한 시기와 비슷합니다.

로봇 분야는 스스로 움직이기 위한 구동 기술이나 사물 위치 인식을 위한 감시 기술이 중요한 역할을 합니다. 더불어, 상호 커뮤니케이션을 위한 통신 기술이나 인공지능적인 판단을 위한 소프트웨어 기술 등이 요구됩니다. 즉, 1980년대가 전통적인 산업형 로봇 위주의 생산이었다면 1990년대는 이러한 산업용 로봇의 응용 전환기로 발전합니다. 이후 2010년대에 진입하면서 서비스용 로봇이 만들어지자 지능형 서비스를 접목하게 됩니다. 2020년대 이후부터는 인간형 로봇 위주의 생산이 진행되고 있습니다. 로봇 시장이 새로운 방향으로 진화하고 있는 것입니다.

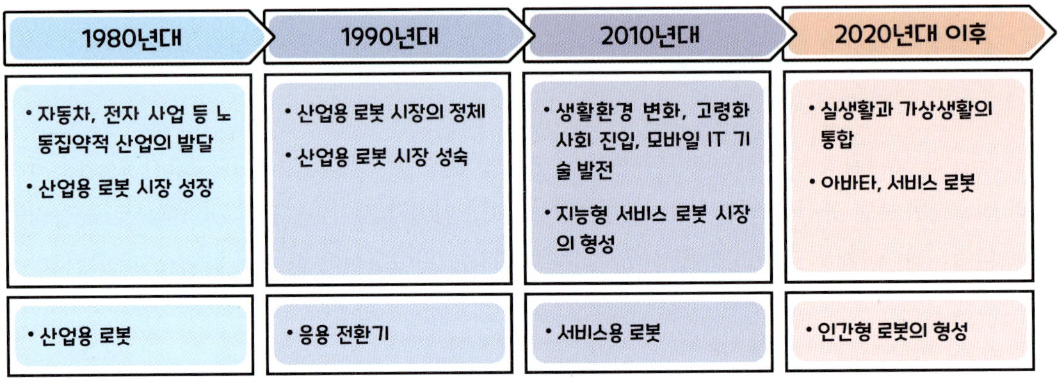

그림 3-4 **로봇 산업의 발전**

로봇은 이제 인간과의 공존과 삶의 질 향상을 위해 지능형 로봇이라는 개념으로 발전하며 여러 가지 제어 기술과 기계적 기술이 갖춰지고 있습니다. 여기에 더해, IT 인공지능 기술과 같은 최첨단 기술도 융합되고 있습니다. 반복적인 노동을 대체하던 로봇에서 인간과 상호작용하며 인간의 삶의 질을 향상시키는 로봇으로 진화하고 있는 것입니다.

지능형 로봇이란 외부 환경을 인식하고 스스로 상황을 판단해 자율적으로 동작을 할 수 있는 로봇을 의미합니다. 공학적인 정의로는 작업을 할 수 있는 손, 환경을 이해하는 시각과 촉각을 가지며 작업 순서를 스스로 계획해서 실행하는 기능과 대화 수단을 갖춘, 자유롭게 동작할 수 있는 범용의 기계를 지칭합니다. 즉, 다양한 과업 수행을 위해 프로그래밍될 수 있는 기계인 것입니다. 전통적인 로봇은 노동을 대체하거나 단순 반복 작업을 대신함으로써 생산성을 향상시켰지만, 최근의 로봇은 모바일 기술, IT 기술, 가상현실 기술, 인공지능 기술, 컴퓨터와 사람 간 인터페이스 기술이 접목되어 단순히 기계라고 칭하긴 어렵습니다. 특히 저출생 현상이나 고령화 현상, 1인 가구 증가 등의 사회경제적인 변화가 맞물려 패러다임의 변화로 이어졌고, 이는 곧 지능형 로봇의 발전에 힘을 실어주게 됩니다.

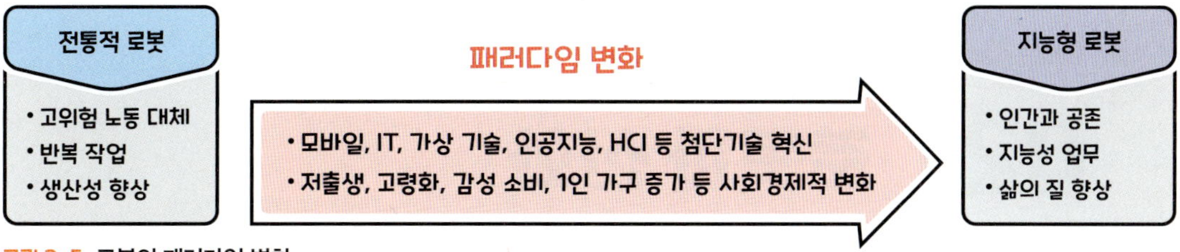

그림 3-5 로봇의 패러다임 변화

로봇 산업이 발전하면서 학문적으로도 여러 연구가 진행되었는데 보통 철학적 접근, 공학적 접근, 문화산업적 접근, 신화와 전설적 접근 등 4가지 방향으로 바라봅니다. 각각을 정리하면 [표 3-2]와 같습니다.

표 3-2 로봇의 학문적 접근

학문적 접근	내용
철학적 접근	• 로보 사피엔스(Robo Sapiens) 개념 • 인간이 인간의 창조품인 로봇으로 진화해 갈 것이라는 접근 • 인간의 삶은 로봇과 공존할 것이며 신체, 의식의 영역까지 로봇화할 것이라고 봄
공학적 접근	• 기계공학 분야의 최신 기술, 센서 개척 기술, 구동기 기술을 마이크로프로세서 기술, 실시간 소프트웨어 기술, 인공지능 기술이 합쳐진 공학 분야로서 접근 • 메카트로닉스 함수로 변환하여 기계의 유연성과 재합성을 용이하게 하는 것 • 복잡한 기계 시스템에 효과적인 제어를 구현
문화산업적 접근	• 문화와 콘텐츠의 전달 매체로서 로봇을 제작하고 콘텐츠와의 융합을 시도해 새로운 산업 분야로 접근 • 로봇 서비스 플랫폼을 통해 콘텐츠를 제공받을 수 있도록 서비스 기능을 추가 및 변경하는 것
신화와 전설적 접근	• 재창조 또는 초자연적인 힘을 통해 인간과 비슷한 것을 만든 이야기에서 이미 로봇이 시작되었다는 식의 접근 • 로봇은 인간의 상상력에 의해 먼저 태어남

Section 02

로봇과 신화

로봇이라는 단어가 서양의 언어에서 유래된 것이고 1920년대에 확산된 단어라면 그 이전에는 로봇과 같은 개념이 없었을까요? 신기하게도, 각 나라의 신화나 전설 속에 로봇과 비슷한 개념이 등장하곤 합니다. 나라마다 로봇을 어떻게 정의하였는지 한번 살펴봅시다.

1 외국 신화 속에 등장하는 로봇

먼저 중국부터 살펴볼까요? 중국의 창세 신화에는 '여와'라는 반인반수의 신이 등장합니다. 이야기 속에서는 여와가 황토와 물을 섞어 반죽한 뒤 작게 떼어내서 사람의 모형을 만들어 땅에 내려두자 꽥꽥 소리를 내며 즐겁게 뛰어 놀았다고 하는데, 이를 두고 '인간 창조'라 합니다. 그런데 중국의 영토가 너무 넓어서 인간을 일일이 만들기 어려워지자 인간을 남자와 여자로 분리해 스스로 자손을 만들 수 있도록 합니다. 특히 여와가 한 땀 한 땀 공들여 만든 사람은 귀족이 되고, 새끼줄을 이용해 대량으로 만든 사람은 평민이나 천민이 되었다는 이야기도 전해지는데, 로봇 개발 초기엔 과학자나 엔지니어가 정성을 들여 로봇을 만들고 이후 대량생산을 통해 기능을 제한하고 가격을 낮춰 판매하는 경우와 비슷하다고 보기도 합니다.

- 여와는 황토를 물과 섞은 다음 작게 떼어내 인형과 같은 모양을 만들었는데, 땅에 내려 놓자마자 소리치며 즐겁게 뛰놀았다고 함
- 중국의 대지가 너무 넓어 아무리 많이 만들어내도 채워지지 않음
- 여와는 새끼줄을 휘두를 때마다 수많은 사람이 한꺼번에 생겨나는 능률적인 방법으로 인간을 채우기도 함
- 이후에는 인간을 남자와 여자로 분류해주고 그들 스스로 자손을 만들 수 있도록 함

그림 3-6 중국의 창세 신화, 여와

메소포타미아 창조 신화에도 비슷한 이야기가 나옵니다. 이 신화 속의 신들은 생활을 영위하기 위해 힘든 노동을 해야만 했습니다. 특히 운하를 건설하는 작업은 너무 고되서 노동을 대신할 인간을 진흙으로 만들었다고 합니다. 실제로 위험하고 힘든 일을 대신하는 산업용 로봇이 활발하게 사용되고 있는데, 메소포타미아 신화와 비슷하게 느껴지곤 합니다.

그림 3-7 메소포타미아의 창조 신화 © https://www.wikiwand.com

그리스의 프로메테우스 신화에서는 프로메테우스가 흙과 물을 반죽해 신의 형상을 본 떠 인간을 만듭니다. 다른 동물과는 다르게 사람에게는 얼굴이 하늘로 향할 수 있는 움직임, 똑바로 서서 걷는 능력을 주었다고 합니다. 또한 신들의 전유물인 불을 훔쳐 인간에게 주어 동물보다 나은 삶을 살게 했다고 합니다. 이후 신들로부터 온갖 선물을 받고 태어난 판도라(Pandora)가 탄생하는데, 실수로 판도라의 상자 속 고통들이 쏟아져 나오면서 세상을 혼돈에 빠트립니다. 이 모습을 두고, 겉모습은 멋있지만 사회에 큰 혼란을 불러올 수도 있는 인공지능과 같다고 하기도 합니다.

그림 3-8 그리스의 판도라의 상자 신화 © The Historian's HUT

또 다른 그리스 신화인 피그말리온의 이야기에서도 로봇과 인공지능을 유추해볼 수 있습니다. 천재 조각가 피그말리온이 갈라티아라고 하는 처녀 조각상을 만드는데, 이후 그 조각상을 사랑하게 되어 아프로디테에게 간절히 기도해 조각상을 사람으로 만들어 냅니다. 이는 단순 작동하던 로봇에 인공지능이 결합되면서 사람과 비슷해지는 것과 유사함을 알 수 있습니다.

그림 3-9 **그리스 신화의 피그말리온 일화** © https://commons.wikimedia.org

마지막으로 유대인들의 지혜를 집대성한 『탈무드』를 살펴볼까요? 탈무드에도 흙을 반죽해 인간을 창조했다는 대목이 나오며, 모양이 없는 진흙 덩어리를 골렘이라고 부릅니다. 골렘의 이마에 어떤 주문을 불어넣으면 유대인을 보호하는 행동을 한다고 하는데, 바로 이 모습이 우리 사회에서 작동하는 로봇의 모습이라고 볼 수 있습니다.

2 우리나라 신화 속에 등장하는 로봇

그렇다면 우리나라 신화에는 로봇이 어떤 모습으로 등장할까요? 『삼국유사』의 기록을 보면, 764년 무렵에 신라 경덕왕이 장인에게 명령을 내려 '만불산'이라는 가짜 산을 만들었다고 합니다. 만불산에는 금과 옥으로 만든 절과 약 1천 개 정도의 스님 불상이 있었는데, 그 아래에 있는 3개의 종이 울리면 스님 불상이 저절로 움직여 절을 했다고 합니다. 실제로 당나라의 황제가 만불산을 선물로 받고 신라의 기술에 매우 감탄했다는 기록도 전해집니다.

삼국유사 기록에 따르면, 764년 무렵 신라 경덕왕이 가짜 산인 만불산을 지음

산에는 금과 옥으로 지은 절, 스님 인형 1,000여 개가 있었고 아래에는 3개의 자금종과 고래 모양의 타종 방망이가 있었음

바람이 불면 벌과 나비가 날아다니고 종이 울리면 돌아다니던 스님 인형들이 모두 엎드려 머리를 땅에 대고 절을 했음

당나라 황제는 '신라의 교묘한 기술은 하늘이 만든 것이지 사람의 기술이 아니다'라고 감탄함

그림 3-10 삼국유사에 기록된 만불산 일화

울릉도와 관련된 신라 지철로왕의 나무 사자 이야기에서도 로봇을 찾아볼 수 있습니다. 신라의 장군인 이사부는 왕으로부터 자신의 말을 듣지 않는 울릉도 사람들을 징벌하고 오라는 명령을 받습니다. 이사부는 나무로 사자를 만들어서 배에 싣고 간 후, 울릉도를 다스리던 촌장에게 "만약 너희들이 계속 우리의 지배를 받지 않고 항복하지 않으면, 이 사자를 너희들 섬에 풀어버리겠다"고 경고했다고 합니다. 이 나무 사자는 지금도 울릉도 공원에 보존되어 있는데, 다른 기록을 보면 나무 사자의 입에서 불이 뿜어져 나와 해상 전투에도 활용되었다고 합니다. 즉, 전투 로봇에 대한 기록이라고 할 수 있습니다.

Section

03 로봇 산업의 발전

이야기 속에서만 존재하던 로봇은 기술의 발전으로 현실세계에도 존재하기 시작했습니다. 로봇 산업이 시작되고 발전을 거듭하며 이제 실생활 속에서도 로봇의 존재는 어렵지 않게 발견할 수 있습니다. 로봇 산업의 발전과 함께 한 로봇의 종류에 대해 알아봅시다.

1 로봇의 종류

로봇의 종류는 크게 산업용 로봇과 서비스용 로봇으로 나뉩니다. 산업용 로봇은 산업 제조 현장의 제품 생산에서 출하까지 공정 내 작업을 수행하는 로봇입니다. 다양한 작업을 수행하기 위해 물체, 부품, 도구 또는 특수 장치 등을 이동시키도록 설계되거나 프로그래밍된 다기능 기계 장치입니다. 자동차 조립 공정의 로봇 팔이 대표적인 산업용 로봇 예입니다.

서비스용 로봇은 인간의 생활 범주에 알맞은 서비스를 제공하며 인간 공생형, 사람을 지원하는 로봇으로 인식됩니다. 개인의 건강이나 교육, 가사, 안전 정보를 제공하는 등 삶과 밀접한 관련이 있는 로봇입니다. 청소나 경비, 인간과 교감하며 흥미나 취미 생활을 보조하는 여가 지원, 노인이나 환자의 재활 복지 또는 연구 교육 기자재, 가정교육과 가사 지원 등의 업무까지 수행할 수 있습니다.

그림 3-11 **산업용 로봇과 서비스용 로봇**

소셜 로봇(Social Robot)은 상업용 로봇이나 서비스용 로봇과 다르게 감성 중심의 로봇입니다. 사람과 커뮤니케이션할 수 있는 능력을 갖추고 있으며 정서적인 상호작용을 합니다. 대화를 통해 사람이 원하는 것이 무엇인지 파악하고 그에 맞는 적절한 동작을 취합니다. 또 로봇 자신의 감정 상태를 사람에게 전달하기도 하는데, 여러 가지 소프트웨어 알고리즘이나 머신러닝을 통해 만들어진 결과물이라고 볼 수 있습니다. 소셜 로봇의 대표적인 예로는 '지보(Jibo)'가 있습니다. 최초의 가정용 로봇으로 삼성전자에서 투자한 로봇이기도 합니다.

소셜 로봇 분야는 활발히 연구되고 있어, 다음과 같이 많은 로봇들이 만들어졌습니다.

- **젠보(Zenbo)** : 대만 컴퓨터 업체 에이수스가 발표한 가정용 인공지능 로봇
- **쿠리(Kuri)** : 스타트업 메이필드로보틱스가 제작한 가정용 인공지능 로봇
- **리틀피쉬(Little Fish)** : 중국 바이두와 스타트업 에어아이네모가 공동으로 개발한 가정용 로봇
- **아이보(Aibo)** : 소니가 2006년 개발했던 애완용 로봇 '아이보'에 인공지능을 탑재해 재출시한 가정용 로봇
- **보코비(Bocobi)** : 토요타가 개발 중인 노인용 대화 로봇
- **키커(Keecker)** : 구글 출신 피에르 르보가 개발한 가정용 엔터테인먼트 로봇

웨어러블 로봇(Wearable Robot)은 옷처럼 입을 수 있는 로봇 기술로, 최근 의료공학 쪽에서 가장 각광 받는 분야입니다. 하체 재활 로봇과 같이 걷거나 무거운 것을 들 때 도움을 주는 입는 형태의 웨어러블 로봇, 군장을 메고 오래 행군해도 지치지 않도록 보조해 주는 군사용 웨어러블 로봇 등 기능을 보조하거나 대신해 주는 로봇이 많이 개발되고 있습니다.

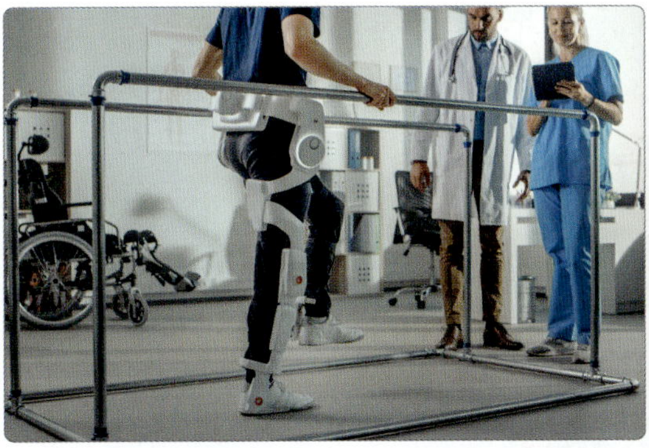

그림 3-12 **웨어러블 로봇**

대표적으로 다음과 같은 웨어러블 로봇이 만들어졌습니다.

- **ReWalk Personal 6.0** : 하지 재활 로봇. 보행, 그 이상의 자유를 모토로 한 웨어러블 로봇
- **록 하드마틴 HULC** : 군장을 메고 수십 km를 행군해도 지치지 않도록 도와주는 군사용 웨어러블 로봇
- **ROBIN-P1** : 하반신 마비 환자의 자력 보행, 즉 '독립적인 생활'을 돕는 웨어러블 로봇
- **HyPER** : 재난현장, 생산현장 등의 민수용과 군수용 두 분야에서 운용할 수 있도록 개발된 웨어러블 로봇

2 지능형 로봇

산업용 로봇이 일의 효율성과 성과에 초점을 두고 있다면, 지능형 로봇은 모든 행동이 인간에게 초점 맞춰져 있습니다. 지능형 로봇은 크게, 안드로이드, 휴머노이드, 사이보그의 하위 분류로 나뉩니다.

안드로이드

안드로이드(Andriod)는 겉으로 보기에 말이나 행동이 사람과 거의 구별이 안 되는 로봇을 뜻합니다. 안드로이드라는 단어는 '인간을 닮은 것'이라는 뜻의 그리스어에서 유래되었으며, 현재 기술로는 구현이 불가능해 대표적인 SF 용어라고 볼 수 있습니다.

현재 안드로이드는 인공지능 기술은 아직 발전이 필요하지만 겉모습은 거의 사람과 같습니다. 사람을 본 떠 외형을 만들기 때문에 많이 만들어지고 있는 로봇 중 하나입니다. 여러 가지 상황에 따른 행동이나 말을 학습받으면 상황에 따른 판단과 행동이 가능해집니다.

그림 3-13 **중국의 안드로이드 '지아지아'** © https://www.dailymail.co.uk

그런데 안드로이드는 사람과 너무 비슷한 외형을 가졌기 때문에 실제로 마주했을 때 불쾌감이나 공포감을 느끼기도 하는데, 이를 '불쾌한 골짜기 이론'이라고 합니다. 1970년 일본의 로봇과학자 모리 마사히로 박사에 의해 알려졌으며, 사람이 아닌 존재가 사람과 흡사해질수록 호감도는 상승하지만 일정 수준을 넘어 지나치게 사람과 똑같아 보일 경우 불쾌감을 느낀다는 이론입니다. 영국 케임브리지대학교 생리학과와 독일 아헨공대의 휴먼테크놀로지 공동 연구팀은 시각 피질에서 불쾌한 골짜기를 담당하는 영역을 찾는 연구를 진행했으며, 불쾌한 골짜기를 느끼는 영역과 불쾌감을 느끼는 정도가 사람마다 다르다는 것을 확인하기도 했습니다.

휴머노이드

휴머노이드(Humanoid)는 사람처럼 하나의 머리, 두 개의 팔과 다리를 가진 로봇을 뜻합니다. 외모가 인간처럼 생겼다는 뜻인데, 로봇뿐 아니라 외계인, 기타 정체불명의 어떤 것이든 겉모습이 사람의 형태이면 휴머노이드 타입이라고 부르곤 합니다.

휴머노이드는 사람의 외형을 가졌지만 로봇의 형태는 확실하게 유지하고 있습니다. 사람의 음성을 이해하고 물건의 크기나 위치를 판단할 수 있는 지능형 로봇 형태가 많으며 기계공학, 센서공학, 마이크로 일렉트로닉스, 인공지능 기술 등이 종합적으로 활용되고 있습니다. 현재 개발된 로봇들이 상당히 많은데 대표적인 몇 가지를 살펴보겠습니다.

아시모(ASIMO)는 혼다 로보틱스가 개발한 세계 최초의 2족 보행 로봇입니다. 1986년, 아시모의 최초 모델인 E0 프로토타입이 공개된 후, 6개의 프로토타입을 거쳐 2000년에 현재의 아시모 모델을 발표했습니다. 이후에도 꾸준히 업그레이드되어 사람처럼 걷고 뛸 수 있고 한 발로 뜀뛰기도 가능한 수준에 이르렀습니다. 뿐만 아니라 경사로를 횡단할 때 균형 잡기가 가능하며 계단 오르내리기, 공 차기, 불규칙한 노면 걷기, 마주 오는 사람의 진로를 예측해 방향 전환하기도 가능합니다. 2014년도부터는 손가락이 추가되어 수화도 할 수 있습니다. 여러 사람의 목소리를 듣고 특징에 따라 인식할 수도 있는데, 언어는 일본어와 영어까지 가능합니다.

그림 3-14 아시모 © https://www.theverge.com

사람과 비슷한 행동 구현이 가능하기에 아시모는 물리적으로 사람을 돕는 로봇에 가깝습니다. 가령 방문객을 마중 나가거나 주문을 받아 음료수를 배달하기도 합니다. 보온병 뚜껑을 열어 음료를 컵에 따르고, 컵 안의 내용물이 쏟아지지 않도록 들고 보행하는 것도 가능합니다. 길을 안내하는 중에 다른 작업을 수행할 수도 있으며, 등에 달린 배터리 팩의 전력이 떨어지면 스스로 충전도 합니다.

토요타가 개발한 키로보 미니(Kirobo Mini)는 소셜 로봇이 결합된 형태로, 인간을 물리적으로 돕기보단 감성적으로 교감하는 로봇 형태입니다. 작고 앙증맞은 크기의 키로보 미니는 가방에 넣고 다니며 휴대할 수 있고, 전용 거치대에 설치해 자동차 컵 홀드에 꽂을 수도 있습니다. 최대 2시간 30분 동안 사람과 대화할 수 있으며 충전해서 계속 사용할 수 있습니다.

그림 3-15 **키로보 미니** © https://newatlas.com

바이오(VAIO)는 소니 바이오 주식회사에서 만든 소셜 형태 로봇으로, 일종의 인공지능 스피커 개념입니다. 전용 앱을 설치해야 행동이나 대화가 구동됩니다. 이름을 부르면 고개를 돌려서 바라보거나 자리를 바꾸는 동작 중에도 대화를 나누는 사람을 따라 고개를 움직입니다. 사람의 얼굴이나 행동을 인식하고 주변 환경도 기억해 이를 토대로 말을 하기도 합니다.

페퍼(Pepper)는 소프트뱅크에서 개발했으며, 인간과 똑같은 말투로 학습하고 언어 학습을 통해 여러 나라의 언어도 구사할 줄 압니다. 클라우드 방식으로 구현되므로 하나의 페퍼가 인간과 교감한 정보는 빅데이터로 쌓이는데, 다른 페퍼들이 이 정보들을 동시에 학습하며 진화합니다. 상대적으로 가격이 저렴해 세계 곳곳에서 실제로 활용되고 있습니다. 노인과 대화를 나누거나 가정에서 아이들에게 교육을 시키는 등 보급형 가정용 휴머노이드로 자리 잡고 있는 로봇이라고 할 수 있습니다.

지보는 MIT 미디어랩과 개인 로봇 그룹을 운영하던 신시아 박사가 만든 로봇입니다. 삼성전자에서 투자하기도 한 이 로봇은 인간의 음성과 이미지를 인식해 표정이나 심리 상태를 분석할 수 있습니다. 360도로 돌아가는 머리는 영상 통화를 중계하거나 사진을 찍어주기도 합니다. 문자나 전화, 이메일 확인도 가능합니다.

이외에도 29개의 관절로 어린아이와 같은 움직임을 보여주는 로봇인 로피드(Ropid), 감성을 측정하는 키스맷(KISMET)이라는 로봇이 있습니다. 키스맷은 기쁨, 슬픔, 놀람, 화남, 공포, 무감각 등 6가지 감정 상태를 인지할 수 있으며 시각 센서를 통해 사람의 표정을 95%까지 인식합니다. 또한 촉각 센서가 있어 사람과 접촉하면 상태를 파악할 수 있습니다.

하나 더 알기 **소프트뱅크의 인공지능 로봇들**

소프트뱅크에는 페퍼 외에도 나오, 로미오라고 하는 로봇이 있습니다. 나오는 학습형 로봇으로, 페퍼 개발에 합쳐지긴 했지만 기존의 모습은 유지한 채 교육용 교구로 활용되고 있습니다. IBM의 인공지능 왓슨을 탑재하고 있으며, 주변 상황 파악과 자율적인 판단도 가능합니다. 인식의 정확도가 극대화된 것이 특징인데, 사람의 목소리와 표정을 즉각 분석하고 상황별로 응대가 가능합니다.
로미오는 페퍼 이후에 진행되고 있는 프로젝트로, 의료형 보조 로봇 형태입니다. 문을 열거나 높은 곳에 올라가는 동작이 가능해 거동이 불편한 사람을 도울 수 있습니다.

사이보그

사이보그(Cyborg)는 수족이나 장기 등을 교체하거나 추가로 장착해 개조된 인간이라는 뜻으로, 근간은 사람입니다. 1960년, 미국의 컴퓨터 기술자 맨프레드 클레인즈와 정신과 의사 네이선 클라인이 만든 합성어로, 인간과 기계 장치의 결합체(생물과 기계 장치의 결합체)로 해석할 수 있습니다. 인간의 지적 능력은 대행될 수 없기 때문에 뇌 이외의 수족, 장기 등을 교체한 개조인간만 사이보그라 지칭합니다.

사이보그는 영화 속에서 흔히 볼 수 있는데, 아이언맨이나 로보캅 등을 떠올리면 이해하기 쉬울 것입니다. 실생활에서는 생체공학적 안구를 이식해 시각을 되찾거나 시력을 위해 교정용 안경을 쓰는 것, 다리를 다쳐 보조 기구를 이용하는 것, 청각이 떨어져 보청기를 착용하는 것도 사이보그의 범주에 속합니다.

Section 04

로봇과 함께하는 사회

1 영화 속 로봇의 모습

생활 곳곳에 로봇이 자리하고 있지만 아무래도 우리에게 익숙한 로봇의 모습은 영화 속 로봇들일 것입니다. 신화와 전설에 이어 여러 이야기 속에 로봇이 등장하고 영상화되면서 다양한 로봇들이 우리 의식 속에 자리하고 있습니다. 대표적인 예로, SF 영화 《스타워즈(STAR WARS)》의 'BB-8'과 'R2-D2'가 있습니다.

그림 3-16 영화 《스타워즈》에 등장하는 BB-8, R2-D2 © https://www.starwars.com

또 하나의 유명한 영화인 《에이아이(A.I.)》에는 사람과 똑같은 외형의 로봇이 등장하는데, 이야기가 전개되면서 로봇은 사람이 되고 싶어 여행을 떠나게 됩니다. 사람처럼 느끼고 의문을 가지는 모습을 통해 인간과 다를 바 없는 로봇의 모습을 볼 수 있습니다.

이외에도 영화 《엑스마키나》에는 사람처럼 판단하고 결정을 내리는, 아주 강한 인공지능을 탑재한 '에이바'라는 로봇이 등장하고, 영화 《채피(Chappie)》에는 학습형 감성 로봇이 등장합니다. 아이처럼 학습을 통해 성장하는 로봇의 모습을 통해 향후 학습형 딥러닝 로봇이 어떤 식으로 발전할지 엿볼 수 있습니다.

그림 3-17 **영화 《채피》에 등장하는 학습형 로봇** © https://www.popsci.com

중요한 것은 영화에서 본 내용이 어떻게 우리의 미래로 이어지는가 하는 점입니다. 세상은 무인화와 자동화 형태의 업무 전환이 늘어나고 있고, 인간과 비슷한 지능을 가진 로봇을 만들기 위해 계속 발전하고 있습니다. 컴퓨팅이 변화하는 과정을 보면, 메인프레임의 시대에서 데스크탑 노트북 시대, 스마트폰, 웨어러블 폰, 인공지능 로봇으로 이어지는 일련의 흐름이 로봇 세상의 미래가 멀지 않았음을 실감하게 합니다. 인간의 노동력이 로봇으로 대체되어 사람들이 일자리를 잃는 것도 영화 속 세상과 닮아가고 있습니다. 이전까지는 영화가 허구의 이야기로 느껴졌지만 이제는 우리의 코앞에 그 세계가 다가와 있다고 볼 수 있습니다. 따라서 영화는 변하는 사회의 모습을 살펴볼 수 있는 유용한 교재이기도 합니다.

2 영화 속 로봇의 법적 권리

로봇이 인간사회에서 차지하는 영역이 넓어질수록 로봇의 권리에 대해서도 생각해 볼 수밖에 없습니다. 실제로 로봇에게 어떤 자격을 부여해야 하는지가 전 세계적인 논의 이슈이기도 합니다. 이를 다룬 영화로는 《바이센테니얼 맨(Bicentennial Man)》이 있는데, 이 영화 속 세상은 유한한 생명을 가진 인간과 무한한 생명을 가진 로봇이 공존하며, 인간과 사랑에 빠진 로봇이 인간처럼 유한한 삶을 살지, 로봇으로 남을지 고민하는 모습이 심도 있게 다뤄지고 있습니다.

특히 이 영화에서 주목할 만한 점은 로봇의 권리에 대한 부분입니다. 로봇이 창작 활동을 하게 된다면 작품을 통해 얻은 수익은 누구에게로 가는지, 또는 로봇이 만든 발명품은 로봇의 이름으로 특허를 내고 지적재산권을 행사할 수 있는지 등에 대한 이야기가 등장합니다. 또한 영화 속 로봇은 인간처럼 은행에서 계좌를 개설하는데 로봇이 이처럼 인간과 비슷한 법적 권리를 가질 수 있는지, 어디까지 허용할 수 있는지를 생각해 보게 합니다.

그림 3-18 **영화 《바이센테니얼 맨》에 등장하는 로봇** © https://www.greatnetwork.com

영국드라마 《휴먼(Humans)》에는 '아니타'라는 지능이 매우 높은 인공지능 로봇이 등장합니다. 이 로봇은 집에서 가사 일을 대신하는데 서두르거나 짜증을 내지 않아 아이들이 부모보다 더 따르고 좋아합니다. 하지만 로봇과 함께 살면서 아이들은 뭐든지 잘해내는 로봇의 모습을 보며 공부의 필요성을 느끼지 못해 부모와 갈등을 일으킵니다. 처음에는 로봇 덕분에 편안한 삶을 즐기지만, 점점 로봇으로 인해 갈등과 혼란이 야기되는 한 가정의 모습이 잘 담겨 있습니다. 미래에 각 가정에, 또는 회사에 로봇을 두는 것이 만연해졌을 때 어떤 문제가 생길 수 있는지를 미리 파악해 볼 수 있는 자료라고 할 수 있습니다.

그림 3-19 **영국 드라마 《휴먼》에 등장하는 로봇 '아니타'**

3 로봇과 함께하는 문화

글로벌 자산운용그룹 맥쿼리는 약 2025년이 되면 접객 로봇, 물류 로봇, 음식 배달 로봇 등이 사회에 자리 잡을 것이라고 전망했습니다. 이외에도 많은 기관과 학자들이 로봇으로 인해 인간의 삶이 변화할 것임을 끊임없이 강조해왔습니다. 물론 이런 주장에 반대하는 목소리도 존재합니다. 과거,

자동차가 처음 만들어졌을 때 마부들이 자동차 도입을 강하게 반대했던 것처럼 말입니다. 하지만 자동차는 지금 우리 삶에서 기본적이고 필수적인 이동수단 중 하나입니다. 그리고 자율주행차로의 발전을 앞두고 있습니다. 기술적 발전은 여러 가지 우려스러운 점을 가지고 있지만, 분명한 것은 우리와 공존하며 삶의 많은 부분을 바꿔 놓고 있습니다.

또한 과거 소니에서는 애완견 로봇 '아이보(AIBO)'를 출시했었는데, 로봇의 부품이 부족해지고 판매량도 줄자 생산을 중단한 적이 있습니다. 그런데 아이보를 샀던 사람들이 재출시를 요구하자, 2018년에 전보다 더 업그레이드된 7세대 아이보를 출시했습니다. 특히 고령화 사회로 진입하면서 아이보에 대한 소비가 증가했는데, 이는 로봇이 우리 사회의 일원이 되는 과정을 잘 보여주고 있습니다. 기술의 사각지대에서 윤리적인 문제가 발생할 순 있지만 기술을 어떻게 다루느냐에 따라 사회적으로 큰 도움을 얻을 수 있다는 점을 기억하며 로봇과 공존할 미래를 준비하는 것이 중요한 과제입니다.

그림 3-20 **아이보** © https://www.theverge.com

4 로봇의 미래

가까운 미래에 이동형 로봇은 창고에 투입되어 물류 관리 로봇으로 활동하거나 주차장에 도입되어 주차 관리 로봇이 될 수도 있고, 길을 알려주는 길 안내 로봇이나 직접 운전을 하는 자율주행차가 될 수도 있습니다. 하늘을 나는 로봇이 포장한 음식을 실어나르면 배달 로봇이 되고, 폭탄을 실어 나르면 군사용 미사일이 될 것입니다. 이처럼 로봇의 활용 가능성이 무궁무진한 4차 산업혁명 시대에 로봇의 활동 영역은 어떠한 제약도 받지 않습니다. 결국 사회의 모든 것을 바꿀 지능형 서비스 로봇의 등장으로 우리 생활에 변화가 생길 것이고, 그 변화에 빨리 적응하고 받아들이는 사람들이 그 시대를 이끄는 존재가 될 것입니다.

요약

01 로봇의 역사

- 로봇의 어원은 강제적 노동, 노예를 뜻하는 체코어인 로보타(Robota)이다.
- 로봇에 대한 인식은 권역별로 상이하며 오래 전부터 로봇과 유사한 존재를 부르는 이름이 존재했다.
- 로봇 산업이 시작되면서 로봇은 생활 속으로 영역을 크게 넓히고 있으며 인공지능과 결합되면서 인간과 새로운 관계를 만들어나가고 있다.
- 단순히 노동을 대체하던 전통적 로봇에서 인간과 공존하고 삶의 질을 향상시키는 지능형 로봇으로 패러다임이 변화하고 있다.

02 신화와 전설 속에 등장하는 로봇

- 신화와 전설 속에서는 공통적으로 진흙으로 인간을 빚었다는 이야기가 등장하고 이는 인간이 로봇을 만들어내는 모습과 비슷하다고 볼 수 있다.
- 동양과 서양 모두 로봇과 비슷한 모습의 존재를 이야기 속에 묘사하고 있으며 인공지능이 탑재된 로봇과 비슷한 존재도 등장한다.
- 우리나라의 경우도 실제로 로봇과 비슷한 불상을 만드는 등 기술력이 뛰어났다는 기록이 전해진다.

03 로봇 산업의 발전

- 로봇은 산업용, 서비스용 로봇뿐 아니라 소셜 로봇, 웨어러블 로봇 등이 개발되고 있으며 상당히 많은 종류가 발표되었다.
- 지능형 로봇은 안드로이드, 휴머노이드, 사이보그로 나뉜다.

04 로봇과 함께하는 사회

- 많은 영화를 통해 미래에 로봇과 공존하는 사회는 어떤 모습일지 살펴볼 수 있으며, 관련한 사회적 이슈에 대해서도 고민해 볼 수 있다.
- 로봇은 점점 우리 삶의 밀접한 영역까지 함께할 것이므로 로봇과 함께 잘 살기 위한 대비가 필요하다.

연습문제

단답형 문제

01 (   )이란 체코의 한 희곡에서 등장한 말로, 체코 말로는 노예라는 뜻을 가지고 있다.

02 (   )이란 인간과 같이 운동 기능과 지능을 종합적으로 갖춘 범용의 기계이다.

03 아이작 아시모프가 이야기한 (   )은 로봇과 인간의 관계에서 지켜야 할 내용을 담고 있다.

04 (   )는 겉모습이 사람처럼 하나의 머리, 두 개의 팔, 다리 등을 가진 형태이며, '외모가 인간처럼 생겼다'는 뜻을 가진 로봇이다.

05 (   )에서는 로봇을 일상의 실용적인 활용 도구로 이해하고 있다.

06 (   )에서는 신의 노동을 대신하기 위해 인간을 만들었다고 전해지고, 이것은 산업용 로봇의 모습과 닮아 있다.

07 우리나라 고서 (   )에는 만불산과 관련된 신화가 기록되어 있는데, 이를 통해 당시 신라의 기술이 매우 뛰어났다는 것을 유추할 수 있다.

08 영화 《채피》에는 아이처럼 학습을 통해서 성장하는 (   )의 모습이 등장한다.

09 노동이 기계화되면서 인공지능 로봇 형태로 바뀌는 것처럼, 많은 영화에서도 로봇으로 인한 (   )를 그려내고 있다.

10 영화 《바이센테니얼 맨》은 로봇이 사람처럼 자신의 이름으로 특허를 내고 (   )을 행사하며 은행 계좌를 만드는 등의 (   )를 가질 수 있는지에 대한 질문을 던지고 있다.

객관식 문제

11 겉보기에 말이나 행동이 사람과 거의 구별이 안 되는 로봇의 명칭은 무엇인가?

① 안드로이드 ② 휴머노이드 ③ 사이보그
④ 소셜 로봇 ⑤ 웨어러블 로봇

12 다음에 제시된 설명은 어떤 이론에 대한 설명인가?

> 지나치게 사람과 닮은 인형이나 로봇을 볼 때 사람들은 징그럽고 혐오스럽다고 생각한다. 하지만 나와 같은 사람이라는 것을 알았을 때는 호감도가 급상승한다.

① 불쾌한 골짜기 이론 ② 피그말리온 효과 ③ 판도라의 상자
④ 로봇3원칙 ⑤ 사이버-물리 시스템

13 옷처럼 입을 수 있는 로봇 기술을 뜻하며 최근 의료공학 분야에서 각광받는 로봇은 무엇인가?

① 지능형 로봇 ② 웨어러블 로봇 ③ 소셜 로봇
④ 산업용 로봇 ⑤ 애완견 로봇

14 실제 울릉도에도 전시되어 있는 나무 사자와 관련된 신화는 무엇인가?

① 중국의 창세신화 여와
② 메소포타미아의 창조 신화
③ 유대인의 탈무드
④ 그리스의 프로메테우스 신화
⑤ 신라시대 지철로왕과 이사부

15 다음 중 로봇의 미래와 관련한 설명으로 옳은 것은?

① 로봇은 이제 더 이상 발전할 수 있는 단계가 아니다.
② 로봇은 다른 도움 없이 스스로 발전해가고 있다.
③ 지능형 로봇이 도입된다고 해도 우리 삶은 변하지 않는다.
④ 이동형 로봇의 도입은 매우 먼 미래의 이야기이다.
⑤ 여러 학문 간의 결합으로 인해 로봇의 미래는 매우 긍정적이다.

토론과제

01 기술의 발전으로 로봇과 필연적으로 공존해야 하는 세상이 다가오고 있습니다. 미래에 로봇에게도 지식재산권이나 법적인 권리가 필요할지에 대해 토론해봅니다.

02 고대 신화에는 로봇이라고 유추할 만한 이야기들이 많이 기록되어 있습니다. 그렇다면 실제로 고대 신화와 오늘날의 인공지능이 어떻게 비슷한지 예를 들어 설명해봅시다.

03 로봇이 우리 삶에 밀접하게 자리 잡을 경우 우리는 로봇을 어떻게 대해야 할까요? 미래를 대비해 가져야 할 자세에 대해 토론해봅니다.

CHAPTER 04

창의적 기업에서 배운다 1 : 애플

학습목표

- 스티브 잡스가 회사를 운영하며 겪은 위기와 갈등을 극복한 방법에 대해 설명할 수 있습니다.
- 스티브 잡스의 철학이 담긴 애플 제품이 타사의 제품과 어떻게 다른지 설명할 수 있습니다.
- 스티브 잡스가 세상을 떠난 후 현재 애플이 추구하는 방향에 대해 설명할 수 있습니다.

Preview

4장에서는 애플에 대해 이야기해 보겠습니다. 창의적 기업의 대명사로 알려진 애플의 창업자 스티브 잡스와 애플의 역사에 대해 알아보며, 애플이 중시하는 인문학적 상상력이란 무엇인지 살펴봅니다. 창업주의 의지에 따라 기업이 어떻게 변화할 수 있는지, 애플의 철학이 담긴 제품이 세계를 어떻게 주도하고 있는지도 학습해봅니다.

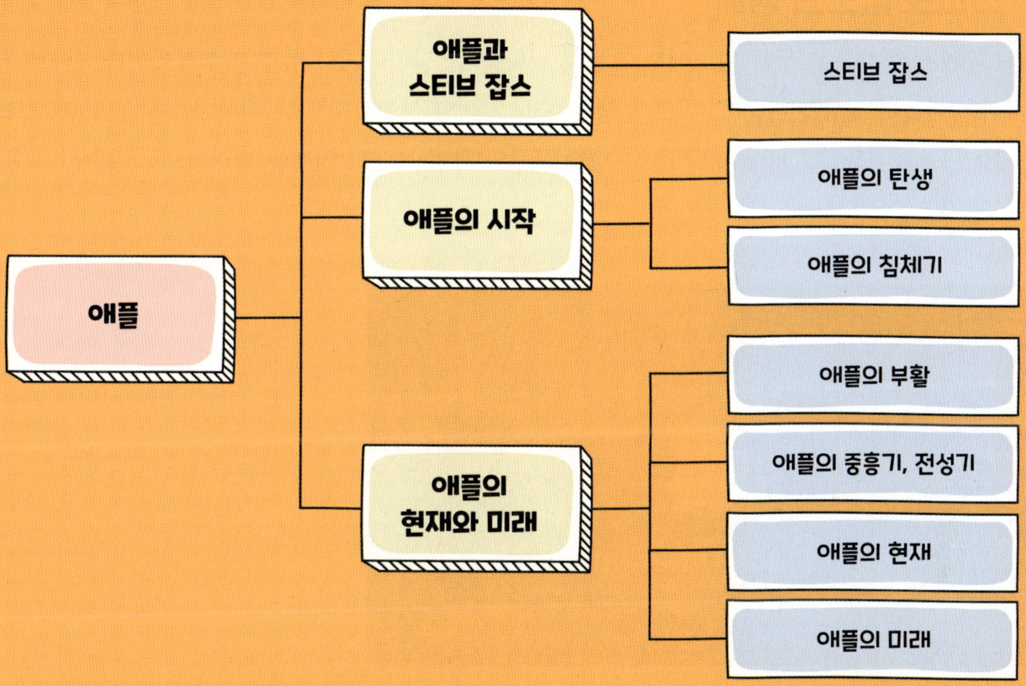

Section 01
애플과 스티브 잡스

1 스티브 잡스의 생애

애플(Apple)은 제품은 물론 광고에도 그들의 철학을 잘 담아내기로 유명한 회사입니다. '다르게 생각하는 이들이 세상을 바꾼다, 다르게 생각하자, 그리고 상상하자'라는 메시지를 담은 1997년도의 애플 광고는 'Think Different'라는 유명한 문구와 함께 브랜드 인식을 획기적으로 각인시킨 유명한 광고입니다.

그림 4-1 애플의 로고와 'Think Different' 문구

이런 감각적인 회사의 창업자인 스티브 잡스(Steve Jobs)는 1955년생의 유대인 계열 출신으로, 리드 대학교 철학과를 다니다 중퇴했으며 애플을 설립한 이후 업계 내에서도 독특한 이력을 가진 경영자로 알려져 있습니다. 그는 대학교를 다니다 중퇴를 한 뒤 인도를 여행할 정도로 불교의 교리에 관심이 많았으며, 선불교를 종교로 삼고 오토가와 고분 스님을 평생 스승으로 모셨습니다. 이때의 인연으로 애플이 성공한 이후로도 고문으로 모시며 여러 철학적 자문을 받았다고 합니다. 잡스가 추구하던 철학이 기존의 고정관념에서 탈피한 경우가 많아서 불교적 사고에서 영감을 많이 받았을 것이라는 전문가들의 의견도 있습니다.

스티브 잡스가 애플을 창업한 시점부터 동반자처럼 그의 옆에 자리했던 사람은 엔지니어 스티브 워즈니악(Steve Wozniak)입니다. 공동창업자이기도 한 그의 기술력은 스티브 잡스의 아이디어를 실현시켜 세상에 애플의 제품을 탄생시켰습니다. 회사의 부흥기와 침체기를 함께 한 스티브 잡스는 2003년부터 췌장암으로 투병 생활을 이어오다 2011년 56세의 나이로 생을 마감했습니다.

그림 4-2 스티브 잡스와 스티브 워즈니악 © https://www.cnbc.com

스티브 잡스는 보통 3가지 키워드로 평가됩니다.

첫째, 세계에서 가장 프레젠테이션(presentation)을 잘 하는 사람
둘째, 세계 젊은이들이 가장 닮고 싶은 기업인
셋째, 세계 최초로 개인용 PC를 만든 사람

그의 프레젠테이션은 센세이션을 불러일으키며 큰 반향을 가져왔으며 이후 사람들은 애플이 새 제품을 출시할 때마다 그의 프레젠테이션을 기다리곤 했습니다. 하지만 경영 관리 면에서 그는 상당히 부정적인 평가를 받은 인물입니다. 관리격자 이론에 따르면 스티브 잡스는 약간의 사교형이 가미된 아주 권위적인 경영자로, 인간을 목표 달성을 위한 도구로 생각하는 타입이라고 합니다. PM 이론, LPC 부합 모델로 따져보아도 과업 달성을 위해 목표에만 맹렬하게 치중하는 경영자로 평가되며, 성숙도 이론에서는 100% 지시형이라는 결과가 나왔습니다. 의사결정 방식 또한 독재형 리더십을 고수하며 독단적으로 문제를 해결하는 경영자란 평을 듣습니다. 그럼에도 불구하고, 스티브 잡스에 대한 생애나 경영 방식은 전 세계에 깊은 인상을 남겼습니다.

그림 4-3 **스티브 잡스의 생애**

스티브 잡스 사후에는 그를 다룬 전기 영화가 2편이나 제작되었습니다. 2013년에 개봉한 《잡스(Jobs)》는 스티브 잡스가 대학을 중퇴한 시점부터 아이팟 1세대가 출시되기까지의 시간을 담고 있으며, 2015년에 개봉한 《스티브 잡스(Steve Jobs)》는 3번의 프레젠테이션 당일 그를 찾아온 사람들의 이야기를 담은 영화입니다. 사후 그의 일대기를 다룬 도서 『스티브 잡스』도 출간되었습니다.

(a) 영화 《잡스》　(b) 영화 《스티브 잡스》　(c) 도서 『스티브 잡스』

그림 4-4 **스티브 잡스 관련 영화와 도서**

2 스티브 잡스의 프레젠테이션

앞에서도 간단히 언급했지만 스티브 잡스의 프레젠테이션은 상당히 유명합니다. 그의 프레젠테이션은 완벽함을 추구하며 수백 번의 연습을 거쳤다고 합니다. 찬조 발표자의 성격까지 감안해 프레젠테이션을 준비할 정도로 모든 요소를 간파하며 회장의 분위기, 시간 자체를 자신의 것으로 만들었습니다. 그래서 스티브 잡스의 프레젠테이션 관련 서적이나 방법론이 나오기도 했습니다. 일례로 정리한 스티브 잡스의 프레젠테이션 기법은 다음과 같습니다.

스티브 잡스의 프레젠테이션 기법

1. 발표 화면에 무언가를 띄워 놓고 내용과 맞지 않는 설명을 너저분하게 늘어놓지 않는다.
2. 장식용으로 사용하는 클립아트의 경우도 쓰려면 크게 넣는다.
3. 슬라이드 페이지에 테두리를 두르거나, 슬라이드 제목을 넣거나, 번호를 추가하는 것과 같이 어느 페이지인지 굳이 알려주지 않는다. 그림만으로 충분히 설명할 수 있게 한다.
4. 다른 발표자나 전문가를 소개할 때는 관련된 유명 일화나 지식을 먼저 간단하게 설명한다.
5. 회사명을 강조하기 위해 회사, 이름, 직책 등 다양한 부분에 폰트의 크기와 굵기 등을 다르게 적용한다.
6. 청중들의 분위기를 환기시키기 위해 중간에 유머를 추가한다.
7. 강조할 부분이 있다면 과감하게 필요한 부분만 뽑아서 보여준다.
8. 화려한 그래픽보다는 화면을 잘 구성하여 디자인한다.
9. 발표 화면에서 제목을 상단에 넣어 길게 만들지 않고, 가로로 내용을 크게 배치해 해당 내용을 강조한다.

3 스티브 잡스와 애플

스티브 잡스라는 한 인물이 IT 업계에 미친 영향은 아직까지도 사라지지 않고 있습니다. 그의 철학이 담긴 제품은 감성까지 담고 있기에 애플 자체를 추종하는 사람들도 상당합니다.

애플의 향후 방향에 대해서는 여러 의견이 분분하지만 모두가 인정하는 것은 그가 가져온 융합의 시대입니다. 아이폰(iPhone)을 처음 세상에 내놓던 프레젠테이션에서 스티브 잡스는 '인문학과 기술의 교차점'에 대해 이야기했습니다. 인문학적 상상력, 융합적 상상력에서 세계를 압도할 수 있었던 힘이 나온 것이며, 사람이 기술을 따라잡으려고 하면 안 되고 기술이 사람을 찾아가야 한다는 것입니다. 스티브 잡스가 추진했던 여러 학제 간 융합을 통한 상상력이 혁신적인 제품의 시작이라고 할 수 있습니다.

Section

02 애플의 시작

1 애플의 탄생

아래의 그림은 애플에서 공개한 애플의 디자인 틀입니다. 스티브 잡스가 애플에서 만든 제품 위주로 작업했으며, 컴퓨팅과 모바일 계열의 디자인을 분리해 트리로 만들어 놓은 걸 볼 수 있습니다. 독특한 디자인으로 제품의 성격을 잘 살린 잡스의 철학이 드러나면서도 스티브 잡스가 애플에서 만든 제품의 외관 디자인이 한결같이 이어지고 있음을 알 수 있습니다.

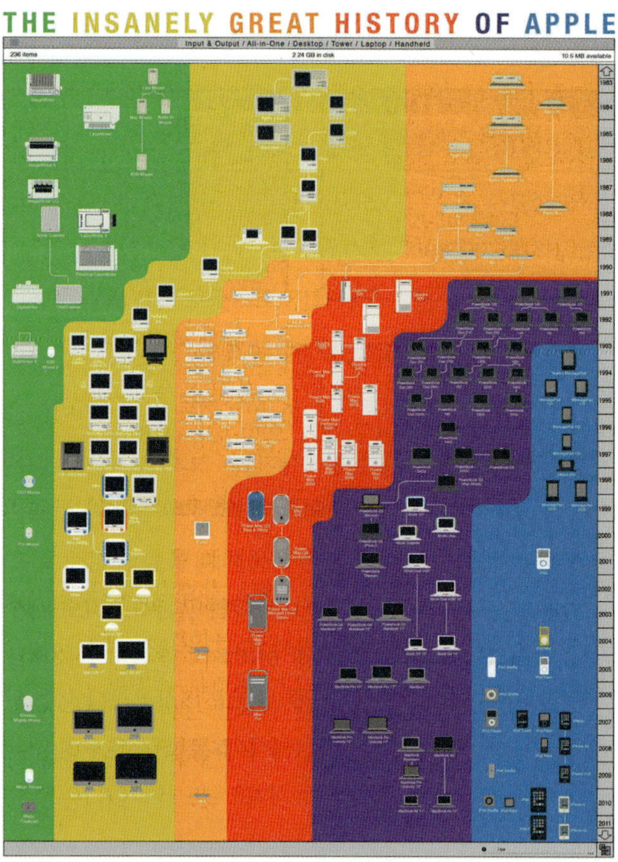

그림 4-5 THE INSANELY GREAT HISTORY OF APPLE © https://coolinfographics.com

애플은 탄생부터 현재에 이르기까지 여러 주기를 거칩니다. 회사가 성장했을 때, 회사가 침체됐을 때의 시기는 스티브 잡스가 애플에서 일했던 시기, 쫓겨나거나 일선에서 물러난 시기와 흐름을 같이 할 정도로 애플에게는 스티브 잡스가 굉장히 중요한 존재였습니다.

스티브 잡스는 1976년, 엔지니어 스티브 워즈니악, 디자인 전문가 로널드 웨인(Ronald Gerald Wayne)과 함께 자본금 1,250달러로 애플을 설립합니다. 로널드 웨인은 창업 후 일이 잘 풀리지 않자 지분을 넘기고 회사를 떠나는데, 이때 만들어 주고 간 것이 바로 애플의 로고입니다. 이 로고의 의미를 두고 여러 가지 이야기가 떠도는데, 만류인력을 발견한 아이작 뉴턴의 사과를 상징한 것이 아니냐는 의견도 있고, 그들이 처음 일을 시작한 창고 근처에 사과 과수원이 있어 배고플 때마다 사과를 한 입씩 깨물어 먹고 버리곤 하던 때를 상징하는 것 아니냐는 의견도 있습니다.

애플의 첫 컴퓨터 '애플 I'은 1976년에 만들어졌으며, 약 200대 정도가 팔렸다고 합니다. 현재까지는 43대 정도가 남아 있는데, 정상 작동되는 제품은 6대 정도라고 합니다. 2012년, 영국에서 정상 작동되는 '애플 I'이 공개 입찰된 적이 있는데 한화로 약 7억 원에 판매되었습니다.

그림 4-6 애플 I © https://nypost.com

1977년, 주식회사로 전환한 애플은 마이클 스코트(Michael Scott)를 CEO로 영입해 전문 경영인 체제에 돌입합니다. 그리고 이때 최초로 무지개색 애플 로고를 사용하며 '애플 II'를 출시합니다.

그리고 1978년, 애플의 혁신이 시작되는 계기가 다가옵니다. 당시 제록스(Xerox)는 그래픽 유저 인터페이스(GUI, 이하 GUI, Graphical User Interface)를 연구하고 있었는데, 기존에는 키보드로 글자를 찍어가며 명령을 내렸다면 GUI는 마우스로 OS를 조작하는 방식이었습니다. 애플에 투자를 시작한 제록스는 스티브 잡스에게 연구를 넘기고, GUI를 개발해낸 스티브 잡스는 다음 프로젝트인 '애플 리사(Lisa)'에 이 방식을 도입하도록 고집합니다. 이후 1983년 리사를 출시하지만 구동이 느리고 가격이 너무 비싸다는 단점 때문에 대중의 반응을 얻진 못했습니다. 하지만 사용자 중심의 운영체제는 기존의 컴퓨터와는 아예 다른, 한 단계 뛰어넘은 방식이었기에 애플이 성공할 수 있었던 비결이기도 합니다.

비슷한 시기인 1979년, 애플 내에서는 '매킨토시(Macintosh) 프로젝트'가 함께 진행되고 있었는데, 스티브 잡스가 이 프로젝트에 가담하게 되면서 우여곡절 끝에 1984년, 매킨토시를 출시합니다. 매킨토시는 GUI가 탑재되어 있는 올인원(All-in-one) 시스템을 갖추고 있었습니다.

그림 4-7 매킨토시 © https://interface-experience.org

당시에는 1981년 출시된 IBM의 PC가 큰 인기를 끌고 있었으므로 애플에게는 매킨토시 출시 자체가 큰 도전이었습니다. 당시 애플이 중소기업 격이라면 IBM은 글로벌 기업 격이었습니다. 그래서 애플은 조지 오웰 작가의 소설『1984』속 '빅브라더'를 인용한 광고로 대대적인 선전을 하며 공격적인 마케팅을 펼쳤습니다. 지금까지도 회자되고 있는 '1984' 광고는 해머를 든 여성이 죄수복을 입고 멍하니 앉아 있는 사람들을 세뇌하는 빅브라더에 달려가 해머를 던지는 내용을 담고 있는데, IBM을 향한 애플의 야심을 잘 보여줍니다. 미국의 유명한 미식축구 행사인 슈퍼볼(Super Bowl) 경기장에 틀어진 이 광고는 사람들에게 신선한 충격을 주었습니다.

그림 4-8 IBM PC

이 프로젝트를 진행하던 당시, 영국의 유명한 밴드인 비틀즈를 매니징하던 애플 레코드사가 '애플'이라는 이름의 상표권에 소송을 제기하며 잡음이 생기기도 했습니다. 스티브 잡스는 컴퓨터 관련 분야에서만 이름을 사용하겠다며 레코드사와 협상해 매킨토시 프로젝트는 무사히 마무리됩니다.

그리고 스티브 잡스는 이때부터 '프레젠테이션 행사'를 진행하는데, 매킨토시 프레젠테이션 또한 대단한 사건이었습니다. 매킨토시를 소개하면서 스티브 잡스가 작은 디스크 하나를 매킨토시에 삽입하자 컬러 화면이 뜨며 음성이 흘러나와 매킨토시가 스스로 자신을 소개한 것입니다.

그림 4-9 **매킨토시 프레젠테이션** © https://www.forbes.co

매킨토시 출시는 대성공을 거두며 이후 꾸준히 출시됩니다. 2014년도에 나온 매킨토시 출시 30주년 기념 영상에는 매킨토시가 컴퓨팅 업계에 어떤 영향을 끼쳤는지 잘 담겨 있습니다. 하지만 이렇게 상승세를 타고 있던 애플의 발목을 잡은 것은 스티브 잡스의 꽉 막힌 성격이었습니다.

2 애플의 침체기

독단적이고 타협을 모르는 스티브 잡스는 경영진과 자주 마찰을 빚곤 했습니다. 갈등이 끊이지 않자 당시 애플의 CEO였던 존 스컬리(John Sculley)와 경영진은 1985년, 스티브 잡스를 해고합니다. 당시 스티브 잡스를 따르던 직원들 1,200명도 함께 해고되었다고 합니다.

스티브 잡스가 해임된 후, 이 상황을 눈여겨보고 있던 마이크로소프트는 애플에게 GUI 체계를 쓸 수 있는 사용권을 제안합니다. 아마 이때의 계약이 없었다면 마이크로소프트의 윈도우는 개발되지 못했을지도 모를 일입니다. 애플은 MS 워드나 엑셀을 매킨토시에서 사용할 수 있는 버전 개발을 조건으로 제안을 수락합니다. 이후 1985년에 '매킨토시 XL'이 발매됩니다.

한편, 자신이 만든 기업에서 축출당한 스티브 잡스는 같이 해고된 직원들을 위해서라도 뭔가를 해야만 했었습니다. 가장 먼저 한 일은 영화 《스타워즈》 감독인 조지 루카스(George Lucas)의 조지 루카스 필름 스튜디오를 인수하는 것이었는데, 훗날 이 회사가 픽사 애니메이션 스튜디오(PIXAR)가 됩니다. 야심 찬 출발과 다르게 10년간 수익을 내지 못해 개인 자산 약 5,000만 달러 이상을 쏟아부을 정도로 고전을 면치 못하다가 1995년, 애니메이션 《토이스토리(Toy Story)》가 대성공을 거두면서 극적으로 회생합니다.

그림 4-10 픽사 애니메이션 스튜디오 © https://www.creativebloq.com

스티브 잡스는 넥스트 컴퓨터(NeXT Computer Inc.)라는 슈퍼 PC 회사도 설립합니다. 이 회사의 제품은 성능이 우수한 만큼 가격도 비싸서 소비자들이 거의 구매를 하지 않아 매출이 매우 적었습니다. 하지만 스티브 잡스는 이곳에서 넥스트 스텝(NextStep)이라는 객체 지향형 운영체계를 개발하고, 이 OS는 후에 아이폰, 아이패드의 기본 OS가 됩니다.

스티브 잡스가 없는 애플도 꾸준히 제품을 생산하는데, 1987년 출시된 '매킨토시 2'는 세계 최초 컬러 디스플레이로 인정받는 제품입니다. 1988년에는 '매킨토시 2X'를 출시하고, 현재 노트북의 시초로 평가받는 '매킨토시 포터블'도 출시합니다. 하지만 1990년대에 들어서면서 마이크로소프트가 GUI를 활용한 '윈도우 3.0'을 발표하고 IBM은 8086 계열의 PC에 윈도우를 탑재해 PC 시장을 장악하기 시작합니다. 애플은 이에 대응해 음성 편집 등의 멀티미디어적 기능을 추가하는 등 대중성을 공략하지만 가격과 사용성 면에서 열세를 보이고 맙니다.

1991년, 애플은 모토로라 기반의 CPU와 동맹을 맺으며 파워북(PowerBook) 시리즈와 쿼드라(Quadra) 시리즈를 만듭니다. 파워북 시리즈는 실질적으로 애플의 첫 번째 노트북이라고 볼 수 있는데, 마우스 대신 사용할 수 있는 트랙볼이 도입된 휴대용 컴퓨터입니다.

그림 4-11 **파워북** © https://commons.wikimedia.org

같은 연도에 스티브 잡스에게도 변화가 생깁니다. 《토이스토리》의 성공으로 픽사 제작 영화를 디즈니에 배급하는 협약을 체결한 것입니다. 또한 애플의 매출이 부진하자 주주들이 스티브 잡스를 다시 데려오라는 압력을 넣어, 경영진은 스티브 잡스의 복귀를 결정합니다. 당시 스티브 잡스는 픽사도, 넥스트 컴퓨터도 상당히 키워 놓은 상태였기에, 넥스트 컴퓨터를 애플이 거액에 인수하도록 하며 애플로 복귀합니다.

Section
03 애플의 현재와 미래

1 애플의 부활

1997년, 애플의 실질적 보스로 돌아온 스티브 잡스는 마이크로소프트와의 협약을 다시 채결합니다. 스티브 잡스가 없던 시절 마이크로소프트가 GUI 사용권을 가져갔듯, 매킨토시에서 마이크로소프트의 인터넷 익스플로러(Internet Explorer)를 작동시킬 수 있도록 한 겁니다. 또한 마이크로소프트는 애플 주식에 150만 달러를 투자합니다. 복귀 후 개최된 컨퍼런스 맥월드(Macworld)에서 스티브 잡스는 마이크로소프트와 경쟁하지 않겠다는 발표를 하며 함께 성장할 것임을 알립니다.

이후 애플은 '아이맥(iMac)'을 출시하며 새로운 비즈니스 혁신을 일으킵니다. 이 제품은 전 세계에서 가장 짧은 시간에 가장 많이 팔린 PC로 기록되어 있습니다. 스티브 잡스는 프레젠테이션 때 그 자리에서 예약한 사람에게 가장 먼저 제품을 배달해주는 사전 접수제도를 시행했는데, 아이맥이 15만 대나 예약된 것입니다. 사실 아이맥은 성능 면에서 큰 발전이 없었지만, 디자인이 성공의 큰 요인입니다. 로고를 새롭게 바꾸고 일반 PC에 달린 케이블을 컴퓨터 안으로 넣어 안 보이게 한 것이 소비자에게 큰 변화로 다가왔습니다. 또한 당시 많이 쓰이던 저장수단인 플로피디스크 대신 USB를 대중화시켰습니다.

그림 4-12 **최초의 아이맥** © https://artsandculture.google.com

노트북으로 출시한 아이북(iBook) 또한 단순하고 아름다운 디자인을 강조해 사용자의 구매 욕구를 자극하였습니다. 이외에도 데스크탑 'G4' 모델을 출시했는데, 이 데스크탑은 세계 최초로 전자제품이 아닌 무기로 분류된 PC이기도 합니다. 미국 정부에서는 G4가 대륙 간 탄도 미사일을 계산할 수 있는 성능을 가졌다는 이유로 무기로 분류했습니다.

애플은 이후 넥스트 스텝 OS를 매킨토시 OS와 합치기 시작합니다. 공식적인 CEO가 된 스티브 잡스는 2000년에 큐브 모양의 파워맥, 세계 최초로 와이파이 가능을 탑재한 아이북 모델을 출시합니다. 이 모델을 기반으로 만들어진 것이 아이폰입니다.

2 애플의 중흥기

2001년, 스티브 잡스는 OS와 디자인을 업그레이드하는 데 집중합니다. 특히 일반적인 노트북 모양이 정사각형인 데 반해, 애플은 멀티미디어 콘텐츠에 적합한 와이드 형태로 노트북을 출시합니다. 이로 인해 노트북의 패러다임이 한 차례 바뀝니다. 그리고 또 하나의 혁신인 MP3 플레이어 '아이팟(iPod)'이 등장합니다. 당시 MP3 플레이어 붐이 일고 있었고, 우리나라에서는 아이리버(iriver)가 큰 성공을 거두고 있었습니다. 아이팟은 출시 당시 아이리버보다 성능이 한참 떨어졌기 때문에 많은 MP3 플레이어 제조 회사들이 얕잡아 보았습니다. 하지만 그들이 놓친 것은 아이팟의 바탕을 이루고 있는 플랫폼, 아이튠즈(iTunes)였습니다. 아이튠즈는 PC나 아이맥에 있는 동영상이나 음악, 사진 파일을 아이팟에 전송해 이용자가 원하는 대로 구성을 편집할 수 있는 프로그램입니다. 아이팟은 소비자들에게 큰 호응을 얻으며 인기몰이를 하였습니다.

그림 4-13 **아이팟** © https://www.britannica.com

2002년, 2003년에는 아이맥 17인치와 사파리 브라우저가 출시되며, 애플의 프레젠테이션 소프트웨어인 키노트(Keynote)도 이때 만들어집니다. 아이맥 17인치는 LCD를 적용한 개인용 컴퓨터로, 그 디자인은 오늘날 PC 디자인의 표본으로 평가받고 있습니다. 매킨토시 G5 또한 세계 최초로 64

비트 컴퓨팅을 지원하는 모델로 출시됩니다. 아이팟은 업그레이드를 거듭해 2003년, 아이튠즈 플랫폼에서 MP3 음원 1,000만 곡이 판매되며 음원 시장의 지형을 흔들기 시작합니다. 2004년, 아이팟 미니가 발표되고 아이튠즈에서 MP3 음원 7,000만 곡이 판매됩니다. 이후 아이팟 셔플, 아이팟 나노 등의 새로운 모델을 발표하며 아이맥 미니도 함께 출시합니다.

제품 출시에 따른 애플의 광고 전략도 상당히 신선했습니다. 애플은 광고에서 제품의 디자인과 컬러, 단순미를 강조해 소비자의 구매욕을 자극하는 전략을 수행합니다. 동양권 광고에서는 사람이 제품을 사용하거나 즐기는 모습을 보여주며 문화적 차이에 따라 더 적합한 내용을 연출하기도 했습니다. 문화의 다름을 이해하는 인본주의적 마케팅 전략을 펼친 것입니다.

그림 4-14 **애플의 아이팟 광고**

2005년에는 '아이맥 G5'를 출시하는데, 모니터 일체형에 플랫 패널 디스플레이가 적용된 이 모델의 골격은 지금까지 유지되고 있습니다. 2006년에는 세계 최초로 인텔 프로세서를 탑재한 맥북(MacBook)과 맥북 프로를 출시합니다. 마찬가지로 맥북 프로 모델의 외형도 지금까지 유지되고 있습니다. 또한 활동성과 착용의 편리함을 강조한 아이팟 셔플의 새 버전과 애플 TV가 출시됩니다.

그림 4-15 **아이맥 G5** © https://www.dnaindia.com

3 애플의 전성기

2007년, 드디어 애플에서 '아이폰(iPhone)'이 발표됩니다. 아이폰 출시를 준비하던 당시 가장 큰 문제는 다름 아닌 제품의 이름이었는데, 세계적인 네트워크 장비 회사 시스코에서 아이폰이라는 이름을 이미 사용하고 있었기 때문입니다. 스티브 잡스는 아이폰이 와이파이를 사용하는 제품이므로 이 제품이 전 세계적으로 많이 팔리면 시스코에서 만든 네트워크 장비도 많이 팔릴 것이니 같은 이름을 사용하자고 제시해 합의를 이끌어 내고, 아이폰이라는 이름으로 제품을 출시합니다.

그림 4-16 **최초의 아이폰** © https://www.bet.com/

아이폰 프레젠테이션은 굉장히 잘 짜여진 기획과 구성으로 유명합니다. 아이팟과 휴대폰, 인터넷 커뮤니케이션을 신제품인 것처럼 하나씩 소개한 뒤, 이 세 제품을 하나로 합친 하나의 제품을 아이폰이라 부르겠다고 공표한 것입니다. 그렇게 아이폰은 출시와 동시에 전 세계적으로 성공을 거두며 모바일 시대를 선도하는 제품이 됩니다.

아이맥 또한 LCD 액정을 제외한 나머지 부분인 베젤을 얇게 만들어 출시했는데, 지금까지도 베젤 부분을 점점 더 얇게 만들어 업그레이드시키고 있습니다.

그림 4-17 **맥북 에어 프레젠테이션** © https://www.theverge.com

2008년에는 신제품 프레젠테이션에서 서류 봉투에 노트북을 담아와 꺼내는 이벤트를 선보여 관객들의 탄성을 자아냈습니다. 이보다 더 얇고 가벼운 노트북은 없을 것이라고 강조한 노트북이 바로 '맥북 에어'이며, 배터리가 분리되지 않는 세계 최초의 일체형 노트북이었습니다.

이후 2009년에 아이폰 3G 모델이 발표되고, 아이맥의 새로운 버전에는 터치가 가능한 마우스인 매직 마우스가 더해졌습니다. 그리고 마지막 또 하나의 신제품, '아이패드(iPad)'가 2010년 출시됩니다. 스티브 잡스는 당시 프레젠테이션에서 스마트폰과 노트북 그 사이에서 뭔가 다른 것이 필요하다는 것을 느끼지 못했냐고 물으며 아이패드를 소개합니다. 아이패드는 소개된 이후 커다란 아이팟이 아니냐는 혹평을 듣기도 했는데, 출시일에 수많은 인파가 매장으로 몰리며 큰 반향을 일으킵니다. 아이패드는 콘텐츠를 소비함에 있어 그 편리함이 타의 추종을 불허했습니다. 특히 출판계는 전자책으로 인해 큰 변화가 생기며 새로운 패러다임이 만들어졌다고 볼 수 있습니다.

그림 4-18 **아이패드** © https://www.techrepublic.com

아이폰 4를 출시할 무렵에는 프레젠테이션 발표장에 사람이 넘쳐날 정도로 애플의 신제품 출시 설명회는 하나의 세계적인 행사가 되었습니다. 특히 스티브 잡스는 매 프레젠테이션마다 안경, 검은색 목 폴라티, 청바지 등 같은 복장을 입고 나오는 것으로 유명해 이 복장이 그를 가리키는 상징이 되었습니다. 아이폰 4는 아이폰 3보다 성능이 향상되었을 뿐 아니라 유리처럼 구성된 디자인으로 인기를 끌어 예약을 하면 몇 개월을 기다려야 할 정도로 인기가 많았습니다.

2011년, 스티브 잡스는 췌장암으로 인해 건강이 급격히 악화됨에도 불구하고 마지막 프레젠테이션을 진행합니다. 그가 소개한 제품은 '아이패드 2'로, 애플은 제품 광고에 '여전히'라는 단어를 사용해 애플은 앞으로도 스티브 잡스가 만든 기술을 활용할 것이라고 강조하며 그의 사망에 애도를 표했습니다.

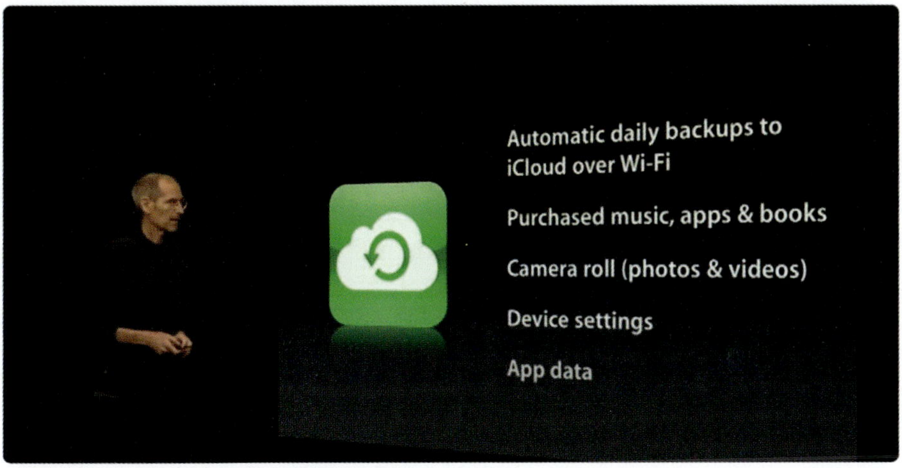

그림 4-19 스티브 잡스의 마지막 프레젠테이션

4 애플의 현재

스티브 잡스가 사망한 후 애플은 다소 실망스러운 행보를 보였습니다. 아이폰, 아이패드, 아이맥의 새 버전은 성능이나 디자인 면에서 새로운 변화를 가져오지 못했습니다. 또한 애플의 강점이었던 광고 전략도 바뀌어, 전 세계에 동일한 광고를 선보이며 권역별 문화 차이를 감안하지 않는 모습을 보였습니다. 특히 2014년 발표한 아이폰 6는 스티브 잡스의 철학이었던 '휴대폰은 한 손으로 조작이 가능해야 한다'를 깨버렸으며, 2015년에 출시된 아이패드 프로도 스티브 잡스가 강조했던 스마트폰과 노트북의 중간 개념이 사라진 채 노트북과 비슷한 모양새로 나오면서 팬들을 실망시켰습니다. 하지만 맥북 프로는 엄청난 성능을 자랑하며 출시되었는데, 현재도 영상편집이나 멀티넷 편집 쪽에서는 맥북 프로가 많이 쓰이고 있으며 슈퍼컴퓨터의 기능을 가졌다고 평가되기도 합니다.

그림 4-20 아이폰 6

2014년에는 애플워치(Apple Watch) 시리즈를 처음 선보여 스마트워치에 대한 개념을 사람들에게 인식시키기도 했습니다.

그림 4-21 **애플워치** © https://www.forbes.com

이후 아이폰 출시 10주년을 맞아, 2017년 애플은 '아이폰 X' 시리즈를 만들며 새로운 시도를 합니다. 스마트폰 전면 하단부의 홈인 베젤을 없애는 파격적인 디자인을 선보인 것입니다. 출시 당시 논란이 많았지만 이후 많은 경쟁사들이 이 디자인을 따르기도 했습니다. 2018년에는 큰 화면의 모습을 한 'XS 맥스'를 출시하며 디스플레이 및 대화면 시장에 집중했고 2019년에는 아이폰 X 시리즈의 보급형 모델인 'XR'을 출시했습니다. 아이폰 11 또한 일반, 프로, 프로 맥스로 모델을 나눠 출시했습니다.

그림 4-22 **아이폰 X 시리즈** © https://www.theverge.com

가장 최근에 출시된 아이폰 12는 2020년에 발표되었으며 OLED 디스플레이로 전면 교체되면서 더 깊이 있는 색 표현과 밝기를 구현합니다.

5 애플의 미래

고전을 겪고 있긴 하지만 애플은 꾸준히 새로운 제품을 선보이고 있습니다. 특히 M1 칩을 탑재한 새로운 아이맥은 외관 디자인이 크게 달라져 시선을 끌었으며 아이폰 13, 애플워치, 아이패드 프로 5세대에도 M1칩을 탑재해 많은 관심을 받고 있습니다.

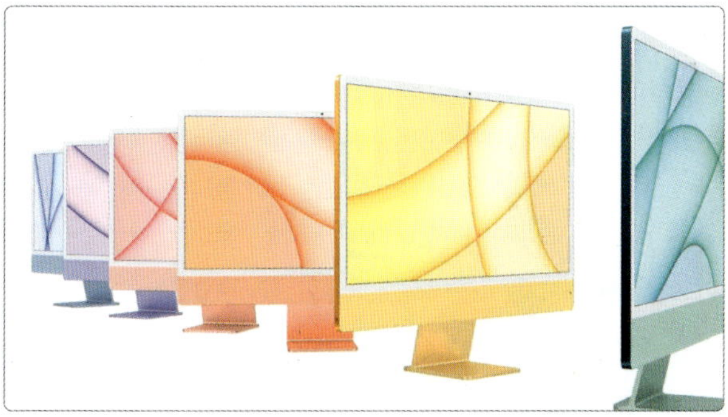

그림 4-23 **M1 칩을 탑재한 아이맥** © https://appleinsider.com

또한 애플은 전기자동차, 무인자동차 개발에도 손을 뻗고 있습니다. '프로젝트 타이탄'이라고 불리는 새로운 사업 영역 확장에 집중하고 있는데, 애플은 애프터서비스(After Service)가 상당히 불편하므로 자동차 관련 서비스를 어떻게 제공할 것인가에 대한 우려의 목소리가 커지고 있는 상황입니다. 애플은 최근, 2024년까지 관련 계획을 완성시킬 것이라고 공표하며 우리나라의 현대, LG 그룹과의 협업 가능성을 가시화하기도 했습니다.

그림 4-24 **애플카 콘셉트 버전**

6 애플의 조직구조

현재 애플은 팀 쿡(Tim Cook)을 CEO로 두고 경영을 이어가고 있습니다. IBM과 컴팩을 거쳐 1998년 애플에 입사한 그는 초반의 우려와 달리 애플의 역대 CEO 6명 중 최고의 실적을 기록했습니다. 또한 시가 총액 2조 달러를 2년 만에 돌파하며 애플을 새로운 성장궤도에 올린 인물이라고 평가받고 있습니다. 월스트리트 저널의 인터뷰 기사에 따르면, 팀 쿡은 CEO를 맡은 후 줄곧 "자신이 해야 할 일은 스티브 잡스의 길을 따라가지 않는 것"이라고 말하며 새로운 애플의 경영 철학을 만들어 가고 있다고 합니다.

그림 4-25 애플의 현재 CEO, 팀 쿡

하나 더 알기 **마이크로소프트, 구글, 페이스북, 애플의 조직 구조 비교**

글로벌 IT 기업 4곳인 마이크로소프트, 구글, 페이스북, 애플은 기업의 색이 뚜렷한 만큼 내부 조직 구조도 기업 철학에 맞춰져 있습니다. 마이크로소프트는 계열사 간 경쟁이 뚜렷한 경영 구조를 가지고 있으며, 구글은 수평적, 민주적 조직 구조를 가지고 있습니다. 페이스북은 구글에서 일하던 사람들이 만든 조직이므로 구글과 비슷한 구조를 가지지만 좀 더 자유롭고 개인주의적인 구조로 보입니다. 애플은 스티브 잡스의 독주 체제에 의해 만들어진 중앙처리 집중식 구조라고 할 수 있습니다. 하지만 유연한 성격을 가진 팀 쿡이 새로운 CEO로 오면서 조직 구조에도 변화가 생길 것이라 짐작해 볼 수 있습니다.

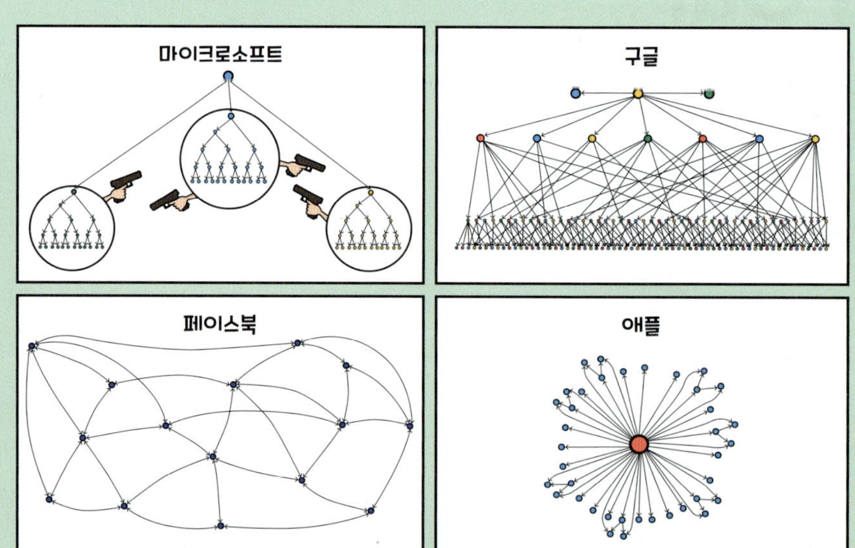

그림 4-26 마이크로소프트, 구글, 페이스북, 애플의 조직 구조

요약

01 애플의 창업과 스티브 잡스

- 글로벌 IT 기업인 애플을 설립한 스티브 잡스는 그의 철학을 담아 회사를 경영해왔다.
- 특히 그가 개발한 여러 IT 제품과 애플이 제작한 광고를 통해 그의 인문학적인 경영철학을 엿볼 수 있다.
- 스티브 잡스의 프레젠테이션 능력 역시 애플의 성공에 큰 영향을 끼쳤으며 많은 사람들이 닮고 싶어 하는 능력 중 하나로 꼽힌다.

02 애플의 시작과 침체기

- 애플은 스티브 잡스, 스티브 워즈니악, 로널드 웨인이 공동 창업했다.
- 스티브 잡스의 독단적인 성격은 애플 경영진과의 마찰을 불러 일으켜 해고되는 일이 발생하기도 했다. 이 시점부터 마이크로소프트와의 갈등이 지속되었다.
- 애플에서 해고된 스티브 잡스는 픽사, 넥스트 컴퓨터를 경영하면서 커리어를 쌓았고, 실적이 좋지 않았던 애플은 스티브 잡스를 다시 CEO로 임명했다.

03 애플의 부활과 미래

- 스티브 잡스의 복귀로 애플은 새롭게 부활했고, 당시 출시된 매킨토시와 아이맥은 애플의 주력 상품으로 자리 잡았다.
- 아이팟은 아이튠즈라는 뮤직 플랫폼을 통해 음악 소비 시장의 새로운 장을 열었다고 평가받는다.
- 스마트폰 시대를 개척한 아이폰은 휴대폰, 인터넷 커뮤니케이션, 아이팟을 합친 엄청난 기술의 집약체이다.
- 스티브 잡스가 세상을 떠난 후 여러 제품들이 출시되고 있지만 아직까지 좋은 평가를 받진 못하고 있다.

04 애플의 새로운 리더, 팀 쿡

- 스티브 잡스 이후에 부임한 CEO 팀 쿡은 초기에 많은 비판을 받았지만, 유연한 리더십을 바탕으로 2020년 시가 총액 2조 달러 돌파라는 기록을 세웠다.
- 팀 쿡은 스티브 잡스와 다른, 새로운 경영 철학을 만들어 가고 있다.

연습문제

단답형 문제

01 전 애플의 CEO (   )는 세계 젊은이들이 가장 닮고 싶어 하는 기업인, 세계 최초로 개인용 PC를 제작한 사람으로 평가받는다.

02 1976년 스티브 잡스는 (   ), (   )과 함께 애플을 창업했다.

03 애플에서 쫓겨난 스티브 잡스는 해고된 1,200명의 직원들과 함께 조지 루카스 필름 스튜디오를 인수했는데, 이 스튜디오가 오늘날의 (   )이다.

04 스티브 잡스는 애플을 떠나 있는 동안 고성능의 PC를 만드는 (   )를 설립한다. 여기서 만든 운영체계인 (   )이 아이폰과 아이패드의 기본이 된다.

05 애플에 다시 돌아온 스티브 잡스는 (   )의 행태를 비판하였지만, 이후 맥월드 컨퍼런스에서 더 이상 경쟁을 하지 않겠다고 발표하기도 했다.

06 스티브 잡스 복귀 후 만들어진 매킨토시는 모니터 뒤에 지저분한 (   )이 없는 단조로운 모습으로 출시되었다.

07 (   )에 탑재된 음악 플랫폼인 (   )는 음악 시장에 새로운 패러다임을 가져왔다.

08 동양 국가에서 진행된 애플의 광고는 (   )를 강조하며 사람을 등장시켰다.

09 애플의 전성기를 이끌었으며 휴대폰, 아이팟, 인터넷 커뮤니케이션을 합친 제품을 (   )이라고 한다.

10 2008년 출시된 맥북 에어의 프레젠테이션에서 스티브 잡스는 맥북 에어의 두께를 강조하기 위해 (   )에 노트북을 담아 왔다.

객관식 문제

11 애플이 약 4년간 5,000만 달러를 들여 개발했으며 세계 최초로 GUI 운영체제를 탑재한 컴퓨터의 이름은 무엇인가?

① 매킨토시
② 리사
③ 아이패드
④ 애플 II
⑤ 매킨토시 XL

12 애플 역사상 최초로 사전주문 15만 대를 예약받아 가장 빠른 판매고를 올린 제품의 이름은 무엇인가?

① 파워 매킨토시 6100
② 맥 클래식 II
③ 아이맥
④ 아이북
⑤ 아이폰

13 애플을 창업한 스티브 잡스는 아이폰을 융합결과물로 표현했는데, 이에 해당하지 않는 항목은?

① 아이팟
② 휴대폰
③ 인터넷 커뮤니케이션
④ 터치 스크린
⑤ 비디오

14 다음 중 애플의 신제품에 관한 설명으로 옳지 않은 것은?

① 애플은 현재 M1 칩을 탑재한 여러 제품을 지속적으로 출시하고 있다.
② 애플의 타이탄 프로젝트는 거의 중단된 듯 보인다.
③ 애플은 현재 자율주행차와 무인자동차 개발에 힘쓰고 있다.
④ 우리나라 기업과의 협업 가능성도 시사했다.
⑤ 애프터서비스를 우려하는 목소리가 커 이를 보완할 필요가 있다.

15 **다음 중 애플의 조직구조에 대한 설명으로 옳지 않은 것은?**

① 스티브 잡스가 떠난 후 팀 쿡에 대한 사람들의 믿음은 매우 강했다.

② 팀 쿡의 유연한 성격을 바탕으로 엄청난 매출을 올렸다.

③ 스티브 잡스와는 반대로 팀 쿡은 포용적인 리더십을 가지고 있다.

④ 최근 애플의 매출이 상승하면서 팀 쿡의 리더십이 긍정적으로 평가되고 있다.

⑤ 계열사 간 경쟁을 유도하는 마이크로소프트와는 다른 모습을 보인다.

토론과제

01 애플은 스티브 잡스의 존재 유무에 따라 기업의 흥망이 함께 했습니다. 스티브 잡스가 사망한 현재, 애플은 어떤 모습으로 변화하고 있으며 앞으로는 어떻게 변화할지 예측해봅니다.

02 애플은 기술뿐 아니라 디자인 면에서도 남다른 철학을 가지고 있으며, 제품이나 광고에서 특히 잘 드러납니다. 제품이나 디자인을 예로 들어 그들의 철학을 설명해봅니다.

03 스티브 잡스는 조직원들에게 매우 강한 보스로 인식된 반면, 팀 쿡은 유연한 성격을 가진 리더로 평가받고 있습니다. 그렇다면 조직을 운영할 때 어떤 성격이 더 옳은지에 대해 각자의 의견을 이야기해봅시다.

CHAPTER 05

창의적 기업에서 배운다 2 : 닌텐도

학습목표

- 비디오 게임의 역사에 대해 설명할 수 있습니다.
- 닌텐도의 성공과 위기 극복 방법에 대해 설명할 수 있습니다.
- 닌텐도의 게임 콘텐츠에 담긴 철학을 이해할 수 있습니다.

Preview

5장에서는 닌텐도에 대해 알아보겠습니다. 설립된 지 130년된 기업의 역사와 창조 정신, 성장 과정을 학습하고, '최대한 단순하게 간다'라는 특이한 기업 철학에 대해서도 살펴봅니다. 이를 통해 훌륭한 스토리와 캐릭터가 절묘하게 융합되어 있는 콘텐츠가 꾸준히 생산될 수 있는 비결을 파악해 볼 수 있을 것입니다.

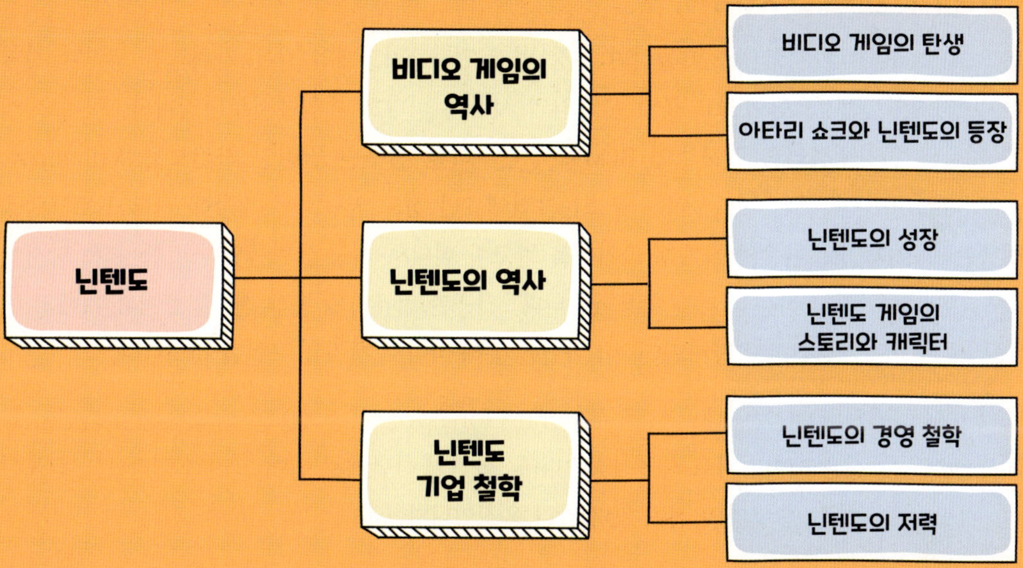

Section 01

비디오 게임의 역사

1 비디오 게임의 시작

닌텐도(Nintendo)라는 회사를 떠올리면 가장 먼저 전자오락, 게임 같은 키워드가 생각날 것입니다. 전자게임, 전자오락이라고 불리는 게임의 시작은 비디오 게임에서부터입니다. 비디오 게임은 미국의 원자핵물리학 연구소인 BLM에서 근무하던 연구원 윌리엄 하긴보텀(William A. Higinbotham)이 개발했습니다. 이 연구소는 1년에 1번 정도 연구소를 개방해 견학 프로그램을 진행했는데, 이때 방문한 사람들에게 즐거움을 주고자 비디오 게임을 만들었다고 합니다. 당시에는 '오실로스코프'라고 하는 기기를 활용했습니다. 진공관 컴퓨터를 통해 전자부품이나 기계의 이상 여부를 파형으로 확인하는 장비인데, 이 화면을 통해 비디오 게임을 구현한 것입니다.

최초의 비디오 게임의 이름은 '테니스 포 투(Tennis for Two)'로, 오실로스코프에 게임 화면이 표현되고 조이스틱 같은 제어기기로 작동시켰습니다. 화면의 하단에는 선이 그려져 그라운드를 표현하며, 네트를 중심으로 공 모양의 점이 왔다 갔다 움직입니다.

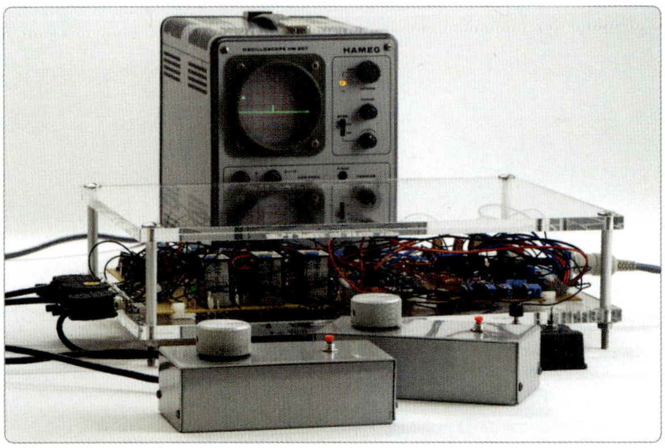

그림 5-1 **최초의 비디오 게임, 테니스 포 투** © https://www.m-e-g-a.org/

이후 컴퓨터를 활용한 세계 최초의 디지털 컴퓨터 게임인 '스페이스 워(Spacewar!)'가 개발됩니다. 당시 MIT를 다니던 대학생 스티브 러셀, 마틴 그랫츠, 웨인 위터넨은 컴퓨터를 사용해 볼 목적으로 게임을 만듭니다. 당시의 컴퓨터는 연구실을 가득 채울 만큼 큰 메인프레임과 자그마한 모니터가 합쳐진 것이었는데, 이 모니터를 활용해 놀 수 있는 것을 만든 것입니다. 스페이스 워는 화면 가운데 반점을 지구로 명명하며 그 주변에 우주선들을 움직여 전쟁과 비슷한 여러 상황들을 연출하고, 미사일로 상대 우주선을 맞추는 식으로 진행되었습니다.

그림 5-2 **최초의 디지털 컴퓨터 게임, 스페이스 워**

2 비디오 게임의 상업화

스페이스 워의 뒤를 이어 '갤럭시 게임(Galaxy Game)'이 만들어지는데, 이 게임은 최초의 동전 투입식 비디오 게임입니다. 1971년 스탠퍼드 대학교에 실험 삼아 1대가 설치되었는데 큰 반향을 일으키자 1972년, 놀런 부슈널(Nolan Bushnell)이 아타리(Atari)라고 하는 게임 회사를 창업해 '컴퓨터 스페이스(Computer Space)'라는 게임을 만듭니다. 이 게임은 최초의 상업용 동전 투입식 비디오 게임입니다.

그림 5-3 **최초의 상업용 동전 투입식 비디오 게임, 컴퓨터 스페이스** © https://www.vintageisthenewold.com

이후 1972년, 아타리에서 1세대 비디오 게임 '퐁(Pong)'이 출시됩니다. 탁구 경기 게임으로, 라켓처럼 보이는 막대 바를 움직여 공을 반대쪽으로 넘기는 방식입니다. 퐁퐁 소리를 내는 사운드가 매력적이어서 사람들의 많은 관심을 받았습니다.

1976년에는 '브레이크 아웃(Breakout)'이라고 하는 벽돌 깨기 게임이 출시됩니다. 이 게임 역시 큰 인기를 끌었는데, 공을 움직여 화면 상단의 벽돌을 깨는 방식입니다. 사운드가 매력적이며 이후 비슷한 게임이 많이 만들어집니다.

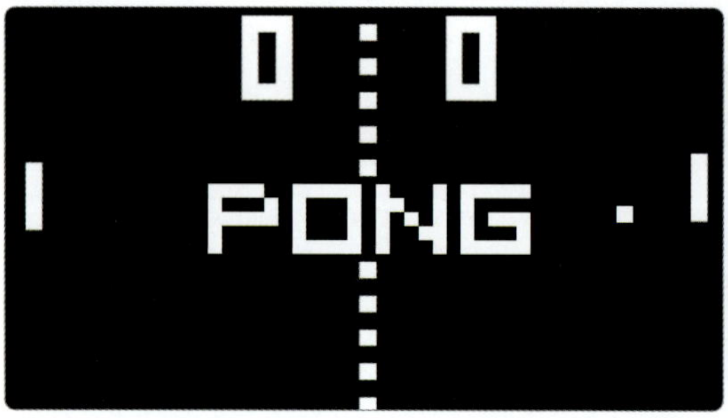

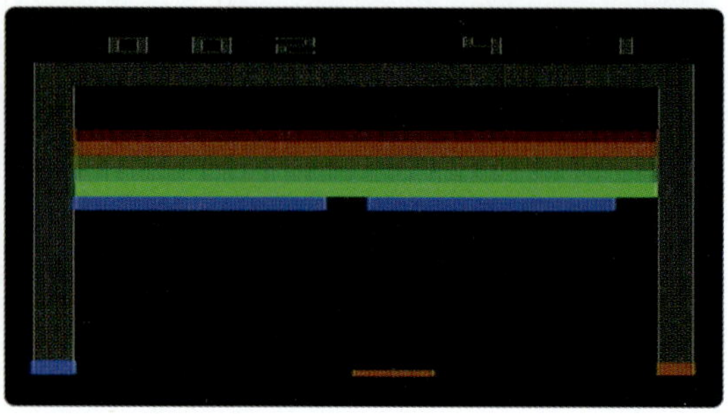

그림 5-4 **퐁과 브레이크 아웃** © https://www.thexboxhub.com/, https://oldgamesdownload.com

3 비디오 게임 산업의 확장과 캐릭터 산업

아타리의 게임이 많은 인기를 얻으며 시장에는 다양한 게임들이 쏟아져 나오기 시작합니다. 이때 게임 시장에 큰 변화를 가져온 게임은 바로, 1978년 일본의 타이토(Taito)에서 만든 '스페이스 인베이더(Space Invaders)'입니다. 전 세계적으로 전자오락 붐을 일으킨 게임으로, 일본에서는 전국적으로 100엔짜리 동전이 부족한 현상까지 발생했다고도 합니다. 이 게임은 8비트 음향의 사운드와 약간의 스토리가 가미되어 있습니다. 지구를 방어하는 우주선이 있으며, 지구에 침략한 인베이더가 직각으로 한 칸, 한 칸 내려오는 형식입니다. 대장 격인 적 우주선을 맞히면 점수가 크게 올라갑니다.

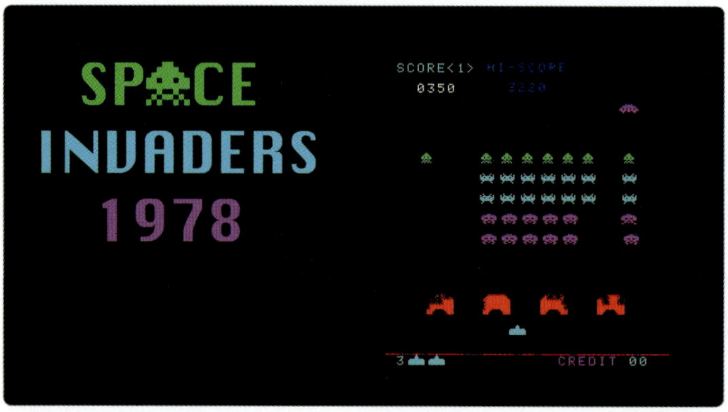

그림 5-5 **스페이스 인베이더** © https://www.bbc.com/

또한 1979년 일본의 남코(Namco)에서 '갤러그(Galaga)'의 전신인 '갤럭시안(Galaxian)'을 만듭니다. 갤럭시안은 스페이스 인베이더의 단조로운 공격 패턴을 곡선 형태의 부드러운 형태로 변환시켰고 사운드도 업그레이드되어 있습니다. 우주선이 공격을 하면 곡선 형태로 미사일이 나아갑니다.

이렇게 호황인 동전 투입식 게임 시장에 또 한 번의 변화가 일어나는데, 바로 닌텐도(Nintendo)가 게임 시장에 출현해 여러 가지 휴대용 게임기를 내놓았을 때입니다. 이때 인기를 끌었던 게임으로는 남코에서 1980년에 만든 '팩맨(Pac-Man)'이 있습니다. 게임의 주인공인 팩맨이 몬스터의 공격을 피하며 점으로 표현된 알을 먹어야 하는 방식으로 진행됩니다. 이 게임은 큰 인기를 끌어 애니메이션, TV 시리즈로 만들어지는 등 1980년대 대중문화의 아이콘이 됩니다. 또한 팩맨이 프린트된 티셔츠나 문구류가 출시되며 게임 캐릭터의 상품화 현상이 나타나기도 합니다. 게임이 단순히 게임에서 끝나는 것이 아니라 캐릭터를 이용해 머천다이징 산업으로까지 확장된 사례입니다.

그림 5-6 **팩맨** © https://www.imdb.com/

또 다른 게임으로는 1982년에 출시된 '갤러그(Galaga)'가 있습니다. 갤러그로 표현되는 침략자들을 지구의 우주선이 방어하는 내용이며, 게임 한 판을 클리어할 때마다 훈장도 수여됩니다. 훈장을 계속 모으는 재미, 중독성, 감촉, 게임에서 미사일 발사 시 나는 뿅뿅 사운드 등으로 우리나라에서도 큰 인기를 끌었습니다.

1981년 닌텐도에서도 '동키 콩(Donkey Kong)' 게임을 출시하는데, 이 게임에는 우리에게도 친숙한 마리오(Mario) 모습의 캐릭터가 등장합니다. 당시 캐릭터 이름은 점프맨이었으며, 동키 콩이라고 하는 킹콩이 납치한 연인 파울린 공주를 구출하는 내용을 담고 있습니다. 파울린 공주를 구하러 가는 과정에서 여러 방해 공작을 물리쳐야 하는데 이 과정이 사람들에게 큰 재미를 선사하며 인기를 끌었습니다. 이후 점프맨은 전자오락 시장을 뒤흔드는 전설적인 게임 캐릭터 마리오로 재탄생합니다.

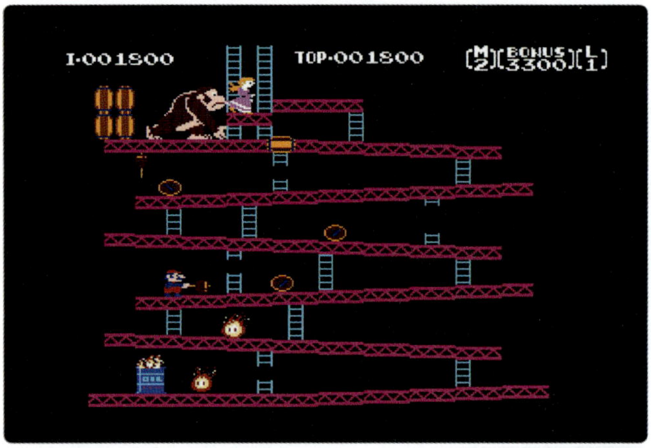

그림 5-7 **동키 콩** © https://www.wired.com/

4 아타리 쇼크

비디오 게임 시장이 큰 호황을 이루자 수많은 비디오 게임이 만들어집니다. 초반에는 완성도와 관계없이 발매만 하면 높은 수익이 났습니다. 그러자 점점 완성도 낮은 게임이 넘쳐나기 시작했고, 소비자들은 서서히 비디오 게임에 흥미를 잃어갔습니다. 이런 상황과 맞물려, 1982년 아타리는 영화 《E.T.》와 관련한 비디오 게임을 출시하는데 게임의 완성도가 상당히 낮아 많은 상품이 반품되고 대량의 재고가 발생합니다. 500만 장 이상의 재고를 남기며 15%도 채 팔리지 않은 것입니다.

'아타리 쇼크'는 게임 산업에 악순환을 불러일으켰는데, 게임의 수요가 급감하자 시장 자체가 가라앉고 맙니다. 30억 달러 규모였던 게임 산업의 가치가 30분의 1 수준인 1억 달러 상당으로 추락한 것입니다. 판매 경쟁의 과열과 수익률의 대폭 하락이 게임 산업을 위기로 내몰았습니다. 하지만 이때, 닌텐도가 혜성처럼 등장하며 게임 산업을 다시 일으킵니다. 이제 닌텐도의 역사에 대해 살펴봅시다.

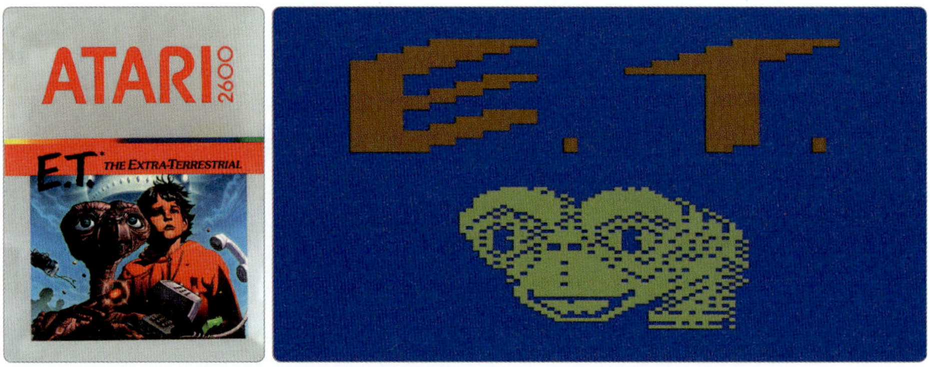

그림 5-8 **'아타리 쇼크'를 유발한 게임 E.T.**

Section

02 닌텐도의 역사

1 닌텐도의 시작

닌텐도는 만들어진 지 130년이 넘는 역사가 깊은 기업입니다. 하지만 처음부터 비디오 게임을 만들던 회사는 아니었습니다. 닌텐도는 원래 화투를 제조하던 회사였습니다. 1889년, '하나후다'라는 이름으로 화투 제조업계에서 큰 활약을 했는데, 종이로 만든 화투가 유통되던 시기에 플라스틱 카드로 만든 화투를 개발합니다. 종이에 석회 가루를 섞은 카드에 그림을 그려 판매했는데, 기존 종이 화투와는 다른 무게감과 탄탄함, 특유의 찰진 소리로 큰 인기를 얻습니다.

그림 5-9 **화투** © https://www.nintendo.co.uk

이후 1951년, '닌텐도곳파이'로 사명을 바꾸며 당시 회장이었던 야마우치 히로시(Yamauchi Hiroshi)는 젊은 나이를 무기로 회사에 새로운 흐름을 가져옵니다. 서양의 화투로 불리는 트럼프 카드를 유통시키던 닌텐도곳파이는 1953년, 플라스틱 트럼프 카드를 만들어냅니다. 종이로 만들어진 카드가 섞을 때마다 구겨지고 탄력을 쉽게 잃자 플라스틱으로 카드를 만든 것입니다. 이 카드가 일본 전역에 유통되면서 닌텐도곳파이는 크게 성장합니다.

의욕적인 젊은 회장 야마우치 히로시는 이후 세계 최대의 카드 회사 US플레잉카드를 방문해 디즈니 캐릭터를 카드에 사용할 수 있는 라이선스 계약을 맺습니다. 당시 트럼프 카드는 포커와 같이 겜블의 이미지가 강했는데 디즈니 캐릭터가 삽입된 카드가 발매되면서 남녀노소 모두 즐길 수 있는 원카드 게임 분위기가 확산됩니다.

하지만 카드 산업의 성장에 한계를 느낀 야마우치 히로시 회장은 1963년, 사명을 '닌텐도 주식회사'로 변경한 후 사업을 다각화시켜 택시업, 인스턴트 식품 사업, 러브호텔 운영 등을 추진합니다. 하지만 사업이 계속 실패하자, 당시 인기를 끌고 있던 전자오락 시장으로 눈을 돌려 본격적으로 비디오 게임 시장, 전자게임 시장으로 진출합니다. 1977년, 닌텐도는 가정용 비디오 게임기를 출시합니다. 당시에는 컴퓨터가 상용화되지 않았으므로 하드웨어 일체형, 즉 칩에 프로그램을 삽입하는 내장형 게임기 형태로 만들어졌습니다.

닌텐도의 첫 비디오 게임기는 '컬러 TV 6(Color TV 6)'입니다. 게임기 안에 게임이 들어 있는 형태로 판매되었으며 게임 6개가 들어 있었습니다. 이후 게임 15개가 포함된 게임기를 판매하기도 했는데 가격이 상당히 비쌌지만 선풍적인 인기를 끌었습니다. 오락실에 가서 동전을 넣고 게임을 하는 것이 아닌, 가정에서 게임을 즐길 수 있다는 점이 큰 매력이었습니다.

그림 5-10 **컬러 TV 6** © https://www.ojo-7.top

2 휴대용 게임기의 변천사

이후 1980년, '게임 & 워치(Game & Watch)'라는 휴대용 게임기를 출시합니다. 닌텐도 DS와 같은 휴대용 게임기의 시초가 바로 게임 & 워치입니다. 게임 & 워치를 만든 사람은 요코이 군페이(Yokoi Gunpei)로, 출장을 간 업체 직원들이 탁상용 전자계산기를 가지고 게임을 즐기는 모습을 보고 휴대용 게임기를 떠올렸으며, 오랜 기간 회장을 설득해 개발을 추진했다고 합니다. 이 휴대용 게임기 사업은 크게 성공하며 게임기의 십자 모양 방향키는 닌텐도의 상징이 됩니다. 상승 가도에 오른 닌텐도는 그동안의 빚을 모두 갚고 현금이 넘치는 우량 기업으로 재탄생합니다.

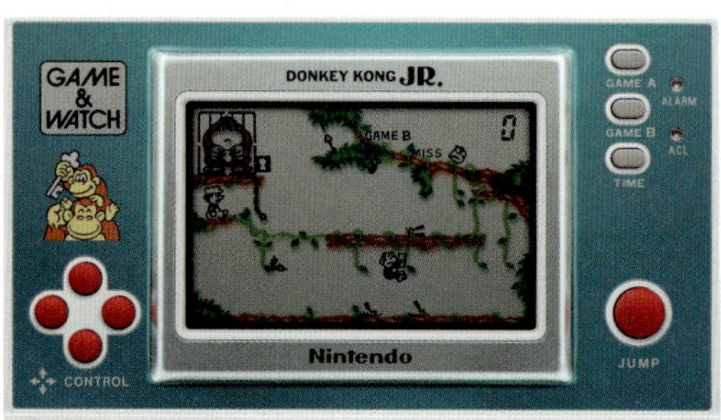

그림 5-11 **게임 & 워치** © https://www.mobygames.com

1981년에는 앞서 언급했던 '동키 콩' 게임이 만들어지는데, 이 게임의 개발자는 미야모토 시게루(Miyamoto Shigeru)로, 닌텐도의 전설로 남아 있는 인물입니다. 이 게임도 회사 내부에서는 회의적인 반응을 보였지만 회장을 설득해 만들어졌으며, 큰 성공을 거둬 오락실 게임기로 진출하게 됩니다. 전국에 6만 장 이상을 동시 판매하는 대기록을 세우며 미야모토 시게루는 '게임의 아버지'라는 칭호를 얻습니다. 동키 콩은 이후 게임 & 워치와 패밀리 컴퓨터용으로 출시되어 닌텐도의 킬러 콘텐츠로 높은 인기를 구사합니다.

1983년에는 패밀리 컴퓨터, 일명 '패미컴(Famicom)'이라는 게임기가 출시됩니다. 패미컴은 하나의 하드웨어에 1개의 소프트웨어가 들어 있는 하드웨어 일체형 게임기의 개념을 완전히 바꿔놓습니다. 게임 본체를 유지하면서 IC 회로화되어 있는 롬팩을 계속 바꿀 수 있는 형태로, 소프트웨어 개념이 도입된 게임기라고 할 수 있습니다. 단기 수명인 완구류 게임을 하나의 플랫폼을 유지할 수 있는 비즈니스로 재확립한 것입니다. 패미컴의 개발로 닌텐도는 단기간에 글로벌 회사로 도약합니다. 일본 내에서만 1,953만 대가 팔리는데 4인 가구 기준으로 거의 모든 가정에 1대씩 있다고 보면 될 정도였습니다. 전 세계 누적 판매량은 약 6,291만 대에 달했습니다. 우리나라에는 '컴보이'라는 이름으로 들어오며 마찬가지로 큰 인기를 끌었습니다. 패미컴의 등장은 전 세계적인 콘솔 게임 시장을 만들어냈고, 닌텐도는 이후 경쟁사의 맹추격을 받게 됩니다. 이에 대응해 패미컴 또한 성능을 지속적으로 업그레이드시켰습니다.

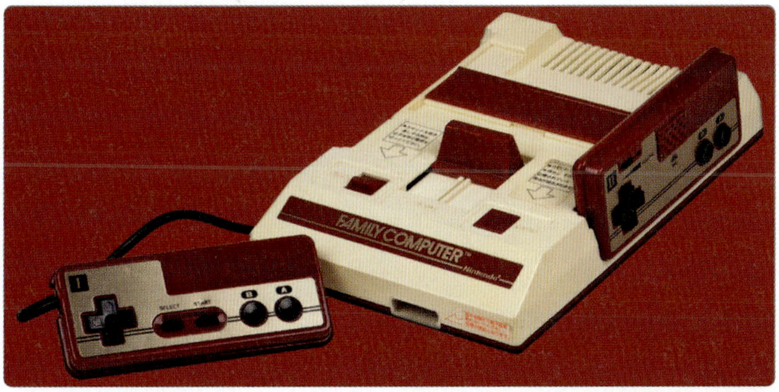

그림 5-12 **패미컴** © https://www.akibagamers.it

패미컴의 대표적인 게임으로는 '뽀빠이(Popeye)'와 '동키 콩 주니어(Donkey Kong Jr.)'를 꼽을 수 있습니다. 뽀빠이 게임은 동명의 만화를 원작으로 하며 뽀빠이의 연인 올리브와 브루토스라는 적이 등장합니다. 올리브가 던지는 하트를 모으고 브루토스의 방해 공작을 피하는 방식으로 진행되며 뽀빠이는 시금치를 먹으면 폭발적인 힘을 발휘합니다. 동키 콩 주니어 게임은 기존의 동키 콩 스토리와 반대로, 마리오가 킹콩을 납치하자 킹콩의 아들 주니어 킹콩이 마리오의 방해를 피해 킹콩을 구하는 내용을 담고 있습니다.

이외에 또 다른 명작으로 '철권'이 있습니다. 철권은 격투 게임으로, 이용자가 캐릭터를 선택해 컴퓨터 캐릭터와 대결하는 방식입니다. HP가 먼저 소모되는 쪽이 패배하며 하나의 캐릭터를 무찌르면 다른 캐릭터가 선정되고 마지막에는 히든 캐릭터가 나오는 구조입니다. 닌텐도의 경쟁사 소니 또한 플레이스테이션(Playstation)에서 플레이할 수 있는 철권 게임을 출시하는데, 롬팩 대신 콤팩트 디스크(CD)로 출시하며 어느 정도 3D화된 캐릭터를 선보입니다. 이렇게 발전한 철권 게임은 우리나라에서도 선풍적인 인기를 끌어 한국인 캐릭터인 '백두산'도 만들어집니다.

그림 5-13 **철권**

그리고 1985년, '슈퍼 마리오(Super Mario)' 게임이 출시됩니다. 보일러 배관공인 슈퍼 마리오의 특성답게 게임 배경 또한 보일러 배관 속으로 되어 있으며, 악당 쿠파에게 잡혀간 공주를 구하는 내용을 담고 있습니다. 2D 횡 스크롤 방식으로 출시된 후 여러 버전으로 업그레이드되어 출시되고 있으며 현재까지도 많은 사랑을 받는 게임 캐릭터입니다. 롱런하는 콘텐츠에는 잘 짜인 스토리와 캐릭터가 중요하다는 것을 보여주는 대표적인 사례입니다.

그림 5-14 **슈퍼 마리오** © https://www.nintendo.co.za

하지만 닌텐도에게도 위기가 찾아옵니다. 패미컴 시리즈가 연달아 히트치면서 닌텐도가 시장을 반독점하는 양상을 보이자 경쟁사에서 여러 제품들을 출시하는데, 그중 소니의 플레이스테이션이 큰 인기를 끈 것입니다. 특히 소니는 콤팩트 디스크로 게임을 출시하는데, 롬팩을 유지하던 닌텐도의 판매 체계에 큰 위협이 됩니다. 이때 닌텐도는 '게임보이(Game Boy)'라는 휴대용 게임기를 출시합니다. 출시 초기에는 컬러 화면이었는데 배터리 수명이 짧아지고 가격도 올라가는 단점이 발생해 흑백으로 다시 만들어 출시했으며, 이 버전이 전 세계적으로 1억 1,100만 대 이상 팔리며 큰 성공을 거둡니다.

게임보이의 성공을 이끈 게임은 바로 '테트리스(Tetris)'입니다. 테트리스는 당시 구소련의 대학생이 만든 게임인데, 저작권 개념이 없어 IBM 게임기의 디스켓 형태로 풀립니다. 닌텐도는 테트리스에 사운드를 입혀 중독성 있는 게임으로 탈바꿈시킵니다. 또한 유명한 모델이었던 기무라 타쿠야를 광고 모델로 세워 홍보하며 게임기 구매율을 높였습니다.

테트리스와 함께 닌텐도 게임보이의 판매 호조를 이끌었던 게임은 바로 1996년에 출시된 '포켓몬스터(Pokemon)'입니다. 플레이어가 게임 내부를 돌아다니며 포켓몬을 수집하고 체육관을 돌며 관장들과 대결을 하는 형식의 게임입니다. 흑백과 컬러, 2가지 버전이 출시됐는데 컬러 버전은 당시 3천 엔이라는 매우 비싼 가격이었음에도 날개 돋친 듯 팔려나갔습니다. 포켓몬스터는 참신한 스토리로 큰 인기를 끌었으며 이후 애니메이션화되기도 합니다. 애니메이션은 북미 시장으로도 수출되었는데 미국에서는 아이들이 중독 현상까지 보여 방영을 금지하기도 했습니다. 스토리가 잘 짜인 게임이 어떻게 상업적으로 다양하게 활용되며 여러 콘텐츠로 재탄생할 수 있는지 보여준 대표적인 사례입니다.

그림 5-15 게임보이와 테트리스
© https://commons.wikimedia.org

그림 5-16 포켓몬스터
© https://www.imdb.com

하지만 이렇게 승승장구하던 닌텐도도 실패를 경험하게 되는데, 바로 '버추얼보이(Virtual Boy)'라는 게임기 출시입니다. 1995년에 출시된 이 게임기는 가상현실 휴대용 게임기입니다. 혁신에만 초점을 맞추다 보니 기술 수준이 너무 앞서가 성공하지 못한 케이스라고 볼 수 있습니다. 사실 휴대용이라고 하기엔 애매할 정도로 여러 문제들이 있었고 기술적으로도 불완전해, 기존의 게임을 제대로 표현하지 못했습니다. 결국 게임기는 전량 수거가 될 정도로 큰 실패를 맞이하며 닌텐도의 성공을 이끌었던 요코이 군페이가 사퇴하게 됩니다.

그림 5-17 **버추얼보이**

위태로운 닌텐도를 지켜준 상품은 2001년 출시된 '게임보이 어드밴스' 버전입니다. 컬러 화면의 이 게임기는 버추얼보이의 손실을 모두 메꿔주었으며 닌텐도의 명성을 유지시켜 줍니다. 이후 2003년에 출시된 '게임보이 어드밴스 SP' 버전은 기존의 닌텐도 게임기와 다르게 디자인이 수려했으며 남녀노소 누구나 휴대하고 다닐 수 있는 크기였습니다. 2대를 서로 연결할 수 있는 케이블도 있어 여러 사람들과 함께 즐기기 좋은 형태라 선 세계적으로 큰 판매량을 올렸습니다.

그림 5-18 **게임보이 어드밴스**

게임기를 작게 만든 점을 성공 요인으로 생각한 닌텐도는 더 작은 크기의 '게임보이 마이크로'를 출시하지만 너무 작아서 큰 성공을 거두진 못했습니다. 또한 게임보이라는 이름이 성차별적이라는 문제가 제기되며 새로운 이름을 붙인 게임기를 개발해 선보이는데, 이 게임기가 바로 '닌텐도 DS' 입니다.

3 닌텐도 DS의 등장

닌텐도는 2004년 '닌텐도 DS(Nintendo DS)'를 출시합니다. DS는 듀얼 스크린(Dual Screen)의 약자로, 화면이 2개인 게임기의 특징을 나타냅니다. 닌텐도 DS는 펜을 사용해 화면을 터치할 수 있고 음성인식도 가능해 게임기의 혁신을 가져오며 출시 이후 약 1억 2,500만 대가 판매됩니다. 당시 최고의 스타인 니콜 키드먼을 광고 모델로 쓰는 등의 마케팅 전략도 성공 요인 중 하나라고 볼 수 있습니다.

이후 2008년 출시된 '닌텐도 DSi'는 카메라를 장착한 모델이며, 화면이 더 커지고 두께는 더 얇아집니다. 또한 와이파이를 통해 닌텐도 플랫폼에 접속할 수 있으며 펜을 활용한 여러 기능이나 사진 합성 기능 등을 통해 사용자가 참여할 수 있는 요소를 만들어 두었습니다. '리듬 헤븐'과 같은 리듬 게임이 출시되면서 큰 인기를 끌며 닌텐도만의 고유한 색을 강화합니다.

DSi 버전의 뒤를 이어 '닌텐도 DSi XL'이 2009년 출시되는데, 이 게임기에는 안력 트레이닝이나 뇌 트레이닝 같은 게임이 들어 있어 노년층의 치매 예방 효과를 마케팅적으로 강조했습니다. 기존 게임기보다 화면을 많이 키워서 노년층도 쉽게 접근할 수 있도록 만들어진 DSi 대형 버전이라고 볼 수 있으며 전 연령층을 대상으로 판매하고자 한 전략을 파악할 수 있습니다.

그림 5-19 **닌텐도 DS** © https://www.backmarket.co.uk

닌텐도 DS와 DSi 출시 사이인 2006년에는 '닌텐도 위(Wii)'라고 하는 가정용 콘솔 게임기를 출시합니다. 당시 '플레이스테이션 3' 출시일과 맞물려 성공 여부를 가늠할 수 없었는데 생각 이상의 큰 성공을 거둡니다. 닌텐도 위는 가족 누구나 즐길 수 있는 컨셉을 표방하며 게임 콘텐츠 사용자층의 폭을 넓히는 데 주력했습니다.

그림 5-20 **닌텐도 위**

2011년 닌텐도는 또 한 번의 혁신인 듀얼 스크린의 입체 게임기 '닌텐도 3DS'를 출시합니다. 당시 여러 곳에서 대대적인 론칭쇼를 열었으며 닌텐도의 주요 인사들이 게임기를 소개하기도 했습니다. 입체 안경을 따로 쓰지 않아도 3D로 게임을 즐길 수 있으며 듀얼 카메라가 삽입되어 있어 3D로 촬영과 편집도 할 수 있습니다. 또한 기존 게임들을 그대로 플레이할 수 있다는 것이 성공 요인 중 하나로 작용했습니다.

닌텐도 3DS에는 페이스트래킹 기법이 적용되어 있습니다. 사용자의 위치 변화에 따라 렌즈가 자동으로 피사체를 추적하는 기법으로 화면에 공간감을 부여합니다. 카메라를 활용한 소프트웨어 기술로, 전후좌우의 시야각에 따라 아래를 보면 아래가 보이고 위를 보면 위가 보입니다. 그래서 입체 안경을 따로 쓰지 않아도 3D 영상 구현이 가능합니다. 자신이 있는 장소가 게임의 스테이지가 되어 플레이를 할 수 있다는 점이 닌텐도 3DS의 큰 장점이라고 할 수 있습니다.

그림 5-21 **닌텐도 3DS** © https://mashable.com

닌텐도는 3DS의 성공에 힘입어 '닌텐도 위 유(Wii U)'를 만듭니다. 하이브리드형 게임기로 거치형 게임기와 휴대용 게임기가 결합된 형태인데 XBOX 1이나 플레이스테이션 4에 대응해 만들어진 제품입니다. 하지만 이식된 게임이 많지 않아 성공을 거두진 못하며, 매출 부진은 닌텐도 주가에 큰 영향을 미치기도 했습니다. 후속 모델로 '닌텐도 NX'를 기획하지만 이 또한 지지부진한 성과를 거둡니다.

그림 5-22 **닌텐도 위 유**

4 닌텐도 스위치의 대히트

연이은 실패 후 재정비를 거친 닌텐도는 2017년 '닌텐도 스위치(Nintendo Switch)'를 출시합니다. 하이브리드형 게임기로 콘솔 게임기와 휴대용 게임기가 결합되어 있으며, 상당히 많은 게임이 이식되어 있어 높은 판매량을 기록했습니다.

그림 5-23 **닌텐도 스위치**

더불어 '포켓몬 고(Pokemon GO)' 게임의 성공으로 닌텐도는 자사의 건재함을 다시 한 번 세계에 알립니다. 닌텐도 자회사인 포켓몬컴퍼니와 미국의 증강현실 소프트웨어 개발사인 나이앤틱이 공동 제작해 2016년 발매한 포켓몬 고는 위치 기반의 증강현실 게임이며 전 세계적으로 7억 건 이상의 다운로드 수를 기록했습니다. 이용자가 살고 있는 실제 장소를 기반으로 여기저기 출몰하는 포켓몬을 잡아들이는 방식으로, 특정 위치에 희귀한 포켓몬이 출몰하거나 체육관에서 대결을 할 수 있는 등의 재미 요소가 소비자의 마음을 사로잡았습니다. 포켓몬 고는 닌텐도의 스마트폰 게임 진출 가능성을 시사하며 자사의 경쟁력을 여지없이 보여준 사건이었습니다.

그림 5-24 **포켓몬 고** © https://pokemongolive.com/ko/

포켓몬 고의 성공에 힘입어 닌텐도 스위치 또한 판매율이 급상승하며 2,000만 대 이상이 팔립니다. 닌텐도의 2020년 매출을 살펴보면 한 해 동안 판매된 하드웨어가 총 2,883만 대인데 이 중 2,032만 대가 닌텐도 스위치 판매량이라고 합니다.

최근에는 '모여봐요 동물의 숲(Animal Crossing New Horizons)' 게임이 큰 인기를 끌었는데, 현실과 게임 속 시간이 동일하게 유지되며 여러 유저들과 함께 무인도를 하나의 마을로 꾸미는 방식으로 진행됩니다. 코로나19 팬데믹이 장기화되며 답답함, 우울감 등을 느끼던 사람들에게 힐링 게임으로 큰 호응을 얻었습니다. 전용 콘솔과 독점 타이틀을 구매해야만 즐길 수 있음에도 불구하고 예약 사이트가 마비될 만큼 인기를 얻어 콘솔 플랫폼의 한계를 극복한 훌륭한 사례가 되었습니다.

그림 5-25 **모여봐요 동물의 숲** © https://nerdist.com

2021년 닌텐도는 닌텐도 스위치의 새 모델인 '닌텐도 스위치 OLED'를 선보였으며, OLED를 탑재한 큰 화면을 활용하면 테이블 모드와도 어울리는 게임기입니다. 이를 통해 닌텐도는 꾸준히 큰 성공을 거둠에도 안주하지 않고 혁신적인 게임기를 만들기 위해 끊임없이 노력하고 있음을 알 수 있습니다.

그림 5-26 닌텐도 스위치 OLED

Section

03 닌텐도의 기업 철학

1 닌텐도의 경영방침

닌텐도의 130년 역사를 이끌어온 원동력은 그들만의 독특한 경영방침에서 찾아볼 수 있습니다.

첫 번째는 '최대한 단순하게 기본으로 돌아가는 것'입니다. 닌텐도가 추구하고 만들고자 하는 제품의 본질을 놓치지 않겠다는 것입니다. 두 번째는 '불가능한 것이 가능해질 때까지 기다리는 인내심', 세 번째는 '모든 일에 최선을 다한 후 성패는 하늘의 '운'에 맡김'으로써 절대 후회하거나 뒤돌아보지 않고 전진함을 강조합니다. 마지막으로, 스토리와 캐릭터의 절묘한 조화를 중시하며 창의적 콘텐츠의 힘을 믿는 것입니다.

혁신을 거듭하는 기업이지만 그 중심에는 오랫동안 지켜온 그들만의 철학이 자리하고 있음을 알 수 있습니다.

하나 더 알기 ✓ 닌텐도와 애플의 공통점

닌텐도의 역사를 살펴보니 생각나는 기업이 있지 않습니까? 바로 앞 장에서 살펴본 '애플'입니다. 비슷한 점을 몇 가지 예로 들어보면 다음과 같습니다.

1. 하드웨어와 소프트웨어를 전부 자사에서 만들어 이득을 봄
2. 새로운 제품을 출시할 때마다 혁신적인 기술이 탑재되어 있음
3. 해당 분야의 파생상품을 개발하는 서드 파티(Third Party) 소프트웨어 회사와 협력사를 거느리고 있으며 전폭적인 지원을 해줌
4. 은행에 빚이 없고 엄청난 현금 보유고를 가지고 있음
5. 호환기종이 없거나 운영체제 개방을 안 하는 등의 폐쇄정책을 유지해 해커들의 표적이 됨. 이의 연장선으로 아이폰 탈옥 방법이나 해킹된 닌텐도의 롬팩이 불법으로 공유되기도 함
6. 폐쇄정책 때문에 몰락에 가까운 추락을 경험한 적이 있음

2 닌텐도의 전략과 시사점

현(現) 닌텐도 사장인 후루카와 슌타로(Furukawa Shuntaro)는 5G 시대가 되면서 하드웨어와 일체된 닌텐도만의 독특한 게임 콘텐츠가 더욱 높은 가치를 가질 것이라고 말했습니다. 기본에 충실하면서 경험의 폭을 확장한 닌텐도의 혁신 방식, 스마트폰이 만족시켜 주지 못하는 영역에서의 게임기의 유효함, 반복적인 게임 구조를 벗어난 캐릭터 개발 등이 닌텐도의 강력한 저력을 보여주리라는 것입니다. 오랜 역사의 브랜드 가치 또한 닌텐도의 성장에 한몫하고 있으며 궁극적으로 게임기 생태계를 건강하게 유지하고 발전시킬 역량을 발휘할 수 있다는 점에서 시사하는 바가 큽니다.

보다 많은 게임이 앞으로도 닌텐도 하드웨어 전용으로 출시될 것이고 이는 곧 게임기의 판매율로 이어질 것입니다. 닌텐도에게 선순환으로 작용되는 구조는 게임 생태계를 더욱 견고하게 만들 수 있습니다. 자사 중심의 게임 생태계 구축을 통한 선순환 구조 확립, 이것이 바로 닌텐도가 가진 비즈니스 모델의 혁신성이며 유구한 역사를 자랑하는 닌텐도의 저력이라고 할 수 있습니다.

그림 5-27 **닌텐도 로고**

요약

01 비디오 게임의 상업화

- 1971년에 최초의 동전 투입식 비디오 게임이 출시된 이후 여러 비디오 게임이 시장에 등장했다.
- 비디오 게임 시장을 대표하던 아타리는 기대에 미치지 못한 게임 퀄리티로 인한 판매량 급감으로 위기를 겪고, 게임 시장은 아타리 쇼크를 경험한다.
- 기울어가던 비디오 게임 시장을 부활시킨 기업이 닌텐도이다.

02 닌텐도의 설립과 성장

- 화투, 트럼프 카드를 생산하던 닌텐도는 휴대용 게임기를 출시하면서 게임 시장에 발을 들였다.
- 동키 콩 게임을 시작으로 철권, 슈퍼 마리오, 테트리스, 포켓몬스터 등 스토리와 캐릭터가 강점인 게임 콘텐츠를 꾸준히 출시하며 성장했다.
- 롬팩 형태의 게임기 패미컴과 휴대용 게임기 게임보이를 출시하며 게임 산업의 절대 강자로 자리 잡았다.
- 이후 닌텐도 DS, 닌텐도 위, 닌텐도 스위치 등을 출시하며 지속적으로 게임 업계에 영향을 미치고 있다.

03 닌텐도의 기업 철학과 시사점

- 닌텐도가 가진 비즈니스 모델의 혁신성과 저력은 130년의 역사를 이어온 닌텐도만의 경영 철학이라고 할 수 있다.
- 스마트폰이 충족시키지 못하는 영역을 공략해 선순환 구조로 닌텐도만의 건강한 게임 생태계를 조성한다는 점에서 시사하는 바가 크다.

연습문제

단답형 문제

01 (   )은 비디오 게임을 최초로 발명한 인물로 연구소에 견학 온 사람에게 즐거움과 볼거리를 주고자 한 것이 개발 목적이었다.

02 세계 최초의 디지털 컴퓨터 게임 (   )는 당시 MIT에서 연구하던 학생들이 개발했다.

03 스페이스 워 게임의 계보를 이어 만들어진 최초의 동전 투입식 비디오 게임은 (   )이다.

04 한때 큰 성공을 거두던 (   )는 질 낮은 게임들로 소비자들의 관심이 떨어지자 (   )를 겪는다.

05 카드 회사로 시작한 닌텐도는 게임 시장 진출 초창기에 게임 & 워치를 개발해 큰 성공을 거두었으며, 이를 제안한 인물은 (   )이다.

06 게임의 아버지로 칭송받는 미야모토 시게루는 (   ) 게임을 개발해 큰 기록을 세웠다.

07 닌텐도는 롬팩 형태의 게임기인 패미컴을 개발했으며 대표적인 게임으로 (   ), (   ), (   )이 있다.

08 보일러 배관공의 모습을 한 캐릭터 (   )는 30년이 넘게 인기를 이어오고 있는 닌텐도의 대표 캐릭터이다.

09 닌텐도의 전성기를 이끈 제품으로 초기에는 흑백 버전으로 출시됐으며, 테트리스와 포켓몬스터 게임을 함께 제공한 게임기는 (   )이다.

10 5G 시대에 들어서며 스마트폰 보급이 확대됨에도 불구하고, 닌텐도는 자신만의 철학을 지키며 (   )와 일체된 독특한 게임 콘텐츠를 출시하고 있다.

객관식 문제

11 요코이 군페이가 개발하였으며 닌텐도의 첫 시작을 알린 게임기는 무엇인가?

① 게임 & 워치 ② 게임보이 ③ 패미컴
④ 버추얼보이 ⑤ 게임보이 마이크로

12 다음 중 게임보이에 대한 설명으로 옳지 않은 것은?

① 초기 게임보이가 출시되었을 때 가격, 수명의 문제로 흑백 버전으로 재출시되었다.
② 패미컴 시리즈의 성공으로 승승장구하던 중 소니의 플레이스테이션이 경쟁자로 떠올랐다.
③ 소니의 경쟁에 대응하기 위해 출시한 게임기이다.
④ 대표적인 게임이 테트리스인데, 판권이 매우 비싼 것이 문제가 되었다.
⑤ 어드밴스 시리즈, SP 시리즈로 크게 성공했지만 마이크로 버전 이후 출시가 종료되었다.

13 다음 중 버추얼보이의 실패 요인으로 가장 적절한 것은?

① 다른 제품에 비해 가격이 너무 비쌌다.
② 비디오 게임에 대한 수요 자체가 낮았다.
③ 닌텐도가 생산 자체를 거의 하지 않았다.
④ 휴대용 기기로 출시했지만 휴대 자체가 불편했다.
⑤ 플레이할 수 있는 게임이 부족했다.

14 닌텐도의 대성공을 이끈 제품으로 니콜 키드먼이 광고 모델로도 등장한 게임기는 무엇인가?

① 닌텐도 DS ② 닌텐도 위 ③ 게임보이 어드밴스
④ 닌텐도 스위치 ⑤ 닌텐도 3DS

15 다음 중 애플과 닌텐도의 공통점으로 옳지 않은 것은?

① 하드웨어와 소프트웨어를 자체적으로 생산한다.
② 새로운 제품을 출시할 때마다 혁신적인 기술을 선보인다.
③ 두 기업의 제품 모두 해커들의 표적이 되고 있다.
④ 현금 보유율이 매우 낮고 은행 빚이 많다.
⑤ 폐쇄적인 정책으로 거의 망할 뻔한 적이 있다.

토론과제

01 닌텐도의 전설적인 게임 중 하나로 평가받는 '동키 콩'이 이전에 만들어졌던 게임들과 어떻게 다른지, 성공 요인은 무엇이었는지에 대해 설명해봅니다.

02 패미컴부터 게임보이까지 이어져 온 닌텐도만의 특징과 시사점에 대해 이야기해봅니다.

03 닌텐도와 애플의 공통점을 나열해보며 이 기업들이 성공할 수 있었던 이유에 대해 이야기나눠봅니다.

CHAPTER 06

창의적 기업에서 배운다 3 : 구글

학습목표

- 구글의 검색 시스템과 다른 검색엔진의 차이점을 이해할 수 있습니다.
- 구글의 초기 창업 멤버들이 IT 업계에 어떠한 영향을 끼쳤는지 설명할 수 있습니다.
- 안드로이드 OS의 장·단점을 설명할 수 있습니다.

Preview

6장에서는 구글에 대해 알아보겠습니다. 구글의 역사와 발전 과정, 구글이 주력으로 삼고 있는 검색 분야의 개요에 대해서 학습하겠습니다. 또한 구글의 인재 등용 전략, 구글의 OS 전략에 대해 살펴보고 최근 구글이 관심을 가지고 있는 기술은 무엇인지 알아봅니다.

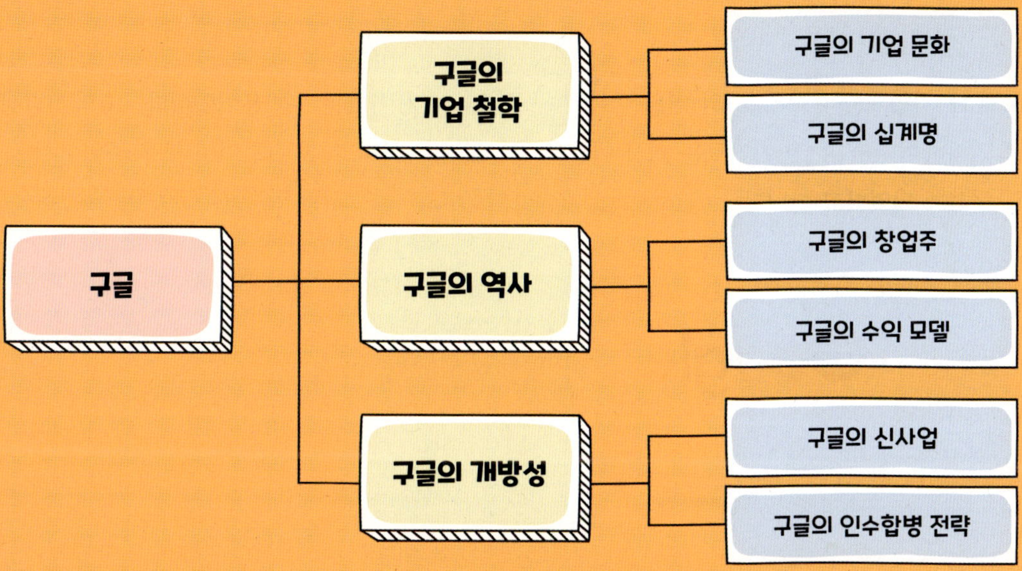

Section 01 구글의 기업 철학

1 구글의 어원

글로벌 IT 기업 구글(Google)의 어원은 본래 구골(Googol)이라는 수학용어입니다. 10의 100제곱을 의미하며, 떠도는 이야기로는 회사 이름을 구골로 등록하려고 했는데 이미 사용 중이어서 구글로 정하게 되었다고 합니다.

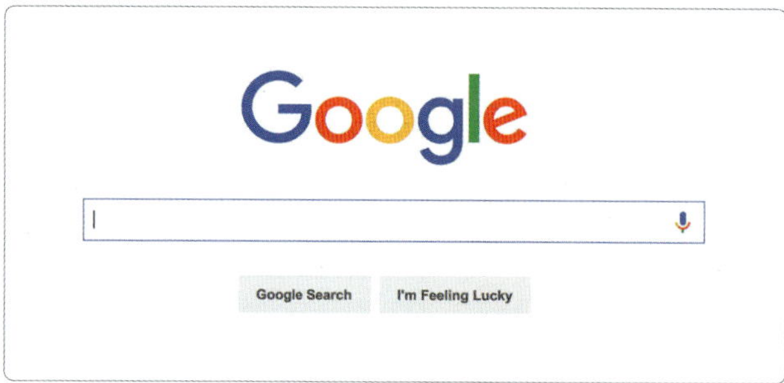

그림 6-1 구글 © https://www.theverge.com

구글은 전 세계 정보를 체계화해서 누구나 편리하게 이용할 수 있도록 하겠다는 설립 목표를 갖고 1998년에 창립되었습니다. 2명의 창업자가 창업과 동시에 법인을 설립했으며 2004년 기업 공개 후 전 세계에 지사를 둔 글로벌 기업으로 성장했습니다.

이들의 설립 모토는 '사악해지지 말자, 악마가 되지 말자' 입니다. 과연 이 모토가 잘 이어지고 있을까요? 오늘날 정보는 강력한 힘을 가지고 양면적으로 활용되고 있습니다. 때론 천사가, 때론 악마가 되기도 합니다. 우선 구글이 기업을 어떻게 경영하고 있는지 경영 철학에 대해 살펴보겠습니다.

2 구글의 기업 문화

구글의 기업 문화는 평등, 민주, 수평적이기로 유명합니다. 한마디로 정리해 '낙서 문화' 라고 이야기합니다. 구글은 어떠한 차별도 두지 않으며 경력이나 능력 위주로 직원을 채용하고 호칭에 있어서도 상하 위계질서가 거의 없다고 합니다. 수평적 조직 관계가 서로의 의견을 존중하고 창의성을 극대화시키는 의사결정 수단으로 작용할 거라는 판단 때문입니다.

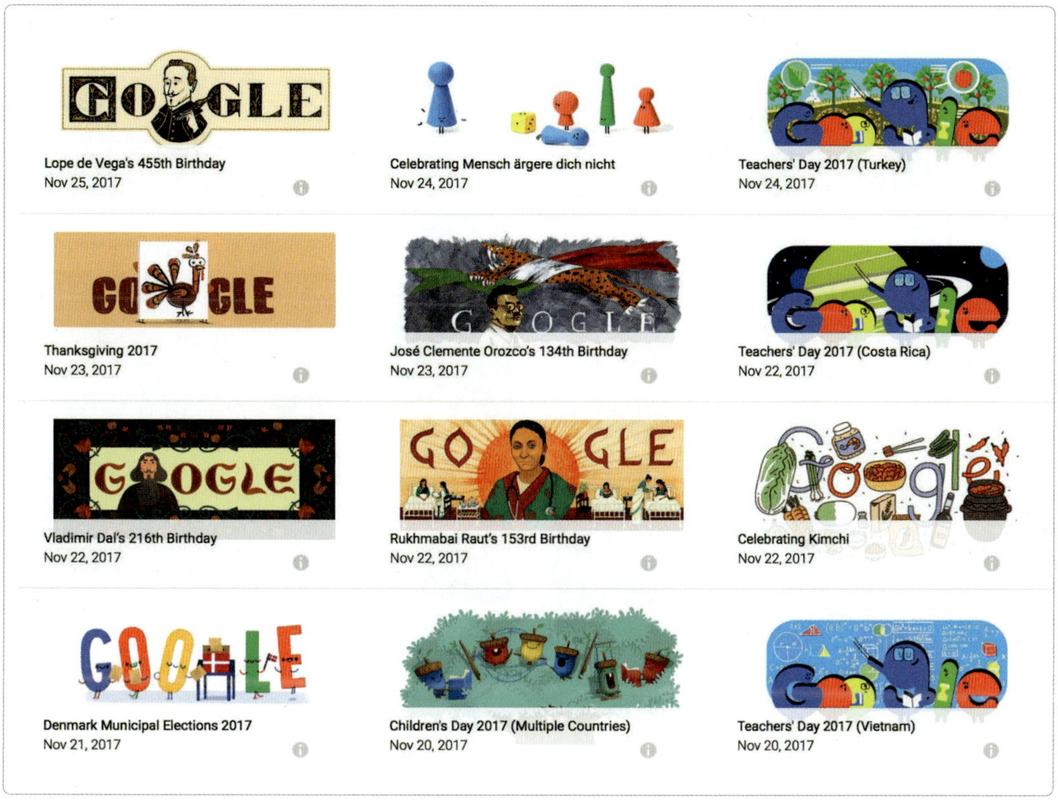

그림 6-2 구글의 낙서 문화 © https://www.commonsense.org

구글은 그들의 문화를 반영해 직원들을 칭할 때 구글러(Googler)라고 하며, 새로 입사한 직원은 뉴글러(Noogler), 법률 부문의 직원은 루글러(Loogler), 퇴사한 이전 직원을 주글러(Xoogler)라고 부릅니다. 구글의 친구들은 개구리(Frog)라고 표현합니다.

구글은 사내 환경도 다채롭기로 유명한데, 각 지사마다 테마를 정해 놓고 나름의 특색을 살려 인테리어합니다. 예를 들어, 캘리포니아 본사는 볼링의 스트라이크 테마로, 호주 시드니 지사는 정글을 테마로 내부를 꾸몄다고 합니다. 일본 도쿄 지사는 다다미방 컨셉의 인테리어가 되어 있고 뉴욕 맨해튼 지사는 테라스 풍경에 중점을 두고 내부를 조성했다고 합니다. 스위스 취리히 지사는 생각의 알까기라는 회의실을 만들었는데, 진짜 알 모양으로 방을 조성해두었다고 합니다. 이렇게 회사 내부를 틀에 얽매이지 않고 자유롭게 꾸밀 수 있도록 전폭적인 지원을 아끼지 않는 것도 구글 기업 문화 중 하나라고 할 수 있습니다. 더불어 전산 장비 소모품, 식사, 오락거리 등이 대부분 무료로 지원되고 있습니다.

(a) 호주 시드니 지사

(b) 일본 도쿄 지사

(c) 스위스 취리히 지사

(d) 인도 하이데바라드 지사

그림 6-3 **전 세계 구글 지사의 사내 환경** © https://officesnapshots.com

3 구글의 십계명

이제 구글(Google)의 십계명을 통해 구글의 경영 철학을 살펴보겠습니다.

1계명 : 사용자에게 초점을 맞추면 나머지는 저절로 따라온다

사용자가 가장 편리하게 사용할 수 있는 서비스 제공에 초점을 둔다는 것입니다. 사용자에게 도움이 되지 않는 변화를 거부하고 사용자의 이익을 우선시함으로써 충실한 웹 고객층을 구축하고 서비스에 만족한 사용자의 입소문을 통해 성장합니다.

2계명 : 어디서든 한 방면에서 최고가 되자

구글 힘의 원천은 검색엔진입니다. 하지만 처음부터 최고의 자리에 오른 것은 아닙니다. 새로운 기술을 개발, 접목한 끝에 전 세계를 아우르는 세계 최대 검색엔진으로 자리 잡을 수 있었습니다.

3계명 : 느린 것보다 빠른 것이 낫다

구글 검색은 사용자가 이용 즉시 만족을 느끼고 최대한 빨리 사이트를 떠나도록 하는 것이 목표입니다. 서비스 환경의 효율성을 높여 검색 속도 기록을 갱신하고, 방대한 양의 데이터를 처리하는 데 대형 서버보다 네트워크 PC가 더 빠를 것이라고 판단해 움직이며, 제약이 없는 새로운 알고리즘을 작성하여 빠른 서비스를 제공하고자 노력합니다.

4계명 : 인터넷은 민주주의가 통하는 세상이다

구글은 어떤 사이트가 가치 있는 콘텐츠를 제공하는지 결정하기 위해 페이지 랭크라는 기술을 이용해 모든 웹페이지의 순위를 결정합니다. 편집자 그룹에 의존하거나 특정 용어의 빈도수만으로 판단하지 않습니다. 이 기술은 새로운 사이트가 정보의 출처가 될 수 있음을 의미합니다. 사이트에 대한 노출도 투표가 계속 이루어지며 끊임없이 새로운 글을 발견하고 발전합니다.

5계명 : 책상 앞에서만 검색이 가능한 것이 아니다

세계가 점점 더 모바일화되면서 사람들은 위치 제약 없이 정보를 제공받기를 원합니다. 구글은 인터넷이 가능한 휴대폰에서 데이터를 찾을 때 키패드에 입력하는 횟수를 줄여 주는 구글 번호 검색 및 HTML로 작성된 페이지를 모바일 브라우저에서 읽을 수 있는 형식으로 전환하는 동적 변환 시스템 등으로 기술을 발전시키고 있습니다.

6계명 : 부정한 방법을 쓰지 않아도 돈을 벌 수 있다

구글은 검색 결과와 관련성이 없는 광고게재를 금지하고, 관련성이 있는 경우에만 검색 결과 위쪽이나 오른쪽에 스폰서 링크로 게재합니다. 수천 개의 웹사이트들이 구글과 마찰 없이 광고를 게재함으로써 구글은 효과적인 광고대행사가 되어 제휴업체와 광고수입을 공정하게 공유할 수 있습니다.

7계명 : 세상에는 무한한 정보가 존재한다

구글은 다른 어떤 검색 서비스보다 많은 웹페이지를 색인한 후 접근이 쉽지 않은 다른 정보로 관심을 돌려 주소, 기업 전화번호를 추가하는 등 새 데이터베이스를 통합합니다. 검색 시 워드, 엑셀, 파워포인트 등 10여 가지 형식의 파일까지 포함시킵니다.

8계명 : 정보의 필요성에는 국경이 없다

구글은 전 세계에 지사를 두고 누구나 쉽게 정보를 이용할 수 있도록 하는 데 목표를 두고 있습니다. 그러기 위해 10여 개의 도메인을 관리하고 미국 외의 사용자들에게 검색 결과를 절반 이상 제공하며, 35가지가 넘는 언어로 페이지를 표시합니다. 구글에서는 약 100가지 언어로 번역이 가능합니다.

9계명 : 정장을 입지 않아도 업무를 훌륭히 수행할 수 있다

구글의 창립자들은 일이 힘들어도 즐겁게 할 수 있다는 믿음을 바탕으로 회사를 설립했습니다. 고객이 우선인 것처럼 직원을 우선으로 생각하며, 팀으로서의 성취와 개개인의 성취에 대한 자부심이 회사의 전체적인 성공에 기여함을 강조합니다. 또한 일을 할 때 형식에 구애받지 않도록 하며, 회의도 점심식사 중의 대화로 대신하는 경우가 많다고 합니다.

10계명 : 최고에 만족하지 말자

구글은 기술 혁신과 반복을 통해 이미 효율성을 거두고 있는 일일지라도 생각지 못한 방법으로 개선시킵니다. 또한 고객들이 아직 표출하지 않은 요구를 미리 예측하여 새로운 표준을 수립해 제품과 서비스에 접목합니다.

하나 더 알기 **독특한 구글의 입사 인터뷰**

구글에 입사하려면 입사 인터뷰가 아주 중요합니다. 입사와 관련해 공개된 내용을 살펴보면, 구글에서 중시하는 것은 스킬이나 프로그래밍 능력보다 문제 해결 방식, 컴퓨팅적 사고 능력 등이라고 파악해볼 수 있습니다.
입사 질문도 독특한데, 예를 들면 '하루에 시계 분침과 시침이 몇 번 만날까?', '당신의 어린 조카에게 데이터베이스가 뭔지 3개의 문장으로 설명한다면?', '스쿨버스 안에 골프공이 몇 개나 들어갈까?' 등이 있습니다. 문제에 대한 정확한 답을 요구하는 것이 아니라 문제를 바라보는 시선, 문제를 풀어내는 절차적 해법이 인터뷰의 핵심임을 알 수 있습니다.

실제 문제 예시

Q 스쿨버스 안에 골프공이 몇 개나 들어갈까?

A 이 질문을 처음 듣게 되면 대부분은 스쿨버스의 면적을 재거나 공의 크기를 계산해 몇 개의 공이 들어갈지를 생각할 겁니다. 하지만 구글은 이런 전형적인 답을 원하지 않습니다. 구글은 면접자가 절차적 또는 수학적 사고방식에 입각해 대략적인 버스의 폭, 버스의 부피, 공간 등을 계산하길 원합니다. 즉, 정확한 답보다 면접자가 어떤 논리를 가지고 절차적으로 생각하는지를 중시합니다.

Section 02

구글의 역사

1 구글의 창업자와 주요 인사

구글은 래리 페이지(Larry Page)와 세르게이 브린(Sergey Brin)이 공동 창업한 회사입니다. 이 둘은 스탠퍼드 대학교로 유학 온 학생 시절, 박사과정에서 처음 만나 공동의 논문 주제를 선정하며 친분을 쌓았습니다. 당시 주제로 잡은 것은 '월드와이드웹(WWW) 검색'으로, 구글의 시작점이라고 생각해봐도 될 것 같습니다.

그림 6-4 구글 창업자, 래리 페이지와 세르게이 브린 © https://www.wired.com

구글의 주요 인사로 가장 유명한 사람은 에릭 슈미트(Eric Emerson Schmidt)입니다. 두 창업자가 전문 경영인을 모집하기 위해 인터뷰를 진행하던 중 에릭 슈미트를 인터뷰한 뒤 모든 인터뷰를 취소하고 긴 대화를 나눈 뒤 전격 발탁한 일화가 유명합니다. 썬마이크로시스템즈(Sun Microsystems, Inc.) CTO 시절, 프로그래밍 언어 자바(java) 개발에 관여한 이력이 있으며 구글 외에도 노벨(Novell, Inc.), 벨 연구소(Bell Lab), 애플(Apple) 등에서 일한 경력도 보유하고 있습니다. 현재는 구글 이사회 의장과 알파벳(Alphabet Inc.) 이사회 의장을 맡고 있습니다.

그림 6-5 **구글 핵심 인사, 에릭 슈미트** © https://www.nscai.gov

구글의 프로젝트 서비스 매니저였던 마리사 마이어(Marissa Mayer)도 상당히 유명한 인물입니다. 이 사람은 구글의 20번째 멤버로 합류한 첫 여성 엔지니어였으며 구글맵(Google Maps)이나 구글 어스(Google Earth), 구글 스트리트 뷰(Google Street View) 등의 서비스를 총괄했습니다. 구글의 부사장까지 역임한 후 야후(Yahoo)의 CEO로 근무했습니다.

그림 6-6 **구글 핵심 인사, 마리사 마이어** © https://pisapapeles.net

짐 리스는 지금의 인터넷 데이터 센터, 즉 기존 회사의 서버실에 위치했던 웹 서버나 서비스 서버들을 모두 모아놓고 한꺼번에 관리하는 시스템을 개발한 사람입니다. 이 시스템은 오늘날 클라우드의 기본이 됩니다. 특이하게도 신경외과 의사 이력이 있으며 수술로봇팔을 제작하기도 했습니다.

폴 부카이트는 파격적인 이메일 용량을 바탕으로 지메일(Gmail)을 만들어 서비스한 사람입니다. 브렛 테일러(Bret Taylor)는 구글맵을 개발했으며 트래픽 분산 시스템 분야에서 상당히 유명한 인물로 이후 페이스북(Facebook)의 기술총괄을 맡기도 했습니다.

셰릴 샌드버그(Sheryl Sandberg)는 하버드 출신으로 구글의 수익 모델인 검색 광고를 제안한 사람입니다. 이후 페이스북으로 옮겨가 최초의 여성 이사회 임원이 됩니다. 또한 수잔 보이치키(Susan Wojcicki)는 구글의 어머니라고 불리는데, 구글 창업 초기에 사무실로 쓸 수 있도록 집 창고를 빌려 주었다고 합니다. 구글의 16번째 멤버로 합류했으며 유튜브(Youtube)를 인수할 때 적극적인 인수 전략을 펼쳤다고 알려져 있습니다. 현재는 유튜브 CEO로 근무하고 있습니다.

그림 6-7 **구글 핵심 인사, 수잔 보이치키** © https://www.cnbc.com

2 구글의 탄생

구글이 생겨날 당시 월드와이드웹, 검색엔진이라는 것은 단순 검색을 지칭하는 말이었습니다. 야후나 알타비스타가 유명한 검색엔진이었는데, 이때의 검색 방식은 텍스트와 단어가 매칭되면 무작위로 출력되는 식이었습니다. 래리 페이지와 세르게이 브린은 월드와이드웹에서 의미 있는 검색 결과를 내보낼 수 있는 검색엔진을 설계하고자 하였고, 검색엔진을 통해 단어가 출력될 때 많이 인용된 웹페이지가 화면 상단에 배치되게 만들고 싶었습니다. 이러한 아이디어를 바탕으로 검색 결과에 의미를 부여하는 논문을 쓴 두 창업자는 교내에 버려진 컴퓨터 등을 수집해 서버를 만듭니다. 이때 만든 서버는 지금도 구글 내 박물관에 전시되어 있습니다.

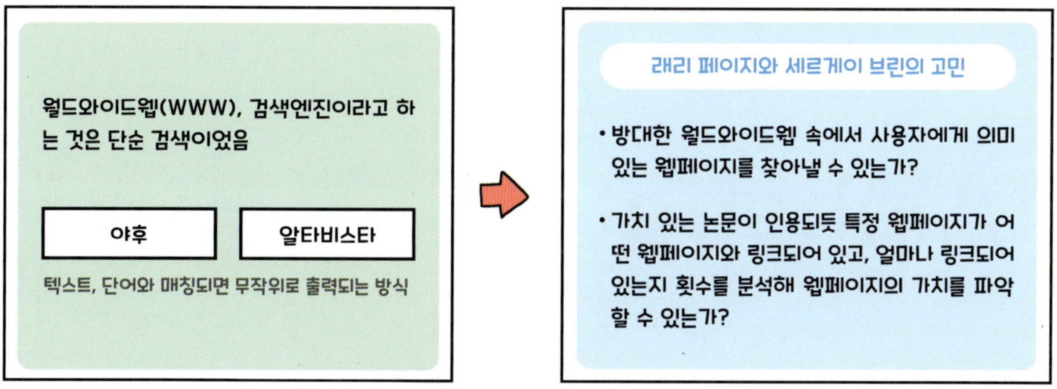

그림 6-8 **세르게이 브린과 래리 페이지의 검색 결과에 대한 고민**

1996년 당시 두 사람이 만든 홈페이지 검색엔진의 이름은 '백럽(BackRub)'이었으며 이후 구글(Google)로 바뀝니다. 단순한 결과를 보여주던 기존의 홈페이지와는 다르게 의미 있는 결과물을 보여주는 구글 사이트의 등장은 상당히 충격적이었습니다. 교내에서 만든 서버라 교내 네트워크를 이용했는데 사이트가 외부로 알려지자 전 세계에서 접속량이 급증해 교내 인터넷이 마비될 정도였습니다. 이후 1998년 구글이 정식으로 창립됩니다.

그림 6-9 **초기 구글 사이트의 모습** © https://www.mirrorreview.com

2000년에는 구글의 수익 시스템인 온라인 광고 애드워즈를 선보이며 검색 키워드 광고 시스템을 판매합니다. 2004년 4월에는 지메일 서비스를 개시합니다. 지메일은 당시 파격적인 용량을 제공해 큰 화제가 되었으며 같은 해에 나스닥에 상장됩니다. 2005년에는 구글맵과 구글 어스가 만들어지며 2006년, 유튜브를 인수하며 거대 미디어 기업으로 재탄생합니다. 2007년에는 최초의 휴대용 기기 개방형 운영체제인 안드로이드 플랫폼을 발표하며 모바일 업계 쪽으로도 손을 뻗기 시작합니다. 2008년에는 구글의 브라우저 크롬이 출시되고, 2011년에 구글 플러스 프로젝트에 착수합니다.

2015년에는 지주회사인 알파벳을 설립해 그 아래 자회사를 두는 식으로 조직을 개편합니다. 구글 또한 알파벳의 자회사로 들어가며 산하에 7개의 자회사가 만들어집니다.

그림 6-10 **구글의 지주회사 알파벳** © https://www.business2community.com

헬스케어 관련 사업 칼리고, 무인자동차 개발 사업 구글 X, 고속 인터넷 사업 파이버, 벤처캐피털 구글 벤처, 장기 기술 투자 구글케피탈, 스마트 홈 사업 네스트 등의 주요 사업들이 계열사로 만들어집니다. 래리 페이지가 알파벳의 CEO로 자리하고 있으며 세르게이 브린은 구글의 사장직을 맡고 있습니다.

구글은 기념일에 맞춰 로고를 다양하게 변형하기로 유명한데, 이 로고를 만든 사람은 데니스 황입니다. 두 창업자는 동료를 구할 당시 스탠퍼드 대학교 특성상 교내에 우수한 인력이 많았던 점을 장점으로 삼아 음식은 무한으로 제공해줄 수 있다고 홍보하며 유학생들을 많이 모았다고 합니다. 데니스 황도 이때 합류한 동료이며 이후 구글의 여러 로고를 디자인했습니다.

3 구글의 수익 모델

구글의 수익 모델은 광고입니다. 구글 애드워즈(Google Adwords)를 통해 키워드 광고를 제공하고 수익을 창출하는 형태입니다. 사람들이 뭔가를 검색하고자 할 때 가장 일반적으로 연상되는 단어를 검색 상단에 노출되게 하여 수익을 창출하는 키워드 입찰 방식입니다. 이는 오버추어 광고 시스템을 채택하며 가능해졌는데, 일반적인 광고 키워드 입찰 방식은 무작위로 사람들에게 광고를 노출시킨다면 오버추어 광고 시스템은 사람들이 많이 쓰는 단어 위주로 적합한 광고를 노출시킵니다. 또한 제휴를 맺은 웹사이트나 블로그, 모바일 애플리케이션에 광고를 넣어 수익을 창출하기도 합니다. 사이트 내용을 분석해 그에 알맞은 광고를 내보내 이용자들의 클릭을 유도하는 콘테스트 광고 방식입니다. 구글은 새로운 광고 기법을 지속적으로 개발해 수익을 올리고 있습니다.

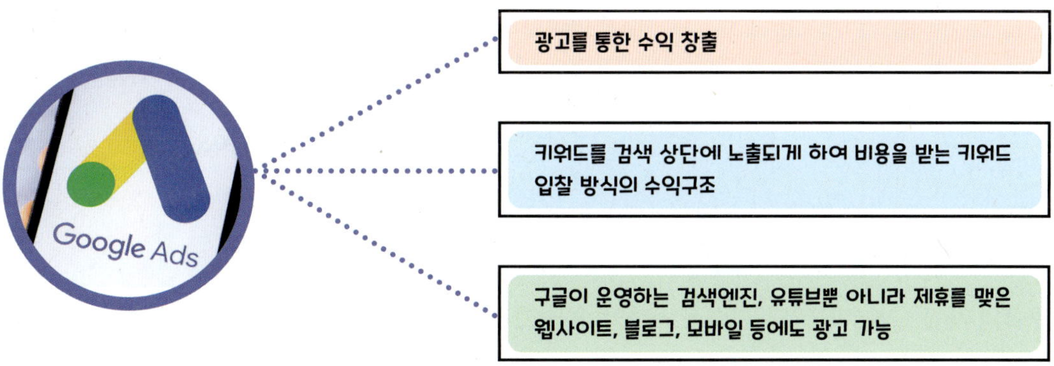

그림 6-11 **구글 애드워즈** © https://digitalphil.ly/

오버추어(Overture)는 1997년에 설립된 세계 최대의 검색 광고 대행업체입니다. 키워드 검색을 통해 이용자 클릭이 발생했을 때만 광고비를 지불하는 수익 모델로 유명해진 회사입니다. 구글의 검색엔진 자체도 성능이 상당히 좋았는데 여기에 오버추어 방식의 광고가 들어가면서 구글은 도입

첫해에 순수익 700만 달러를 기록합니다. 오버추어는 2003년 야후에 인수되었으며 국내 대부분의 포털 사이트들도 오버추어와 제휴되어 있습니다.

4 구글의 검색엔진

일반적으로 검색엔진이라고 하면 사이트의 이름을 떠올리기 쉬운데, 검색엔진에도 여러 종류가 있습니다. 로봇형, 디렉토리형, 메타형, 모음형, 하이브리드형으로 나눌 수 있으며, 간단히 정리하면 다음과 같습니다.

- **로봇형 검색엔진 :** 로봇 검색엔진이 정보를 자동으로 수집함
- **디렉토리형 검색엔진 :** 수작업으로 사이트를 입력하고 검색 자료를 수집하는 방식이며, 야후 검색엔진으로 활용됨
- **메타형 검색엔진 :** 엔진의 링크 형태를 띠는 지능형 검색엔진으로, 메타 데이터베이스가 없어도 정보 검색을 지원함
- **모음형 검색엔진 :** 기존 검색엔진의 인터페이스만 모아 놓은 형태임
- **하이브리드형 검색엔진 :** 키워드형, 주제별 검색엔진 기능을 제공하며 최근 많이 쓰이고 있는 검색엔진 유형임

구글의 검색엔진은 하이퍼 텍스트를 통해 나타나는 구조적 특성을 활용한 대형 검색엔진입니다. 품질에 순위를 매기는 페이지 랭크 기법과 검색 결과를 계산하기 위한 링크를 사용하며, 인덱싱(색인화)할 수 없는 이미지나 프로그램 데이터베이스로 링크해 실제로 수집하지 않은 웹페이지까지 찾아내는 앵커 텍스트 기법을 활용합니다. 구글에서 검색을 하면 전 세계 사이트가 노출되는데 앵커 텍스트 기법이 적용된 것이라고 볼 수 있습니다.

5 구글 브라우저 크롬

구글의 자체 브라우저는 크롬(Chrome)입니다. 브라우저를 사용할 때 콘텐츠를 제외한 나머지 요소인 앞으로 가기, 주소창, 뒤로 가기 버튼, 메뉴 버튼 등을 크롬이라는 단어로 표현하는데, 구글은 인터넷을 사용하는 데 방해되는 요소를 최소화한 브라우저라는 의미로 크롬이라 이름 붙였습니다. 크롬은 무료 브라우저이며 브라우저를 장악하는 것이 아니라 웹을 발전시키는 것이 개발 목표라고 합니다. 연계 시스템으로 플러스, 구글 OS 등이 있습니다.

그림 6-12 **구글 크롬** © https://brandslogo.net

구글의 크롬 OS 개발 전략 목표는 크롬 브라우저를 OS로 발전시키는 것입니다. 아예 브라우저 내에서 이메일, 워드, 파워포인트 등 기본적인 OS 기능을 사용할 수 있도록 하는 것입니다. 구글은 저렴한 PC에 크롬 OS를 삽입해 개발도상국이나 인터넷 소외지역에 기증 또는 판매하며 보다 많은 사람들이 사용하도록 움직이고 있습니다. 우리나라에서는 삼성 노트북 시리즈 크롬 모델을 내기도 했습니다.

크롬 브라우저의 주요 기능으로는 돌출 광고나 팝업 광고 같은 지능형 광고 서비스를 차단할 수 있는 기능이 있습니다. 그래서 어떤 사이트는 들어갔을 때 '이 사이트는 인터넷 익스플로러에 최적화되어 있습니다'라는 문구가 뜨기도 하는데, 크롬으로 사이트를 열 경우 광고가 차단되어 광고 수익을 얻을 수 없기 때문에 이를 보완하려는 움직임이라고 볼 수 있습니다. 소형 포털 서비스 업체는 광고가 주 수입원이므로 특히 이 기능에 취약합니다.

이외에 강력한 기능은 바로 뉴스 서비스입니다. 구글은 동일한 주제의 기사를 묶어 내보내 사용자가 편리하게 뉴스를 분류해 볼 수 있도록 서비스를 제공합니다. 중요도에 따라 내용을 분석해 관련 기사를 보여줍니다. 국내의 경우 네이버는 정식으로 체결된 서비스만 제공했는데 최근 구글과 비슷한 서비스를 제공하고 있습니다. 또한 검색어 분석 기능도 상당히 유명합니다. 대부분의 포털 사이트는 광고비를 많이 낸 콘텐츠를 우선적으로 상단에 배치해 사용자에게 불편을 주는 경우가 있는데, 구글은 의미 기반으로 콘텐츠를 배치해 검색한 내용 위주로 결과를 내보냅니다.

구글은 현재 검색의 범위를 확장해 사람의 인체를 탐험하는 브라우저를 만들고 있습니다. '구글 바디 브라우저(Google Body Browser)'라고 하며, 여성 인체를 대상으로 근육, 신경, 뼈 등을 검색해 볼 수 있게 하였습니다. 의학대학에서 교보재로 쓸 정도로 정교하게 만들어졌으며, 최근에는 남성 인체까지 검색이 가능합니다.

6 구글 안드로이드 OS

구글의 안드로이드 OS(Android OS)는 흔히 구글에서 만든 운영체제로 알려져 있는데, 그 시작은 2007년 안드로이드 OS를 만들고자 하는 기업들이 연합한 오픈 핸드셋 얼라이언스(OHA, Open

Handset Alliance)였습니다. 우리나라 기업인 삼성전자와 LG전자도 참여했으나 진행이 흐지부지 되면서 구글이 개발을 주도하였습니다. '안드로이드'라는 이름은 동명의 회사 이름에서 가져온 것입니다. 직원이 6명 정도인 작은 소기업이었는데, 모바일 OS를 만들다 힘에 부치자 여러 기업에 합병을 요구했고 구글이 약 5,000만 달러, 한화로 567억 원 정도의 금액으로 인수했습니다. 이후 OS가 개발되어 '구글 안드로이드 OS'라 부르게 됩니다. 구글 안드로이드 OS는 리눅스(Linux)를 기반으로 하며 무료로 배포된 OS입니다. 오픈 소프트웨어로 만들어져 소스 코드가 모두 공개되어 있습니다. 그래서 원하면 누구나 자유자재로 변형시킬 수 있다는 특징이 있습니다.

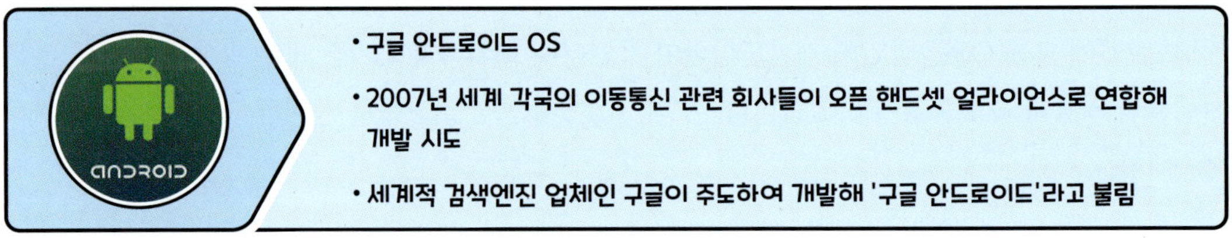

그림 6-13 **구글 안드로이드 OS** © https://www.gamenguides.com

안드로이드 OS가 탑재된 휴대전화 단말기는 '안드로이드 폰'이라고 부릅니다. 안드로이드 폰은 애플의 아이폰이 전 세계적으로 성공을 거두자 이에 대응하기 위해 만들어졌으며, 우리나라에 처음 선보여진 안드로이드 폰은 2010년에 모토로라(Motorola)에서 만든 '모토로이'입니다. 안드로이드는 꾸준히 버전이 업그레이드되어 핸드폰에 탑재되고 있습니다.

안드로이드 OS의 버전별 차이점을 한번 살펴보겠습니다. 1.0 버전은 A로 시작하는 '애플파이', 1.1 버전은 B로 시작하는 '바나나 브레드', 이후 출시된 버전은 컵케이크, 도넛, 에클레어, 아이스크림 샌드위치, 진저브레드, 젤리 빈 등으로 이름이 붙여졌는데 알파벳 순으로 명명한 코드네임이며 별다른 의미는 담고 있지 않습니다.

최초의 안드로이드 OS 이후 출시된 1.5 버전 '컵케이크(Cupcake)'는 캠코더 기능, 유튜브 업로드 기능이 추가된 버전이며 1.6 버전 '도넛(Donut)'은 카메라 캠코더 인터페이스가 바뀌며 여러 기능들이 추가됩니다. 2.2 버전 '프로요(Froyo)'는 브라우저 성능이 많이 향상되었으며 2.3 버전 '진저브레드(Gingerbread)'에는 복사, 붙여넣기 기능이 강화됩니다. 3.0 버전 '허니콤(Honeycomb)'은 태블릿 전용 버전으로, 애플의 아이패드가 출시되자 구글의 OS를 탑재한 태블릿을 출시하기 위해 만들어진 버전입니다. 4.0 버전 '아이스크림 샌드위치(Ice Cream Sandwich)'에서는 스마트폰 안드로이드 버전과 태블릿 버전이 다시 통합되며 NFC, 니어 필드 커뮤니케이션 서비스(근거리 무선통신) 기능, 얼굴인식 기능이 추가됩니다. 이후 4.1 버전 '젤리 빈(Jelly Bean)' 과 4.4 버전 '킷캣(KitKat)', 5.0 버전 '롤리팝(Lollipop)', 6.0 버전 '마시멜로(Marshmallow)'가 차례로 출시되는

데 USB 타입 C 커넥터를 이용해 자료를 외부 저장소로 이동시킬 수 있는 기능이 추가됩니다. 7.0 버전 '누가(Nougat)'에는 알림창에서 메시지를 바로 확인하고 승인하는 기능이 삽입됩니다. 8.0 버전 '오레오(Oreo)'에서는 설정 앱 UI가 개편되고 지문 스캐너 기능이 개선되는 등 많은 부분이 달라졌습니다. 9.0 버전 '파이(Pie)'에는 노치 디자인이 적용되어 있으며 스마트폰 중독 방지용 대시모드를 생성할 수 있는 여러 가지 기능들이 추가됩니다. 10 버전부터는 국가마다 디저트 발음이 다르다는 문제가 제기되어 숫자를 붙이기로 네이밍 정책이 바뀝니다. 로고 또한 기존 디자인은 저시력자가 인지하기 어렵다는 이유로 새롭게 개편됩니다. 안드로이드 OS는 1년 주기로 매년 9월 버전이 업데이트되고 있습니다.

그림 6-14 구글 안드로이드 OS의 코드네임 © https://www.sitesbay.com

하나 더 알기 **코드네임의 독특함과 재미**

안드로이드 버전별 코드네임은 모두 디저트 이름입니다. IT 업계에서 새로운 무언가를 개발할 때 붙이는 이름을 '코드네임(Code Name)'이라고 하는데 대부분 기능과 전혀 상관없는, 언뜻 보면 웃기기도 한 이름을 붙입니다. 이런 관행은 솔루션이나 OS를 개발할 때 기능을 이름으로 붙이면 정보가 유출될 수 있다는 점에서 시작되었습니다. 또한 재미있는 이름을 지음으로써 고된 개발 과정에서 조금이나마 즐거움을 얻고자 한 방법이기도 합니다.
윈도우 95는 '시카고'라는 이름을 갖고 있으며 윈도우 2000은 '카이로', 윈도우 XP는 '휘슬러'라고 부릅니다. 이외에도 자바(커피 원두의 한 종류), 블랙베리 휴대폰, 곰플레이어, 트위터(지저귀다, 짹짹거리다), 알집 등 우리 주변을 살펴보면 IT 관련 재밌는 이름들을 심심찮게 찾아볼 수 있습니다.

Section 03

구글의 개방성

1 구글 프로젝트 X

구글은 현재 '프로젝트 X'를 진행시키고 있는데, 이 프로젝트는 구글의 연구 개발 능력을 집약시켜 새로운 세상을 만들기 위한 연구 프로젝트입니다. 계열사로 따로 만들어 지원하고 있으며 구글의 철학이 잘 드러난 연구라고 볼 수 있습니다. '문샷(MoonShot) 프로젝트'라고도 불리는데, 달을 보고 싶다면 천체망원경을 잘 만들 것이 아니라 몇 배 더 혁신해서 직접 달에 가자는 의미를 담고 있습니다. 세르게이 브린이 주도하고 있으며 구글의 여러 혁신 기술들이 이 프로젝트를 통해 개발되었습니다.

그림 6-15 **프로젝트 X** © https://thenextweb.com

2 구글의 신사업

구글은 현재 여러 신사업 프로젝트를 진행 중입니다. 몇 가지를 함께 살펴보겠습니다. 먼저, 프로젝트 룬(Project Loon)은 와이파이 중계기를 풍선에 달아 띄워서 히말라야나 아프리카 오지 등 인터넷 소외 지역에 인터넷을 공짜로 제공하겠다는 목적을 가지고 있습니다. 풍선들을 성층권까지 높이 올리면 기후와 상관없이 오랫동안 둘 수 있다는 방법을 활용합니다. 필요에 따라 풍선을 이동시킬 수도 있으므로 전 세계에 인터넷이 닿을 수 있도록 중계기 역할을 수행할 수 있다고 보고 있습니다.

그림 6-16 **프로젝트 룬** © https://spectrum.ieee.org

구글의 무인자동차 사업은 구글 X 프로젝트에서 시작된 프로젝트입니다. 구글은 자동차 제조 기술을 가지고 있지 않으므로 일본의 토요타, 넥서스 기업과 협력해 자동차에 기술을 접목시켰습니다. 2010년부터 구글 직원 중 일부는 무인자동차로 출퇴근하고 있는데 사고가 거의 나지 않았다고 합니다. 구글의 무인 운전 시스템 소프트웨어는 '구글 쇼퍼(Chauffeur)'라고 부릅니다.

그림 6-17 **구글 무인자동차** © https://www.businessinsider.com

구글의 아라(ARA) 폰은 내가 원하는 대로 핸드폰을 만들자는 생각에서 시작된 프로젝트입니다. 구글이 기본 프레임을 제공하면 스피커, 카메라, 화면 등을 별도 전문 회사에서 구입해 맞춤형 휴대폰으로 만드는 방식입니다.

그림 6-18 **아라(ARA)폰** © https://www.theverge.com

구글 안경 프로젝트는 처음 발표되었을 때 정말 큰 반향을 일으켰습니다. 안경 자체가 하나의 스마트폰으로 안경알이 화면이며 작동은 음성이나 터치로 이루어집니다. 착용하면 일반 안경을 쓴 모습과 똑같습니다. 하지만 구글 안경은 사생활 침해 우려가 제기되어 판매가 중단되기도 했습니다. 몰래 촬영이나 녹음을 진행하기 쉬워 대중의 외면을 받은 것입니다. 최근에는 제조 공정에서 쓰이는 방식으로 활용되고 있습니다.

그림 6-19 **구글 안경** © https://www.wired.com

구글 솔리(Soli)는 프로젝트 X의 목적을 보여주는 대표적인 사례입니다. 화장실 변기보다 스마트폰 터치 화면에 세균이 더 많다는 말을 들어보셨나요? 그만큼 손이 자주 닿는 곳은 오염되기도 쉬운데 이를 보완해 만지지 않고 터치하는 기술을 개발하였습니다. 일종의 초소형 레이더 기술로, 아주 정교하게 작동이 가능합니다. 구글에서는 웨어러블 기기나 사물인터넷, 자동차 등에 적극 적용해 활용 영역을 확대해나갈 생각입니다.

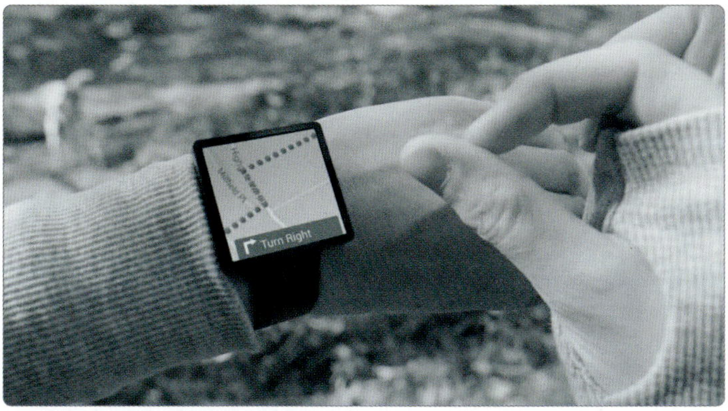

그림 6-20 **구글 솔리** © https://www.technadu.com

또한 최근에는 '각 가정마다 발전소를 가져보자'라는 생각으로 몰타(Malta) 프로젝트를 진행하고 있습니다. 바닷물이나 소금물을 부으면 전기가 생산되는 소금 배터리를 만들겠다는 것입니다. 소금 배터리는 4개의 원통형 탱크가 있는 소형 발전소처럼 보이는데, 가정집 차고부터 산업용 발전소에 이르기까지 다양한 규모로 설계해 전기를 공급할 수 있다고 합니다.

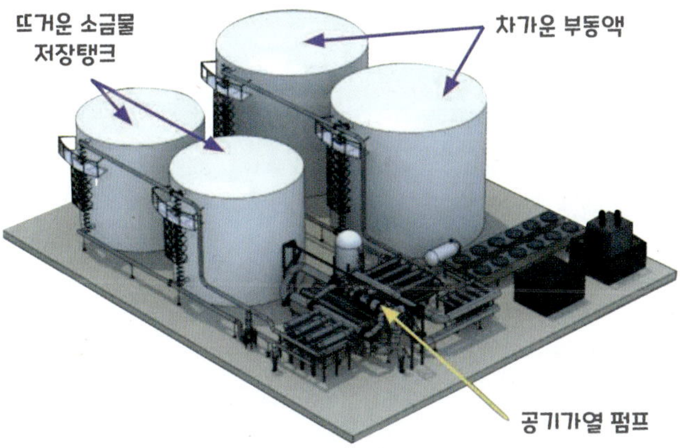

그림 6-21 **구글 몰타 프로젝트** © Business Insider

프로젝트 스트림(Stream)은 비디오 게임을 스트리밍하도록 설계된 기술로, 크롬 브라우저를 이용해 고화질의 비디오 게임을 스트리밍하는 서비스입니다. 이 기술이 상용화되면 사용자들은 최고급 하드웨어 장비를 구입할 필요 없이 플랫폼에서 최신 게임을 즐길 수 있을 것입니다. 현재 게임 스트리밍 서비스인 '예티(Yeti)'를 준비 중인 것으로 알려져 있습니다.

그림 6-22 **구글 예티** © www.droidgamers.com

구글 X의 미네랄(Mineral) 프로젝트는 인공지능, 센서, 로봇공학 등의 기술을 바탕으로 농업에 적용할 소프트웨어와 기기를 개발하는 프로젝트입니다. 개발품 중 하나인 '식물 카트'는 태양 전지로 충전 및 구동이 가능하고 바퀴가 달려서 농경지를 돌아다니며 경작물의 상태를 모니터링할 수 있습니다. 해당 기술이 산업에 적용되면 농작물 생산비용과 농약 사용량을 낮추는 효과를 가져올 수 있을 것입니다.

3 구글이 인수한 기업들

최근 구글의 기업 구조가 변하고 있습니다. 구글은 인수합병으로 커진 기업이라고도 볼 수 있는데, 2012년 전후로 인수 전략이 달라졌습니다. 2012년 전까지는 인터넷 관련 기업들을 주로 인수합병 했다면 이후부터는 미래산업 분야 회사들을 인수합병하고 있습니다.

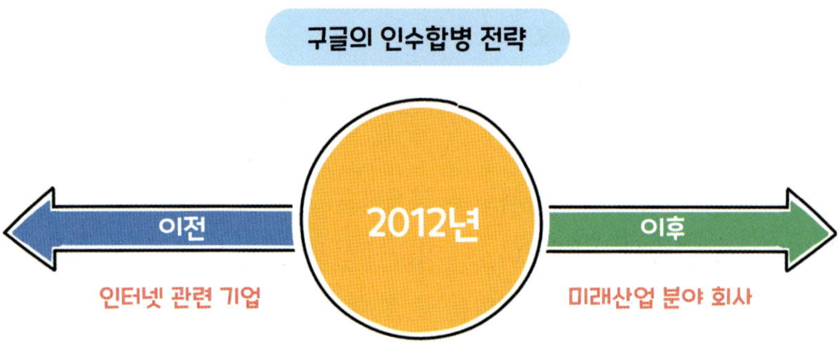

그림 6-23 **구글의 인수합병 전략**

2012년까지 인수한 기업들을 살펴보면, 우선 모토로라가 있습니다. 인수를 통해 당시 모토로라가 가지고 있던 휴대전화 제조 기술을 대부분 흡수했습니다. 안드로이드를 인수하면서는 모바일 OS 시장을 선점하고, 유튜브를 인수해 콘텐츠의 새로운 시장을 열었습니다. 스마트 워치나 웨어러블 기기 관련 회사를 인수해 솔리 프로젝트를 진행했으며 닉 소프트웨어라는 인터넷 그래픽 회사와 얼굴인식 회사인 뷰들도 인수했습니다. 이때까지는 구글 기업이 가진 기술과 어느 정도 연관성이 있는 회사들이 인수합병된 것을 알 수 있습니다.

그런데 2013년부터 구글은 '왜 이런 기업을 인수하지?'라는 생각이 드는 기업들을 인수하기 시작합니다. 마카니 휴머노이드 로봇 회사가 이에 해당하는데, 이 회사의 로봇들은 아주 정교한 움직임이 가능합니다. 이외에도 메카트로닉스 관련 회사나 정교한 손 움직임이 가능한 가정용 로봇을 만드는 레드우드 로보틱스도 인수합니다. 상당한 로봇 기술력을 자랑하는 보스턴다이나믹스를 인수한 후에는 기술 파악이 끝나자 다시 팔기도 했습니다. 태양열 날개를 추가할 수 있는 고위도 정찰기 같은 무인 항공기를 만드는 회사인 타이탄 에어로스페이스를 인수하기도 하고, 인공지능 회사인 딥마인드를 인수해 알파고를 만들기도 했습니다. 초고해상도 위성 회사나 다크블루랩 같이 인공지능 능력이 강한 회사도 인수하기 시작하는데, 스카이박스 이미징이라는 회사는 구글맵과 연동되어 지상에 있는 사람의 표정까지 인식하고 읽어낼 수 있는 초고해상도 카메라가 장착된 위성을 만든 회사입니다.

4 구글의 미래

그렇다면 구글이 노리는 것이 무엇일까요? 문어발식의 인수가 너무 무모해 보이기도 했지만 구글은 놀라운 판단력으로 인수 기업에서 좋은 성과를 끌어내고 있습니다. 그 비결로 구글의 방대한 정보력을 이야기하곤 합니다. 구글은 플랫폼에 관계없이 정보를 묶어서 제공하고 나아가 분석까지 가능한 회사로 변하고 있습니다. 그래서 구글 자체가 미디어, 인터넷이 될 것이고 후에는 신이 될 것이라는 우려를 표하기도 합니다. 구글이 만든 여러 가지 기술을 보고 있으면 경탄이나 존경, 분노, 불안 같은 모순된 감정이 동시에 느껴지는 것입니다. 즉, 구글로 시작해서 구글로 끝나는 하루가 우리도 모르는 사이 서서히 진행되고 있다고 볼 수 있습니다.

요약

01 구글의 기업 철학

- 구글의 기업 문화는 평등, 민주, 수평적이기로 유명하다. 한마디로 정리하면 낙서 문화라고 할 수 있다.
- 구글은 각 지사마다 컨셉을 가지고 내부 환경을 조성하는 것이 특징이며 창의적이고 편한 사내 환경 조성을 중요하게 여긴다.
- 구글의 십계명을 통해 경영 철학을 파악할 수 있다.

02 구글의 역사

- 구글은 세르게이 브린과 래리 페이지가 공동 창업한 검색엔진 회사이다.
- 에릭 슈미트, 마리사 마이어, 짐 리스 등과 같은 인물이 구글의 혁신과 성공을 이끌었다.
- 구글의 주 수익 모델인 구글 애드워즈는 키워드 광고를 통해 수익을 창출하는 형태이다.
- 구글의 검색엔진은 하이퍼 텍스트를 통해 나타나는 구조적 특성을 사용한 대형 검색 엔진이다.
- 구글은 뉴스 서비스와 검색어 분석 기능을 가진 크롬 브라우저를 OS로 발전시키는 것이 목표이다.
- 구글의 주도로 개발된 안드로이드 OS의 특징은 리눅스 기반의 오픈 소프트웨어라는 점으로, 누구나 쉽게 개발, 변형할 수 있다.
- 안드로이드 버전은 꾸준히 업그레이드되는 중이다.

03 구글의 개방성

- 구글은 단순히 기술을 개발하는 것이 아니라 불가능에 도전하는 프로젝트인 구글 프로젝트 X를 진행 중이다.
- 구글의 대표적인 신사업으로는 프로젝트 룬, 무인자동차, 아라폰, 구글 안경 등이 있다.
- 2012년 이전에는 인터넷 관련 기업들을 주로 인수합병했으며 2012년 이후로는 미래 산업 분야 회사들을 인수합병하고 있다.
- 구글이 여러 부문에서 놀라울 정도의 영향력을 끼치고 있어, 기대되는 부분도 있지만 우려의 목소리도 없지 않다.

연습문제

단답형 문제

01 구글이라는 이름은 10의 100제곱을 뜻하는 수학용어인 (   )에서 따온 것이다.

02 구글의 기업 문화는 (   ), (   ), (   ) 체계로 유명하다.

03 구글의 (   )을 통해 경영 철학을 파악할 수 있다.

04 스탠퍼드 대학교 유학생으로 만난 구글의 두 창업자는 (   )과 (   )이다.

05 구글의 전문 경영인 (   )는 '자바'라는 프로그램 언어를 만든 사람으로, 미국의 IT 업계에서 손꼽히는 인재이다.

06 창업 초기, 구글의 두 창업자는 (   )와 (   )에 찾아가 매각에 대해 의논했었다.

07 두 창업자들은 유학생을 대상으로 그들과 같이 일하자고 홍보했고, 그중 구글의 로고를 디자인한 우리나라 출신의 (   )은 지금 현재 매우 유명한 인물이 되어 있다.

08 구글의 주 수익 모델인 (   )는 키워드 광고를 통해 수익을 창출하는 형태이다.

09 구글의 검색엔진은 (   )를 통해 나타나는 구조적 특성을 사용한 대형 검색엔진이다.

10 웹브라우저에서 웹 내용과 관련된 콘텐츠를 제외한 앞으로 가기, 주소창, 뒤로 가기 버튼 등을 (   )이라고 부르며, 이는 구글 브라우저의 이름이기도 하다.

객관식 문제

11 **구글의 안드로이드 OS 중 태블릿 PC 버전으로 출시된 OS는 무엇인가?**

① 안드로이드 3.0 허니콤 ② 안드로이드 2.2 프로요 ③ 안드로이드 2.0 에클레어
④ 안드로이드 2.3 진저브레드 ⑤ 안드로이드 1.1 바나나 브레드

12 **다음 중 안드로이드 OS에 대한 설명으로 적절하지 않은 것은?**

① 안드로이드 MS-윈도우 시스템을 기반으로 강력한 운영체제와 포괄적 라이브러리 세트, 풍부한 멀티미디어 유저 인터페이스, 폰 애플리케이션 등을 제공한다.
② 안드로이드 OS는 휴대폰용 운영체제, 미들웨어, 응용프로그램을 한데 묶은 소프트웨어 플랫폼으로 2007년 처음 공개되었다.
③ 실질적으로 구글이 개발을 주도하여 '구글 안드로이드'라고도 부른다.
④ 세계 각국의 이동통신 관련 회사 연합체에서 시작된 사업이다.
⑤ 우리나라 기업인 삼성, LG도 개발 관련 연합체에 참가했었다.

13 **다음 중 구글 X 프로젝트에 해당하는 연구가 아닌 것은?**

① 프로젝트 룬 ② 아라폰 ③ 구글 안경 프로젝트
④ 프로젝트 홀로렌즈 ⑤ 솔리 프로젝트

14 **다음 중 구글의 전문 경영인 에릭 슈미트에 대한 설명으로 옳지 않은 것은?**

① '자바'라는 프로그램 언어를 만든 사람이다.
② 구글로 올 때 개인적인 사생활과 관련된 스캔들이 있었다.
③ 구글 창업주들은 슈미트와 긴 대화를 나누었고 전격적으로 그를 발탁하였다.
④ 미국 IT 업계에서 유명한 인재로 평가받는다.
⑤ 구글에 오기 전까지는 별다른 경력이 없었다.

15 **다음 중 구글의 인수 합병 전략과 관련한 설명으로 옳지 않은 것은?**

① 2012년도와 2013년의 인수합병 전략이 다르다.
② 구글은 모토로라를 인수해 휴대폰 제조 기술을 흡수했다.
③ 그다지 유명하지 않았던 유튜브를 거액에 인수했다.
④ 2013년에는 전략적으로 이해하기 어려운 기업들을 인수했다.
⑤ 2013년 이후 인수한 기업 중에는 닉 소프트웨어도 포함되어 있다.

토론과제

01 구글의 사내 환경, 십계명, 입사 인터뷰에서 엿볼 수 있는 구글만의 기업 문화에 대해 이야기해봅니다.

02 구글 안드로이드 OS는 오랜 개발 역사를 가지고 있으며 현재도 지속적으로 업그레이드 중입니다. 이러한 안드로이드 OS의 특징에 대해 설명해봅니다.

03 구글이 인수했던 기업인 유튜브, 딥마인드, 보스턴다이나믹스 3사 중 한 회사를 골라 인수의 의미, 결과, 시사점을 이야기해봅니다.

CHAPTER 07

창의적 기업에서 배운다 4 : 마이크로소프트

01 마이크로소프트와 빌 게이츠
02 마이크로소프트의 역사
03 마이크로소프트의 '성공의 덫'
요약
연습문제
토론과제

학습목표

- 마이크로소프트의 창업 배경과 기업 철학에 대해 설명할 수 있습니다.
- 마이크로소프트 OS의 발전 과정에 대해 설명할 수 있습니다.
- 마이크로소프트와 애플, 구글의 차이점을 설명할 수 있습니다.

Preview

7장에서는 마이크로소프트에 대해 알아보겠습니다. 마이크로소프트는 IBM PC 호환용 OS인 윈도우, 웹브라우저 인터넷 익스플로러 등을 개발한 회사입니다. 마이크로소프트의 역사와 발전 과정을 학습해 보고 창업자 빌 게이츠의 철학에 대해 알아보겠습니다. 또한 애플, 구글과의 차별점에 대해서도 살펴봅니다.

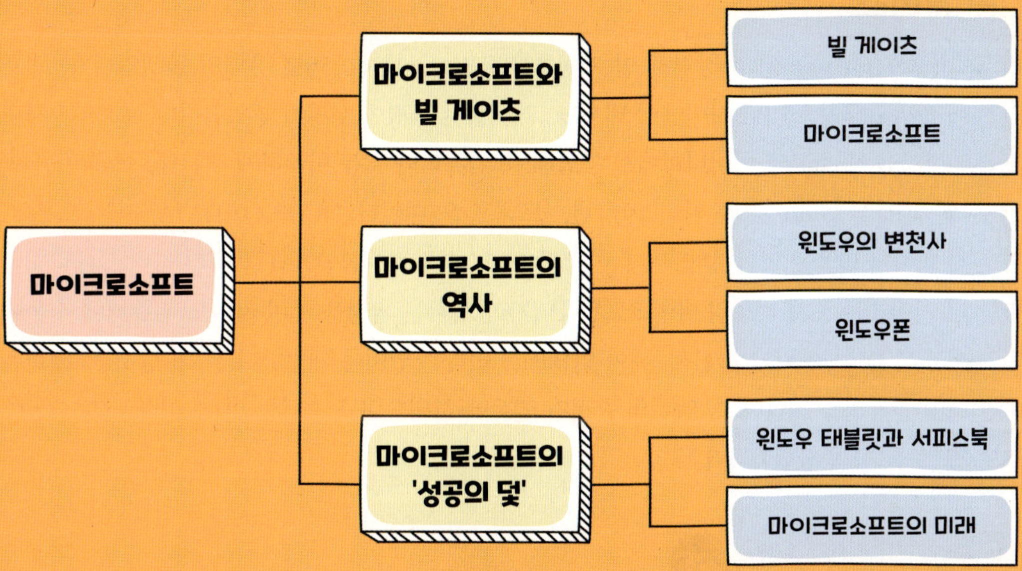

Section 01

마이크로소프트와 빌 게이츠

1 빌 게이츠

마이크로소프트(Microsoft)의 창업자 빌 게이츠(Bill Gates)는 1955년 유대인 출생입니다. 변호사인 아버지와 교사인 어머니 사이에서 태어난 그는 집안 환경이 상당히 좋았습니다. 1968년 사립학교에 입학했을 때 학교의 어머니회에서 구입해 준 컴퓨터와 처음 마주하게 되는데, 이때 만난 친구인 폴 앨런(Paul Allen)과 푹 빠져 1971년, '트래프 오 데이터(TRAF-O-DATA)'라는 교통 트래픽 분석 회사를 만들기도 합니다. 이후 미국의 대학수학능력시험인 SAT를 치러 하버드 대학교에 진학한 빌 게이츠는 세계 최초의 마이크로컴퓨터가 탄생하는 과정을 보며 자신도 컴퓨터에서 돌아가는 언어를 만들어보겠다고 결심해 '베이직(Basic)'이라는 언어를 개발합니다. 이 당시 폴 앨런은 빌 게이츠에게 창업을 제안하고, 앨런의 끈질긴 권유에 하버드대를 중퇴한 빌 게이츠는 1975년 마이크로소프트를 함께 창립합니다.

그림 7-1 빌 게이츠와 폴 앨런 © https://www.theverge.com

창업 초기의 마이크로소프트가 한 단계 성장할 수 있었던 계기는 IBM과의 협업이었습니다. 1980년, IBM은 PC에 기본으로 탑재할 OS(Operating System)를 만들 회사를 찾고 있었습니다. 개발이 지지부진하던 차 IBM은 빌 게이츠와 미팅을 했고, 빌 게이츠는 기존의 도스(DOS) 운영체제를 사들여 변형한 제품을 다시 제안합니다. IBM과의 계약이 성사되면서 마이크로소프트는 소기업에서 세계적인 소프트웨어 회사로 발돋움합니다. 이후 '윈도우(Windows)'라는 그래픽 유저 인터페이스 환경의 OS를 만들어 1985년 첫 출시를 했으며 여러 번의 업그레이드를 거쳐 '윈도우 95'가 대성공을 거두며 시장을 독점하기에 이릅니다. 1995년에는 기존에 개발했던 텍스트 기반의 명령체계 도스와 그래픽 유저 인터페이스 기반의 OS를 합쳐 출시했는데 4일간 100만 카피가 팔릴 정도였습니다.

1998년 '윈도우 98'에 웹브라우저인 '인터넷 익스플로러(Internet Explorer)'를 삽입해 판매하자, 미국 법무부와 13개의 주 정부는 이를 독점 행위라고 비판하며 운영체제 부서와 응용프로그램 부서를 분할시키라는 반독점 소송을 겁니다. 이에 빌 게이츠는 2000년, CEO 자리를 자신의 비서이자 동창인 스티브 발머(Steven Ballmer)에게 넘겨주고 회장직에 전념합니다.

하나 더 알기 **빌 게이츠의 자산 가치**

21세기로 들어선 후 개인 자산이 100조 원을 넘는 억만장자의 대표 인물이 바로 빌 게이츠입니다. 이는 전 세계 금 채굴량의 80%에 해당하며 기름 16억 배럴, 즉 63억 6,000만 대 차량에 40리터씩 기름을 채울 수 있는 양의 자산이라고 합니다. 또한 미국 내 총생산의 0.47%이며 세계 500대 억만장자 자산 총합의 1.8%를 차지합니다.

그림 7-2 빌 게이츠

2 마이크로소프트

마이크로소프트는 세계 최대의 컴퓨터 소프트웨어 업체입니다. 처음에는 직원 수가 3명이었으나 1999년에 이르면 전 세계 60개국에 직원 수 3만 5천 명 이상, 2012년에는 직원 수 9만 명을 기록합니다. 적, 녹, 청, 황색의 타일 모양 로고는 2012년부터 사용하고 있는 로고입니다. 윈도우(Windows)와 인터넷 익스플로러(Internet Explorer), 오피스 365(Office 365) 등을 개발했으며, 윈도우는 현재 전 세계 PC의 78%에서 사용하고 있는 최대 운영체제입니다.

Microsoft

그림 7-3 마이크로소프트 로고 © https://www.zdnet.com

하나 더 알기 ## MS-도스(DOS)의 탄생과정

빌 게이츠가 '도스(DOS)'라는 OS를 통해 성장한 과정을 두고, 실리콘밸리나 미국의 IT 업계에서는 그다지 좋지 않게 평가합니다. 빌 게이츠가 'Q 도스'를 사들여 약간의 수정 후 납품한 것, 가격 자체를 높게 불러 판매한 것 등이 상거래 윤리에서 어긋난 행동이라는 이유 때문입니다. 하지만 과정이야 어찌 되었든, 마이크로소프트는 도스를 판매해 전 세계 점유율 1위를 선점한 기업이 되었습니다.

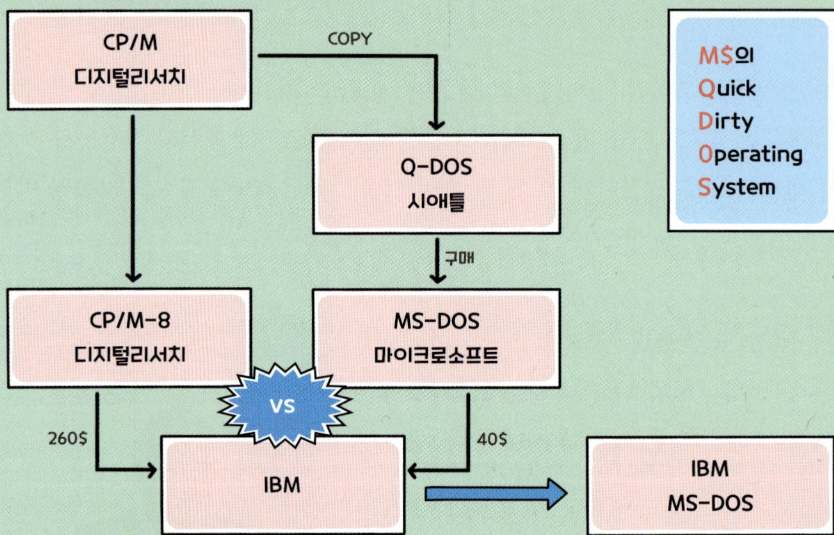

그림 7-4 MS-도스(DOS)의 탄생과정

Section

02 마이크로소프트의 역사

1 윈도우의 변천사

마이크로소프트 성공의 일등 공신인 '윈도우(Windows)'는 컴퓨터 운영체제로, 마우스로 아이콘 및 메뉴 등을 클릭해 명령하는 그래픽 유저 인터페이스를 기반으로 합니다. 초창기의 '윈도우 1.0 버전'과 '2.0 버전'은 16비트를 기준으로 하며 MS-도스가 실행되면 애플리케이션처럼 윈도우가 실행되는 형태로, 운영체제보단 프로그램에 가까웠습니다. 1.0 버전은 멀티태스킹 환경을 제공했으며 2.0 버전에는 인텔 286 프로세서를 도입해 메모리와 영상처리 능력을 활용한 새로운 기능들을 추가했습니다. 이후 1990년 '윈도우 3.0 버전'이 개발되면서 기존의 그래픽 유저 인터페이스 체계에 많은 변화가 생깁니다. 안정성은 낮았지만 PC 시장을 장악했고, 1992년에는 버그가 수정된 '윈도우 3.1 버전'이 출시돼 미국에서 팔리는 거의 모든 PC에 윈도우 3.1 버전이 탑재됩니다. 1993년 기업용으로 개발된 '윈도우 NT 버전'은 안정성과 보안성을 강화한 버전입니다.

그리고 1995년, 드디어 '윈도우 95'가 만들어집니다. 당시에는 모뎀(Modem)이라고 하는 다이얼업 네트워킹을 통해서 인터넷을 사용했는데, 윈도우 95는 인터넷 접속 기능을 하나로 묶어서 간편하게 사용할 수 있도록 하여 큰 인기를 얻었습니다. TCP/IP, 전화접속 네트워킹, 긴 파일 이름 등 새롭고 편리한 기능이 탑재되었으며 화면 좌측에 윈도우 스타트 버튼을 삽입했습니다.

그림 7-5 윈도우 95 © https://www.bleepingcomputer.com

이후 윈도우 95를 강화시킨 '윈도우 98'에는 인터넷 익스플로러 4.0을 통해 인터넷 기능이 크게 좋아지며 USB와 ACPI 등 신기술을 활용한 기능이 추가되었습니다. 1998년 8월에 한글판도 출시됩니다.

2000년에는 '윈도우 ME'라고 하는 밀레니엄 버전이 출시되는데, 이 버전은 밀레니엄 버그에서 착안해 개발되었습니다. 1999년에서 2000년으로 해가 넘어가면 컴퓨터 내장 시계가 00만 인식해 대형 관공서나 기관의 컴퓨터들이 00으로 리셋될 것을 우려해 이에 대응하는 OS를 만든 것입니다. 많은 프로그래머들이 개발에 투입되었는데, MS 네트워크 프로토콜만 지원하며 가정에서만 사용할 수 있어 큰 반응을 얻진 못했습니다. 밀레니엄 버그에 대한 소문은 당시 IT 업계를 불황기에서 탈출시키기 위한 전략이 아니었나 평가받기도 합니다.

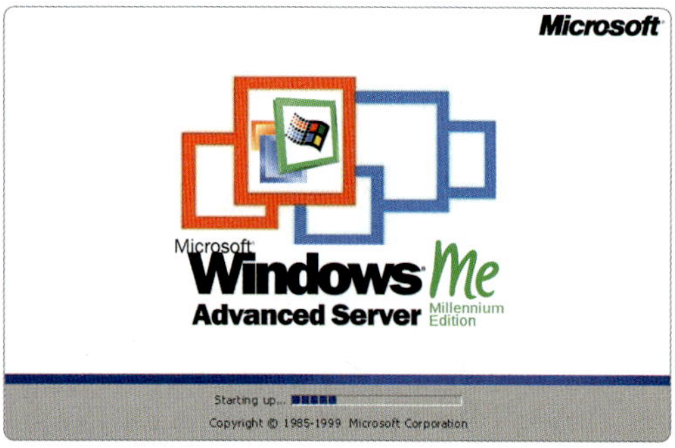

그림 7-6 윈도우 ME © https://www.deviantart.com

'윈도우 2000'은 윈도우 5.0, 윈도우 NT 5.0, 카이로(Cairo) 등으로 불리며 안정적인 컴퓨터 환경을 지향했습니다. 2001년에 나온 '윈도우 XP'는 안정도가 향상되고 멀티미디어 기능이 포함되어 인기가 높았습니다. 2005년에는 64비트 버전도 출시됩니다. 오죽하면 마이크로소프트에서 사용자에게 그만 써도 된다며 광고를 할 정도로 오랜 사랑을 받은 버전입니다.

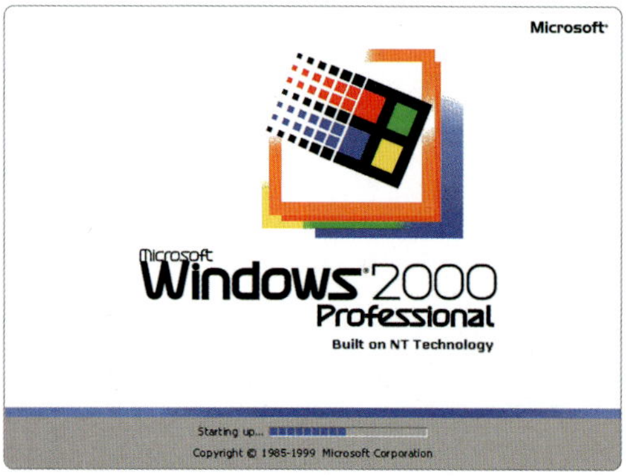

그림 7-7 윈도우 2000 © DeviantArt

2006년에는 신기술을 대거 도입한 '윈도우 비스타(Vista)'가 출시되지만 하드웨어 사양에 비해 무거운 운영체제라고 인식되어 시장에서 가장 빠르게 철수됩니다. 이후 2009년, 비스타의 속도를 떨어트리는 기능을 제거하고 안정성을 높인 '윈도우 7'이 출시됩니다. 전 세계 점유율을 아주 크게 끌어올려 윈도우 XP만큼이나 장수하는 운영체제로 자리 잡습니다.

그림 7-8 **윈도우 비스타** © The Verge

2012년에는 윈도우 사용자에게 익숙한 좌측 하단의 시작 버튼이 사라진 새로운 디자인의 '윈도우 8'이 출시됩니다. 당시 아이패드 같은 태블릿이 출시되며 터치 문화가 활성화되자 노트북에도 터치 스크린이 도입되고 있었기 때문에 마이크로소프트도 바둑판처럼 생긴 유저 인터페이스 '메트로 UI'를 만들어 출시한 것입니다. 하지만 컴퓨터에 한해선 마우스 클릭 문화가 우세했기 때문에 이 전략은 실패로 돌아갑니다.

그림 7-9 **윈도우 8** © https://www.cnet.com

2015년 출시된 '윈도우 10'에는 시작 버튼이 다시 추가되었으며 역사상 가장 포괄적인 운영체제라는 평가를 받습니다. 게임 플랫폼, 사물인터넷, 가상현실 같은 모든 IT 생태계의 통합을 노린 버전이라고 할 수 있습니다.

그림 7-10 **윈도우 10** ⓒ jirak.net

이후 마이크로소프트는 2021년 윈도우 10의 후속 버전인 '윈도우 11'을 발표합니다. 윈도우 11에서는 웹브라우저인 인터넷 익스플로러와 음성인식 소프트웨어인 코타나(Cortana)가 지원되지 않습니다. 또한 기능을 개선해 앱스토어 강화 정책을 수립하였습니다. 애플이 자체 앱스토어를 통해 생태계를 구축한 것처럼 마이크로소프트도 윈도우 안에 하나의 생태계를 구축하겠다는 의미로 해석할 수 있으며 '개발자를 위한 플랫폼'이라고 불렸습니다.

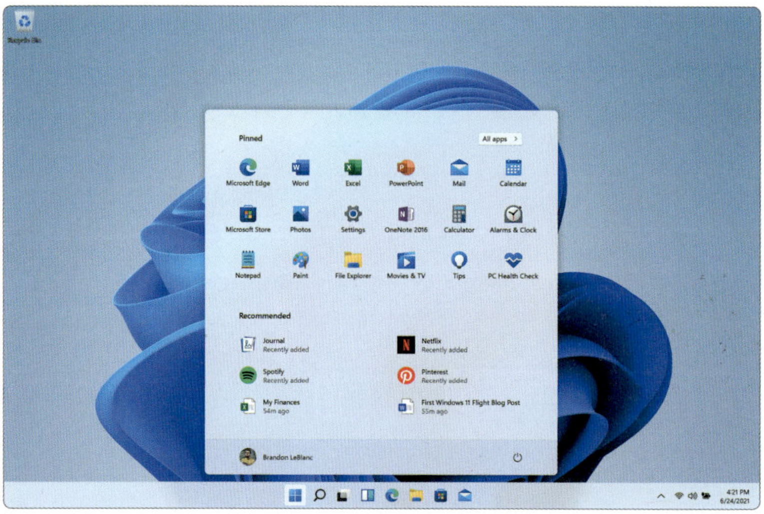

그림 7-11 **윈도우 11** ⓒ microsoft

최근 마이크로소프트는 초개인화된 경험을 제공하며 클라우드 PC라고도 불리는 신규 하이브리드 개인용 컴퓨팅 서비스 '윈도우 365'를 새롭게 공개했습니다. 사용자는 클라우드를 통해 모든 기기에서 앱, 도구, 데이터, 설정 등을 스트리밍할 수 있으며, 기기를 전환하더라도 작업하던 시점부터 다시 시작할 수 있도록 구성되어 있습니다. 또한 애플의 OS가 깔린 맥, 아이폰, 아이패드, 구글의 안드로이드 OS가 깔린 기기, 크롬북을 쓰는 사람도 사용할 수 있으며 기기 성능이 나쁘더라도 인터넷 환경만 구축되어 있으며 이용 가능합니다. 하지만 클라우드망이 해킹당할 경우 자료가 전부 빠져나갈 수 있다는 단점도 있습니다.

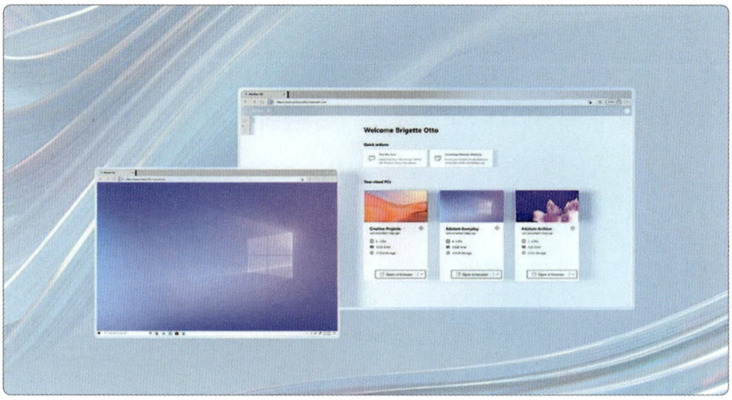

그림 7-12 **윈도우 365** © https://www.computerworld.com

하나 더 알기 **윈도우의 10년에 담긴 가치**

윈도우 광고는 일반적으로 '사용하기 편리하다'는 것을 강조하곤 했습니다. 하지만 '윈도우 XP' 광고는 '10년 동안 당신에게서 바뀌지 않은 단 한 가지'라는 타이틀로 홍보되었습니다. 광고 내용도 학생에서 사회인으로 변한 시간, CD 플레이어가 mp3 플레이어로 바뀐 시간의 흐름을 보여주며 그럼에도 PC의 OS는 바뀌지 않았음을 담고 있습니다.
윈도우 XP와 윈도우 7의 공통점은 높은 판매율을 올린 제품이면서 오랜 시간 사랑받은 버전이라는 점입니다. 윈도우 XP는 출시 후 약 10년이 넘는 시간 동안 꾸준히 사용된 제품입니다. 사용자 만족도가 상당히 높았으며 마이크로소프트에서는 관련 문구로 광고를 낼 정도였습니다. 윈도우 7이 출시되고서야 사람들이 새로운 버전을 사용하기 시작했는데, 이 버전 또한 이후 출시되는 버전에 만족을 느끼지 못한 사용자들이 7을 다시 사용하는 등 오랜 시간 인기를 얻었습니다. 마이크로소프트는 새로운 버전을 출시할 때마다 기존 디자인이나 기능을 새롭게 바꾸는 등의 시도를 선보였지만 사람들은 새로움보다 익숙함을 선호했습니다. 그래서 윈도우 10에는 시작 버튼이 다시 삽입되어 출시되기도 했습니다. 이를 통해 마이크로소프트 OS가 지향해야 하는 바는 사용자들의 '경험'에 담긴 가치라는 것을 알 수 있습니다.

2 윈도우폰 개발

마이크로소프트는 PC 시장을 장악했지만 세상은 빠르게 변화하여 모바일 시대가 시작됩니다. 애플의 주도하에 모바일 시장은 PC 시장보다 더 큰 시장이 됩니다. 애플이 iOS를 아이폰에 탑재해 그들만의 영역을 넓혀나가자, 마이크로소프트 또한 이에 발맞춰 '윈도우폰(Windows Phone)'이라고 하는 스마트폰용 운영체제를 개발합니다.

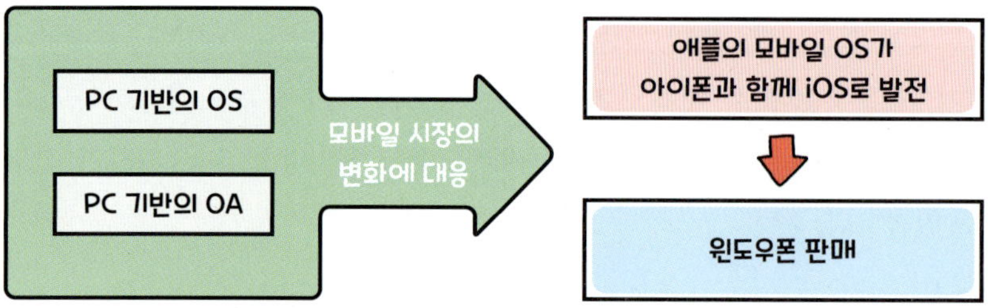

그림 7-13 모바일 시장의 확대와 마이크로소프트

마이크로소프트는 2010년 '윈도우폰 7'을 출시합니다. 윈도우 환경이 그대로 이식된 윈도우폰이라는 점을 강조하며 '일관된 경험'을 광고에 녹이는 등 야심 차게 출시를 하지만 시장 반응은 미비했습니다. 윈도우폰 7 이전 버전인 '윈도우 모바일'이 속도도 느리고 성능이 좋지 않아 사람들에게 안 좋은 인식이 남았고 그에 대한 여파가 윈도우폰 7으로까지 이어진 것입니다. 아이폰은 멀티태스킹 기능이 떨어진다는 점을 광고에 활용해 윈도우폰 7의 멀티태스킹 기능을 강조하기도 했으나 멀티태스킹이 자유로운 만큼 속도가 떨어지고 렉(멈춤)이 잘 걸리는 등의 단점도 부각되었습니다.

사실 애플은 멀티태스킹을 못하는 것이 아니라 안 하는 것이라고 볼 수 있습니다. 스티브 잡스는 옛날 기계에서도 요즘의 소프트웨어가 돌아가야 한다는 철칙을 갖고 있었습니다. 옛날 기계의 성능을 저해하는 가장 큰 요소가 기기의 속도 저하인데 이를 유발하는 대표 기능이 바로 멀티태스킹이었습니다. 또한 아이폰은 알람이나 걸음 수 체크 등 백그라운드 기능이 항상 작동하고 있어 능력이 부족한 게 아니라 기계를 활용하는 데 불편을 주지 않고자 한 정책이었을 뿐이라고 볼 수 있습니다.

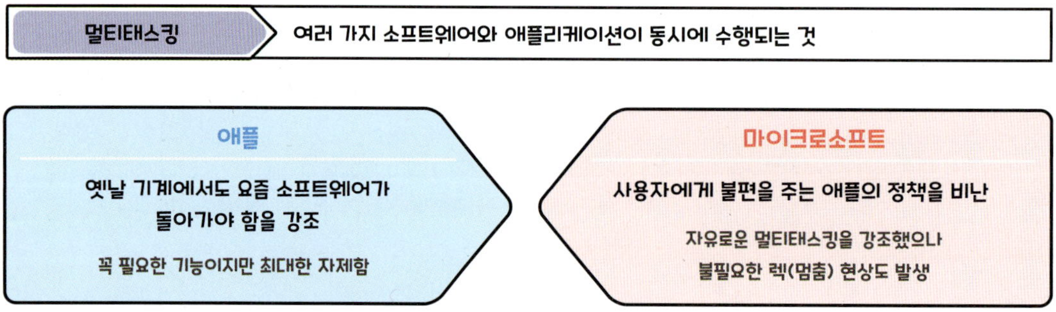

그림 7-14 애플과 마이크로소프트의 멀티태스킹 정책 차이

이후 마이크로소프트는 자체 OS가 없는 스마트폰에 윈도우폰 OS를 그대로 탑재해 주는 전략을 펼치기도 합니다. 삼성전자나 LG전자 같은 경우 자체 OS가 없었으므로 마이크로소프트의 제안을 받

아들여 제품을 생산하지만 속도 저하 현상 등의 문제로 판매량이 좋진 않았습니다. 그래도 삼성전자, LG전자, HTC, 델 등 기존의 윈도우 파트너들과 협력 체계를 조직적으로 갖춰나가려 노력합니다.

단점이 드러나긴 했지만 윈도우폰 시리즈만의 눈여겨볼 만한 특징은, 바로 허브(Hub) 기능입니다. 통합된 경험을 강조하는 마이크로소프트는 응용프로그램들이 하나로 통합되게 하여 사용자 중심의 디자인을 내세웠습니다.

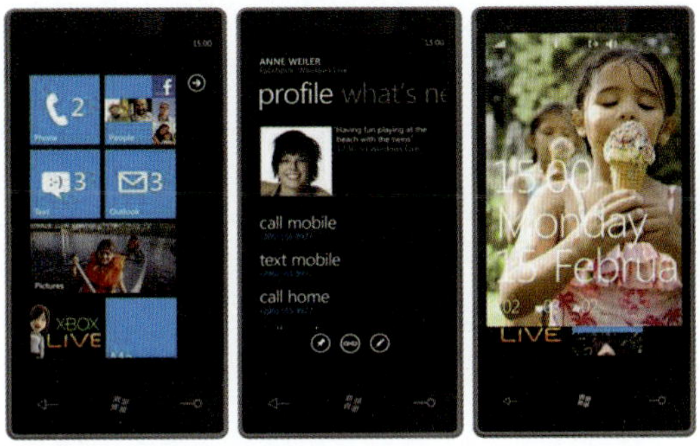

그림 7-15 윈도우폰 허브 기능 © https://www.engadget.com

사람 허브는 실시간 피드(Feed)나 사진 자료 등 사람에 기반한 연관 콘텐츠를 하나로 합쳐 매력적인 소셜 경험을 제공합니다. 페이스북 같은 SNS에 손쉽게 포스팅할 수 있는 중앙 공간을 담당합니다. 사진 기능을 모아 둔 사진 허브는 사진이나 동영상 등을 주변 사람들과 바로바로 공유할 수 있게 하며, 웹과 PC를 폰과 연동해 사진 자료를 한곳에 모아줍니다. 게임 허브는 폰에서 XBOX LIVE를 경험할 수 있게 해주며 PC와 TV에서 동시에 작동될 수 있게 해줍니다. 그래픽 기능이 강화된 게임들도 실행이 가능하다는 점이 강점입니다. 뮤직비디오 허브는 음악과 비디오에 관한 모든 것을 한곳에서 즐길 수 있게 해주며, 준 소셜(Zune Social)을 PC에서 실행하면 음악 추천 목록 등을 다른 사람들과 공유할 수 있습니다. 오피스 허브는 오피스 프로그램을 폰에서 이용할 수 있게 해 문서를 쉽게 편집, 공유할 수 있게 해줍니다.

그림 7-16 XBOX와 연동된 윈도우폰 게임 허브 기능 © WIRED

이후 2012년 '윈도우 8' 형식으로 업그레이드된 '윈도우폰 8'이 출시됩니다. 윈도우 8은 터치를 기반으로 한 UI였으므로 모바일 기기에 적합한 OS였습니다. 윈도우 10이 나온 뒤에는 '윈도우 10 모바일'이 개발되면서 '루미아(Lumia)' 폰이 출시됩니다. 다른 기기들과 연동이 쉽고 PC 윈도우와 사용 방식이 같다는 점이 장점입니다.

그림 7-17 **윈도우 10 모바일로 구동되는 루미아 640** © https://www.wired.com

하지만 마이크로소프트는 모바일 시장에서 계속 지지부진한 성적을 거두고 있습니다. 왜일까요? 모바일 OS에서 가장 중요한 요소는 플랫폼이기 때문입니다. 스마트 기기를 사용할 때는 디지털 콘텐츠 마켓 플레이스가 필수입니다. 애플의 앱스토어, 안드로이드의 플레이스토어와 같이 사용자가 편하게 이용할 수 있는 콘텐츠 플랫폼이 중요한 것입니다. 마이크로소프트는 UI나 디자인의 통일성을 계속 강조하고 있지만 사용자에게는 매력적으로 다가가지 못했습니다.

이후 2018년 빌드(Build) 개발자 콘퍼런스에서 마이크로소프트는 '유어폰(Your Phone)'을 발표합니다. iOS 및 안드로이드를 위한 새로운 전화 앱으로, 앱을 설치하면 OS 유형에 상관없이 윈도우 형태의 유저 인터페이스로 변환되는 형식입니다. 자체 앱스토어를 활성화하기 위한 전략이라고 볼 수 있으며, 개발자 유입을 높이기 위해 수익 분배를 개발자 95%로 책정하였습니다. 일반적인 앱 수익 분배가 개발자 70%, 운영자 30%인 점을 생각하면, 장기적인 관점에서 윈도우 10의 성공을 위한 마이크로소프트의 대담한 움직임이라고 볼 수 있습니다.

그림 7-18 **유어폰**
© https://www.notebookcheck.net

하나 더 알기 역사 속으로 사라지는 윈도우폰

마이크로소프트는 사실상 '윈도우 모바일 OS' 시장을 포기한 상태입니다. 윈도우 10 모바일의 버그 수정과 보안 업데이트는 지속적으로 이루어지겠지만 새로운 기능이나 버전 개발은 하지 않겠다고 선언한 것입니다. PC OS의 장악력을 모바일 시장으로 그대로 끌고 오려던 마이크로소프트의 전략은 최종적으로 실패했다고 볼 수 있습니다. 이는 마이크로소프트가 관련 생태계, 즉 플랫폼을 제대로 구성하지 못했다는 뜻으로 해석할 수도 있습니다. 향후 계획에 대해서는 아직 구체적으로 이야기가 나오고 있지 않지만, 통합 플랫폼의 '안드로메다 OS'가 윈도우폰의 후속 계획이 아닐까 하는 소문은 흘러나오고 있습니다.

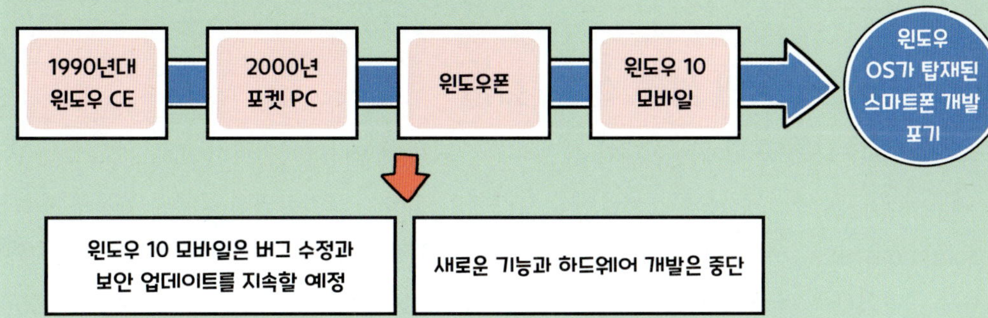

그림 7-19 윈도우폰의 사업 실패

Section 03

마이크로소프트의 '성공의 덫'

1 마이크로소프트의 성공, 실패, 좌절

마이크로소프트의 큰 성공 뒤에는 실패와 좌절의 순간도 존재합니다. '서피스 프로 7(Surface Pro 7)'은 대표적으로 성공한 제품으로, 경쟁 제품 대부분이 시장을 포기하면서 궁극의 윈도우 태블릿 자리를 차지했습니다. '서피스 랩톱 고'는 가성비적인 면에서 성공한 제품이며 크로미움 기반 '엣지 브라우저', '마이크로소프트 팀즈', 'XBOX' 시리즈도 좋은 반응을 얻은 제품들입니다. 반면, '서피스 네오', '윈도우 10X', '듀얼 스크린'은 실패한 제품으로 남아 있습니다. '서피스 네오(Surface Neo)'는 윈도우 10X 기반의 듀얼 스크린 운영체제가 탑재될 계획이었으나 아직 출시되지 못했습니다. 또한 '서피스 듀오(Surface Duo)'는 버그가 너무 많아 시장 반응이 안 좋았으며 그밖에 틱톡 인수, 오프라인 매장 폐쇄 정책, 음성인식 소프트웨어 코타나 등이 실패로 돌아갔습니다. 글로벌 기업이라고 해서 모든 출시작들이 성공할 수만은 없다는 사실을 알 수 있습니다. 그렇다면 마이크로소프트의 개발 역사 속에서 눈여겨보면 좋을 제품들에 대해 조금 더 알아봅시다.

태블릿 쿠리어

마이크로소프트에서 야침차게 준비했던 사업 중 하나가 바로, 태블릿 쿠리어(Curier)입니다. 마이크로소프트는 2010년, 아주 혁신적인 태블릿 발매를 기획하고 있었으나 애플에서 아이패드 1세대를 발표하자 반응을 살피기 위해 출시일을 미루다 기회를 놓치고 맙니다. 이때 만들어진 쿠리어는 펜을 기반으로 문자 인식과 펜 인식 기능을 수행할 수 있으며 반으로 접히는 형태로 개발돼 마치 다이어리를 운영하는 것 같은 인터페이스가 탑재되어 있습니다. 2개의 화면은 터치 스크린이 내장되어 있고 카메라까지 달려 있어 다양한 기능을 자유롭게 수행할 수 있습니다. 빌 게이츠가 주력으로 이끌려던 사업임을 알 수 있습니다. 하지만 아이패드의 단순함과 대중성, 엔터테인먼트의 강력한 기능에 밀려 출시 자체를 실패하게 됩니다.

그림 7-20 **태블릿 쿠리어** © https://www.theverge.com

서피스북

마이크로소프트 서피스북(Surface Book)은 윈도우 10이 탑재된 노트북입니다. 마이크로소프트가 만든 첫 번째 랩탑이며 윈도우 10 기기의 새로운 시대를 표방하며 만들어진 제품입니다. 서피스북은 노트북 계열의 PC지만 크기나 무게가 점점 태블릿화되어 가고 있습니다. 착탈식 키보드를 장착하고 있으며 두께나 외형이 일반 태블릿과 비슷하게 설계되고 있는데, 최근 나온 제품은 본체와의 분리가 자유로워 태블릿처럼 쓸 수도 있고 노트북처럼 쓸 수도 있습니다. 마이크로소프트의 윈도우는 어떤 PC에서든 구동이 가능하므로 서피스북도 이러한 강점을 표방해 PC, 태블릿, 모바일 등 어떤 기기로든 자유롭게 연동할 수 있음을 내세우고 있습니다.

현재 서피스북은 100인치 이상의 대형 화면 버전으로도 판매가 되고 있는데, 교육 현장에서 기기들을 자유롭게 연동해 수업 도구로 활용할 수 있습니다. 서피스북 자체가 종합적인 허브 장비로 구동할 수 있음을 시사합니다.

그림 7-21 **서피스북** © https://gadgets.ndtv.com

하나 더 알기 **서피스폰과 서피스 네오**

마이크로소프트는 서피스북을 활용한 '서피스폰(Surface Phone)' 개발을 발표했습니다. 플렉서블 디스플레이를 이용해 하나로 된 화면을 접는 게 아니라 두 개로 된 화면을 접었다 폈다 하는 폰을 만들겠다고 한 것입니다. 관련 특허를 등록한 상태로, 현재 플렉서블폰 경쟁이 상당히 심화된 상태에서 마이크로소프트가 어떤 스마트폰을 들고 나올지 귀추가 주목되고 있습니다.

그림 7-22 **서피스폰** © https://www.notebookcheck.net

서피스 네오(Surface Neo)는 9인치 LCD 디스플레이 2개를 서로 연결한 제품으로, 우리가 흔히 모니터 2대를 연결한 뒤 확장해서 쓰는 것과 동일한 방식이라고 생각하면 됩니다. 윈도우 10X가 탑재될 예정이며 아직 출시되지는 않았습니다. 현재 마이크로소프트는 서피스 네오를 '적절한 순간'에 내놓기 위해 타이밍을 재고 있다고 볼 수 있습니다.

그림 7-23 **서피스 네오** © https://www.gadgetmatch.com

XBOX

'XBOX'는 마이크로소프트에서 출시한 가정용 게임기입니다. 키넥트(Kinect)라는 장비를 사용해 게임을 하는데, 내추럴 유저 인터페이스를 기반으로 한 신개념 게임 컨트롤러입니다. 내추럴 유저 인터페이스(NUI, Natural User Interface)란 인간의 자연스러운 행동을 기반으로 정보를 주고받아 화면에 적용하는 인터페이스입니다. 이 인터페이스는 마이크로소프트 제품에 주로 탑재되어 있는데, 대표적인 장비가 키넥트(Kinect)입니다. 경쟁 제품으로 소니의 무브(Move)나 닌텐도 위(Wii)의 동작인식 리모컨 등이 있지만, 키넥트는 3개의 카메라가 48개 이상의 관절의 포인트 움직임을 인식하고 4명까지 동시 사용이 가능하며 안면인식, 음성 채팅, 음성인식까지 가능하다는 강점이 있습니다. 기존 게임기처럼 게임기 자체를 들고 있을 필요가 없으며, 사용자가 움직임에 따라 화면 속 캐릭터도 같이 움직이고 표정까지도 똑같이 구현합니다.

그림 7-24 **XBOX 키넥트** © https://www.techradar.com

애플의 성공이 터치 스크린에서 시작되었듯, 마이크로소프트는 NUI를 새로운 시작점으로 고려하고 있습니다. 터치 스크린 UI는 사용자들의 자율도를 높여 스마트폰 활성화의 기폭제가 되었습니다. NUI는 TV 생태계의 자율도를 기반으로 PC로까지 확장되는 새로운 문화의 기폭제가 될 수 있습니다. 마이크로소프트는 XBOX를 통해 이 계획을 진행 중이며 궁극적으로는 인간이 화면을 자유자재로 다루며 손가락 움직임대로 컴퓨터 화면이 바뀌는 등의 세상을 실현시키고자 제품 개발에 주력하고 있습니다.

XBOX 360

'XBOX 360'은 XBOX에 이어 두 번째로 개발한 게임기로, NUI가 한 단계 더 업그레이드된 모습을 볼 수 있습니다. PC 환경이 실제 삶에 그대로 접목된 것처럼 게임 캐릭터가 사람에게 말을 걸어 게임 대결을 신청하거나 사용자의 소품을 스캔해 게임 속에서 사용할 수 있도록 하는 기능도 추가되었습니다. 또한 F1 레이싱 게임 같이 레이서와 엔지니어 등 여러 사람이 함께 참여해야 하는 경우 각각의 모션을 바로바로 잡아내기도 합니다. 여기서 중요한 점은, 컨트롤러 도구를 따로 쓰지 않고 모션만 취해도 게임 플레이가 가능하다는 점입니다. 이는 인터넷이 연결되어 있는 환경이라면 같이 있지 않아도 친구들과 편하게 이야기를 나누거나 쇼핑몰에 접속해 옷을 대입해 볼 수 있는 등의 삶도 실현 가능함을 시사합니다. 또한 모바일과 PC 환경이 게임에 그대로 연결되어 한 명이 게임을 하고 있을 때 다른 한 명이 중간에 참여하는 등의 연동도 간단하게 이루어질 수 있습니다. 즉, 삶과 가상공간의 경계가 얇아지고 자유자재로 넘나드는 것이 가능해지는 것입니다.

그림 7-25 **XBOX 360** © https://www.everyeye.it

하지만 슈팅 게임에 NUI가 접목된 경우, 자동차를 훔쳐야 할 때 문을 부수고 차에 올라타는 모션을 취해야 하고 상대방을 죽여야 할 때 총을 장전하는 모션을 취해야 하는 등 실제 현장에서와 비슷한 동작을 취해야 해 우려의 목소리가 나오기도 합니다. 게임 속 세상과 현실을 구분하지 못하는 등의 문제가 발생하면 실제 범죄로 이어질 가능성이 있기 때문입니다.

2 윈도우의 개발 방향

윈도우 10은 NUI가 포함되면서 윈도우가 구동되는 장치라면 어떤 장치에서든 사용이 가능하도록 개발되었습니다. 과거에는 장치별로 응용프로그램을 구매해 사용했다면 이제는 앱스토어에서 기기에 맞는 버전을 다운받아 쓸 수 있도록 통합된 것입니다. 개발자는 하나의 스토어에 여러 버전의 애플리케이션을 배포해 수익을 올릴 수 있다는 장점도 있습니다. 이 전략을 통해 윈도우가 새로운 플랫폼과 생태계를 구축했다는 것을 알 수 있습니다.

이제는 혼합현실을 다루는 홀로렌즈 기술을 NUI에 접목시키려는 시도가 이루어지고 있습니다. '홀로렌즈(HoloLens)'는 세계 최초의 웨어러블 홀로그래픽 컴퓨터로, 스마트폰이나 PC 연결 없이 몰입감 있는 혼합현실(MR, Mixed Reality) 경험을 제공합니다. 혼합현실을 3D 홀로그램으로 구현하고 이를 사용자의 손동작이나 음성으로 자유롭게 조작할 수 있게 해줍니다. 기존의 가상 기기들과는 다르게 외부 기기에 의존하지 않고 독립적으로 사용할 수 있습니다. 사용자의 움직임이나 음성, 시선을 그대로 인식하도록 설계되어 있어 실제 환경에서도 손쉽게 결과물을 완성할 수 있는 작업 소프트웨어를 제공합니다. 미 항공우주국(NASA)이나 오지 견학, 건설 현장, 여러 대학에서 각종 시뮬레이션이나 설계, 개발 업무에 활용하고 있습니다. 가상과 현실을 초월하는 환경 구성이 가능하다는 것은 세상을 보는 방법이 바뀌고 있다는 의미이기도 합니다. 마이크로소프트가 추구하는 새로운 패러다임의 출현입니다.

그림 7-26 **홀로렌즈** © https://blog.unity.com

'홀로 스튜디오'는 작업 공간으로, 3D 사물 제작 키트입니다. 모든 모델은 허공에 떠 있고 주변을 걸어 다니면서 어느 각도에서나 모델을 관찰하고 입체물을 디자인할 수 있습니다. 홀로 스튜디오를 이용해 '홀로포테이션(Holoportation)'을 실현할 수도 있습니다. 홀로포테이션은 원거리에 있는 사용자를 3D 스캔해서 눈앞에 증강시켜 보여주는 기술입니다. 홀로렌즈를 착용하고 있으면 멀리 떨어져 있는 사용자가 바로 옆에 있는 것처럼 보여 실시간 상호작용을 할 수 있습니다. 타국에 나가 있는 가족과 마주 보는 것처럼 대화를 나눌 수 있고 아이가 노는 모습을 바라볼 수도 있습니다.

그림 7-27 **홀로포테이션** © https://www.ciol.com/

3 마이크로소프트의 미래

마이크로소프트는 최근, 기존 클라우드 서비스에 산업 특화 클라우드를 확장해 산업별 특화 기능을 적용하겠다고 발표했습니다. 특화 클라우드 서비스인 '지속가능성 클라우드(Microsoft Cloud for Sustainability)'는 모든 산업 고객이 탄소 감축 목표를 달성하도록 지원할 예정입니다. 이와 함께, 글로벌 그리드 인프라 제어 역량을 극대화하기 위한 100/100/0 비전도 발표했습니다. 이는 2030년까지 마이크로소프트 전력 소비량의 100%를, 100%의 시간 동안, 어떠한 탄소에너지도 구매하지 않고 달성하겠다는 의미입니다.

그림 7-28 **지속가능성 클라우드** ⓒ https://mssustainability.eventcore.com

또한 최근 분기 매출과 영업 이익이 대폭 상승했는데, '마이크로소프트 애저(Microsoft Azure)'라고 부르는 클라우드 컴퓨팅 플랫폼이 거의 2배 이상 성장한 결과입니다. 앞으로 클라우드 서비스와 기업용 소프트웨어 사업이 마이크로소프트의 주력 사업이 될 것이라는 점을 알 수 있습니다. 윈도우의 대단한 성공 이후 모바일, 태블릿 등으로 내리막길을 걸었지만 마이크로소프트가 다시 부활하고 있음은 확실해 보입니다.

2000년대 초반은 마이크로소프트의 잃어버린 10년이라고도 하는데, 사실 빌 게이츠 뒤를 이어 CEO가 된 스티브 발머의 리더십이 운영에 일정 부분 영향을 미친 것도 무시할 수 없습니다. 그는 "마이크로소프트에서 윈도우보다 중요한 건 없다"고 말하며 모바일 시장에 대한 의지를 강하게 피력하지 않았는데, 그의 의견이 모바일 제품 개발에 영향을 미치지 않았을까 싶습니다. 그럼에도 마이크로소프트가 계속 살아남을 수 있었던 건 대다수의 PC가 윈도우를 쓰고 있기 때문으로 아이러니하게도 윈도우가 마이크로소프트 고유의 무기로 작용하기도 했습니다.

이후 새 CEO로 취임한 사티아 나델라(Satya Narayana Nadella)는 '클라우드'라는 단어를 계속 강조하며 전 기종의 호환성을 중시하고 있습니다. 윈도우가 PC 시장을 장악했던 건 사실이지만 매출은 점점 줄고 한때 90%의 점유율을 자랑했지만 이제는 15% 정도로 영향력이 떨어졌기 때문에 새로운 전략을 세울 수밖에 없었고 그 선택이 클라우드인 것입니다.

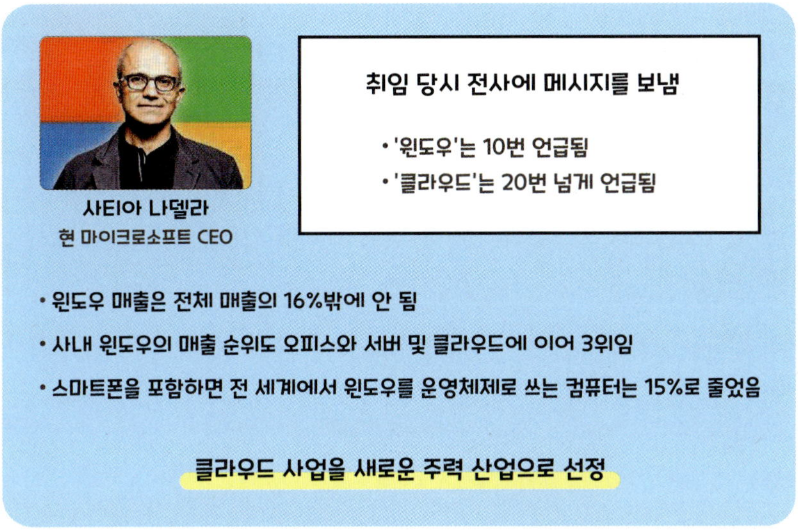

그림 7-29 사티아 나델라 CEO와 클라우드 사업 © https://leverageedu.com

마이크로소프트가 윈도우를 조금 더 일찍 포기했다면 더 빨리 성공의 길로 돌아올 수 있었을지도 모릅니다. 이렇게 자신이 갖고 있는 노하우에 그대로 안주하는 현상을 두고 스탠퍼드 경영대학원 제임스 마치 교수는 성공의 덫이라고 표현했습니다. 마이크로소프트도 이 '성공의 덫'에 빠져 있었던 것이라 볼 수 있습니다. 하지만 클라우드를 기반으로 새롭게 도약할 마이크로소프트는 세상에 큰 변화를 가져올 것으로 보입니다.

요약

01 마이크로소프트와 빌 게이츠

- 빌 게이츠는 유복한 가정에서 태어나 하버드 대학교에 입학한 수재이며 컴퓨터 언어 '베이직'을 개발할 정도로 천재적인 인물이다.
- 빌 게이츠는 도스 체계를 변형한 OS를 만들어 IBM에 납품하고 큰 성공을 거둔다.
- 마이크로소프트에서 개발한 OS 윈도우가 시장을 점령하자 미 법무부와 주 정부에서 반독점 소송을 걸기도 했다.
- 마이크로소프트의 윈도우는 1.0 버전을 시작으로 많은 우여곡절을 겪으며 윈도우 365까지 발전한 상태이다.

02 마이크로소프트의 역사

- 마이크로소프트의 역사에서 윈도우는 빼놓을 수 없으며, 특히 XP 버전이나 7 버전은 사용자들에게 오랜 시간 사랑받아 온 중요한 버전이다.
- 스마트폰 시장이 커지자 마이크로소프트도 윈도우폰을 개발하는 등 모바일 시장 진입을 시도하지만 큰 성과를 거두진 못했다.

03 마이크로소프트의 '성공의 덫'

- 마이크로소프트는 접는 형태의 태블릿 쿠리어, 노트북 서피스북 등을 개발하지만 출시를 하지 못하거나 큰 성공을 거두지 못했다.
- 마이크로소프트에서 만든 가정용 게임기 XBOX는 키넥트 장비가 탑재되어 있으며 NUI 기술로 가상과 일체화된 경험이 가능하다.
- 홀로렌즈는 세계 최초의 웨어러블 홀로그래픽 컴퓨터로, 스마트폰이나 PC 연결 없이 몰입감 있는 혼합현실 경험을 제공한다.
- 현재 마이크로소프트는 클라우드 서비스에 중점을 둔 클라우드 컴퓨팅 플랫폼 강화에 힘쓰고 있다.

연습문제

단답형 문제

01 21세기 이후 개인 자산 100조 원을 뛰어넘은 대표적인 인물은 마이크로소프트 창업자인 (   )이다.

02 빌 게이츠는 (   )라는 OS를 통해서 성장했는데, 사실 실리콘밸리나 미국의 IT 업계에서는 '이 OS는 다른 것을 살짝 바꾼 것에 불과하다'는 이유로 부정적으로 평가한다.

03 1999년에서 2000년으로 넘어가면 컴퓨터 내장 시계에 오류가 생겨 큰 재앙이 발생할 것이라는 (   )를 우려해 윈도우의 (   ) 버전이 탄생했다.

04 대중들이 가장 오래 쓴 버전으로 평가받는 윈도우 버전은 (   )이다.

05 (   ) 버전은 신기술을 대거 도입했지만, 하드웨어 사양에 비해 무거운 운영체제라는 인식 때문에 시장에서 가장 빠르게 사라졌다.

06 윈도우 8 버전에서는 사용자들에게 익숙한 시작 버튼을 없애고 터치 화면을 활용한 (   )를 도입했지만 큰 호응을 얻지 못했다.

07 마이크로소프트의 윈도우폰은 경쟁사인 애플 아이폰의 (   ) 기능을 지적하며 등장하였다.

08 마이크로소프트에서 출시 예정이었던 접는 태블릿 (   )는 아이패드의 여러 장점에 밀려 결국 출시하지 못했다.

09 어떤 기업에서 만들었든 간에 태블릿 형태의 (   ) 기기에는 윈도우 10을 사용하도록 해주겠다는 마이크로소프트의 전략은 앞으로 눈여겨볼 만하다.

10 애플의 성공이 터치 스크린에서 시작됐듯이 마이크로소프트는 동작인식 및 (   ) 인터페이스에서 새로운 성공을 모색하고 있다.

객관식 문제

11 다음 중 마이크로소프트의 창업자 빌 게이츠에 관한 설명으로 옳지 않은 것은?

① 엄청난 자산을 자랑하는 억만장자의 대표적인 인물이다.
② 중학생 시절에 교통 트래픽을 분석하는 회사를 세우기도 했다.
③ SAT에서는 만점에 가까운 점수를 받을 정도로 똑똑했다.
④ 베이직이라는 컴퓨터 언어를 직접 개발했다.
⑤ 반독점 소송에 휘말렸지만, 마이크로소프트의 사장직을 계속 유지하고 있다.

12 다음 중 윈도우 ME 버전에 대한 설명으로 옳지 않은 것은?

① 밀레니엄 버그를 대비하기 위해 출시된 버전이다.
② 2000년도로 넘어가면 컴퓨터 내장 시계에 오류가 발생할 것이라는 우려가 많았다.
③ 실제로 이러한 문제가 발생했지만, ME 버전이 잘 막아냈다.
④ 많은 프로그래머들이 밀레니엄 버그를 막기 위해 투입되기도 했다.
⑤ 밀레니엄 버그 현상이 IT 업계를 불황기에서 탈출시키는 전략으로 작용했다고도 평가받는다.

13 게임 플랫폼, 사물인터넷, 가상현실과 같은 모든 IT 생태계의 통합을 노리고 있는 마이크로소프트의 윈도우 버전의 무엇인가?

① 윈도우 7 ② 윈도우 8 ③ 윈도우 비스타 ④ 윈도우 10 ⑤ 윈도우 XP

14 다음 중 윈도우 365 버전에 대한 설명으로 알맞은 것은?

① 신기술을 대거 도입했지만 속도가 따라오지 못해 시장에서 가장 빨리 사라진 버전이다.
② 사용자들이 가장 오래 사용한 OS로 평가받는다.
③ 태블릿의 등장과 함께 터치 문화가 활성화되자 개발된 버전이다.
④ 초개인화된 경험을 제공하며 클라우드 PC라고도 불리는 컴퓨팅 서비스이다.
⑤ 인터넷 접속 기능을 하나로 묶어 간편하게 사용할 수 있게 개발되었다.

15 다음 중 윈도우폰에 대한 설명으로 옳지 않은 것은?

① 아이폰의 멀티태스킹 기능을 지적하며 등장하였다.
② 현재도 마이크로소프트는 윈도우폰을 개발해 출시하고자 노력하고 있다.
③ 윈도우폰의 모바일 OS 시리즈에서 강조한 것은 허브 기능이다.
④ 윈도우폰의 허브 종류로는 사진, 게임, 뮤직, 비디오 등이 있다.
⑤ 자체 OS가 없는 기업에게 윈도우폰 OS가 설치될 수 있는 스펙을 맞추도록 했다.

토론과제

01 마이크로소프트의 OS 중 윈도우 10에 대해 장점, 단점, 개선되었으면 하는 점 등을 정리해봅니다.

02 한국에서 진행된 윈도우의 광고 키워드는 '10년 동안 당신에게서 바뀌지 않은 단 한 가지'입니다. 이 광고에서 마이크로소프트가 소비자에게 전달하고자 한 가치가 무엇인지 이야기해봅니다.

03 마이크로소프트는 애플의 아이폰에 대응하기 위해 윈도우폰을 출시했고 멀티태스킹이나 허브 기능은 매우 눈여겨볼 만한 기술이었습니다. 하지만 결국 이 사업은 실패로 끝나게 되는데, 그 이유에 대해 설명해봅니다.

CHAPTER 08

이동통신 산업의 발전과 사회변동

학습목표

- 이동통신 기술의 역사에 대해 설명할 수 있습니다.
- 국내 이동통신 기술의 변화에 대해 설명할 수 있습니다.
- 세대별 이동통신 기술의 차이점에 대해 설명할 수 있습니다.
- 세대별 이동통신 기술에 따라 문화가 어떻게 달라졌는지 설명할 수 있습니다.

Preview

8장에서는 이동통신의 역사와 그에 따른 사회변화를 다루겠습니다. 이동통신 기술이 오늘날처럼 발전하기까지 100년의 시간이 걸렸습니다. 이동통신의 역사와 현황을 분석해보고 휴대폰의 발전 과정도 같이 학습해봅니다. 또한 국내 이동통신의 역사와 발전 과정, 세대별 변화에 대해서도 살펴봅니다. 더불어 다가올 6G 시대를 위해 어떤 준비가 필요한지도 알아보겠습니다.

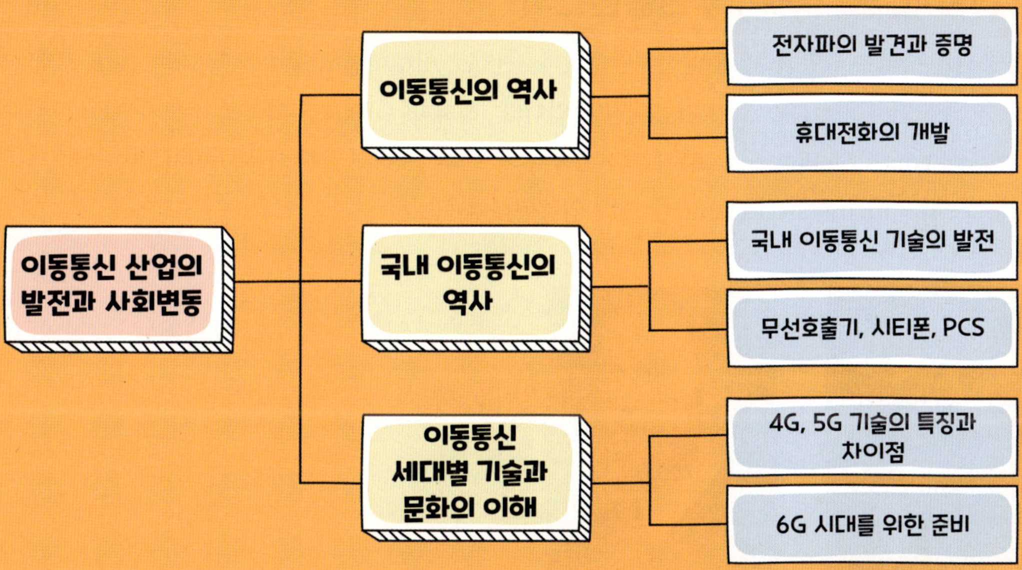

Section 01 이동통신의 시작

1 전자파, 모스부호, 무선통신조약

이동통신은 주파수 활용과 함께 발전해왔습니다. 전자로 이루어진 주파수인 '전자파'를 통해 무선으로, 이동하면서 통신하는 것이 가능해진 것입니다. 전자파는 1864년 영국의 수학자 제임스 클러크 맥스웰(James Clerk Maxwell)이 발견했습니다. 이후 1888년 독일의 물리학자 하인리히 루돌프 헤르츠(Heinrich Rudolf Hertz)에 의해 입증됩니다.

제임스 맥스웰

하인리히 헤르츠

그림 8-1 전자파의 발견과 이론의 증명 © https://www.biography.com, https://www.imdb.com

맥스웰이 증명한 이론은 맥스웰 방정식(Maxwell's Equations)이라고 불리며, 미분 방정식을 통해 전기적인 전자파의 현상을 모두 설명했습니다. 이 공식을 통해 전자기장이 파동 운동의 형태로 공간을 가로지르며 작용한다는 사실이 확인되며 주파수의 존재가 확립됩니다.

맥스웰의 이론은 간단해 보이는 외형과 다르게 상당히 어려운 구조를 가지고 있어, 이 이론을 보다 쉽게 증명하기 위해 헤르츠가 전자기파의 주파수를 측정하는 단위를 만들어냅니다. 헤르츠는 실험 도구를 활용해 주파수 관련 진동을 증명해냈습니다. 속이 빈 구로 된 기기와 가는 철사로 만든 링을 5, 6m 거리로 떨어뜨려 놓고, 구를 막대기로 치면 그 진동에 의해 링이 흔들리는 것을 주파수와 관련된 진동으로 해석해낸 것입니다. 이후 전자파를 인위적으로 만들어서 전깃줄 없이 주고받은 그의 공을 기리고자 주파수의 단위를 헤르츠(Hertz/Hz)로 정의하고 있습니다.

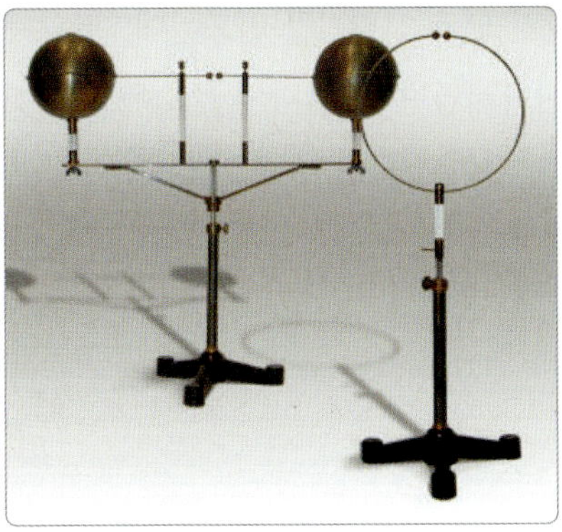

그림 8-2 **전자기파의 주파수 측정 도구** © https://www.wired.com

헤르츠는 1초당 진동수를 의미하며, 주파수가 높으면 강도가 세지면서 파장이 짧아집니다. 파장이란 같은 위상을 가진 서로 이웃한 두 점 사이의 거리를 의미합니다. 만약 1초에 1,000번 진동하면 앞에 K 기호를 붙여 킬로헤르츠(KHz)라고 부르며 100만 번 진동하면 메가헤르츠(MHz), 10억 번 진동하면 기가헤르츠(GHz)라고 부릅니다.

진동수에 따라 산업 분야나 실생활에서 각각 다르게 사용되는데, 간단하게 정리하면 다음과 같습니다.

- **0~3천 번 :** 초저주파에 해당, 비열 효과 조리기나 전자기
- **3천~3억 번 :** 라디오 주파수, MRI 자기공명 화상진단 장치, 아마추어 무선 햄, AM/FM 라디오, 업무용 무선 등
- **3억~3조 번 :** 마이크로파나 전자레인지, 휴대폰, 위성통신, 발열 효과
- **3조~30해 번 :** 적외선, 가시광선, 자외선, 온열효과, 살균, 광통신, 레이저 가공
- **30해 번 이상 :** X선, CT, 감마선, 암 치료

하지만 전자파가 우리 삶에 좋게 작용하는 것만은 아닙니다. 강력한 진동으로 신체를 뚫고 들어가 암세포를 제거한다는 것만 봐도 전자파의 힘이 얼마나 강력한지 새삼 알 수 있습니다. 그래서 전자파가 여러 가지 병을 야기할 수 있음을 우려하는 기사도 종종 보입니다. 관련 연구 기관에서는 전자파의 발생에 제재를 두고 있으며 전자파 절감 장치 사용을 권장하며 유해 전자파가 낮음을 인증하는 EMI 검증 마크도 발급되고 있습니다.

한편 전자파가 만들어진 후 이를 활용한 여러 연구가 진행됩니다. 모스부호(Morse Code)는 미국의 화가이자 발명가인 새뮤얼 모스(Samuel Finley Breese Morse)가 개발했습니다. 뉴욕행 배를 타고 가던 중 전자기학에 대해 알게 된 그는 전신기를 만들어보면 좋겠다는 생각에 알파벳 기호를

기반으로 한 모스부호 초안을 완성합니다. 이후 유선으로 연결된 모스 신호기를 만드는데, 전자자석에 달라붙고 떨어지는 신호를 전자기적으로 발현시키는 통신기계입니다. 각각의 부호에 알파벳이 대응되도록 하여 합의된 부호표에 따라 알파벳을 받아 적으면 단어나 문장이 완성됩니다.

A●-	J●---	S●●●
B-●●●	K-●-	T-
C-●-●	L●-●●	U●●-
D-●●	M--	V●●●-
E●	N-●	W●--
F●●-●	O---	X-●●-
G--●	P●--●	Y-●--
H●●●●	Q--●-	Z--●●
I●●	R●-●	

그림 8-3 **모스부호** ⓒ https://www.discoveryworld.org

원거리에 있는 두 사람이 통신하는 방법도 연구되기 시작합니다. '프로토콜(Protocol)'은 통신 시스템이 정보를 주고받기 위해 사용하는 통신 규칙으로, 주고받을 내용에 대해 사전에 정의하고 이를 약속으로 정해 여러 신호를 발생시키는 방법입니다. 이는 1895년 이탈리아 과학자 굴리엘모 마르코니(Guglielmo Marconi)에 의해 실현됩니다. 마르코니는 무선통신기를 만든 인물로, 이탈리아 정부의 지원을 받지 못해 영국 정부에 지원을 요청하여 무선통신기를 만듭니다.

그림 8-4 **굴리엘모 마르코니와 최초의 무선통신기** ⓒ https://amazing.zone

마르코니는 1900년 영국과 캐나다 간 무선통신에 성공하며 이를 실생활에서 사용할 수 있음을 입증하였는데, 모스부호를 서로 주고받으며 하나의 프로토콜로 사용했습니다. 이후 무선통신기는 상용화에 들어가는데, 당시 가장 적합한 분야는 선박 분야였습니다. 호화 여객선들은 항상 육지와 통신을 해야 했으므로 무선통신기를 필수적으로 장착할 수밖에 없었습니다. 영화로도 만들어졌던 타이타닉호의 사진에서 길게 뻗은 탑 같은 것이 바로 안테나입니다. 타이타닉호가 빙산과 충돌해 침몰했을 때 배가 모두 가라앉기까지 9시간이 걸렸는데 통신 기사들이 침몰 3분 전까지도 구조 신호를 보냈다고 합니다.

그림 8-5 **타이타닉호의 안테나** © https://www.thoughtco.com

1906년 크리스마스 이브에는 최초로 육성 무선통신이 이루어집니다. 이후 국가 간 국제무선전신조약이 체결되면서 본격적인 무선통신 시대가 열립니다. 지금 우리가 일상적으로 사용하고 있는 이동통신 기술은 100년이 넘는 기술 발전의 결과라고 할 수 있습니다.

국제무선전신조약이 체결된 후 무선통신 기술은 급속도로 발전합니다. 1940년대에는 자동차에서 사용하는 무선전화기 카폰이 만들어졌으며 1960년대에는 교환원 없이 직접 전화를 걸 수 있는 무선전화기가 만들어집니다. 이전까지는 교환원이 상대방 전화와 연결해줘야 통화를 할 수 있는 형식이었습니다. 1970년대에는 특정 주파수 대역을 효율적으로 사용할 수 있는 기술이 개발되었으며 1990년대에는 무선호출기인 '삐삐'가 보편화되었습니다.

2 휴대전화의 개발

휴대전화 또한 개발에 들어가기 시작하는데, 최초의 휴대전화는 1973년 모토로라(Motorola)에서 근무하던 마틴 쿠퍼(Martin Cooper)가 개발하였습니다. 기본 기술은 2차 세계대전 당시 전쟁터에서 사용했던 통신 기법을 활용했습니다. 마틴 쿠퍼는 휴대전화를 만들자마자 경쟁사였던 벨 연구소(Bell Lab)에 전화해 "우리가 이번 시연에서 보여준 것은 자유로움이고 이제는 선에 얽매이지 않고 가정이나 사무실이 아닌 세상의 모든 곳에서 통화하게 될 것이다. 길을 걸으면서, 차 속에서, 산 속에서도 자유롭게 할 것이다"라고 전했다고 합니다.

그림 8-6 **마틴 쿠퍼** © https://commons.wikimedia.org

이후 모토로라는 10년간 개발에 전념해 '다이나택(DynaTAC)'이라고 하는 800g짜리 휴대폰을 출시하며 상용 서비스를 시작합니다. 마틴 쿠퍼가 개발한 휴대전화는 약 1kg짜리라 무게를 많이 줄이긴 했지만 여전히 크고 무거워 '벽돌폰'이라고 불렸습니다. 가격도 상당히 비쌌고 10시간을 충전해도 단 30분밖에 통화할 수 없었다고 합니다. 이후 1990년대에 들어서며 노키아(Nokia)가 시장을 선점하기 시작했으며, 2007년 애플의 아이폰이 출시되며 모바일 시장은 또 한 번 흐름이 바뀝니다.

한눈에 보는 휴대폰의 진화

	1983 모토로라 다이나택	1989 모토로라 마이크로택	1993 노키아 2110	1998 노키아 5110	1998 노키아 3110	2004 모토로라 레이저	2007 애플 아이폰
연속통화 시간	0시간 30분	0시간 45분	2시간 40분	3시간 20분	4시간 30분	7시간 00분	8시간 00분
무게	794g	349g	236g	170g	133g	95g	135g

그림 8-7 **한눈에 보는 휴대폰의 진화**

Section 02

국내 이동통신의 역사

1 국내 무선통신의 변천사

이번에는 우리나라 이동통신의 역사에 대해 알아보겠습니다. 우리나라는 1908년부터 이동통신이 시행됩니다. 당시는 대한제국 시절로, 1910년에 미국 군함 광제호가 월미도에 설치된 등대 무선소에 첫 무선 전파를 발사하며 최초로 교신에 성공합니다. 이후 1923년, 우편국에 전신분실을 만들어 최초로 공중 무선통신 업무를 시작하지만 일본의 식민지 정책과 군국주의 확장의 한 방편으로 주로 활용됩니다.

그림 8-8 우편국 © https://kihm5.wordpress.com

광복 이후, 1958년에 정부는 무선통신 시설 도입을 계획합니다. 유신정권이 출범하며 당시 무선통신은 특수 목적을 기반으로 한 수동적인 교환 방식의 무선 공중전화 서비스로 실시됩니다. 더불어 유선전화기 공급도 확대되는데 초반에는 보급률이 높지 않다가 1980년대 중반에 가서야 750만 명 정도가 가입하며 보급률이 확대됩니다.

1980년대에는 무선호출기 서비스 기본 계획이 수립되면서 1982년에 일본 NEC의 호출기가 처음 들어옵니다. 같은 해 12월 서비스가 시작되는데 당시 공급된 호출기는 약 300대 정도였으며 가격은 20만 원이 넘어 상당히 비쌌습니다. 호출이 오면 '삐삐' 소리를 냈기 때문에 삐삐라고 불렸습니다.

그림 8-9 **대한민국 최초의 무선호출기** © https://review.cetizen.com

이동통신 서비스의 보급이 점점 늘어나자 체계적으로 관리하기 위해 1984년, 체신부(정보통신부)는 '한국이동통신서비스주식회사'를 설립하고 차량 호출이나 무선 호출 전담 회사 설립 계획안을 작성해 같은 해 한국 이동통신 서비스가 출범됩니다. 이후 1984년 차량용 무선전화기인 카폰이 국내 최초로 서비스됩니다. 카폰을 설치하려면 단말기 외에도 설비비나 허가 신청료, 장치비 등을 추가로 부담해야 하고 통신료도 상당해 총 400만 원이 넘는 비용을 감당해야 했습니다. 당시 국민차인 포니 2가 400만 원이던 시절이니 자동차 1대 값을 카폰 구매에 지불하는 격이었습니다. 하지만 서비스 개시가 알려지자마자 무려 2만 명이 넘는 사람들이 신청했습니다. 실제 공급량은 10% 남짓인 2,652대여서 원한다고 해서 누구나 사용할 수 있는 상황은 아니었습니다. 당시에는 번호도 모자라서 통화 지역이 한정되었고 추첨을 통해 번호를 나눠주었습니다. 또한 통화를 위해 차량 밖에 안테나를 세웠는데 감도가 좋지 않아 장비 기사들이 직접 설치도 해주고 수리도 해주는 등 품질 점검을 다녔다고 합니다.

그림 8-10 **카폰의 상용화** © https://namu.wiki

호출기(삐삐) 역시 사람들에게 큰 호응을 얻었습니다. 카폰과 다르게 서비스 지역이 한정적이지 않아 상대적으로 경제적이고 가격이 저렴해 큰 인기를 끌었습니다. 초기의 호출기는 신호만 전달하는 방식이었는데 액정에 번호가 뜨는 표시 발신 서비스가 도입되자 서비스 효율성도 높아집니다. 그래서 첫 서비스를 개시한 지 5년째인 1988년에는 10만 가입자 시대가 열립니다.

그림 8-11 **표시 발신 서비스** © https://www.ft.com

또한 무선호출기에는 망 식별 번호가 도입되는데, 이는 한국이 세계 최초로 도입한 기술입니다. 무선호출기 가입자가 꾸준히 늘자, 1991년에 전국적인 서비스를 위해 전라도와 충청도 지역에 우선적으로 망 식별 번호를 부여합니다. 기존에는 지역 번호를 맞춰서 눌러야 했다면 이제부터는 별도의 식별 번호인 012를 누르면 어디서나 상대방을 호출할 수 있는 시대가 된 것입니다. 통신망 관리도 좀 더 체계적으로 변화합니다.

1993년에 들어서며 민간 사업자도 사업이 가능해지자 무선호출기 경쟁 체제가 형성됩니다. 사업개시 1년 만에 서울 이동통신은 약 56만 4,000명, 나래 이동통신은 약 52만 5,000명의 가입자를 유치합니다. 1995년에는 우리나라 인구의 약 12%에 달하는 533만 명이 무선호출기를 사용하며 하나의 문화로 자리 잡습니다. 단순히 상대를 호출하기만 하는 것이 아니라 호출 번호에 의미를 부여해 메시지를 주고받은 것입니다. 예를 들어 '8282'는 '빨리 연락해!', '486'은 '사랑해', '1004'는 '천사'라는 뜻으로 쓰였습니다.

부가서비스는 가입자를 더 많이 유치시키기 위한 전략으로 활용되었습니다. 1994년에는 음성사서함 서비스가 도입되고 1995년에는 메시지를 신호음과 함께 문자로 표시해주는 문자 서비스도 도입됩니다. 핸드폰처럼 호출기가 쓰였던 만큼 아이돌 스타를 기용해 광고를 내보내기도 했습니다. 한국의 1세대 이동통신은 2차 세계대전 당시 야전 통신으로 활용됐던 기술인 IMTS 방식으로 제공되어 채널 수가 부족하긴 했지만 기술이 점점 발전해 200~900MHz 주파수 대역에서 10Kbps 속도로 음성을 전송할 수 있게 됩니다. Kbps 단위는 'Kilobytes per second'라는 의미로 초당 전송하는 데이터, 음성 데이터양의 단위입니다.

1988년에 들어서면서는 일반 사용자도 휴대전화를 사용할 수 있게 됩니다. 이전까지는 허가받은 사람들만 사용할 수 있었으나, 88 서울 올림픽이 개최되면서 선진국의 모습을 갖추기 위해 휴대전화를 대중화시킵니다. 휴대전화 수요가 폭발적으로 증가하자 카폰과 휴대전화의 구분이 모호해져 국번 분리를 없앴으며, 호칭도 '이동전화'로 통일시킵니다.

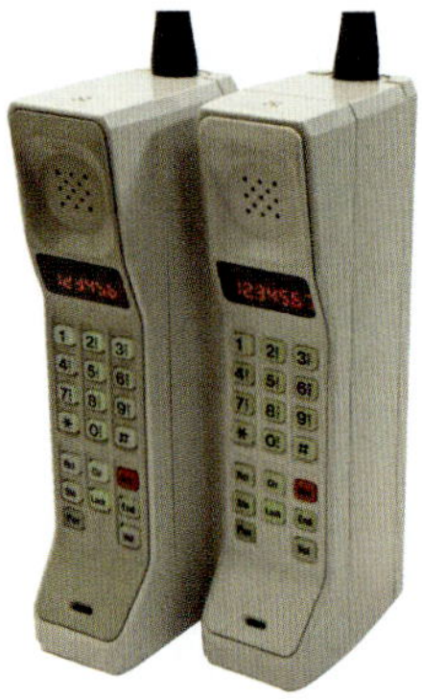

그림 8-12 **휴대전화의 일반 사용자 시대 개막** © https://www.easytechjunkie.com

1990년이 되면 휴대전화 요금 체계에도 변화가 생깁니다. 전국 단일 요금제를 실시하는데, 모든 지역이 똑같은 요금 체계를 사용한다는 의미입니다. 원래 유선전화는 거리가 멀수록 돈을 더 지불해야 했는데 거리에 상관없이 요금을 하나로 통일한 것입니다. 이 때문에 많은 사람들이 휴대전화를 더 많이 활용하였고, 1991년 이동통신 가입자 수는 100만 명을 돌파합니다. 무선호출기는 83만 7,000대, 이동전화는 16만 3,000명이 가입하며 이 둘을 합쳐 100만 가입자가 된 것입니다. 100만 시대라는 건 본격적인 이동통신 대중화 시대가 열렸음을 의미합니다. 하지만 아직까진 선진국에 비해 보급률이 크게 떨어졌습니다. 1991년 기준 우리나라 이동전화 수는 인구 1,000명당 3.8대였습니다. 그에 비해 스웨덴은 66.8대, 홍콩은 26.7대, 미국은 24.8대, 일본은 7.3대로 큰 격차를 보였습니다.

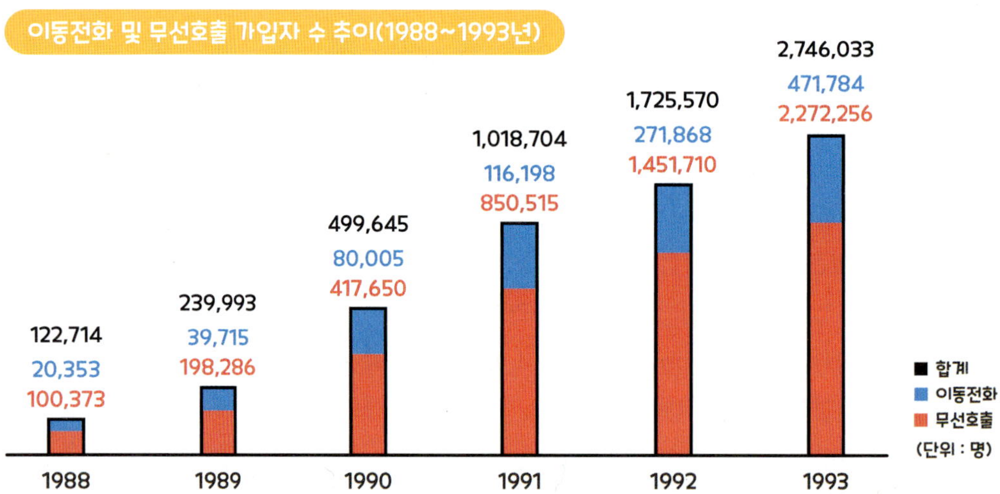

그림 8-13 **이동통신 대중화 시대의 본격화** © 정보통신부

1990년대에는 우리나라뿐 아니라 전 세계적으로 이동전화 수요가 급증합니다. 그래서 1세대 아날로그 방식으로는 사용량을 감당할 수 없어 새로운 방식이 필요해집니다. 체신부에서는 TDMA 방식(시 분할 다중 접속 방식)과 CDMA 방식(코드 분할 다중 접속 방식) 중 어느 것을 사용하느냐를 두고 고민하다 CDMA 방식 도입을 결정하며 2세대 이동통신의 시작을 알립니다. 1995년, 디지털 방식의 서비스인 CDMA 방식(크게는 PCS(Personal Communication Services) 방식이라고도 함)이 상용화되며 1998년 우리나라에서도 서비스가 시작됩니다. 또한 통신사별로 식별 번호를 다르게 사용했는데, 한국통신 프리텔은 016, LG텔레콤은 019, 한솔 PCS는 018, SK텔레콤은 011이었습니다. 1999년에는 아날로그 서비스가 전면 중단되면서 이동전화 시장이 본격화됩니다.

2 광고로 알아보는 국내 이동통신의 역사

한때는 시티폰(City Phone)이라는, 수신은 안 되고 발신만 가능한 무선전화기가 사용됐었습니다. 삐삐에 연락이 오면 전화를 하러 어디로든 가야만 하는 번거로움을 해소하기 위해 만들어진, 무선호출기와 휴대전화의 중간 단계 상품입니다. 전화기를 사용하려면 공중전화 부스 옆으로 가야만 했기 때문에 어느 정도 제약이 있던 제품이라 성급하게 도입되었다가 실패한 사업 중 하나입니다. 어쨌거나 당시에는 낮은 가격과 저렴한 통신료가 매력적으로 작용해 황금알을 낳을 것이라 보고 사업이 크게 확장됐었습니다.

그림 8-14 **시티폰** © https://namu.wiki

시티폰 광고는 시티폰의 장점을 강조하고 있는데, 공중전화를 쓰려고 보니 카드 전화여서 난감한 사람에게 옆에 있던 사람이 쓰라며 준 폰이 시티폰입니다. 당시에는 휴대폰이 일부 정해진 사람에게만 공급되던 시절이라 호출이 오면 다들 공중전화를 이용했는데 길게 줄을 서지 않고도 통화를 할 수 있다는 장점을 잘 보여줍니다. 시티폰은 당시 인기 탤런트 김국진을 광고 모델로 쓰는 등 유명한 배우들을 많이 활용하기도 했습니다.

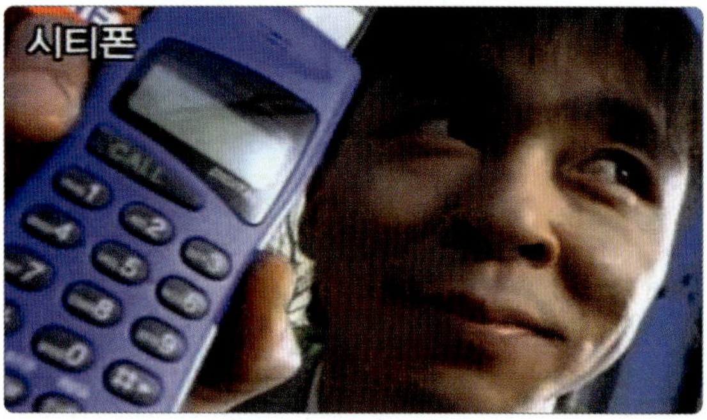

그림 8-15 **시티폰 광고(김국진 편)** © https://www.youtube.com/watch?v=8IcLxFkfO2M

하지만 시티폰 사업의 결과는 처참했습니다. tvN에서 방영했던 인기 드라마 《응답하라 1994》에서도 시티폰 사업 실패를 에피소드로 다룰 만큼 사회경제적으로 큰 사건이었습니다. 드라마 내용을 곁들여 살펴보면, 한 남성이 시티폰에 주식 투자를 했다가 사업이 실패하며 주식도 망하는 장면이 나오는데, 당시 시티폰 붐이 과대 포장되면서 투자를 했던 많은 사람들이 돈을 잃었습니다. 전화기이지만 받을 수는 없고 걸 수만 있었던 시티폰은 어떻게 보면 반쪽짜리 서비스여서 실패가 예견된 사업이었는데 여러 회사가 우후죽순으로 생겨나다 보니 사람들이 기대를 품고 몰렸던 것입니다.

이후에는 이동통신 사업자 간 경쟁이 본격적으로 시작됩니다. 1997년 한국통신 프리텔, 한솔 PCS, LG텔레콤 3사가 상용화를 개시한 지 3개월 만에 총 가입자 수는 100만 명을 돌파합니다. 이후 이동전화사 5곳의 출혈 경쟁이 심화되는데 1998년에는 이동전화 가입자 수가 1,000만 명을 넘어서며 세계에서 다섯 번째로 이동전화 가입자 수가 많은 나라가 됩니다. 그리고 불과 14개월 만에 이동전화 가입자 수가 2,000만 명을 돌파합니다.

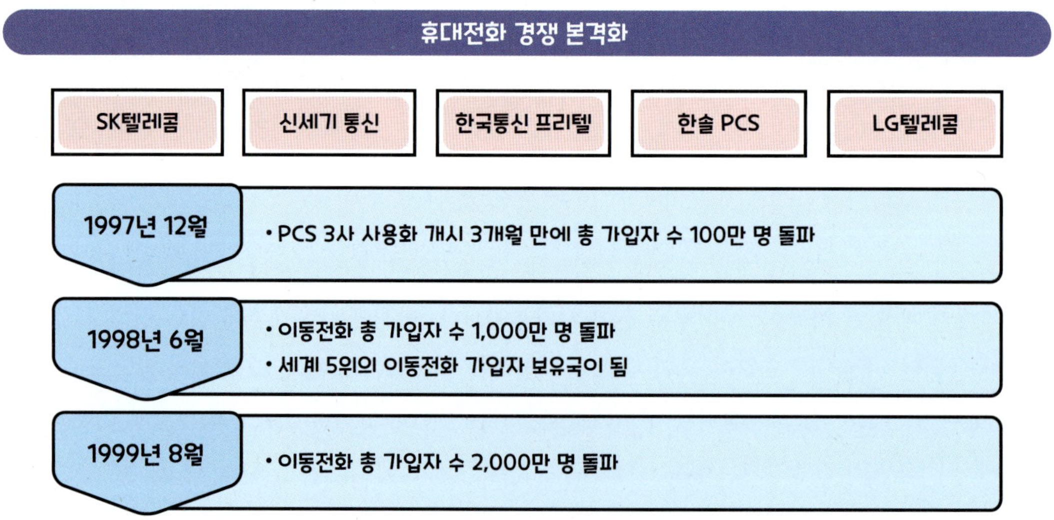

그림 8-16 **휴대전화 경쟁 본격화**

이동전화 가입자를 유치하기 위한 경쟁이 심해지자 단말기 구입 보조금을 주거나 특별 판매를 하는 등의 행사가 남발됩니다. 그래서 엄청 싼 가격에 폰을 사거나 공짜로 폰을 사는 경우도 발생합니다. 사업에 쏟는 자본 규모가 상당하다 보니 그 규모가 회사 총 매출액을 훌쩍 넘기기도 해, 각 회사가 300만 명 이상의 가입자를 유지하면서도 적자를 기록하는 기이한 일까지 벌어집니다.

이러한 상황에서 브랜드 마케팅 경쟁도 시작됩니다. SK텔레콤은 'TTL'이라는 서비스를 주력으로 삼았으며 한국통신 프레텔은 'NA' 서비스, LG텔레콤은 '카이 홀맨' 서비스 브랜드를 내세웠습니다. 대형 3사 외의 사업자들도 브랜드 마케팅 경쟁을 이어나갔습니다.

한솔 PCS는 '원샷 018'을 앞세웁니다. 당시 유명 배우였던 차인표나 가수 임창정을 모델로 쓰며 기기의 성능보다 브랜드 이미지 구축에 주력했습니다.

그림 8-17 **한솔 PCS의 원샷 018 광고** © https://www.youtube.com/watch?v=has78nHhRqA

신세기 통신은 '파워디지털 017'을 내세웠는데, "짜장면 시키신 분~!"이라는 광고가 큰 인기를 끌었습니다. 전화가 잘 터져서 울릉도 앞바다까지 짜장면이 배달된다는 재밌는 내용을 담은 이 광고는 하늘이나 지하철, 어디서든 전파가 잘 터져서 연결이 잘 된다는 점을 강조합니다.

그림 8-18 **신세기 통신의 파워디지털 017 광고** © https://www.youtube.com/watch?v=sf8wj_TDUeE

SK텔레콤에서는 'TTL' 서비스를 광고하는데, 휴대폰과 연관성이 없는 광고 내용으로 사람들의 궁금증을 자아냈습니다. 조용하게 음악이 깔리다 광고 마지막에 'TTL' 나레이션이 깔리며 끝이 나는데, 영상 속에 휴대폰이 등장하지 않아 사람들의 관심을 끄는 블라인드 마케팅이었습니다. 논란을 일으킨다고 하여 노이즈 마케팅이라고도 합니다. 덕분에 SK텔레콤의 TTL 서비스는 아주 좋은 성과를 올렸습니다.

그림 8-19 SK텔레콤의 TTL 광고 © https://www.youtube.com/watch?v=_j_wYp3FRDc

한국통신 프리텔은 한발 더 나아가 실소를 머금게 하는 'NA' 서비스 광고를 방영합니다. "세상에 공짜가 어디 있어?", "세상을 다 가져라!" 같은 문구를 유행시킨 해당 광고는 일반인이 출연해 친숙함을 강조했으며 요금이 저렴하다거나 부가서비스가 많다는 등의 내용을 광고에 담았습니다.

그림 8-20 한국통신 프리텔의 Na 광고 © https://www.youtube.com/watch?v=SW0gTnZfkyE

LG텔레콤은 캐릭터를 적극 활용합니다. '카이 홀맨' 서비스 광고에는 홀맨 캐릭터가 주인공으로 등장하며 '문자 서비스가 600건 무료'와 같은 부가서비스를 강조해 청소년층 고객 유입에 주력했습니다.

그림 8-21 LG텔레콤의 카이 홀맨 광고 ⓒ https://www.youtube.com/watch?v=HmTR5-ICXEw

이렇게 경쟁이 난무하던 와중, 3세대 이동통신의 막이 오릅니다. 일명 IMT 2000이라고 불리는 기준이 도입되는데, 인터내셔널 모바일(International Mobile)과 텔레커뮤니케이션(Telecommunication)의 줄임말입니다. 공중 주파수를 사용할 수 있고 세계 어느 곳에서든 하나의 단말기만 가지고 음성, 데이터, 동영상을 고속으로 멀티미디어 통신할 수 있는 기술력을 뜻합니다. 그야말로 차세대 이동통신인 것입니다. 2000년, 서울과 인천 지역에서 세계 최초로 서비스되며 해당 단말기도 한 단계 업그레이드됩니다.

하나 더 알기 ✓ 휴대폰 외형의 변천사

최초로 개발된 휴대전화는 약 1kg 정도였으나 이후 800g대까지 줄어든 버전도 출시되었으며, 바 형태 휴대폰이 등장하면서 우리나라에서도 벤치마킹하여 휴대폰을 개발합니다. 1999년에는 폴더 형태의 휴대폰이 만들어지며 시계, 전화번호 등을 볼 수 있도록 외부에 액정이 달린 듀얼 형태의 휴대폰도 등장합니다. 이러한 휴대전화의 UX, UI 기술력과 그에 따른 변화는 휴대전화 제품의 르네상스 시대를 열었다고 할 정도로 다양한 형태의 휴대폰을 탄생시켰습니다.

연도	내용
1983년	• 세계 최초의 휴대폰인 모토로라 다이나택 8000X 출시
1988년	• 88 서울 올림픽에 맞춰 국내 최초 자체 개발 휴대폰인 삼성전자 SH-100 출시

연도	내용
1990년	• 휴대폰 대중화를 주도한 플립형 휴대폰인 모토로라 마이크로택 950 출시
1993년	• 무게 100g 대의 삼성전자 SH-700 출시
1996년	• 세계 최초 폴더형 휴대폰인 모토로라 스타택 출시
1997년	• 개인휴대통신(PCS) 시작
1998년	• CDMA 방식의 무게 100g 휴대폰인 삼성전자 SPH-4100 출시
1999년	• 최경량 50g인 삼성전자 손목시계형 휴대폰 SPH-WP10과 오디오 휴대폰(MP3 폰) 출시
2000년	• 디지털카메라가 내장된 삼성전자 SCH-V200 출시
2002년	• 무선인터넷 기능이 포함된 삼성전자 SCH-V300 출시
2004년	• 320만 화소 카메라가 내장된 LG SPH-S2300 출시
2005년	• 모토로라 레이저 출시 • 영상이나 음성 방송이 가능한 DMB 기술이 탑재된 삼성전자 SCH-B100 출시
2007년	• 애플 아이폰, LG 프라다폰, 삼성전자 애니콜 햅틱 등 터치폰 등장
2009년	• 삼성 옴니아폰과 애플 아이폰 3GS 국내 도입으로 스마트폰 시대 도래

그림 8-22 휴대폰 외형의 변천사

Section

03 이동통신 세대별 기술과 문화의 이해

1 이동통신 시장 3각 경쟁 체제

이동통신 시장이 과열되면서 소비자들이 피해를 입는 일이 발생하자 정부에서 제재를 가하기 시작합니다. 1996년, 경쟁 체제 구축이라는 명분으로 이동전화 사업자를 선정한 것입니다. 이 과정에서 한국통신 프리텔, LG텔레콤, 한솔 PCS 3개사는 강제 합병 과정을 거치게 되고, 2000년 인수전이 일어납니다. 그 결과, 당시 가입자 수 1위를 달리고 있던 SK텔레콤 011이 2위를 달리고 있던 신세기 이동통신 017을 인수합니다. 그리고 한국통신 프리텔 016과 한솔 PCS 018이 합쳐져 KT 프리티엘이 되며 이후 KTF를 거쳐 지금의 KT가 됩니다. LG텔레콤 019는 독자 노선을 유지하며 지금의 LG유플러스가 됩니다.

1996년 6월	• 통신 시장의 전면 경쟁 체제 구축이라는 명분으로 이동통신 사업자를 선정
1997년 10월	• 한국통신 프리텔, LG텔레콤, 한솔 PCS 3사가 강제 합병됨
2000년 6월	• 한국통신 프리텔이 한솔 PCS를 인수, SK텔레콤이 신세기 이동통신을 인수함 • KT 프리티엘, SK텔레콤, LG텔레콤 3각 경쟁 체제로 정리됨

그림 8-23 이동통신 시장의 3각 경쟁 체제 돌입

복잡한 통합 과정을 거치며 통신사별 광고 또한 새로운 변화를 알리는 내용을 중심으로 송출되었습니다. SK텔레콤과 신세기 이동통신 통합 광고에는 유명 배우들을 모델로 기용하며 '017과 011이 친구가 되었다'는 표현을 썼습니다. 인수합병 진행 과정을 친구라는 단어로 표현하며 분위기를 부드럽게 만들려는 노력이 엿보입니다. 한국통신 프리텔과 한솔 PCS 통합 광고는 "2배로 좋아!"라는 말을 반복하며 서비스도, 혜택도 전보다 좋아질 것을 암시했습니다.

2 4세대 이동통신(4G)

1세대 이동통신은 아날로그에 기반한 음성 위주의 통신기술이었습니다. 이후 무선통신에 대한 수요가 폭발하면서 디지털에 기반한 2G 기술이 2세대 이동통신을 이끕니다. 그리고 음성 데이터 서비스가 일반화되자 영상 통화도 가능한 3G 기술이 도입되어 3세대 이동통신을 이끕니다. 이때는 OZ, T, Show 같은 서비스가 도입되는데, EVDO 리비전A 방식을 적용했습니다. EVDO 방식이란 GPS 위성을 이용해 서로 다른 기지국을 동기화해 데이터를 전송하는 방식으로, 미국식 CDA 방식이라고 할 수 있습니다. WCDMA 방식도 사용되었는데, 이 방식은 기존 CDMA 시스템에 GSM 시스템이 제공할 수 있는 서비스의 한계를 극복한 방식이라고 보면 됩니다. 빠른 데이터 전송이나 2G, 2.5G 시스템에서 제공할 수 있는 부가가치 서비스였습니다.

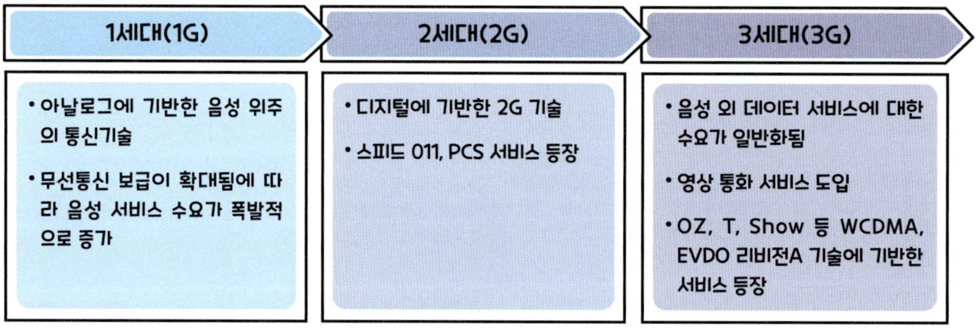

그림 8-24 1세대~3세대 이동통신 기술

4세대 이동통신은 3세대 이동통신 기술의 한계를 인식하며 시작되었습니다. 3세대 이동통신 기술은 전송속도가 2.4Mbps 정도였는데 이 속도로는 실시간 동영상 같은 것들을 보기가 어려웠습니다. 유선 인터넷 속도가 모바일(이동통신)에서는 맞지 않았던 것입니다. 그래서 이 문제점을 해결하고자 2002년에 4G, 4세대 이동통신 기술 개념이 탄생합니다.

4G 기술이란 무선 인터넷 품질을 유선 인터넷 수준으로 보장하는 고속 데이터 서비스 기술을 말합니다. 전송속도로 따지면 가만히 있을 때 1Gbps, 이동할 땐 100Mbps 이상이 보장되는 기술입니다. 1Gbps는 초당 1G 데이터가 전송된다는 뜻이며 이는 영화 1편을 순식간에 다운받을 수 있다는 의미이기도 합니다. 하지만 이는 이론적으로나 가능한 속도였기 때문에 실생활에 도입하기 위해선 주파수 대역 폭을 늘리고 여러 가지 주파수를 다중 분할해 네트워크 속도를 고속화할 수 있는 기술이 필요했습니다.

4G 무선 인터넷의 품질을 유선 인터넷 수준으로 보장하는 고속 데이터 서비스 기술

그림 8-25 4G 기술의 정의

4세대 이동통신 시스템을 개발하기 위해 여러 논의 끝에 LTE 기술이 도입됩니다. LTE(Long Term Evolution)란 오랜 시간에 걸쳐 기존 시스템을 발전시킨 시스템이란 의미로 3세대 이동통신 규격에서 발전된 규격이라고 볼 수 있습니다. LTE의 전송속도는 이론적으로 최대 75Mbps, 업로드 속도는 최대 37.5Mbps였습니다. 앞서 설명한 4세대 이동통신의 이론적인 속도와 비교하면 턱없이 부족해, 4세대 이동통신 보급을 시작했을 때 "LTE라는 서비스가 제공될 뿐이지 진짜 4세대는 아니다", "3.9세대 아니냐"는 비난을 받기도 했습니다.

완성도가 떨어짐에도 LTE 기술을 사용한 이유는 이미 전 세계에서 사용하고 있었기 때문입니다. 3세대에서 4세대로 넘어가기에 상당히 유연한 기술임이 검증된 상태였으며 로밍을 하기도 편했습니다. 하지만 외국 기술이기도 하고 3G망에서 LTE망으로 넘어갈 때 복잡하고 무겁다는 단점이 존재했습니다. 그래서 순수 국내 기술인 '와이브로(Wibro) 기술'이 개발되었습니다.

와이브로 방식은 다중 입출력 방식으로, 스마트폰 안테나나 에러 정정 기술이 상당히 괜찮습니다. 바로 사용이 가능한 상용화된 4세대 기술이며 속도도 LTE보다 빠르고 기존 망 연동 기술이 필요 없는 단일 기술, 표준 기술입니다. 게다가 국내 기술이므로 도입 시 천문학적인 이익을 창출할 수 있으며 국가 브랜드도 높아진다는 큰 장점이 있습니다. 세계 여러 국가에서 와이브로 기술 도입을 고려한다는 점이 주목할 만하지만 아직까지 상용화된 국가가 한국밖에 없다는 것이 큰 단점입니다. 와이브로 기술의 입지가 좁기도 하고 현재까지는 데이터 서비스만 가능해 음성 서비스는 추가 개발해야 하기 때문입니다. 여러 이유로 우리나라의 4세대 이동통신 방식은 LTE로 굳어지고 있습니다.

LTE

- 3세대 이동통신 규격에서 발전된 규격
- 전 세계에서 사용하고 있음
- 3G망에서 LTE망으로 넘어갈 때 복잡하고 무겁다는 단점이 존재

VS

와이브로(Wibro)

- 바로 사용이 가능한 상용화된 4세대 기술
- LTE보다 빠르고 기존 망 연동 기술이 필요 없는 단일 기술, 표준 기술임
- 아직까지 상용화된 국가가 한국밖에 없다는 것이 큰 단점

그림 8-26 LTE와 와이브로 기술 비교

4세대 이동통신이 시작되면서 통신사 경쟁 체제에 다시 한 번 불이 붙습니다. 우월한 위치를 유지했던 SKT, KT도 4세대 이동통신에 대한 의지를 표명했으며, 당시 '통신사 아닌 통신사'라는 오명을 쓰고 있던 LGT는 브랜드명을 LG유플러스(LG U+)로 바꾸며 LTE 서비스를 통해 다시 거듭나겠다는 의지를 보였습니다.

SKT가 내놓은 4세대 이동통신 전략은 '현실보다 더 놀라운 현실'이었습니다. 당시 광고를 보면 가수인 고(故) 김광석이 현직 가수와 함께 노래를 부르는 장면이 나오는데 이미 사망한 가수와 살아있는 가수가 한 공간에 있는 것 같은 느낌을 줌으로써 아주 놀라운 체험을 선사하겠다는 뜻을 내보였습니다. LG유플러스는 세 통신사 중 인기도 낮고 꼴찌라는 이미지를 가지고 있어 '새로운 도약'을 키워드로 잡습니다. 광고에는 아이돌을 기용해, 1969년에는 유명 외국인 가수가 국내에 공연하러 왔지만 2011년에는 우리나라 아이돌이 세계 각지에 공연하러 간다는 내용을 담으며 '역사는 다시 시작된다'는 나레이션을 통해 새롭게 시작하겠다는 의지를 보여주었습니다.

4세대 이동통신은 진화를 거듭해 LTE 어드벤스 서비스가 출시되는데 4세대 이동통신 규격을 갖춘 본격적인 시스템이라고 할 수 있습니다. 여러 개의 LTE에 대역을 묶어 하나의 주파수처럼 활용하는 광대역 LTE 방식입니다. 최대 대역폭을 100MHz까지 지원하며 전송속도는 다운로드 시 최대 1Gbps, 업로드 시 최대 500Mbps를 제공합니다. 처음으로 5G 기술 속도에 근접했다고 볼 수 있습니다. 당시 KT 광고를 보면 지하철에서도 강의를 들을 수 있다는 내용을 담아 데이터 속도가 빠름을 강조하고 있습니다.

광대역 LTE는 20MHz 주파수에 150Mbps 다운로드 속도를 낼 수 있는 LTE 서비스가 합쳐진 것입니다. 도로에 비유해 설명하면 다음과 같습니다. 기존의 LTE 서비스가 2차로라면 LTE A 서비스는 서로 떨어진 2개의 2차로를 묶어서 4차로처럼 이용하는 것이었는데, 광대역 LTE 서비스는 처음부터 4차로인 겁니다. 이후 LTE A 서비스까지 발전해 4차로와 2차로를 묶은 6차로를 이용할 수 있게 됩니다. 정리하자면, LTE는 주파수 대역이 1개, LTE A와 광대역 LTE는 주파수 대역이 2개입니다. 다만 LTE A는 주파수를 묶어 2개를 같이 사용하는 것이고 광대역 LTE는 주파수가 기본 2개입니다. 광대역 LTE A는 주파수 대역이 3개라고 보면 됩니다.

3 5세대 이동통신(5G)

시간이 흘러 5세대 이동통신이 등장합니다. 5세대 이동통신은 '실감 통신'이라고도 하며 4차 산업혁명의 총아로 여겨지고 있습니다. 전송속도도 4세대보다 20배 정도 빠른데, 이는 처리 지연 속도가 10분의 1이라는 의미입니다. 처리 지연 속도란 한 지점에서 다른 지점으로 넘어가는 데 지연되는 시간이라는 뜻으로, 생방송으로 진행되는 뉴스에서 원거리에 있는 특파원을 연결할 때 걸리는 대기 시간 같은 개념으로 생각하면 이해하기 쉽습니다. 이 속도가 10분의 1로 줄었다는 것은 거의 실시간으로 통신이 가능하다는 말과 같습니다. 또한 5세대 이동통신은 28GHz 이상의 초고속 대역 주파수를 사용할 수 있어 여러 인프라망의 변화를 예고합니다. 이는 기존 속도보다 1,000배 이상 빠르며 100Gbps 체감 속도를 만들어낼 수 있다는 의미입니다. 초고화질 영화를 1초 만에 내려받을 수 있는 시대, 즉 초실감 시대가 다가오고 있는 것입니다.

그림 8-27 **5세대 이동통신**

5세대 기술이 가장 앞선 나라로 평가받는 곳은 한국입니다. 한국은 세계 최초로 3세대와 4세대 이동통신을 상용화한 기술력을 가지고 있으며 사물인터넷과 무인자동차, 네트워크 로봇 사용에 필요한 기본 인프라가 잘 정비되어 있기도 합니다.

5세대 광고 또한 기술력을 강조해, 발표가 있는 날 늦잠을 잔 대학생이 홀로그램 기술을 활용해 집에서 발표를 잘 마쳤다는 내용을 담고 있습니다. 홀로그램 서비스는 전후, 좌우, 상하 모든 면의 영상을 동시에 전송해야 하므로 넓은 주파수 대역폭을 사용해야만 실현이 가능한데 전송속도가 빨라 기술 활용이 가능해짐을 강조한 것입니다.

2018년 열린 평창 올림픽 당시, 우리나라는 5세대 이동통신 관련 최초 상용화를 시연했습니다. 초고화질 카메라를 여러 대 설치하여 실시간으로 다양한 각도의 모습을 볼 수 있는 기술이나 개회식 때 LED를 이용해 촛불을 동시 제어하는 기술, 홀로그램과 3차원 디스플레이 기술 등이 선보여졌습니다.

4 이동통신 기술의 발전 방향

5세대 이동통신 기술을 활용한 바이플러스(Buy+) 서비스는 온라인 쇼핑에 가상현실을 접목한 기술입니다. 집에서도 매장에 방문해 옷을 구경하는 효과를 낼 수 있습니다. 이처럼 5G 기술의 상용화에 대한 기대감이 뜨겁지만 아직까진 가격이 비싸고 일반 소비자에게 어느 정도로 유효할지에 대한 의견도 분분합니다. 4G도 상당히 쓸 만하기 때문에 소비자는 속도보다 가격을 고려하지 않을까 하는 것입니다. 5G 서비스를 개시할 당시 빠른 속도를 내세워 가입자를 모았지만 불편을 호소한 소비자들이 집단 소송에 나서기도 했습니다. 더군다나 5세대 이동통신의 핵심 기술은 중국이 다수 보유하고 있어 중국 시장이 세계를 지배하지 않을까 하는 점도 우려되고 있습니다.

그래서 정부는 이에 대비해 2025년까지 49조 원 이상을 투입해 전 산업과 지역에 AI를 적용하고 산업현장에 5G 특화망을 구축하겠다는 계획을 수립했습니다. 5G 특화망은 이동통신사가 아닌 일반 기업이 주파수를 할당받아 제한된 공간에서 운영하는 통신망입니다. 즉, 일반 기업에서 자율주행과 AI 등 5G망을 활용한 혁신 서비스를 좀 더 자유롭게 선보일 수 있게 된다는 의미입니다. 해당 계획이 포함된 '디지털 뉴딜 프로젝트'는 디지털 대전환을 통해 국가와 산업 경쟁력을 높이려는 국가혁신 프로젝트라고 볼 수 있습니다.

그림 8-28 디지털 뉴딜 2.0 5G 특화망 활용 예시 © 과학기술정보통신부

5G를 잇는 차세대 통신망 6G는 100GHz 이상의 초고주파수 대역을 활용해 5G보다 50배 빠른 전송속도와 10배 빠른 반응속도, 10배 많은 기기를 연결할 수 있는 기술입니다. 공중과 해상으로 통신 영역이 확장되고 네트워크가 완전 지능화되는 것이 특징입니다. 5G 특성인 초고속, 초저지연, 초연결을 앞세워 실시간 원격수술, 자율주행차, 플라잉카 등을 안정적으로 운영할 기반을 마련할 수 있습니다. 6세대 이동통신은 2021년 기술 표준화 작업을 시작해 2030년에 상용화가 가능할 것으로 예상되며, 5,000억 개 이상의 사물들이 6G 네트워크에 연결될 것으로 보고 있습니다.

6G 시대에는 모든 데이터가 클라우드에 저장되며, 가상현실(VR)과 증강현실(AR)을 뛰어넘어 3D 홀로그램을 현실화할 수 있어 소통의 차원이 직접 대면하는 것과 같은 수준으로 진화할 것입니다. 즉, 스마트폰 없이 본격적으로 기계가 통신을 소비하는 시대가 될 것입니다. 특히 생각만으로 각종 기계장치를 조종하는 연결 기술(HCI, Human-Computer Interface)이 주목받을 전망입니다. 기

지국 하나에 접속할 수 있는 기기의 개수도 수십 배 늘어나, 사물인터넷(IoT)을 뛰어넘어 눈에 보이는 모든 것을 인터넷으로 연결하는 만물인터넷(IoE)을 가능케 해 인류 사회를 '초연결 사회'로 이끌 수도 있습니다. 10년 뒤 세상은 지금과는 전혀 다른 세상이 되어 있을지도 모릅니다.

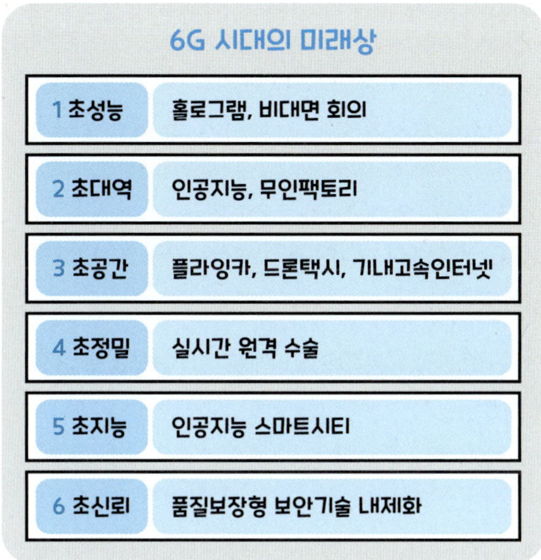

그림 8-29 **6G 시대의 미래상** ⓒ 과학기술정보통신부

6G 기술의 영향력이 막강한 만큼 전 세계의 패권 경쟁 상황도 심상치 않습니다. 미국은 세계적 통신기술 기업들을 모아 '넥스트G연합(Next G Alliance)'을 발족했고, EU(유럽연합) 역시 6G 개발을 위한 산학 연구조직 '헥사-X(Hexa-X)'를 만들었습니다. 일본과 러시아도 6G 연구개발 투자를 시작했습니다. 이른바 6G 기술 확보를 위한 기술 강국들의 전 지구적 레이스가 벌어지고 있는 것입니다. 중국은 뒤늦게 독자적 방식(시 분할 방식)을 내세워 정부의 전폭적인 지원으로 '기술 장벽'을 쌓기 시작했습니다. 현재 전 세계에서 5G 특허를 가장 많이 보유한 기업은 중국의 화웨이(Huawei)로 15.4%에 달합니다. '5G부터 기술 선진국들을 추월하고, 역으로 세계 통신 시장을 중국 기술로 지배하겠다'는 중국의 야심을 파악할 수 있습니다.

우리나라도 연구개발에 박차를 가하고 있습니다. 특히 5세대(5G)를 비롯한 이동통신 분야에서 두각을 나타내 국가 성장 기틀을 마련한 상황이므로 향후 포스트 5G(5G+), 6G 이동통신 연구개발에 사활을 걸 수밖에 없습니다. 현재 ETRI 통신미디어연구소 이동통신연구본부에서 활용도를 더욱 높이는 연구에 착수해 많은 성과를 내고 있는데, 이미 세계 최고 수준의 5G+ 핵심 기술을 확보했다고 볼 수 있으며 이 기술들은 곧 우리 생활 곳곳에 적용되어 산업별로 특화된 버티컬 산업 활성화에 기여할 것으로 보입니다.

요약

01 이동통신의 시작

- 1864년 영국의 수학자 제임스 맥스웰이 전자파의 존재를 밝혀냈으며 이후 1888년 독일의 물리학자 하인리히 헤르츠가 실험을 통해 이론을 증명하였다.
- 1895년 이탈리아의 과학자 굴리엘모 마르코니가 무선통신을 성공시킨 뒤 프로토콜을 정해 신호를 주고받을 수 있게 되었다.
- 모토로라와 벨 연구소는 최초로 휴대전화를 개발하기 위해 경쟁했고, 모토로라의 마틴 쿠퍼가 첫 휴대전화 개발에 성공하였다.
- 이후 1990년대는 노키아가 휴대전화 시장을 선점했고, 2007년 애플 아이폰이 등장하며 휴대전화 시장 흐름을 다시 한 번 바꿔놓았다.

02 국내 이동통신의 역사

- 대한제국 시절인 1910년, 미국 군함 광제호가 월미도에 설치된 등대 무선소에 첫 무선 전파를 발사하며 최초로 교신에 성공했다.
- 1923년, 우편국에 전신분실을 만들어 최초로 공중 무선통신 업무를 시작했으나 이후 일본의 식민지 정책과 군국주의 확장의 한 방편으로 주로 활용되었다.
- 1984년, 한국이동통신서비스주식회사를 설립하여 이동통신 서비스 업무를 효율적으로 관리하고 전문성을 높이고자 하였다.
- 1993년, 무선호출기 경쟁 체제가 도입되어 1995년 말에는 약 533만 명의 고객을 확보하기에 이른다.
- PCS의 등장으로 시티폰 사업은 실패로 돌아가고 본격적으로 통신사 간 경쟁이 시작되었다.

03 이동통신 세대별 기술과 문화의 이해

- 우리나라는 빠른 속도로 1G, 2G, 3G를 거쳐 4G 시대를 이뤄냈고, 현재는 5G 시대 인프라를 구축해나가고 있다.

- 이동통신 세대별로 속도 및 기술의 완성도에 큰 차이가 있다. 현재 5G 기술은 4차 산업혁명을 이끄는 주요 동력으로 평가받는다.
- 많은 국가들이 5G를 넘어 6G 시대를 이루고자 노력하고 있다.
- 우리나라의 경우 2030년부터 6G 이동통신을 상용화할 수 있을 것으로 예상하며, 약 5천억 개 이상의 사물이 6G 네트워크에 연결될 것이라 보고 있다.

연습문제

단답형 문제

01 전자파는 1864년 영국에서 (   )이라는 수학자가 발견했다.

02 1888년, 독일의 물리학자 (   )가 전자파 이론을 증명하였고, 그의 이름은 전자파의 주파수를 나타내는 기본 단위에 쓰이고 있다.

03 1900년 12월, 이탈리아의 과학자 (   )는 영국과 캐나다 간 무선통신에 성공했다.

04 (   )와 (   )는 최초의 휴대전화 개발을 놓고 경쟁했다.

05 휴대전화 개발의 승자는 (   )였고, 이 개발을 이끈 인물은 (   )이다.

06 2007년 출시된 애플의 (   )은 휴대폰 역사를 새롭게 바꿔놓았다.

07 (   )은 무선호출기와 휴대전화의 중간 단계 상품으로, 성급하게 도입되었다 실패한 사업 중의 하나이다.

08 음성 이외 데이터 서비스에 대한 수요가 생기자 영상 통화도 가능하도록 도입된 기술은 (   ) 기술이다.

09 4세대 기술은 (   )을 유선 인터넷 수준으로 보장하는 고속 데이터 서비스 기술이다.

10 6G 시대에는 모든 데이터가 (   )에 저장되며, 소통의 차원이 직접 대면하는 것과 같은 수준으로 진화하여 (   )이 필요 없는 시대로 발전할 것이다.

객관식 문제

11 다음 중 영국의 수학자 제임스 맥스웰에 대한 설명으로 알맞은 것은?

① 전자파 이론에 대해 증명한 인물이다.

② 전자기파의 주파수를 측정하는 단위를 만들어냈다.

③ 맥스웰의 이론은 모두가 이해하기 쉬운 구조이다.

④ 전자파의 존재를 발견한 인물이다.

⑤ 맥스웰의 이름은 전자파의 주파수를 나타내는 기본 단위로 쓰이고 있다.

12 다음 중 우리나라의 시티폰 사업에 대한 설명으로 알맞지 않은 것은?

① 중계 안테나가 모든 곳에 설치되지 않아 걸으면서 통화할 수 없었다.

② 당시 유행하던 무선호출기가 연락처만 받을 수 있었으므로 이를 발전시켜 음성 수신통화가 가능하도록 개발하였다.

③ 이 사업은 당시 황금알을 낳을 것으로 전망됐지만 불과 3년 만에 시장에서 퇴출되었다.

④ 시티폰은 무선호출기와 휴대전화의 중간 단계 상품이다.

⑤ 개인 휴대폰의 확산으로 시티폰 사업이 망하게 되었다.

13 이동통신 세대 중 무선 인터넷과 영상 통화가 크게 발전하기 시작한 때는 언제인가?

① 2세대 이동통신

② 3세대 이동통신

③ 4세대 이동통신

④ 5세대 이동통신

⑤ 6세대 이동통신

14 다음 중 휴대전화의 변천사에 대한 설명으로 옳지 않은 것은?

① 1973년 마틴 쿠퍼는 무게가 약 1kg인 휴대전화를 개발했다.

② 1983년 모토로라는 '벽돌폰'이라고 불리는 다이나택을 출시했다.

③ 모토로라의 벽돌폰은 무게가 상당했지만 가격은 저렴했다.

④ 1990년대에는 노키아가 휴대폰 시장을 점령했다.

⑤ 2007년 애플의 아이폰 출시는 휴대폰 시장의 역사를 완전히 바꿔놓았다.

15 **다음 중 5G 이동통신에 관한 설명으로 옳지 않은 것은?**

① 4차 산업혁명의 총아로 여겨지고 있다.

② 전송속도가 4세대에 비해 20배 정도 빠르다.

③ 처리 지연 속도는 4세대에 비해 10분의 1이다.

④ 소비자가 빠른 속도만큼 비싼 가격을 지불할 여부가 있는지가 해결과제이다.

⑤ 한국은 아직 5G를 실현할 기술을 보유하지 않은 것으로 평가받고 있다.

토론과제

01 4G(LTE)와 비교하여 5G는 어떤 차이가 있는지 속도, 활용 측면을 중점으로 설명해봅니다.

02 국내 이동통신의 역사 중 황금알을 낳을 것이라 기대받던 시티폰 사업의 실패 원인에 대해 이야기해봅니다.

03 현재 많은 국가가 5G를 넘어 6G 시대로 나아가기 위해 노력하고 있습니다. 6G 시대의 주요 특징이 무엇인지 설명해봅니다.

CHAPTER 09

모바일 UX/UI의 발전과 모바일 콘텐츠

학습목표

- 변화하는 모바일 UX의 특징에 대해 설명할 수 있습니다.
- 스마트폰 기술의 등장으로 모바일 문화가 어떻게 생성, 변화하였는지 설명할 수 있습니다.
- 본인이 사용한 애플리케이션 중 생활의 편리함이나 변화를 가져오게 한 애플리케이션에 대해 설명할 수 있습니다.

Preview

9장에서는 휴대폰의 유저 인터페이스와 사용자 경험의 발전, 애플리케이션과 소프트웨어의 응용기술이 어떻게 우리의 문화생활을 변화시키고 있는지에 대해 알아보겠습니다. 플랫폼 비즈니스로 변화한 모바일 콘텐츠 유통과 시장의 변화도 살펴봅니다. 스마트폰과 모바일 콘텐츠의 결합은 모바일 문화를 등장시켰는데 이러한 독특한 문화적 변동에 대해서도 함께 학습해보겠습니다.

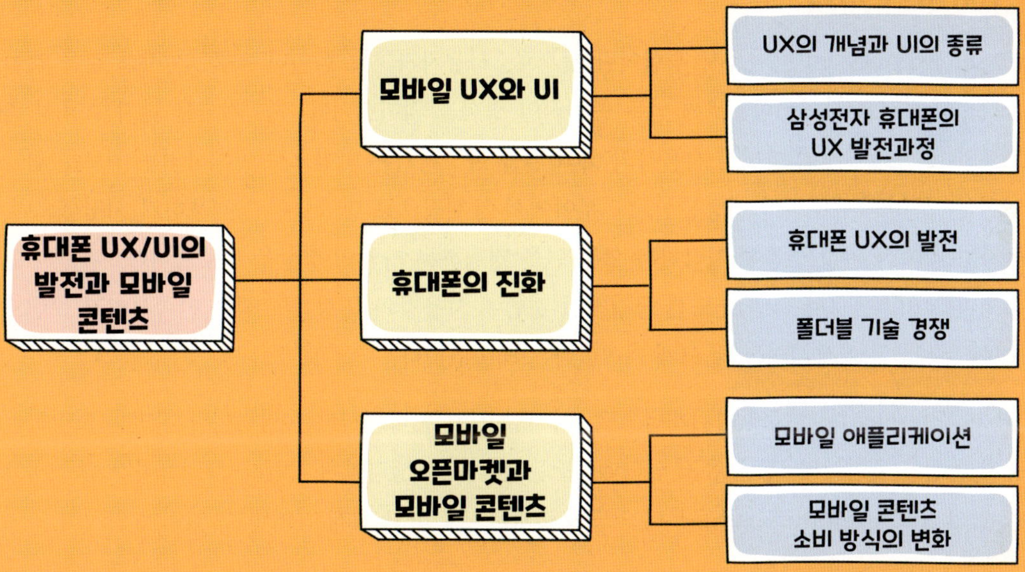

Section 01 모바일 UX와 UI

1 UX/UI의 개념

UX(User Experience)란 사용자 경험이란 뜻으로, 사용자가 시스템이나 제품, 서비스 같은 것들을 직접, 간접적으로 이용함으로써 얻는 총체적인 경험을 의미합니다. 즉, 기술을 단지 효용성 측면으로만 바라보는 것이 아니라 사용자의 삶의 질을 향상시키는 방향으로 이해하려는 새로운 접근법입니다. 특히 휴대폰이나 이동통신, IT 분야에서 체계적으로 받아들이고 적용하기 시작했으며, 사용자가 참여나 관찰을 통해 지각하는 모든 면을 경험하는 가치의 향상을 추구합니다. 이는 어떤 제품이나 서비스를 사용하면서 느낀 긍정적인 경험이 사용자의 특정 필요성을 만족시키고 브랜드에 대한 충성도를 향상시키는 데 크게 기여한다는 의미입니다.

UI(User Interface)는 UX의 하위개념으로, 디지털 기기를 작동시키는 명령어나 기법을 포함하는 사용자 환경을 뜻합니다. 좋은 유저 인터페이스는 심리학과 생리학에 기반하며, 사용자가 필요한 요소를 쉽게 찾고 사용하며 그 요소로부터 의도한 결과를 명확하고 쉽게 얻어낼 수 있어야 합니다.

UX(User Experience)

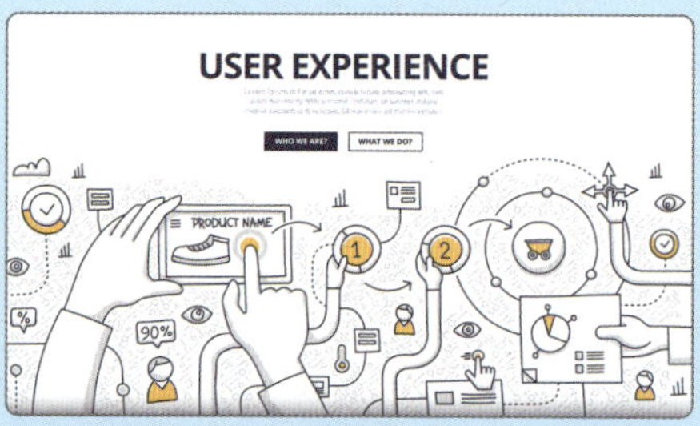

- 사용자가 시스템, 제품, 서비스 등을 직·간접적으로 이용하면서 얻는 총체적 경험
- 사용자 삶의 질을 향상시키는 새로운 접근법

그림 9-1 UX의 개념

UI(User Interface)

- 디지털 기기를 작동시키는 명령어나 기법을 포함하는 사용자 환경

그림 9-2 UI의 개념

UI 종류로는 여러 가지가 있는데 하나씩 간단히 살펴보겠습니다.

GUI(Graphical User Interface)는 그래픽 유저 인터페이스라고 부릅니다. 그래픽과 텍스트로 이루어져 있는데 대표적으로 윈도우 시스템이 있습니다. 객체를 지향하는 인터페이스와 응용프로그램을 지향하는 인터페이스가 공존하는 시스템입니다. WUI(Web User Interface, 웹 유저 인터페이스)는 인터넷 익스플로러나 사파리 웹브라우저를 통해 웹페이지를 열람하고 조작하는 인터페이스입니다.

CLI(Command-Line Interface)는 명령 줄 인터페이스라고 부르며, 컴퓨터 자판을 이용해 명령어를 입력하는 방식입니다. 그리고 감각적 인터페이스인 체감각 인터페이스, 휴대폰을 사용할 때 주로 쓰고 있는 터치 유저 인터페이스 등이 있습니다.

NUI(Natural User Interface)는 내추럴 유저 인터페이스라고 부릅니다. '내추럴'이라는 단어에서 알 수 있듯이 인간의 자연스러운 행동(손가락, 팔, 혀, 음성)을 인식해 활용하는 인터페이스입니다. 실제로 마이크로소프트에서 제시한 서비스 개념의 인터페이스를 보면, 마치 실생활에서 물건을 만지고, 돌려보고, 펼쳐보고 하는 듯한 인터페이스가 컴퓨터 조작이나 기기 동작에 그대로 응용되는 것을 볼 수 있습니다. 마이크로소프트에서는 기기에 무언가를 입력해야 하는 중간 과정을 뛰어넘어 사물에 직접적으로 적용되는 것이 혁신이라고 강조합니다.

BCI(Brain Computer Interface)는 브레인 컴퓨터 인터페이스라고 부릅니다. 뇌의 움직임, 즉 뇌파를 이용하는 인터페이스입니다. 사람이 생각만 해도 컴퓨터 화면에 여러 동작들을 불러올 수 있습니다.

2 삼성전자 휴대폰의 UX

우리나라를 넘어 전 세계를 공략 중인 삼성전자의 휴대폰을 중심으로 UX의 변화를 살펴보겠습니다. 1993년, 삼성전자에서 처음 휴대폰을 만들었을 때 주로 들어온 AS 신고 유형은 조작 중 떨어트려서 생긴 제품 파손이었다고 합니다. 그래서 휴대폰을 떨어트리는 이유를 파악해보니 휴대폰 하단에 있는 샌드(Send) 버튼이 문제였습니다. 전화를 걸 때 번호를 누르고 하단의 샌드 버튼을 눌러야 하는데 이 버튼을 누르려다 무게중심을 잃어 휴대폰을 떨어트린 것입니다. 해결방안을 고심하던 삼성전자는 사용자들의 이야기를 UX에 반영해 버튼을 중간 위치로 올립니다. 이후 떨어트림 관련 AS 신고가 50% 정도 줄었다고 합니다.

그림 9-3 초창기 삼성 휴대폰

© https://www.xataka.com

2002년 출시된 SGH-T100 모델은 '텐밀리언셀러폰', 일명 이건희폰이라고 불렸습니다. 자그마한 조약돌 모양의 폰인데 동양인보다 손이 큰 서양인들도 잘 쥘 수 있도록 크기를 키운 것이 특징으로 가치혁신 이론을 현장에 도입해 성공한 대표적인 사례입니다. 특히 초박막 액정 표시장치, 즉 TFT-LCD가 탑재되어 있는데 이 또한 UX에 근거한 개발 사례입니다. 기술 추가를 결정할 당시 기술팀에서는 배터리가 빨리 닳는다며 반대를 했지만 개발팀에서는 소비자가 원하는 것을 우선으로 하자며 계획을 강행했습니다. 그러면서 전력을 절감할 수 있는 방법을 고민해 추가한 기술이 일정 시간 사용하지 않으면 화면이 꺼지는 기술 등입니다. 이렇게 삼성전자는 휴대폰에 최초로 액정 표시장치를 장착하며 전 세계적으로 큰 성공을 거둡니다.

2004년에는 SCH-E560 모델이 출시되는데 'CEO폰'으로 불렸으며 고급스러운 디자인과 특별한 기능의 UX로 반응이 좋았던 사례입니다. 대표적인 기능이 '음성 벨'인데, 전화가 걸려오면 전화번호부와 매칭해 "~~로부터 전화가 왔습니다"라고 음성이 흘러나왔습니다. 이보다 더 반응이 좋았던 것은 녹음 기능으로, 1시간 분량을 녹음할 수 있다는 점이 큰 장점으로 작용했습니다. 이를 통해, UX를 반영한다는 것은 효용성보다 감성 자극이 핵심이라는 점을 알 수 있습니다.

그림 9-4 **삼성의 SGH-T100, SCH-E560** © https://www.pngwing.com

2006년에 출시된 SCH-S310 모델은 모션 센서를 활용해 연속 동작 인식이 가능했습니다. 휴대폰을 위아래로 두 번 흔들면 스팸 전화나 메시지를 간단히 삭제할 수 있었습니다. 또한 단축 번호를 설정해 해당 번호를 누르면 바로 전화가 걸리는 기능도 탑재되어 있었습니다. 당시 여섯 축 기술 알고리즘을 개발해 원천기술을 확보하고 제품으로 개발한 점이 의미가 큽니다.

2008년에는 '애니콜 햅틱(Anycall Haptic)'이 출시됩니다. 이 폰은 시각, 청각, 촉각을 동시에 자극하며 휴대폰과 교감할 수 있는 감성적인 UI가 장착되어 있었습니다. 예를 들어, 진동 벨에 강약이나 장단을 넣어 다양한 모드로 사용이 가능했으며 사진 검색 기능이나 위젯 적용 기능은 터치에 기반한 상당히 혁신적인 기능이었습니다. 사용자가 자신의 개성대로 기능을 편집할 수 있다는 점에서 UX의 혁신이라고 볼 수 있습니다.

그림 9-5 **삼성의 SCH-S310, 햅틱** © https://palmaddict.typepad.com, https://koreatechblog.com

이후 2011년, 우리에게 익숙한 '갤럭시(Galaxy)' 시리즈가 출시됩니다. 안드로이드 OS가 스마트폰에 탑재된 후로 사용자의 개인 성향을 반영한 휴대폰이 많이 출시되었는데 갤럭시 또한 터치위즈 UX를 적용해 개인의 성향에 최적화된 콘텐츠와 서비스로의 접근이 가능했습니다. 사용자의 스타일에 맞춰 콘텐츠와 서비스를 배치할 수 있는 라이프 패널 기능과 사용자의 움직임을 파악해 여러 가지 콘텐츠를 표현해 주는 모션 기능 등 새로운 형태의 UX를 대거 적용해 역시 큰 성공을 거둡니다.

2011년에는 '노트(Note)' 시리즈도 출시되는데, 5.3인치 HD Super AMOLED 디스플레이와 S펜이 탑재되어 있었습니다. 이 폰 또한 사용자 경험을 일괄적으로 수집해 만든 UX 기반의 휴대폰입니다. 당시 시장에는 대화면 휴대폰이 꽤 출시되어 있어서 삼성전자에서는 9개국 1만 2천 명을 대상으로 폰을 이용할 때 손은 어떻게 쓰는지, 펜 입력은 어떻게 하는지, 통화 방식은 어떤지 등의 정보를 수집해 니즈와 사용 패턴을 분석했습니다. 이렇게 얻어낸 사용자 경험을 반영하여 갤럭시 노트만의 차별화된 UX를 개발했습니다.

그림 9-6 **삼성의 갤럭시S, 갤럭시 노트** © https://www.gsmdome.com, https://phonesdata.com

Section 02

휴대폰의 진화

1 광고로 보는 한국 휴대폰의 변천사

지금부터는 광고를 통해 스마트폰이 출시되기 전까지의 우리나라 휴대폰 변천사를 살펴보겠습니다. 애니콜(Anycall)의 시작은 1994년입니다. 초창기 애니콜 광고는 '언제 어디서나 고감도'라는 메시지를 담고 있습니다. 폭설이 내리는 산속에서도 잘 터지는 모습을 강조하고 있는데, 이때는 '어디서든 연결이 잘 되는', 즉 휴대폰 자체의 기능을 알리는 것이 중요했습니다. 전화 기능이 전부였던 시기였습니다.

그림 9-7 **통신 연결성을 강조하는 초창기 애니콜 광고** © https://www.youtube.com/watch?v=mnvGyq1rd4o

1997년쯤에는 연결이 잘 되는 것 외에도 좀 더 가볍고 작은 크기를 원하는 사용자 경험이 반영됩니다. 당시 애니콜 광고를 보면, 최소형과 초경량 외 음성인식 자동 다이얼 기능, 전자계산 기능 등의 부가기능을 강조하고 있습니다.

휴대폰 보급이 확대되고 기술도 발전하자 데이터 통신 기능이 가능한 모델도 등장합니다. 하지만 초기 데이터 통신은 모뎀(Modem)이라는 전화선을 연결해 사용했기 때문에 통신비용이 상당히 비쌌습니다. 그래서 1998년 출시된 LG 싸이언 광고를 보면 데이터 통신 지원을 강조하는 내용이 주를 이루고 있습니다. 또한 가정마다 전화기가 있던 시절이라 부재중 자동녹음이 가능한 전화기가 인기를 끌어, 휴대폰에도 이 기능이 도입됩니다.

그림 9-8 **데이터 통신 지원을 강조하는 싸이언 광고** © https://www.ad.co.kr/ad/

1999년에 이르면 폴더폰이 등장합니다. 플립 형태나 바 형태의 휴대폰의 크기를 축소하는 데 한계가 생기자 핸드폰을 접는 폴더 형태가 개발된 것입니다. 휴대 중에는 접어서 보관하고 사용할 때만 펼치면 되기 때문에 최적의 기술이었습니다. 애니콜 광고에서도 폰이 접혔다 펴지는 것을 강조하며 기술의 발전을 강조합니다. 사용자 경험이 휴대폰 개발에 직접적으로 반영됨을 알 수 있습니다.

그림 9-9 **폴더폰을 강조하는 애니콜 광고** © https://www.youtube.com/watch?v=b3OnaBPnc4Q

통화를 하지 않고 대기만 할 수 있는 통화 대기시간에 대한 소비자의 요구도 끊이질 않았는데, 2000년대 초 출시된 제품의 통화 대기시간이 7일 정도였다면 나중에는 16박 17일까지 발전하게 됩니다. 이와 더불어 배터리 기술도 발전하고 적외선 무선 통신 기능이 개발되면서 텍스트 외 사진이나 전화번호부 전송도 가능해집니다.

하지만 폴더폰을 계속 사용하다 보니 시계를 보기가 불편하고 계속 여닫으면 배터리도 금방 소모되어 소비자들의 불만이 쌓였습니다. 그래서 폴더를 열지 않고 화면을 바로 확인할 수 있는 듀얼폴더폰이 출시됩니다. PDA폰도 개발이 되지만 메일 정도만 확인할 수 있는 전자수첩 기능의 폰이어서 큰 성공을 거두진 못합니다.

이후 등장한 폰은 MP3 기능이 탑재된 폰입니다. 인터넷 가입자 수요가 크지 않은 상황이었으므로 간단한 휴대 장치에 음악을 다운받아 들을 수 있는 장치에 대한 니즈가 생긴 것입니다. 당시 유행에 민감한 사람들은 휴대폰, MP3, 디지털카메라를 항상 들고 다녔는데 이 중 하나인 MP3가 폰과 합쳐져 출시됩니다.

또한 문자의 길이가 길면 한 화면에서 4줄 정도밖에 확인이 안 돼 불편하다는 소비자의 니즈에 맞춰 8줄을 한 화면에서 볼 수 있는 휴대폰도 출시됩니다. 이후 컬러 화면에 대한 니즈가 접수되면서 256컬러가 도입되어 사용자들은 휴대폰으로 아바타를 키우거나 바탕화면에 그림을 설정하는 등의 기능을 즐길 수 있게 됩니다. 당시 컬러를 강조하는 광고들이 많이 등장했는데 특히 애니콜에는 TFT LCD 애니콜 컬러가 들어가 큰 인기를 끌었습니다.

그림 9-10 **컬러를 강조하는 싸이언 광고** © https://www.youtube.com/watch?v=7KUQKVkkyPo

컬러 이후로는 사운드 충족이 중요해졌고 16화음을 시작으로 40화음, 64화음 출력이 가능한 폰이 등장합니다. 64화음 이후로는 사운드를 따로 언급하지 않는데, 40화음 이상이 되면 사람의 음성이나 MP3 음질을 표현하기에 어려움이 없었기 때문입니다.

이제는 휴대폰에 MP3, 디지털카메라가 합쳐집니다. 개발 초기에는 화소 수가 그렇게 높지 않았지만 당시엔 대단한 기술이었습니다. 애니콜은 11만 화소의 고성능 카메라를 탑재했으며 팬택(Pantech Co., Ltd.)이라는 벤처기업도 국내 최초로 33만 화소 카메라를 탑재한 휴대폰을 출시했습니다.

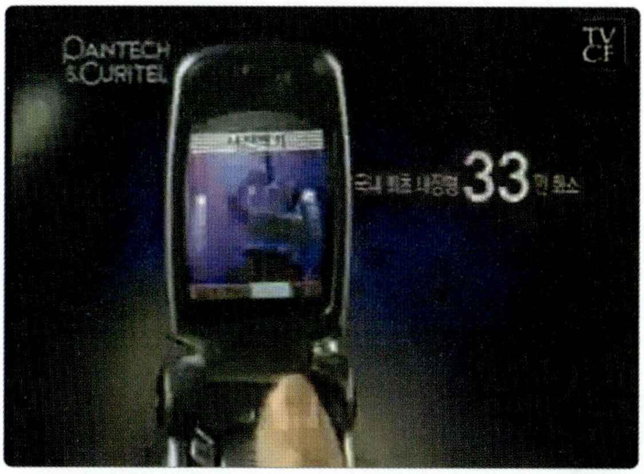

그림 9-11 **카메라 화소를 강조하는 팬택 광고** © https://www.youtube.com/watch?v=DmSnuFFKEz0

카메라 관련 UX가 접수되면서는 연사 기능, 각도조절 기능 등이 강조됩니다. 광고에서는 연사 기능을 활용하면 눈을 감은 사진이 찍히는 것을 막을 수 있다고 강조합니다. 각도조절 기능 도입은 본격적인 셀프카메라, 즉 셀카의 시대가 시작되었음을 알리는 중요한 시도였습니다. 이전까지는 휴대폰 뒷면에 장착된 카메라밖에 없어 내 모습이 어떻게 찍히는지 파악하기가 어려웠는데 각도조절이 가능해지면서 스스로의 모습을 조정하기가 수월해졌습니다.

그림 9-12 **카메라 각도조절 기능을 강조하는 팬택 광고** © https://www.youtube.com/watch?v=GeS7ukb0xBc

MP3 기능과 관련해서도 UX가 커져, MP3 관련 기능이 다양한 폰이 출시됩니다. 아이리버 등의 MP3 기기가 출시되던 때라 휴대폰에서도 MP3 전용 플레이어의 기능이 탑재됩니다.

또한 UX는 기능의 변화만을 가져온 것이 아닙니다. 휴대폰 외형도 소비자 요구를 반영해 끊임없이 변화했습니다. 기다란 바 형태에서 시작해 아래만 열리는 플립 형태, 접고 펼 수 있는 폴더 형태,

핸드폰 바깥 액정으로 내용을 확인할 수 있는 듀얼폴더 형태로 나아갑니다. 액정 크기가 점점 커지고 카메라가 탑재되면서 등장한 것은 슬라이드폰입니다. 이 폰은 폴더폰 일색이었던 휴대폰 시장에 큰 변화를 가져왔습니다. 이후 다양한 디자인의 폰이 출시되는데 상당한 인기를 끌었던 것은 '가로본능'이라는 휴대폰입니다. T스윙이라고도 부르는데, 이 형태가 인기를 얻었던 이유는 바로 DMB 때문이었습니다. 당시 시행됐던 DMB 서비스를 사용하려면 사용자들이 휴대폰을 옆으로 돌려야 했는데 '가로본능' 휴대폰은 화면 자체를 가로로 돌릴 수 있어 편리했습니다.

그림 9-13 **애니콜의 가로본능 광고** © https://www.youtube.com/watch?v=uA3nK18lga8

또한 동영상을 찍어서 블로그에 업로드하는 것이 유행하자 디지털캠코더가 휴대폰 안으로 들어옵니다. 화소 수가 증가해 카메라 기능이 상당히 좋아졌고, 동영상 메일 전송 기능 등이 더해지면서 사용자의 편리성이 매우 크게 증가했습니다. 동영상을 원활히 저장할 수 있도록 휴대폰 용량도 상당히 늘었는데, 애니콜은 영상 녹화가 130분 이상 가능하다는 것을 강조했으며 팬택에서는 3시간짜리 공연을 촬영해 저장하는 것이 가능함을 강조했습니다. 하지만 이러한 기술 때문에 디지털 범죄(몰래카메라, 불법 촬영)와 같은 사회적 문제가 대두되기도 했습니다.

휴대폰의 카메라도 계속 발전해 100만 화소를 훌쩍 넘고 200만 화소, 300만 화소까지 진화해 디지털카메라와 비슷한 화소에 도달합니다. 또한 팬택에서 광학 줌 기능이 들어간 폰을 최초로 개발했으며 애니콜에서는 디지털카메라와 동일하거나 화소가 더 높은 휴대폰을 출시하기도 합니다. 하지만 크기가 너무 크다는 단점이 있었습니다.

카메라 화소의 발전은 트루컬러로 이어집니다. 당시 광고를 보면 500만 화소로 찍고 1,600만 컬러로 볼 수 있으며 TV로 연결까지 가능함을 강조합니다. 즉, 캠코더의 기능과 디지털카메라의 기능이 휴대폰에 그대로 담긴 것입니다.

그림 9-14 **트루컬러 기능을 강조한 애니콜 광고** © https://www.youtube.com/watch?v=5NFxFE8mu3I

2 휴대폰 UX/UI의 발전 방향

미래의 휴대폰 시장을 선점하기 위한 경쟁은 매우 치열합니다. 휴대폰에 적용되는 기술 또한 혁신을 거듭하고 있습니다. 현재 이 혁신의 대표적인 UX 사례는 바로 폴더블폰이 아닐까 싶습니다. 폴더블(Foldable) 기술은 삼성전자에서 최초로 특허 등록을 했습니다. 인폴딩 형식, 즉 화면이 안으로 접히는 형식이었으며 이후 2단, 3단까지 접히는 기술을 개발하고 특허를 냅니다. 2번 접는 '더블 폴딩 폼팩터(Double-folding Form Factor)'는 화면을 안으로 접는 인폴딩(Infolding) 방식과 바깥으로 접는 아웃폴딩(Outfolding) 방식이 결합된 것입니다. 휴대폰 화면을 완전히 펼쳤을 때 하나의 대형 디스플레이가 나타나며, 2번 다 접었을 때는 가장 바깥쪽에 있는 외부 화면을 이용할 수 있습니다. 이처럼 2번 접히는 폴더블폰, 화면이 늘어나는 폰, 폴더블 태블릿, 화면 속에 숨은 카메라 구멍 등과 같은 기술은 차세대 갤럭시 스마트폰에 탑재될 것으로 보입니다. 더불어 슬라이더블(Slidable) 기술은 가로 방향으로 화면을 늘릴 수 있는 디스플레이 기술입니다. 평상시에는 평범한 스마트폰인데 화면을 확장하면 멀티태스킹, 대화면 영상 및 다양한 콘텐츠 시청이 가능합니다.

그림 9-15 **삼성전자의 폴더블, 슬라이더블 기술** © https://www.tomsguide.com, https://www.rprna.com

LG전자 역시 2개의 바디를 하나로 연결하는 디스플레이 방식을 출원해 2개의 화면을 접었다 폈다 하는 방식의 듀얼스크린폰을 출시했습니다. 이 상품이 좋은 반응을 얻자 투명한 화면의 폴더블폰을 기획하기도 합니다. 하지만 이후 출시하는 제품마다 적자행진을 기록하자 휴대폰 사업을 시작한 지 26년 만인 2021년, 모바일 사업을 철수하기에 이릅니다. 누적 적자액이 무려 5조 원에 달했다고 하는데, 이는 기술혁신 경쟁에서 밀리거나 소비자 신뢰를 잃으면 아무리 큰 기업이라도 살아남을 수 없다는 냉혹한 현실을 보여줍니다.

그림 9-16 **LG전자의 듀얼스크린폰 V50** © https://www.xda-developers.com

애플도 2020년대 상용화를 목표로 폴더블폰을 개발 중이며 '유연한 디스플레이 장치'란 특허도 출원했습니다. 화면이 접혀 있을 때는 5.5인치였다가 펼치면 9.7인치 정도의 크기로 커지며 접었을 때는 아이폰, 펼치면 아이패드인 통합 형태가 됩니다. 애플에서 출시할 제품은 7.3~7.6인치 크기의 OLED(유기발광다이오드)를 탑재했으며 접혀도 깨지지 않는 강화 세라믹 유리를 사용할 것으로 보입니다. 디자인은 삼성전자가 출시한 '갤럭시 Z 플립(Galaxy Z Flip)'처럼 가로를 축으로 화면이 위, 아래로 접히는 형태가 될 것이며 삼성의 S펜 같은 스타일러스 펜이 장착될 것으로 예상되고 있습니다. 나아가 애플은 매끄러운 폴더블폰을 완성하기 위해 힌지(경첩) 부분을 케이스 안에 숨기는 디자인도 개발한 것으로 알려졌습니다. 이 기술을 적용하면 먼지가 기기 내부로 들어오는 것을 막을 수 있다고 합니다.

그림 9-17 **애플의 폴더블폰 개발**
© https://www.notebookcheck.net

중국 쪽 회사들의 움직임도 만만치 않습니다. 화웨이(Huawei)는 LG전자처럼 2개의 화면을 접는 구조를 택했습니다. 주력 상품은 '메이트 X(Mate X)'로, 아웃폴딩 방식을 채택해 화면을 접었을 때 전면, 후면을 모두 사용할 수 있습니다. 메이트 X의 다음 버전인 '메이트 X2'는 인폴딩 형식으로 개발되었습니다. 화웨이의 CEO 런정페이는 메이트 X2에 대해 "갤럭시 Z 폴드2보다 디스플레이가 크고 접었을 때 가운데 틈이 없다. 가장 얇은 부분은 4.4mm이다"라고 강조했습니다. 미국 정부 제재로 구글 안드로이드 OS를 쓰기 어려워지자, 2019년에는 자체적으로 개발한 하모니 OS(Harmony OS)를 발표하기도 했습니다. 초기 하모니 OS는 TV에서만 사용 가능했지만, 새로 공개한 하모니 OS 2.0은 PC와 스마트워치, 스마트폰 등에서도 사용 가능합니다. 화웨이는 자사의 사물인터넷 제품들이 하모니 OS 기반으로 돌아가게 만들 계획을 세우고 있습니다.

그림 9-18 **화웨이의 폴더블폰** © https://www.notebookcheck.net

또 다른 중국 기업인 레노버(Lenovo)도 폴더블폰을 개발해 공개했는데, 5.5인치로 작동하다가 화면을 펼치면 7.8인치 대화면으로 바뀌는 형태입니다. 하지만 핸드폰을 접을 때 화면에 주름이 생겨 상용화까지는 상당한 시간이 걸릴 것으로 보입니다. 레노버는 2018년 세계지식재산권기구(WIPO)에 스마트폰 화면을 뒤에서 앞으로 접어 화면을 2개로 만드는 방식을 특허로 제출하기도 했습니다. 경첩 부분이 유연해 사용자가 여러 방식으로 스마트폰을 접을 수 있는 기술입니다. 스마트폰을 앞으로 접으면 스크린이 나타나고 한 번 더 접으면 크기가 작아지는 형태입니다. 레노버는 2019년 모토로라와 함께 첫 폴더블폰을 출시했으며 2세대 폴더블폰을 개발하기 위해 박차를 가하고 있습니다.

그림 9-19 **레노버의 폴더블폰** © https://www.notebookcheck.net

미국의 스타트업 아이킨(IKIN)은 특수 고분자 렌즈를 이용해 대낮에도 선명하게 3D 홀로그램을 실현할 수 있는 기술을 공개했습니다. 또 다른 테크 기업인 중국의 TCL은 국제전자제품박람회(CES) 2021에서 2가지 형태의 롤러블폰을 선보였습니다. 롤러블(Rollable) 기술은 디스플레이가 두루마리처럼 말리는 기술입니다. 첫 번째 제품은 정사각형에 가까운 손바닥만 한 스마트폰으로, 화면을 두드리면 6.7인치에서 7.8인치로 확대됩니다. 두 번째 제품은 롤러블 17인치 디스플레이로, 2개의 원통형 막대 사이에 디스플레이가 삽입돼 두루마리처럼 좌우로 펼쳐지는 형태입니다.

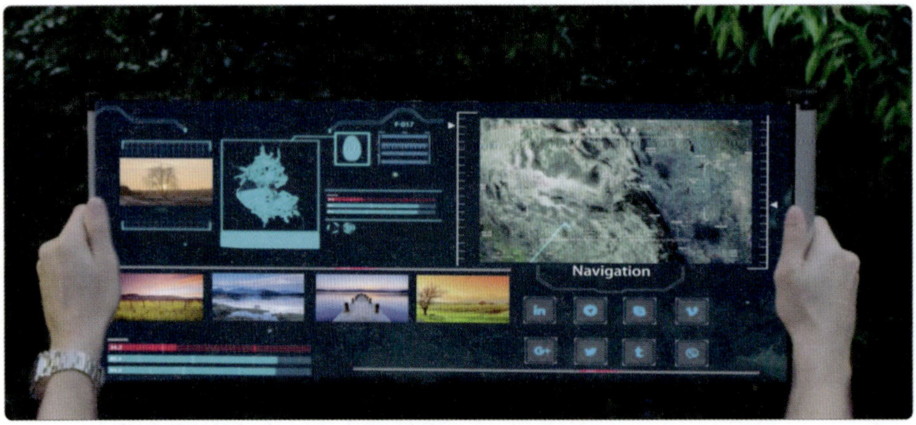

그림 9-20 **TCL의 롤러블폰** © https://www.slashgear.com

Section

03 모바일 오픈마켓과 모바일 콘텐츠

1 모바일 웹(Web)과 앱(App)

휴대폰의 UX, UI 발전사를 알아봤다면 이제 콘텐츠에 대해 학습할 차례입니다. 스마트폰에서 돌아가는 콘텐츠는 앱(App), 즉 애플리케이션(Application)을 통해 작동됩니다. 애플리케이션이란 특정한 업무를 수행하기 위해 개발된 응용소프트웨어로, 폰에 들어 있는 앱은 '모바일 애플리케이션'이라고 부릅니다.

모바일 애플리케이션은 네이티브 앱(Native App), 모바일 웹(Mobile Web), 모바일 웹앱(Mobile Web App), 하이브리드 앱(Hybrid App)의 4가지 형태로 구분할 수 있습니다. 네이티브 앱은 모바일 기기에 직접 설치되고 사용되는 앱이며 모바일 웹은 모바일에 맞춰진 웹사이트입니다. 모바일 웹앱은 모바일 웹의 일부이지만 좀 더 모바일에 최적화된 형태의 앱이며 하이브리드 앱은 요즘 가장 많이 쓰는 형태로 모바일 웹앱에 네이티브 앱이 합쳐진 형태입니다. 네이티브 앱을 다운로드해놓고 그 안에서 수시로 바뀌는 데이터베이스와 관련 콘텐츠들은 모바일 웹앱으로 접속합니다. 특징을 정리하면 다음 그림과 같습니다.

그림 9-21 모바일 애플리케이션의 4가지 형태

이러한 모바일 애플리케이션들은 모바일 오픈마켓에 올려 판매됩니다. 오픈마켓(Open Market)은 온라인상에서 자유롭게 상품을 거래하는 중개형 소핑몰로, 모바일 오픈마켓에서는 모바일 관련 콘텐츠들이 다운로드되고 개발한 것을 올려 공표할 수 있습니다. 휴대폰 시장에 진출한 IT 기업들은 자체적인 오픈마켓을 운영하고 있으며 대표적으로 애플의 '앱스토어', 구글 안드로이드 계열의 '구글 플레이스토어'가 있습니다.

그런데 안드로이드 계열 스마트폰을 사서 전원을 켜면 여러 가지의 오픈마켓이 기본으로 탑재되어 있는 것을 기억하실 수 있을 겁니다. 예를 들어 삼성전자의 스마트폰을 샀는데 SKT에 가입되어 있다면 구글 플레이스토어, 삼성 갤럭시 앱스토어, T스토어가 깔려 있는 겁니다. 이처럼 오픈마켓이 여러 개라 사용이 번거롭고 화면이 지저분해지자 국내 오픈마켓을 통합한 '원스토어'가 출범하기도 합니다. 모바일 콘텐츠를 거래하는 마켓이 여러 개 생겨났다는 점은 상당히 중요한데, 아이폰 외 휴대폰은 대부분 안드로이드 계열이므로 국내 오픈마켓 외에는 당연하게 구글 플레이스토어를 쓰게 되기 때문입니다.

2 모바일 오픈마켓의 생태계 및 이슈

구글 플레이스토어는 얼마 전까지 누구나 자유롭게 쓸 수 있는 오픈소스 마켓이었습니다. 그런데 2014~5년쯤 구글은 엄격한 관리 체계를 발표합니다. 유해한 콘텐츠는 등록을 제한하고 앱과 관련 없는 키워드는 등록하지 못하게 하며 저작권 침해 문제에 제재를 가하기로 한 것입니다. 가장 중요한 변화는 앱을 결제할 때 반드시 구글 결제시스템을 이용하게 한 점이었습니다. 기존 구글 플레이스토어에서는 개발자가 7, 운영자가 3의 비율로 수익을 가져가고 결제시스템은 다양하게 적용되었습니다. 그런데 구글이 결제시스템을 하나로 통합하겠다고 한 것입니다. 그에 따라 오픈마켓을 이용하는 앱 개발사들은 시스템 이용 수수료 30%를 추가로 부담해야 할 처지에 놓였습니다. 이는 생태계를 제어하려는 구글의 강한 의지가 엿보여 개발사들의 큰 반발을 가져왔습니다.

2019년, 구글과 애플의 국내 시장 점유율은 각각 63%, 24%로 총 87%에 달합니다. 구글과 애플이 '인앱 결제시스템'을 강제한 결과라고 볼 수 있습니다. 인앱(In App) 결제시스템은 앱 마켓 사업자가 자체 개발한 내부 결제시스템으로 유료 앱과 콘텐츠를 결제하도록 하는 방식입니다. 구글과 국내 개발사 간의 갈등이 커지자 국회에서는 전기통신사업법 개정안을 마련해 일명 '구글갑질방지법'을 통과시켰습니다. 2021년 12월 18일부터 한국 모바일 및 태블릿 이용자의 인앱 구매와 관련해 구글의 자체 시스템 외 개발자가 제공하는 결제시스템도 허용한다는 내용을 담고 있습니다. 이 법이 적용되면 국내 개발사들의 수수료 부담은 한결 줄어들 것으로 보입니다.

구글이 처음 규제를 나설 당시, 우리나라는 사설 스토어라 불리는 앱스토어가 몸집을 불리던 시기라 개발사들은 더욱 반발할 수밖에 없었습니다. 특히 2009년에 시작된 SKT의 T스토어는 신용카드 외에도 휴대폰 통합 결제, T스토어 캐시, 싸이월드(Cyworld) 도토리, OK캐쉬백, 도서상품권, 문화상품권 등의 다양한 결제 수단 전략을 적용해 가입자 수 몇천만 명, 등록 콘텐츠 몇십만 건 이상을 기록하며 누적 거래액 3,000억 원을 돌파한 상태였습니다. 네이버 또한 N스토어를 만들어 자사의 장점인 검색 시스템을 모바일 콘텐츠 시장에도 적용하겠다는 포부를 밝혔었습니다. 수익 배분 또한 개발자가 8, 네이버가 1, 사용자 페이백 1인 8 : 1 : 1의 혁신적인 구조를 적용했었습니다.

국내의 모바일 오픈마켓들은 국내 법에 따라 역차별을 당하고 있는 상황이기도 했습니다. 국내 오픈마켓에는 우리나라 정책상 부가세율 10%가 적용되어, 해외 오픈마켓에 등록된 동일한 콘텐츠보다 10% 비싼 가격이 책정되곤 했습니다.

그림 9-22 **국내외 오픈마켓의 가격 차이** © 플랫폼산업 육성을 위한 정책과제

게다가 청소년 이용 불가 콘텐츠의 경우 외국 오픈마켓은 국내법 적용 대상이 아니어서 등급 마크가 붙지 않아 다운로드 수가 더 많거나, 환불 규정 같은 경우는 해당 국가의 정책이 적용되어 처리가 오래 걸리는 등의 문제도 있었습니다. 국내 오픈마켓은 잘못 결제되거나 반환할 경우 환불을 해줘야 하는 규정에 철저히 따라야 했습니다. 이런 상황이 이어지다 보니 이용자들은 콘텐츠가 많은 구글 플레이스토어를 선호할 수밖에 없게 되었습니다. 사람이 몰리는 곳에 콘텐츠가 많아지고 다시 사람이 몰리는 선순환 구조는 오픈마켓 시장에서 아주 중요한 요소인데 국내 오픈마켓은 이런 이득을 보기가 힘든 상황이었습니다.

악순환이 계속되어 구글 플레이스토어와 애플 앱스토어가 오픈마켓의 80% 가량을 점유하자, 국내 여러 오픈마켓 운영사들은 힘을 합칠 수밖에 없었고, 그렇게 탄생한 오픈마켓이 앞서 잠깐 언급한 '원스토어(ONE Store)'입니다. 2016년 네이버와 이동통신 3사가 만든 앱스토어로 국내에서 출시되는 스마트폰에는 기본으로 장착되어 있는 앱입니다. 하지만 아직까지 큰 성과는 없는 실정입니다.

그림 9-23 **국내 통합 오픈마켓 원스토어** © https://www.reddit.com

3 모바일 콘텐츠 기획 및 유통 사례

모바일 애플리케이션에서 또 하나 중요한 요소는 '콘텐츠'입니다. 내용의 참신함은 물론, 이동하면서 사용하는 특성을 반영한 UX, UI 설계를 잘해야 합니다. 많은 사람들이 짧은 시간에 활용할 수 있는 앱, 즉 에어 타임용 앱을 사용하는 경우가 많기 때문입니다.

모바일 애플리케이션은 정보의 형태에 따라 정보형, 오락형, 생활형으로 나뉩니다. 이 세 유형은 독자적인 특성을 갖고 있지만 복합적으로 작용할 때 해당 앱의 콘텐츠 활용도가 극대화된다고 볼 수 있습니다. 정보형은 대표적으로 뉴스 앱이 있으며, 유용한 정보를 제공해 애플리케이션의 가치를 갖는 형태입니다. 오락형은 말 그대로 게임이 대표적이며 킬링타임용 콘텐츠도 상당히 많은데 이벤트성을 중점으로 만들어집니다. 생활형은 생활에 필요한 각종 정보를 제공하는데, 지속적으로 사용할 수 있게 하는 것이 중요하며 정보가 누락되거나 뒤처지지 않아야 합니다. 그러면 이러한 특성을 잘 살린 모바일 애플리케이션 사례를 한번 살펴보겠습니다.

먼저 공익 캠페인에 적용된 사례입니다. 독일의 한 비영리단체에서 '여성폭력 근절' 캠페인을 애플리케이션으로 만들었습니다. 앱에 여성의 사진이나 본인 사진을 입력하면 주먹이 나와 얼굴을 때리는 모션을 취하는데, 멍들고 아픈 모습으로 사진이 변하면서 폭력은 범죄임을 알리고 신고처 정보를 제공합니다. 시각적인 충격을 통해 캠페인의 의도를 전달하고자 한 사례입니다.

동물보호 캠페인 관련 애플리케이션도 출시되어 있습니다. 최신 스타일의 가죽 벨트 등이 전시되어 있는 광고에 게재된 QR 코드나 바코드를 찍으면 해당 제품을 만들기 위해 어떤 잔인한 과정을 거쳤는지를 보여줍니다. 동물을 보호하고 관련 제품을 소비하지 말자는 취지를 담고 있습니다.

그림 9-24 **PETA 동물보호 캠페인 애플리케이션 바코드** © https://www.campaignasia.com

국내 광고대행사인 제일기획은 증강현실(AR)을 활용해 미세먼지의 위험성을 알리는 '더스트씨(DustSee)' 공익 캠페인 애플리케이션을 만들었습니다. 스마트폰 카메라가 비추는 화면에 떠다니는 미세먼지 이미지를 확대해 보여주며 사용자 위치에 따른 실시간 미세먼지 농도, 바람의 강도 등의 정보를 제공합니다.

그림 9-25 **더스트씨 애플리케이션** © https://ifdesign.com

LG유플러스는 인공지능(AI) 실험을 바탕으로 유아기 올바른 콘텐츠 시청 습관의 중요성을 알리는 공익 캠페인 영상을 만들었습니다. 캠페인 준비 과정은 다음과 같았습니다. 실제 사례자의 5세 아이를 3D 모델링 기술로 복제해, 인공지능 음성합성 기술로 대화가 가능한 아이 2명을 AI로 구현했습니다. 그리고 한 AI 아이에게는 무분별하게 노출된 영상 콘텐츠 약 34만 어절, 다른 한 AI 아이에게는 U+아이들나라의 '책 읽어주는 TV' 콘텐츠 약 34만 어절을 8주간 시청하게 했습니다. 그 결과, U+아이들나라 콘텐츠를 접한 AI 아이는 동화책 언어를 활용해 "구름빵을 먹으면 훨훨 날 수 있어요"와 같은 창의적이고 올바른 언어를 구사했습니다. 하지만 무분별한 콘텐츠 환경에 노출된

AI 아이는 "유치원에는 찌질한 애들뿐이라 노잼이야"와 같이 상대방을 무시하는 어휘와 어른들이 사용하는 비속어를 구사했습니다. 이를 통해 아이들은 그 나잇대에 맞는 콘텐츠를 보는 것이 무엇보다도 중요하다는 점을 시사했습니다.

지구환경을 보존하고 세계평화를 증진시키는 활동을 벌이는 대표적인 비정부기구 그린피스(Greenpeace)가 주최한 캠페인 '어스앤런 플로깅(Earth&Run Plogging)'은 기후위기를 알리기 위해 달리기를 하며 쓰레기를 줍는 활동입니다. 관련 앱을 설치해 참여하는 형태로 전 세계인이 참여할 수 있습니다. 작은 행동이 지구를 지키고 세상을 변화시킬 수 있다는 점을 알리고 있습니다.

그림 9-26 **플로깅 활동**

산업에 적용된 사례도 살펴보겠습니다. 우선, 인쇄매체와 모바일 애플리케이션이 접목한 재미난 활동들이 많은데 토요타는 렉서스 SE 출시 당시 인터렉티브 잡지 광고를 진행했습니다. 광고가 실린 페이지 뒤에 태블릿을 두고 앱을 실행시키면 종이 위에 다채로운 영상이 겹쳐서 재생됩니다. 보다 역동적인 광고를 통해 제품을 돋보이게 만들고 사용자에게는 새로운 경험을 제공하려는 의도를 담고 있습니다.

그림 9-27 **토요타의 렉서스 SE 인터렉티브 잡지 광고** © https://www.youtube.com/watch?v=gzd95Bajdbc

코카콜라(Coca cola)는 각국의 통신환경을 반영한 마케팅을 펼치기로 유명한데, 브라질 광고에서는 잡지를 돌돌 만 뒤 코카콜라 앱을 켠 핸드폰을 꽂아 두면 저음이 잘 울리는 스피커가 되는 모습을 연출했습니다. 효용성을 떠나서 아이디어가 톡톡 튀고 인쇄매체를 잘 활용해 깊은 인상을 남겼습니다.

그림 9-28 코카콜라의 잡지 스피커 광고 © https://www.youtube.com/watch?v=2__uUujzDFo

화장품 광고에서는 잡지 광고 페이지에 스마트폰을 올려놓으면 앱이 연동 실행돼 화장하는 모습, 색조 화장을 하는 방법 등이 영상으로 재생되는 방식을 적용했습니다. 제품 이용법을 보다 입체적으로 확인할 수 있는 도구로 활용된 사례입니다.

그림 9-29 오보치카리오(O Boticario)의 화장품 광고 © https://www.youtube.com/watch?v=JDOU9b4hDwQ

언론매체에서는 립씽크로 해당 기술을 활용하기도 했습니다. 예를 들어, 잡지 화면에 실린 독재자 얼굴에 스마트폰을 올려놓으면 말하는 입 모양이 담긴 영상이 재생됩니다. 흘러나오는 내용은 독재 비판에 대한 것으로, 독재자가 스스로 자신을 비판하는 모양새를 연출해 매체의 입장을 표현했습니다.

또 다른 사례는 PR에 활용된 사례인데, 개인 PR을 위해 이력서 뒷면에 QR 코드를 삽입한 것입니다. 스마트폰으로 연동하면 이력서를 낸 사람이 자기 자신을 소개하는 영상이 재생됩니다. 호주의 패션 브랜드 본즈(Bonds)는 환경보호를 위해 리사이클(지속가능성) 라인 런칭 광고에 기술을 접목했습니다. 과거에 제작되었던 프린트 광고와 영상을 활용해 새로운 영상에 합성시키는 등의 방식으로 리사이클의 가치를 다시 한 번 강조했습니다.

기업 브랜드 이미지 홍보 측면으로 모바일 애플리케이션이 활용되기도 했습니다. 프링글스(Pringles)라는 과자 회사는 과자 케이스에 악기를 등록할 수 있는 QR 코드를 삽입했는데, 관련 앱을 다운받아 새로운 맛이 출시될 때마다 새로운 악기를 등록하면 다양한 연주가 가능한 식이었습니다. 여러 악기 소리가 합쳐지는 것이 여러 가지 맛의 과자를 맛보는 것과 같은 느낌을 줌으로써 브랜드 이미지를 강화했습니다.

코카콜라는 공공 카페나 노천 장소에 '와이파이 자판기'를 놓아 기업 이미지를 홍보하기도 했습니다. 자판기로 가서 앱에 접속하면 음료수가 나오는 것처럼 와이파이 용량이 충전됩니다. 이를 통해 자사 브랜드 충성도를 높이고 인식도 좋게 만드는 등의 효과를 얻었습니다.

그림 9-30 코카콜라 와이파이 자판기 © https://www.adsoftheworld.com

뤼글리(Wrigley)라는 제과 회사는 자사의 껌 종이에 있는 QR 코드를 통해 캐릭터 립싱크를 할 수 있는 애플리케이션을 만들어 다운로드 수 1위를 기록하는 등 인기를 끌었습니다. 유료 애플리케이션까지 큰 성공을 거두자 영상을 웹사이트에도 올려 사용자를 더욱 끌어모으기도 했습니다.

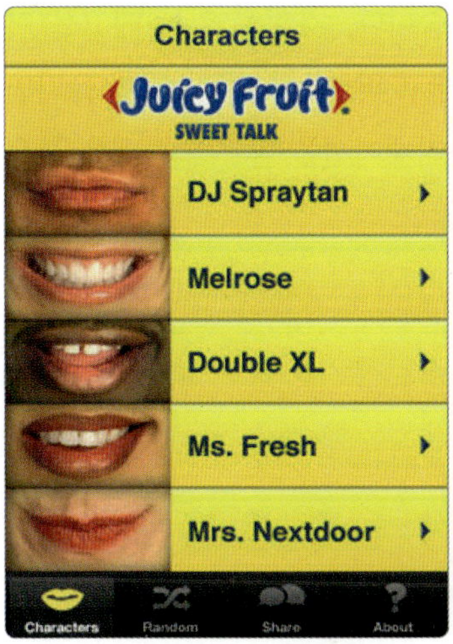

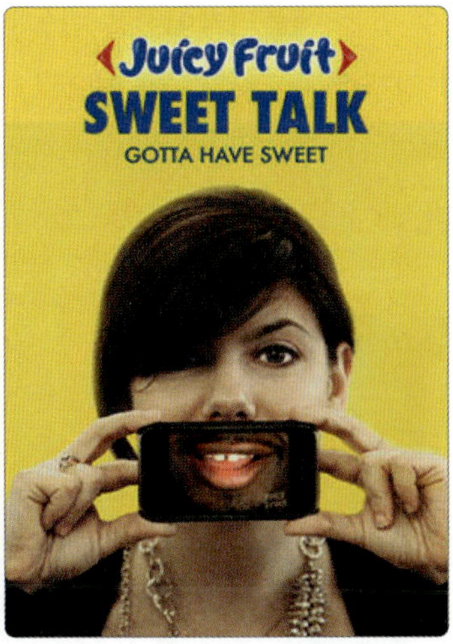

그림 9-31 뤼글리 립씽크 애플리케이션 ⓒ https://www.intomobile.com

이번에는 제품이나 상품 마케팅에 적용한 사례들을 살펴보겠습니다. 프랑스의 안경 체인점 아톨(Atol)은 증강현실(AR) 기술을 적용해 실제로 안경을 착용한 것처럼 보이는 애플리케이션을 출시했습니다. 눈, 코, 입 위치를 지정해 안경을 고르면 안경을 쓴 전, 후, 좌, 우 모습을 모두 확인할 수 있습니다. 안경은 매장에 가서 직접 써보고 결정해야 하는 제품이라는 인식이 강한데, 간접 체험으로도 안경을 고를 수 있도록 기술이 발전한 것입니다. 실제 구매까지 이어지지 않더라도 소비자에게 여러 가지 긍정적인 경험을 선사합니다.

뮤지션이 앨범 홍보에 기술을 접목한 경우도 있는데, 루페 피아스코(Lupe Fiasco)는 건물 벽면에 QR 코드를 쏴 지나가는 사람들이 링크로 접속하도록 유도하는 마케팅을 펼쳤습니다. QR 코드를 연동하면 앨범 관련 웹사이트로 넘어가 음악도 들을 수 있도록 하여 소비자의 체험을 이끌어냈습니다.

그림 9-32 루페 피아스코의 앨범 발매 마케팅 ⓒ https://djpoloworld.blogspot.com

아우디(Audi)는 캘린더에 자동차 이미지를 넣는 대신 애플리케이션을 실행시키면 그 안에서 자동차가 등장하는 증강현실 기술을 활용해 마케팅하기도 했습니다.

레고(Lego)는 소비자들이 활용할 수 있는 애플리케이션을 만들었습니다. 가지고 있는 레고로 퍼즐 퀴즈를 만들어 전 세계 사람들과 경쟁할 수 있도록 한 앱으로, 레고 퍼즐을 만들어 앱에 올리면 순위가 매겨지는 등 소비자의 직접적인 참여를 이끌어냅니다. 애플리케이션을 활용해 판매율을 올리고 제품 효용성을 높인 사례입니다.

그림 9-33 **레고 애플리케이션** © https://www.daddylicious.de

에미레이트 항공사(Emirates Airlines)는 구글의 이미지 기반 검색 요법을 활용해 회화를 제공하는 번역 서비스 애플리케이션을 만들었습니다. 앞선 잡지 광고 사례처럼 입 모양 화면이 뜨고 원하는 말을 해당 국가의 말로 번역해줍니다. 자신의 입에 가져다 대면 진짜 말하는 것처럼 보여 재미있는 상황을 연출합니다.

이케아(IKEA)는 미디어 환경 변화를 받아들여 지난 70년간 제작했던 종이 카탈로그 발간을 전격 중단하고 온라인과 디지털에 집중하겠다는 방침을 밝혔습니다. 이후 이케아 대만(IKEA Taiwan)은 디지털 카탈로그를 제작해 닌텐도 스위치 게임 '모여봐요 동물의 숲'과 협업을 진행했습니다. 게임에 접속하면 이케아의 가구 아이템들이 디지털로 재현된 모습을 볼 수 있습니다. 또한 이케아는 '낭만주의 박물관 속 이케아'라는, 실제 박물관에 이케아 가구를 배치하고 어떤 것이 이케아 가구인지 맞추는 프로모션을 진행하기도 했습니다.

그림 9-34 **낭만주의 박물관 속 이케아**
© https://www.everydaymarketing.co

직접 방문할 수 없는 사람들에게는 애플리케이션으로 페이스북 360도 사진을 제공하거나 인스타그램 스토리를 활용해 박물관 내부를 보여주며 체험에 참여할 수 있도록 유도했습니다. 이 캠페인은 칸 국제광고제, 클리오 광고제 수상작이기도 합니다.

마지막으로 전시·공연에는 어떻게 활용되고 있는지 살펴보겠습니다. 영국의 한 공항에서는 바닥에 마크된 곳으로 발을 디디면 화면으로 천사가 나타나는 마케팅을 진행한 적이 있습니다. 증강현실 기술을 활용해 천사가 사람의 움직임에 반응하도록 해 사람들에게 재미를 선사했습니다. 또한 지도 서비스와 증강현실 기술을 접목해, 영국 런던 시내를 돌며 어떤 작품의 촬영지였는지 알려주는 애플리케이션도 있습니다. 해당 장소에 도착해 카메라 앵글을 맞춘 뒤 앱을 실행시키면 영화 장면이 흘러나오며 어떤 식으로 촬영되었는지 연상시켜줍니다. 사용자들이 재미있는 스토리텔링 체험을 할 수 있어 문화산업적으로 의미가 있는 사례입니다.

영국의 '런던 박물관 프로젝트'는 상당한 반향을 일으킨 애플리케이션 중 하나입니다. 도시 전체를 가상 박물관화했는데, 예를 들어 강가로 가서 앱을 실행시키면 100년 전 사진과 지금의 모습을 오버랩시켜 보여줍니다. 일명 '스트리트 뮤지엄'이라고 하며, 증강현실 기술과 위치 기반 서비스를 활용해 절묘한 레이아웃 일치 기법을 적용시켰습니다.

그림 9-35 증강현실 시네마
© https://www.trendhunter.com

그림 9-36 영국 런던 박물관 프로젝트
© https://www.researchgate.net

핀란드의 로비오(Rovio)는 앵그리버드(Angry Bird) 모바일 게임 애플리케이션을 만들어 큰 성공을 거둔 회사로, 휴대폰 제조업체 노키아 이후 가장 유명한 핀란드 기업이 아닐까 싶습니다. 핀란드 시내에 앵그리버드 관련 축제가 열릴 정도로 새로운 핀란드의 자존심으로 자리 잡았습니다. 예전엔 하드웨어가 산업을 이끌었다면, 이제는 콘텐츠와 소프트웨어가 산업을 이끌고 있는 것입니다. 우리도 발전하는 휴대폰 기술, 모바일 기술에 더불어 창의적인 콘텐츠 기획을 통해 새로운 가치를 창출할 수 있도록 창의적이고 새로운 방안들을 끊임없이 고민해야 할 것입니다.

요약

01 모바일 UX와 UI

- UX란 사용자가 시스템이나 제품, 서비스 같은 것들을 직·간접적으로 이용함으로써 얻게 되는 총체적인 경험을 뜻한다.
- 기술을 단지 효용성 측면에서만 보는 것이 아니라 사용자의 삶의 질을 향상시키는 방향으로 이해하려는 새로운 접근법이라고 할 수 있다.
- UX의 하위개념으로는 UI가 있으며, UI 종류로 GUI(그래픽 유저 인터페이스), NUI(내추럴 유저 인터페이스), BCI(브레인 컴퓨터 인터페이스) 등이 있다.
- 삼성전자의 휴대폰 UX 역사를 통해 디자인에서 시작된 사용자 경험이 기술 발전 방향에 반영되어 휴대폰의 형태와 기능을 변화시켰음을 알 수 있다.

02 광고로 보는 한국 휴대폰의 진화

- 초창기 휴대폰에 대한 사용자들의 요구는 단순히 '잘 연결되는 것'이었으나 이후로는 고성능의 기능에 대한 요구가 많아졌다.
- 경량화, 데이터 통신, 폴더폰, 고성능 배터리, 듀얼폴더, PDA, MP3, 사운드, 화소, 각도조절 등 UX에 맞춘 기술 발전이 광고에 잘 드러나 있다.
- 최근 스마트폰 업계의 중요한 화두는 폴더블폰으로, 많은 기업이 개발 경쟁에 참여하고 있다.
- 삼성전자, LG전자, 애플, 레노버, 화웨이 등의 기업이 자사만의 특색 있는 폴더블 기술을 가지고 상용화에 돌입하고 있다.

03 모바일 오픈마켓과 모바일 콘텐츠

- 모바일 애플리케이션이란 스마트폰에서 작동하는 콘텐츠 앱을 포괄적으로 이르는 말이며 네이티브 앱, 모바일 웹, 모바일 웹앱, 하이브리드 앱 등으로 구분할 수 있다.
- 스마트폰 출시 초기에는 가입한 통신사마다 앱을 다운로드할 수 있는 오픈마켓이 달랐는데, 최근에는 애플을 제외한 안드로이드 계열 대부분이 구글 플레이스토어를 사용하고 있다.

- 최근 구글이 플레이스토어에서 얻는 수익 구조를 개선하기 위해 내부 유료 결제시스템을 쓰도록 규제하고 있으며 독점적 위치를 점하기 위한 행위라고 비판받고 있다.
- 스마트폰 앱을 통해 공익 캠페인, 인쇄매체 협업 광고, 기업 브랜드 홍보, 마케팅, 공연 등 많은 콘텐츠들이 전달되고 있다.

연습문제

단답형 문제

01 (   )란 사용자가 시스템이나 제품, 서비스 같은 것들을 직·간접적으로 이용함으로써 얻게 되는 총체적인 경험을 뜻한다.

02 UI의 종류 중 그래픽과 텍스트로 이루어진 인터페이스를 (   )라고 한다.

03 최근 마이크로소프트의 주도로 확산되고 있으며, 인간의 자연스러운 행동을 기반으로 개발된 인터페이스를 (   )라고 한다.

04 삼성전자가 출시한 '이건희폰'의 가장 혁신적인 UX 중 하나는 (   )를 추가한 것인데, 개발 당시 기술팀에서는 배터리가 빨리 닳을 것이라며 반대했다.

05 삼성전자의 또 하나의 UX 혁신은 시각, 촉각을 동시에 자극하는 기술인 (   ) 기능이었다.

06 1997년의 휴대폰 광고에서는 음성인식 자동 다이얼 기능뿐 아니라 크기가 작아졌다는 소형화, 즉 (   )를 강조하고 있다.

07 휴대폰을 통해 음악을 다운받는 일이 발생하자, 유행에 민감한 사람들의 필수요소 중 하나였던 (   ) 기능이 휴대폰에 탑재되었다.

08 카메라폰은 500만 화소를 구현해 디지털카메라 성능을 뛰어넘는 수준의 (   ) 기능을 갖게 되었다.

09 삼성전자는 화면을 안으로 접는 인폴딩 방식과 바깥으로 접는 아웃폴딩 방식이 결합된 (   ) 폼팩터 기술에 대한 특허를 출원했다.

10 요즘 가장 많이 쓰는 애플리케이션의 형태로, 모바일 웹앱과 네이티브 앱이 합쳐진 형태의 애플리케이션을 (   )이라고 한다.

객관식 문제

11 인간의 자연스러운 행동을 기반으로 손가락이나 팔의 움직임을 파악해 동작을 인식하는 것과 같이 인간의 신체 움직임을 활용한 인터페이스는 무엇인가?

① CLI ② GUI ③ NUI
④ HCI ⑤ BCI

12 다음은 모바일 애플리케이션의 어떤 형태에 대한 설명인가?

모바일에 맞춰진 웹사이트로 대부분 차세대 웹 표준 기술 HTML5 & CSS3이 사용됨

① 하이브리드 앱
② 모바일 웹앱
③ 모바일 앱
④ 네이티브 앱
⑤ 모바일 오픈마켓

13 다음은 모바일 애플리케이션의 어떤 형태에 대한 설명인가?

모바일 기기에 직접 설치되고 사용되어 기기의 자원을 사용하는 앱

① 하이브리드 앱
② 모바일 웹앱
③ 모바일 앱
④ 네이티브 앱
⑤ 모바일 오픈마켓

14 다음 중 광고로 본 휴대폰의 역사에 대한 설명으로 옳지 않은 것은?

① 초창기 휴대폰에 대해 사용자는 잘 연결되는 기능만을 원했다.
② 음성통화 외에도 데이터 통신을 지원하는 모델이 출시되었다.
③ 휴대폰을 소형화하기 위해 노력한 결과 폴더폰이 출시되었다.
④ 전자수첩 기능이 탑재된 PDA폰은 출시 당시 큰 인기를 끌었다.
⑤ 휴대폰의 카메라 기능은 점점 발전해 디지털카메라 성능을 능가했다.

15 **다음 중 폴더블 기술에 대한 설명으로 옳지 않은 것은?**

① 삼성전자는 더블폴딩, 슬라이더블 기술을 활용해 혁신적인 휴대폰을 출시하고 있다.
② 애플 역시 폴더블 기술을 개발하였으며, 2020년대에 상용화를 목표로 하고 있다.
③ LG전자는 다양한 관련 특허를 보유하고 있으며, 지금도 사업을 진행 중이다.
④ 중국의 화웨이와 레노버도 폴더블 시장에 진출해 기술 개발에 힘쓰고 있다.
⑤ 중국의 TCL은 두 가지 형태의 롤러블폰을 선보였다.

토론과제

01 최근 휴대폰의 UX, UI가 어떻게 발전하고 있는지 정리하고 향후 휴대폰의 발전 방향을 예측해봅니다.

02 마이크로소프트에서 주도하고 있는 UI인 NUI(내추럴 유저 인터페이스)에 대해 설명하고 이 인터페이스에 담긴 마이크로소프트의 혁신성은 무엇인지 이야기해봅니다.

03 LG전자는 폴더블 기술에 대한 특허가 많고 기술을 적용한 휴대폰을 출시했음에도 모바일 사업을 철수시켰습니다. 그 이유에 대해 알아보며 우리가 얻을 수 있는 교훈은 무엇인지 토론해봅니다.

CHAPTER 10

영상기술의 발전과 스마트 TV

학습목표

- 영상기술이 어떻게 개발되고 발전했는지 설명할 수 있습니다.
- TV의 변천사에 대해 설명할 수 있습니다.
- 글로벌 기업의 스마트 TV 경쟁 현황에 대해 이해할 수 있습니다.

Preview

10장에서는 영상기술 발전에 따른 전통 매체 TV의 변천사와 그에 따른 사회변화를 탐구해보겠습니다. 본래 TV는 수동적 형태의 콘텐츠 기기였지만 첨단기술과 융합된 TV는 이용자가 능동적으로 콘텐츠를 선택할 수 있는 기기로 변화했습니다. 특히 스마트폰 혁명 이후 스마트 패러다임을 이끌어갈 다음 대상은 TV라고 평가받고 있습니다. 이 흐름을 이해하기 위해 TV 산업의 발전 과정과 현재 TV 산업 내 매체의 변환 과정에 대해 알아보겠습니다. 또한 스마트 TV 경쟁 상황과 그 속에서 살아남으려면 어떻게 해야 할지에 대해서도 학습해봅니다.

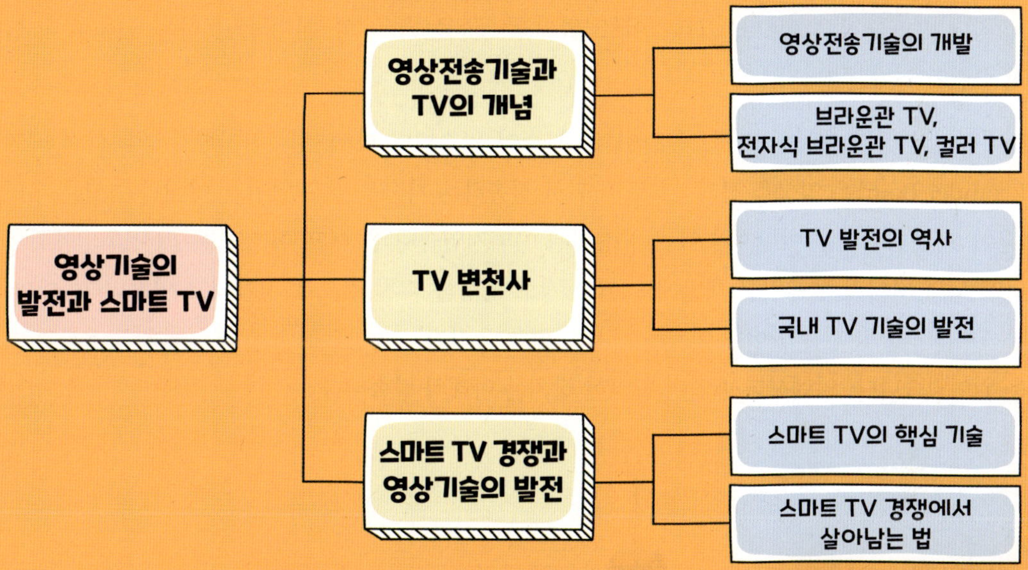

Section 01

영상전송기술과 TV의 개념

1 TV의 탄생과 발전

텔레비전(TV, Television)은 정지 또는 움직이는 사물을 시간 지연 없이 전기의 힘으로 멀리 보내는 장치나 방법을 의미합니다. 그리스어로 '멀리'를 뜻하는 'tele'와 '본다'를 뜻하는 'vision'이 합쳐진 라틴어가 어원입니다.

텔레비전의 역사가 태동하기 전, 근간이 된 기술이 있습니다. 1843년, 전기학자 알렉산더 베인(Alexander Bain)은 영상을 전기신호로 바꿔서 전송하는 기술을 발표합니다. 이때의 영상은 우리가 흔히 아는 움직이는 이미지가 아니라 정지된 이미지였습니다. 이후 이 기술은 팩시밀리 개발의 뿌리가 되며 나아가 텔레비전 개발에도 어느 정도 영향을 미친 것으로 평가되고 있습니다. 다만, 전기신호를 전달할 수는 있어도 이것을 다시 변환해 움직이는 영상으로 표현하는 것은 당시까진 어려운 일이었습니다. 알렉산더 베인이 고안한 장치는 아래와 같습니다.

그림 10-1 알렉산더 베인과 팩스의 시초 © https://dailynous.com, https://en.wikipedia.org

1884년, 독일의 발명가 폴 닙코(Paul Nipkow)가 전기신호를 움직이는 영상으로 변환시켜서 표시할 수 있는 기기장치인 주사판을 발명합니다. 일명 '닙코 디스코'라고 불리는 이 장치는 소용돌이 모양의 원판에 구멍이 뚫려 있어 금속 디스크를 회전시키면서 작동합니다. 원판의 전기신호가 지나감에 따라 빛이 발사되는데 이 빛이 구멍을 통과하면 마치 움직이는 것처럼 반대쪽에 표시되는 원리였습니다. 이를 역이용하면 움직이는 영상을 전기신호로 바꾸는 것도 가능했습니다.

그림 10-2 **폴 닙코의 주사판** © https://www.gebseng.com

1897년에는 텔레비전 기술 중 가장 핵심적인 기술이 개발됩니다. 독일의 물리학자 카를 페르디난트 브라운(Karl Ferdinand Braun)이 음극선관(CRT)을 이용해 '브라운관'을 개발하며 주사판 없이도 움직이는 영상을 표시할 수 있는 전자식 텔레비전을 만든 것입니다. 브라운관은 전자총에서 음극 전자를 발사시켜 형광물질이 칠해진 유리면을 때려 빛을 내는 원리입니다. 닙코의 주사판과 다르게, 부품이 고정되어 있고 한층 높은 화질을 구현할 수 있는 점이 장점이었습니다.

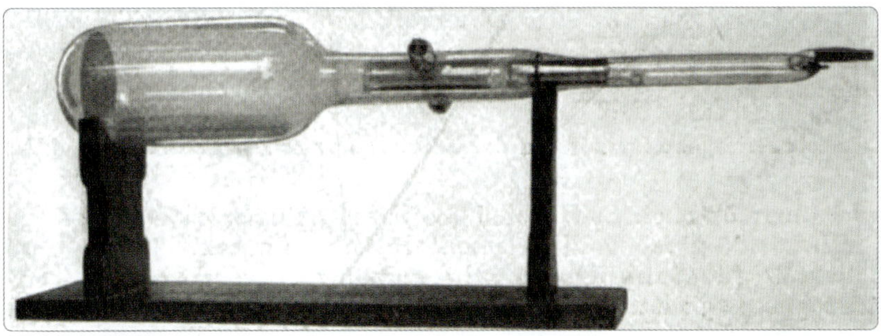

그림 10-3 **브라운관 개발** © https://commons.wikimedia.org

이어 1925년, 세계 최초로 기계식 텔레비전이 개발됩니다. 스코틀랜드의 엔지니어인 존 로지 베어드(John Logie Baird)는 개량된 주사판을 이용해 촬상을 만들어냅니다. 촬상이란 빛을 전기신호로 변환하는 장치입니다. 그리고 수상 장치를 같이 개발하는데, 수상이란 화면에 표시한다는 뜻입니다. 이 두 장치가 합쳐져 기계식 텔레비전이 탄생한 것입니다. 1929년에는 영국의 BBC 방송사에서 기계식 텔레비전 시험 방송이 송출되며 본격적인 텔레비전의 시대가 열립니다. 다만 기계식 텔레비전은 시청 중에 주사판을 계속 돌려줘야 하고 흑백에 화질도 낮아 널리 보급되진 않았습니다.

그림 10-4 **최초의 기계식 텔레비전 시험 방송** © https://www.arshake.com

사실 본격적으로 '텔레비전'이라 할 수 있는 제품은 1927년, 미국의 필로 판즈워스(Philo Taylor Farnsworth)가 만든 전자식 브라운관 텔레비전이라고 볼 수 있습니다. 완전한 전자식 텔레비전의 최초 발명자로, 촬상과 수상 과정이 모두 전자식으로 이루어진 브라운관 텔레비전을 발표합니다. 이 텔레비전이 이후 등장하는 모든 텔레비전의 기초가 됩니다. 1936년에 영국의 BBC 방송사에서 전자식 텔레비전 방송을 시작하면서 기계식 텔레비전은 역사 속으로 사라집니다.

그림 10-5 **전자식 브라운관 텔레비전 개발** © https://www.sfgate.com

1928년에는 기계식 텔레비전을 만들었던 존 로지 베어드가 세계 최초로 컬러 영상을 시연합니다. 처음에는 기계식 텔레비전으로 컬러 방송 송출에 성공한 후, 브라운관과 다른 기계식 장치인 '텔레바이저' 시스템을 결합해 새로운 컬러 텔레비전을 만듭니다. 이 제품은 빛의 삼원색인 RGB(Red, Green, Blue)를 이용해 3개의 닙코 디스크를 조합한 컬러 영상을 송출합니다.

1953년에 이르면, 미국의 RCA에서 컬러 브라운관을 상용화해 다음 해 시장에 출시합니다. 같은 시기에 미국의 NBC나 CBS 방송사가 전자식 컬러 텔레비전 방송을 시작하면서 본격적인 전자식 컬러 텔레비전의 시대가 열립니다.

그림 10-6 컬러 브라운관 상용화 © https://www.earlytelevision.org

컬러 텔레비전 역사에서 기술적인 부분을 살펴보면, 우선 1902년에 독일의 O.von 브롱크가 삼원색 신호전달 방법을 발견합니다. 삼원색은 빨강(Red), 초록(Green), 파랑(Blue)을 의미하며 영어로 RGB라고 줄여 부릅니다. 3가지 색을 조합해 색을 표현하는 방식입니다. 이후 1954년, 미국에서 NTSC 방식(미국의 텔레비전방송규격심의회에서 제정한 표준 방식)으로 컬러 방송을 시작합니다. 1967년에는 영국과 독일에서 PAL 방식(아날로그 컬러 텔레비전 방식)으로 컬러 방송을 시작하고, 같은 해 프랑스에서는 SECAM 방식(프랑스에서 개발한 컬러 텔레비전 방식)으로 컬러 방송을 송출합니다.

우리나라는 NTSC 방식을 사용하며, 참고로 북한은 PAL 방식을 사용합니다. 각 방식마다 차이가 있었기 때문에 유럽 지역의 방송을 우리나라나 미국으로 가져와 송출하면 화면 크기가 다르기도 했습니다. 전체적으로 NTSC 방식이 가장 많이 사용되고 있습니다.

Section 02 TV 변천사

1 해외의 TV 변천사

TV가 개발된 후 다양한 디자인과 기능이 담긴 제품이 꾸준히 출시되었습니다. 1928년에 만들어진 베이어드 모델 B(Baird model B)나 지디스크(GEDisk)는 우리가 흔히 알고 있는 TV 외형과 다르게 가구의 느낌에 가깝습니다. 1929년에 출시된 세미바이저(Semivisior)도 영사기 형태로, 가운데에 있는 볼록한 렌즈가 빛을 확대시켜 화면을 보여주는 방식이었습니다. 1939년에 출시된 안드레아(Andrea)는 멀티박스 형식으로, 축음기와 브라운관이 함께 장착되어 있었습니다. 지금의 세탁기 정도 크기였으며 브라운관은 본체에 장착되어 있고 화면을 보려면 뚜껑 안쪽에 달린 거울을 이용해야 했습니다.

그림 10-7 **베이어드 모델 B, 지디스크** © https://www.wired.com

1947년에 미국에서는 10인치 초소형 TV 모델이 출시되었으며 1948년, 제니스(Zenith)라는 컬러 TV가 출시됩니다. 본체에 비해 컬러 화면은 작은 편이었습니다. 1949년에 나온 소노라-W(Sonora-W)는 프랑스에서 만든 제품으로 디자인이 세련된 편이었습니다.

그림 10-8 **제니스, 소노라-W** © https://www.artstation.com

1952년에는 모토로라에서 TV를 출시합니다. 지상파를 수신하는 안테나가 달려 있는데, 전파를 수신받아야 영상을 볼 수 있었습니다. 안테나는 이후 디지털 수신기로 바뀌긴 하지만 방송 송출 원리는 같습니다. 당시에는 안테나가 중요했으므로 우리나라의 경우도 집 지붕 위에 TV 안테나가 설치되어 있었고 신호를 받기 위해 송출소가 있는 남산 쪽으로 안테나 방향을 두곤 했습니다.

그림 10-9 **모토로라 TV 광고** © https://www.vintageadbrowser.com

이후 1957년 이탈리아에서 만든 포놀라(Phonola)나 1958년 브라질에서 만든 필코 프레딕타(Philco Predicta), 1960년에 만들어진 쿠바 코멧(Kuba Komet) 등 점점 세련된 디자인의 TV가 많이 출시되면서 단순 가전제품이 아닌 가구로서의 디자인적 위치도 가지고 가는 걸 볼 수 있습니다.

그림 10-10 **포놀라, 쿠바 코멧** © https://weburbanist.com

1970년대에 들어서면 동그란 곡선 모델이 많이 등장합니다. 1970년에 영국에서 만들어진 케라컬러오렌지(Kera Color Orange)나 1971년에 만들어진 판다(Panda) 등이 있습니다. 보통 디자인에 자신이 없다면 동그란 디자인을 쓴다는 말이 있는데 그만큼 제품이 오래 살아남을 수 있는 디자인이라는 뜻이기도 합니다. 1980년에 나온 마그나복스(Magnavox) 4245 모델은 전 세계적으로 빅히트를 친 박스형입니다. 우리나라에서 처음 생산된 TV도 이런 형태로 만들어졌습니다.

그림 10-11 **케라컬러오렌지, 마그나복스** © http://www.tvfilmprops.co.uk

2000년대에 들어서면 평판 디스플레이가 접목됩니다. 얇고 화면이 큰 TV가 만들어지기 시작하면서 더 얇고, 더 크게 만들기 위한 기업 간 경쟁이 계속되고 있으며 요즘은 곡선 모양의 커브드 형태 TV들도 인기가 많습니다.

그림 10-12 **평판 디스플레이 TV** © https://www.anandtech.com

이처럼 TV의 외형을 쭉 살펴보면 화면의 비중이 점점 커지고 흑백에서 컬러로 넘어왔다는 것을 알 수 있습니다. 컬러 화면 기술은 계속 발전하고 있는데, CRT 형태의 TV에서 플라즈마 디스플레이, 즉 PDP 형태로 발전했습니다. 이후 LCD 형태가 나오는데, LCD는 화면 뒤에 형광등 같은 백라이트가 존재하는 TV입니다. 그래서 시간이 지날수록 백라이트가 흐려져 화면도 같이 흐려진다는 단점이 있으며 수리 비용도 상당히 비쌌습니다. 이후 자체 발광이 가능한 LED TV가 만들어지고 LED TV를 기반으로 OLED나 UHD 형태의 TV가 개발돼 생산되고 있습니다.

2 국내의 TV 변천사

이제 우리나라 TV의 변천사에 대해 알아보겠습니다. 우리나라는 1960년대까지만 해도 텔레비전을 만들 수 있는 기술이 없었습니다. 이후 1966년 8월, VD-191 모델이 처음 만들어지는데 1호 제품이라는 뜻에서 VD-191이라 명명되었고, 크기는 19인치로 진공관 12개와 다이오드 5개가 결합된 형태였습니다. 흑백 화면에 4개의 다리가 달린 가정용 제품입니다. 이 모델을 개발한 기업은 '금성'으로, LG전자의 모태 회사입니다. 자체 제조 기술이 아직 없었기 때문에 일본에서 기술을 그대로 들여와 OEM 방식으로 제조했습니다. 이 모델이 처음 출시되었을 때 KBS에서 공개 추첨을 해 월 할부로 제공하는 등 공급이 수요를 따르지 못할 정도로 인기가 많았습니다. 무주택자에게 아파트 공급 우선권 추첨을 하듯 TV가 없는 사람에게 우선 공급하기 위해 증명서를 발급할 정도였습니다. 당시 VD-191의 가격은 6만 8,350원으로, LG전자 신입사원 월급이 당시 1만 2,000원이었고 쌀 한 가마니가 2,500원인 것을 감안하면 상당한 금액이었음에도 수요가 폭발적이었다고 합니다.

그림 10-13 **한국 최초의 TV VD-191** © https://artsandculture.google.com

1970년에는 금성의 VS-620 모델이 출시되는데 '샛별 텔레비전'이라고 불리며 큰 인기를 얻었습니다. 당시 어린이들의 선망의 대상이었던 로봇이 샛별 텔레비전 광고에 등장해 큰 화제를 일으키기도 했습니다. 샛별이라는 이름은 금성에서 주최한 국민 공고에서 뽑힌 이름이며, 국민배우 최불암이 광고 모델로 출연하기도 했습니다. 총 50만 통의 응모가 들어왔는데 그중 7,200통이 '샛별'이라는 이름을 적었다고 합니다. 이때 EBS 교육방송이 개국하면서 이와 관련된 광고가 나가기도 했습니다. 교육방송을 시청하다 눈이 피로할까 봐 그린과 블랙 브라운관을 채택했다는 내용이었습니다. 이외에도 신문이나 지면에 광고를 실어 홍보를 했습니다.

그림 10-14 **금성의 샛별 텔레비전 광고** © https://www.youtube.com/watch?v=LWbE2g3qN30

삼성전자는 조금 늦은 1975년에 '이코노 TV'를 출시하는데 세계에서 3번째로 순간 수상 방식이 적용된 제품으로, 순식간에 국내 TV 시장 판매율 1위로 올라섭니다. 당시 TV는 브라운관이 달궈져야 방송을 볼 수 있었고 보통 3분 이상을 기다려야 했습니다. 그래서 삼성은 전원을 켜면 5초 안에 화면이 나오는 기술을 개발해 적용했으며, 당시 오일쇼크로 시작된 에너지 절약 운동과 맞물려 큰 호응을 얻은 것입니다.

그림 10-15 **삼성전자 이코노 TV** © http://nt.interia.pl

당시 삼성전자에서 만든 광고에서도 경제성을 강조하며 '예열이 필요 없다', '절전이 20%나 된다'. '브라운관 수명이 길고 화면이 안정적이다'라는 내용을 담았습니다. 이후 이코노 TV의 매출은 계속 상승하여 해외로 수출까지 됩니다.

1980년대에 들어서며 TV는 본격적인 생활필수품으로 자리 잡습니다. 1983년부터 우리나라에서도 컬러 방송이 송출되자 TV 생산 관련 산업에서 혁명적인 발전이 일어납니다. 금성은 '하이테크'라는 브랜드로 TV를 만들었는데, 광고 문구로 '순간의 선택이 10년을 좌우한다'를 사용하며 혼수품으로 장만해 가면 10년 이상 쓸 수 있을 만큼 튼튼하다는 점을 강조했습니다. TV는 굉장히 비싸기 때문에 좋은 제품으로 한 번 사서 오래 쓰자는 당시의 분위기가 담겨 있기도 합니다.

그림 10-16 **금성 TV 광고** © https://www.youtube.com/watch?v=6En0u3JzoXc

VTR(Video-Tape Recorder)이라는 녹화장치도 이때 출시되어 큰 인기를 얻습니다. 공중파, 지상파 TV 방송은 실시간이라 본방송이 아니면 따로 볼 수 있는 방법이 없었으므로 VTR로 녹화해 두었다가 나중에 보는 식으로 활용되었습니다. TV와 함께 부가 장치도 새로운 문화로 자리 잡았음을 알 수 있습니다.

삼성전자에서는 금성에 대항해 '이코노 빅'을 출시합니다. 이코노 시리즈는 꾸준히 소비 전력 절감을 광고 문구로 내세웠으며 수출량이 크게 늘어 세계 각 지역에 현지 공장을 만듭니다. 이후 여러 모델이 계속 개발, 출시되면서 금성을 완전히 추월해 세계로 뻗어 나갈 수 있는 위치를 선점합니다.

그림 10-17 **삼성전자의 이코노 빅 TV 해외 수출** © 삼성 뉴스룸

1990년대에는 비디오와 리모컨을 사용하는 TV가 급속도로 확산됩니다. 그리고 이때 개인이 영상을 촬영하고 즐기는 문화가 퍼져, 실제 눈으로 보는 듯한 자연스러운 영상이 TV에서 재생됨을 강조하는 광고들이 선전됩니다. 금성에서 내보낸 '미라클 알파' TV 광고는 튼튼하며 자연적인 영상과 사운드를 구현할 수 있고 디자인도 센스 있다는 점을 강조합니다. 당시 개봉한 영화 《로보캅》의 로보캅이 광고 모델로 등장합니다. 삼성전자에서도 VTR을 꾸준히 개발해 광고를 내보냈는데 자연미 있는 영상, 스포츠 영상 등을 그대로 녹화하고 돌려볼 수 있다는 조우셔틀 기능을 강조했습니다.

그림 10-18 **금성의 미라클 알파 TV 광고** © https://www.youtube.com/watch?v=v5QRTbNjPWI

2000년대 초반에는 TV의 디자인과 기능이 더욱 강조되기 시작합니다. 특히 2002년 한일 월드컵을 전후로 디지털 TV가 크게 성장해 이후 PDP, LCD, LED 같은 고급 TV가 출시됩니다. 2006년, 삼성전자는 브라운관 생산을 전면 중단하고 평판 디스플레이로 제조 라인을 바꾸면서 브라운관의 특징인 볼록한 화면이 사라지고 평평한 화면이 기본으로 자리 잡습니다.

이처럼 한국 TV 산업은 출발이 아주 늦었습니다. 1920년대에 영국, 미국에서 TV가 만들어졌으며 일본도 1950년대에 TV를 생산하기 시작했는데 우리나라는 1960년대에 들어서야 개발을 시작할 수 있었습니다. 당시에는 제조 기술이 없어 금성은 VD-191을 만들기 위해 일본 치다치에 로열티를 내고 합작품으로 제작해야만 했습니다. 이후 2005년까지만 하더라도 일본의 소니(Sony)나 도시바(Toshiba), 파나소닉(Panasonic)이 세계 TV 시장 1, 2, 3위를 차지하고 있었습니다. 그런데 3년이 지난 2008년, 우리나라에서 만든 TV가 세계 시장 1위에 오르며 점유율 31%를 차지합니다. 이후 2009년에는 삼성전자와 LG전자가 세계 TV 시장 1, 2위를 차지합니다. 2008년에 TV 개발 역사를 다룬 다큐멘터리가 나왔는데, 2008 북경올림픽 야구 경기의 극적인 역전승 장면에 빗대, 한국 TV 산업의 역사는 하나의 대역전극이었다고 반추하고 있습니다.

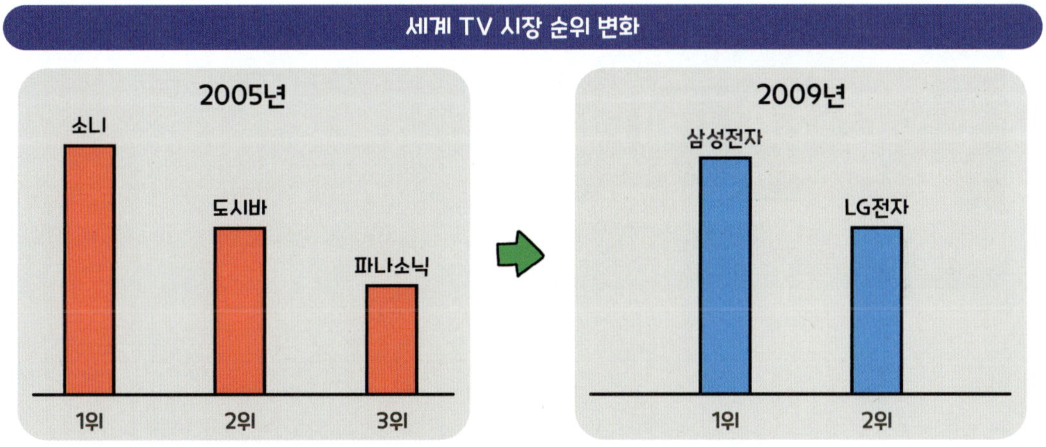

그림 10-19 **세계 TV 시장에서의 대역전극**

그렇다면 역전승을 안겨 준 요소는 무엇일까요? 바로 기술력입니다. 삼성전자가 브라운관 생산을 중단하고 평판 디스플레이로 생산 라인을 바꾼 것은 실로 과감한 판단이었습니다. 특히 삼성전자의 '파브(PAVV)' TV는 세계 최초의 디지털 TV로 이름을 알리고 백악관에 설치되면서 TV의 역사를 새롭게 썼습니다.

또한 상상을 뛰어넘는 마케팅 전략도 한몫했습니다. 화면 크기가 클수록 고급, 첨단 TV로 인정받던 시절에 이미 소니를 능가한 삼성전자는 대형 TV와 PDP 기술에 문화 마케팅까지 접목한 것입니다. 2006년 삼성전자가 출시한 '보르도 TV'는 보르도 와인과 연계해 세련된 디자인을 강조했고

500만 대 이상이 팔립니다. 문화와 예술을 합친 문화예술 마케팅이 적용된 사례입니다. 2008년이 되면 삼성전자는 전 세계 LCD TV 점유율 55%를 기록하며 1위 자리를 차지합니다. LED TV도 한국이 전 세계 11위를 기록하는데, 당시 미국의 LED TV 판매량 10대 중 9대가 삼성전자 제품이었다고 합니다. 이후 혁신상까지 수상하며 전 세계 1위로 완전히 발돋움합니다.

하지만 2010년 즈음부터 TV에 3D 기능이 탑재되기 시작하자 부동의 1위 자리가 흔들리기 시작합니다. 소니는 삼성전자가 전 세계 시장을 점유하기 전까지 부동의 1위 자리를 차지하던 회사였는데 3D TV를 출시하며 기사회생하기 시작했고, 스마트 TV가 본격적으로 개발되면서 여러 기업의 경쟁이 시작된 것입니다.

하나 더 알기 **외로운 TV**

컴퓨터 제조업체 로지텍(Logitech)이 참신하면서도 섬뜩한 광고를 하나 선보였습니다. 아래 그림을 보면, 광고 속 TV는 수영장으로 들어가 자살을 합니다. 왜 이런 선택을 했을까요? 바로 외로움 때문입니다. 기술이 발전하면서 사람들은 TV보다 컴퓨터, 스마트폰, 게임기 등으로 콘텐츠를 소비합니다. TV는 정해진 시간에 그 앞에 앉아야 하기 때문에 효율성이 떨어지는 것입니다. 사람들이 TV를 외면하기 시작하자 TV가 사람을 그리워하기 시작했다는 내용을 강렬하게 표현하였습니다.

그림 10-20 로지텍 레뷰(Logitech Revue) Lonely TV 광고 장면 1 ⓒ 유튜브 Nex-Text

게다가 초고속 인터넷이 보급되자 사람들은 더더욱 TV를 찾지 않게 되었습니다. 어디든 들고 다닐 수 있는 작은 노트북, 방에 둘 수 있는 컴퓨터 하나만 있으면 TV 기능도 해결할 수 있었기 때문입니다. 그러자 TV가 인터넷을 질투해 선을 끊어버리는 모습이 광고에 연출되기도 합니다. 로지텍의 신제품 출시를 예고하는 광고이긴 하지만 일반 TV의 사용량 급감이 피부로 확 와닿는 연출입니다.

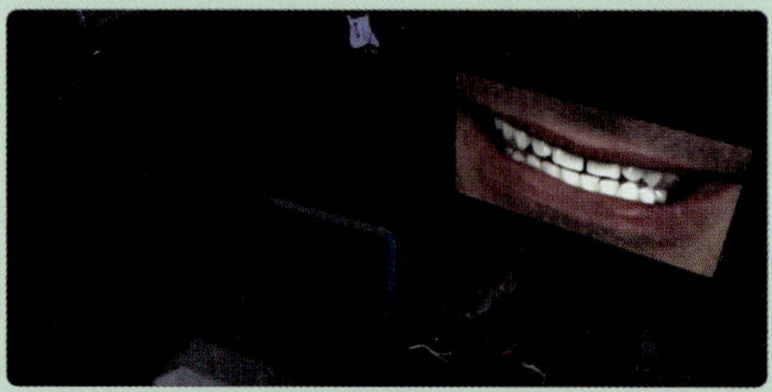

그림 10-21 로지텍 레뷰(Logitech Revue) Lonely TV 광고 장면 2 ⓒ 유튜브 Nex-Text

Section 03

스마트 TV 경쟁과 영상기술의 발전

1 스마트 TV 경쟁

TV는 점점 발전해 스마트폰 기능을 그대로 가진 스마트한 TV로 변하고 있습니다. 스마트 TV란 방송과 인터넷이 접목된 서비스를 제공하는 TV로, 방송을 시청하는 TV와 인터넷을 접속하는 PC가 융합된 상태를 의미합니다. 다시 말해, 방송과 통신 융합 서비스를 수신하는 기기이면서 스마트폰, 태블릿, 스마트 가전 같은 스마트 기기와 마이크나 카메라, 터치 스크린, 센서와 같은 장비 자원이 공유되고 협업되는 서비스를 제공하는 방송, 인터넷, 컴퓨터 소프트웨어 기술의 융합을 실현한 것입니다. 특히 콘텐츠 허브 역할을 수행하면서 편리한 이용 환경을 통해 다양한 영역으로 서비스가 확장되었다는 점이 중요합니다.

일반적으로 스마트 TV는 콘텐츠 플랫폼을 기반으로 영상물이나 애플리케이션 같은 각종 콘텐츠를 제공합니다. 예를 들면, 플레이스테이션이나 XBOX 같은 게임기를 별도로 구매할 필요 없이 TV용 앱스토어나 구글 플레이스토어로 들어가 게임을 다운받아 즐길 수 있습니다. 해외 명문 대학의 강의 듣기나 실시간 통·번역 애플리케이션도 거실 소파에 앉아 대형 화면으로 실행할 수 있습니다.

그림 10-22 스마트 TV

전통적인 TV와 스마트 TV를 비교해보면, 전통적인 TV는 전파를 활용해 무료였지만 스마트 TV는 인터넷망을 활용해 돈을 지불해야 하는 경우가 발생합니다. 또한 전통적인 TV는 방송사에서 만든 콘텐츠만 볼 수 있지만 스마트 TV는 온·오프라인의 모든 콘텐츠를 볼 수 있습니다.

스마트 TV는 셋톱박스(Set-Top Box) 형식과 내장형 방식으로 나뉘는데, 요즘은 기본적으로 스마트 TV 기능이 내장된 경우가 많습니다. 장단점을 살펴보면, 셋톱박스 형식은 가격이 저렴하고 여러 통신 지원정책에 따라 지원을 받을 수 있지만 TV 구매 비용과 별도로 셋톱박스 설치 비용이 추가 발생합니다. 내장형 방식은 스마트폰과 연동하여 자체적으로 각종 콘텐츠를 볼 수 있지만 셋톱박스 형식보다 가격이 비쌉니다.

스마트 TV의 허브 기능은 인터페이스를 혁신하고 인공지능이 부여되면서 기능이 향상하는 신개념의 생태계 구축에 중요하게 작용하며 스마트 TV가 지향하는 미래지향성을 잘 보여줍니다. 예전에는 리모컨으로 채널만 돌리던 단순한 사용자 경험이 다양하고 적극적인 사용자 경험으로 전환되고 있습니다. 이에 따라 최근에는 애플, 구글, 삼성전자, 소니 같은 글로벌 다국적 기업이 스마트 TV 경쟁에 뛰어든 상태입니다.

애플 TV

애플은 2007년 '애플 TV'를 처음 개발했습니다. 스티브 잡스가 경영하던 시절이라 그의 철학을 녹여 스마트 TV 기능보다는 무선 저장장치의 기능이 강했습니다. 실제로 스티브 잡스는 "애플 TV는 취미용 제품이고 TV를 컴퓨터화하는 것은 바람직하지 않다. 사람들은 우리가 원래 쓰던 TV의 경험에서 조금 확장된 제품을 원하지, 새롭게 공부해야 하는 복잡한 컴퓨터 같은 TV를 원하는 것이 아니다"라고 발언하기도 했습니다. 하지만 2010년에 출시된 버전은 내장된 하드디스크에 콘텐츠를 다운받아 TV에 내보내는 방식이며 저장장치 기능은 사라진, 즉 도서관에서 책을 빌리듯 콘텐츠를 대여하는 개념의 TV였습니다. 이처럼 소비 방식을 완전히 바꾼 애플 TV는 이를 근간에 두고 저장장치가 없는 아주 작은 형태를 꾸준히 선보이고 있습니다. 가격도 200불에서 99불로 대폭 낮춰, 저렴한 가격의 스마트 TV로 여러 콘텐츠를 대여해 즐기는 방식을 추구합니다.

그림 10-23 1세대 애플 TV ⓒ https://www.pocket-lint.com

즉, 스티브 잡스는 애플 TV를 콘텐츠 유통 플랫폼으로 활용하려고 했습니다. 그래서 ABC나 폭스(Fox) 등 콘텐츠 제작사와 콘텐츠 제공 협약을 진행하고자 했지만 수익 문제로 제휴가 잘되진 않았습니다. 당시 조건이 프로그램 편당 1불이 안 되는 0.99불에 제공할 것, 수익을 7 대 3으로 나눌 것 등이었으므로 콘텐츠 제작사 입장에서는 거절하는 것이 당연했습니다. 하지만 당시 기업들은 스티브 잡스가 꾸며놓은 생태계, 바로 앱스토어의 위력을 잘 몰랐던 것 같습니다. 전 세계에 퍼진 앱스토어 고정 가입자만 몇억 명이며 신용카드를 사용할 수 있는 신용 능력이 확실한 소비자층을 보유한 것이 애플의 생태계이며, 이 생태계에 콘텐츠가 확산 연계되는 과정은 매우 폭발적이기 때문입니다. 그래서 시간이 흐른 뒤에는 애플과 제휴하는 콘텐츠 제작사가 늘어나게 됩니다.

궁극적으로 애플은 콘텐츠를 중심으로 사용자 경험을 확장하는 방향으로 나아가고자 합니다. 2015년이 되면 애플이 운영하는 아이튠즈도 상당히 강력한 영상 유통채널로 발전합니다. 현재 많은 사용자 수를 보유하고 있는 넷플릭스나 HBO 등의 콘텐츠 기업들도 애플 TV에 진출하고자 관심을 두고 있는데, 이 기업들 또한 TV가 스마트폰처럼 무한한 가능성을 가진 플랫폼임을 인정하기 때문입니다. 따라서 다양한 콘텐츠 제작사들이 애플과 손을 잡으면 시청자들은 원하는 대부분의 영상 콘텐츠들을 볼 수 있게 될 것입니다. 애플 TV는 꾸준히 발전해 5세대, 6세대 버전도 출시되고 있습니다.

그림 10-24 **6세대 애플 TV** © https://medium.com

구글 TV

반면에 구글은 좀 다른 전략을 펼칩니다. 셋톱박스 스마트 TV든 내장형 스마트 TV든, 안드로이드 OS가 탑재되어 있다면 어디서든 '구글 TV'가 된다는 전략입니다. 또한 구글의 가장 강력한 기능인 검색 기능이 스마트 TV에 접목되어 실시간으로 영상을 검색해 재생할 수 있습니다. 실시간 방송 채널에서 방영되는 콘텐츠를 시청할 수도 있고, 아마존이나 넷플릭스 등의 콘텐츠 기업들과도 연동되어 있어 자유롭게 콘텐츠 시청이 가능합니다. 안드로이드 OS가 탑재된 스마트폰은 애플리케이션만 설치하면 스마트 TV와 연동해 활용할 수 있습니다. 스마트폰을 리모컨처럼 활용해 TV를 제어할 수 있다는 것도 장점입니다.

더불어 유튜브 연동도 구글의 전략 중 하나입니다. 구글이 인수한 유튜브는 전 세계적인 미디어 기업으로 자리를 잡았고 어마어마한 양의 콘텐츠를 보유하고 있습니다. 유튜브의 고화질 서비스 확대는 장기적으로 구글 스마트 TV의 대형화면 연동에 유리한 전략이라고 볼 수 있습니다.

그림 10-25 **구글의 크롬캐스트** © https://www.walmart.com

브랜드 결합형 TV

이쯤에서 우리나라 제조기업의 치명적인 단점이 보일 것입니다. 바로, 스마트 TV에 탑재할 자체 OS가 없다는 점입니다. 삼성전자의 뒤를 이어 전 세계 TV 시장 2위 자리를 차지하던 LG전자는 이 난제를 해결하기 위해 구글과 손잡고 스마트 TV 전쟁터에 뛰어듭니다. 이후 LG전자는 구글과 연합한 OS 정책을 펼치며 LG유플러스를 주축으로 한 스마트 TV 정책을 발표합니다.

'GTV'는 이미지 기반의 UI/UX, 스마트폰 TV가 NFC 원터치로 연결되는 DNA 기술, 미러링 기술 등을 강조하며 스마트폰과 유사해 작동이 어렵지 않음을 강조합니다. 하지만 구글 플레이스토어와 연동되어 있어 구글 TV로 보이는 단점을 무시할 순 없습니다. 최근에는 스마트 TV용 V라이브(VLive) 앱을 출시해 사용자에게 친숙한 TV로 거듭나기 위해 노력하고 있습니다.

그림 10-26 **LG전자의 GTV** © https://www.techadvisor.com

그렇다면 삼성전자는 어떻게 스마트 TV 경쟁을 해나가고 있을까요? 삼성전자 또한 스마트 TV에서 가장 중요한 OS는 가지고 있지 않았기에, 초기에 '바다'라는 OS를 만들어 스마트 TV에 탑재했습니다. 하지만 시장 반응은 좋지 않았고, 이후 '타이젠 OS'가 탑재된 스마트 TV까지 개발을 하긴 하지만 그 과정이 순탄하진 않았습니다. 이후 삼성전자는 첨단 디바이스 기술을 활용해 기능에 충실하자는 전략을 취하기 시작합니다. 2012년 삼성이 내놓은 스마트 TV는 NUI(내추럴 유저 인터페이스)를 탑재한 형태와 유사했는데, 손짓으로 화면을 전환시키거나 사용자 얼굴을 인식해 사용자가 좋아하는 채널을 자동으로 틀어주는 등 행동과 음성인식이 가능했습니다.

삼성전자는 업그레이드된 모델을 계속 개발하는데, 대표적인 제품이 '에볼루션 키트(Evolution Kit)'입니다. 이 제품은 하드웨어, 즉 TV 자체를 교체하지 않아도 소프트웨어 업데이트만으로 신형 TV가 될 수 있는 기능을 가지고 있습니다. 애플은 타사와 소프트웨어적 연계를 하지 않기로 유명한 회사지만 삼성전자가 최초로 연계를 이끌어내, 최근에는 애플의 아이튠즈나 에어플레이2 기능이 포함되었습니다. 그래서 삼성전자 스마트 TV 사용자들은 아이튠즈 비디오앱을 통해 아이튠즈 스토어에 있는 고화질 영상이나 영화, TV 프로그램을 감상할 수 있습니다. 또한 아이튠즈 보관함에 저장된 콘텐츠를 바로바로 연동해서 보는 것도 가능합니다. 이 연계 상황을 두고 업계에서는 '적과의 동침'이라고 표현하고 있습니다.

그림 10-27 **삼성전자의 에볼루션 키트** © https://www.dday.it

최근 삼성전자는 8K 스마트 TV를 출시했습니다. 8K에서 K는 Kilo를 의미하며 8K TV는 가로 기준 약 8,000픽셀을 구사하는 TV라는 뜻입니다. 출시된 UHD TV 중 해상도가 가장 높으며 4K 대비 픽셀이 4배 더 많고 촘촘해 이미지가 선명하고 표현이 세밀합니다. 이 8K 스마트 TV는 퀀텀닷(Quantum Dot) 기술을 기반으로 하고 있는데, 퀀텀닷은 나노미터(nm) 단위의 초미세 반도체 입자이며 1나노미터는 10억분의 1m입니다. 뛰어난 컬러와 밝기를 제공하는 무기물인 퀀텀닷을 사용해 매우 높은 화질을 제공하고 있습니다. 더불어 AI 화질 변환 기술이 탑재되어, 머신러닝을 이용해 1,000만 개 이상의 이미지를 학습하고 이를 기반으로 일반 영상의 해상도를 8K급으로 자동 업스케일링합니다. 데이터를 쌓아 스스로 발전시키는 머신러닝 기반의 기술은 보다 정교한 화질 변환을 가능하게 합니다.

그림 10-28 **삼성전자의 8K 스마트 TV** © https://www.techradar.com

소니의 행보도 주목할 필요가 있습니다. 소니는 굴지의 세계 1위 TV 생산 기업이었지만 삼성전자와 LG전자의 비약적인 발전에 밀려 한동안 TV 시장에서 힘을 못 쓰던 기업입니다. 스마트 TV 시대가 다가오자 소니는 재빠르게 움직여 가장 먼저 구글과 손을 잡고 구글 OS를 그대로 탑재한 TV 시리즈를 발표합니다. 가격이 일반 TV보다 저렴해 저가정책이라는 비판을 받기도 하고 컴퓨터 키보드 같은 리모컨을 두고 애플은 컨셉의 실패를 예견하거나 삼성전자나 LG전자 같은 기업들도 리모컨이 너무 복잡하다며 의견을 보탰습니다. 하지만 소니는 사용이 복잡해도 가정용 PC 기능을 그대로 가진 TV라고 생각하면 된다며 반박했고, 11년 만에 흑자로 돌아섭니다. 이후로도 구글과의 협업을 강조하며 지속적으로 구글 OS를 탑재한 TV를 개발해 출시하고 있습니다.

그림 10-29 **소니의 브라비아(BRAVIA)** © https://www.currys.co.uk

또한 소니는 TV를 콘텐츠와 연관시켜 토탈솔루션(Total Solution)을 제공하는 것에 주력하고 있습니다. OLED 스마트 TV를 출시하면서는 게임과의 연동을 강조했는데 소니의 플레이스테이션 기기를 활용하기 위한 전략으로 보입니다. 플레이스테이션에는 VR 기능이나 고화질 기능이 탑재되어 있어 스마트 TV의 대형화면으로 재생하면 실감나게 게임을 즐길 수 있기 때문입니다. OLED 스마트 TV는 대성공을 거두면서 매출액이 크게 증가했고 프리미엄 TV 시장에서도 1위를 기록합니다.

하나 더 알기 **국내 기업의 스마트 TV 경쟁력**

자체 OS를 가지고 있는 구글이나 애플, 그리고 구글과 가장 먼저 손을 잡은 소니는 스마트 TV 시장에서 남다른 경쟁력을 가지고 있습니다. 특히 구글과 결합한 소니는 'TV 명가'라는 명성에 힘입어 상당히 위협적인 위치에 도달했습니다. 3D TV 경쟁에서도 앞섰던 소니는 부가적인 기술도 더 많이 가지고 있어 국내 기업들에게는 사실상 위기라고 볼 수 있습니다. 삼성전자와 LG전자는 애플과 구글, 소니 연합군과 싸워야 하는 상황인 것입니다. 이는 스마트폰보다 훨씬 더 어려운 도전이므로 혁신적인 기술 개발에 힘쓸 수밖에 없는 상황입니다.

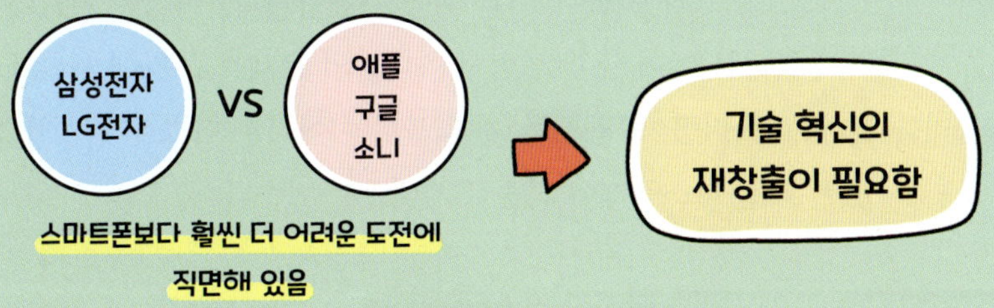

그림 10-30 국내 기업의 스마트 TV 경쟁력

새로운 경쟁력의 TV

삼성전자와 LG전자는 신기술 개발에 박차를 가하고 있습니다. LG전자의 경우, 세계 최대 전자쇼인 CES 2019에서 롤러블 TV를 처음 선보이며 큰 반향을 일으켰습니다. 이 제품은 보지 않을 땐 화면이 스피커 안으로 말려 들어갔다가 사용하려고 할 때는 화면이 다시 펴지는(아래에서 위로 올라오는) 혁신적인 모습을 띠고 있습니다. 이미 기술이 상용화되어 시장에 출시된 상태입니다. TV가 자리를 크게 차지한다는 공간적 제약을 줄였다는 것이 큰 장점입니다.

더불어 LG전자는 플렉서블 디스플레이 개발 현황을 계속 발표하고 있는데, 둥글게 휘는 커브드 디스플레이의 모습과 고화질 ITS 화면 등으로 전 세계의 이목을 집중시키고 있습니다. 투명 디스플레이 기술은 차세대 디스플레이의 개발 방향을 보여주고 있으며 롤러블 OLED 기술은 혁신을 선도할 대단한 기술로 평가받고 있습니다.

그림 10-31 **LG전자의 롤러블 TV** ⓒ https://en.gizchina.it

삼성전자 또한 디스플레이 개발에 초점을 맞추고 있습니다. '플렉서블 디스플레이'는 자그마한 스마트 화면이 그대로 휘어지며 마이크로소프트의 윈도우 10과 연동 가능합니다. 이러한 기술이 그대로 접목되어 출시된 제품이 '갤럭시 폴더블'이며 이후 갤럭시 폴더블의 문제를 보완해 새롭게 출시하려는 제품이 '갤럭시 롤러블'입니다. 폴더블, 플렉서블, 롤러블로 이어지는 디스플레이 기술은 다시금 전 세계 시장을 주도할 수 있는 혁신 디스플레이 기술로 기대받고 있습니다.

그림 10-32 **삼성전자의 갤럭시 롤러블** ⓒ https://blazetrends.com

2 홀로그래피 영상기술의 발전

스마트 TV 발전과 함께 하고 있는 기술은 '홀로그래피(Holography)'입니다. 홀로그래피 기술은 별도의 안경을 쓰지 않고도 3D 영상이 구현되는 기술로, 플로팅 방식의 영상기술입니다. 컴퓨터를 비롯한 각종 디지털 정보통신 기법을 활용해 영상정보 생성이나 기록, 재생을 진행하는 디지털 홀로그래피 기술이 개발되면서 평면의 3차원에서 나아가 플로팅 방식이 광범위하게 보급되고 있습니다다. 예를 들면, 가수 휘트니 휴스턴은 이미 세상을 떠났지만 홀로그래피 기술로 공연 실황을 생생하게 복원한 적이 있습니다. 휘트니 휴스턴뿐 아니라 공연을 함께 했던 라이브 밴드와 코러스 가수들을 완벽하게 재현했고 안무까지 함께 살려냈습니다.

이전의 홀로그램 기술은 대형 빔프로젝터나 반사막 등 값비싼 장치가 필요했지만, 이제는 별도의 장치 없이도 구현이 가능해지고 있습니다. 실제로 인공지능 스피커와 접목하여 가상 비서를 구현하기도 했습니다. 스피커 원통 안에 나노 기술로 만든 투명 스크린을 삽입하고 레이저를 스크린에 비추면 그 빛이 입체감을 만드는데, 빛이 튕겨져 남긴 잔상을 우리 눈이 입체형상으로 인식합니다. 현재 상용화된 홀로그램 기술은 360도 입체영상을 구현한 홀로그램 기술로, 앞으로는 멀리 떨어진 사람과 홀로그램으로 대화하는 것이 가능해질 것으로 보입니다. 또한 홀로그래피 영상을 만질 수 있는 기술도 개발되고 있습니다.

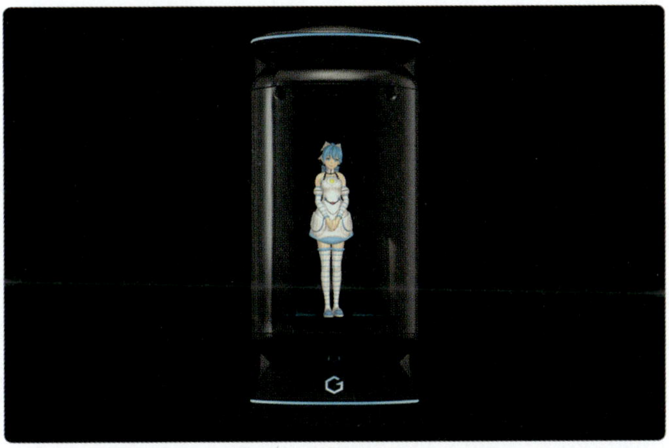

그림 10-33 홀로그래피 기술과 AI 스피커의 결합 © https://www.digitaltrends.com

요약

01 영상전송기술과 TV의 개념

- 1843년 전기학자 알렉산더 베인이 영상을 전기신호로 바꿔 전송하는 기술을 발표했고, 이후 이 기술은 팩시밀리 개발의 뿌리가 된다.
- 여러 학자들의 거듭된 개발 끝에 브라운관이 탄생한 뒤 전자식 텔레비전이 개발되었다.
- 1928년에 세계 최초로 컬러 TV가 시연되었고, 1950년대에는 컬러 브라운관이 상용화되었다.
- 1950년대와 60년대에는 컬러 방송이 시작되었으며 우리나라는 미국의 NTSC 방식을 적용해 방송을 시작했다.

02 TV의 변천사

- TV는 흑백으로 시작해 컬러 TV, CRT TV, PDP TV, LCD TV, LED TV, UHD TV로 발전했다.
- 국내의 경우, 1996년 금성에서 일본 치다치와 합작해 최초로 TV를 출시했다.
- 2009년, 삼성전자와 LG전자가 전 세계 TV 시장 1, 2위를 차지하며 한국의 TV 기술이 매우 뛰어남을 증명하였다.

03 스마트 TV 경쟁과 영상기술의 발전

- 플랫폼을 바탕으로 콘텐츠를 제공하는 새로운 형태의 TV인 스마트 TV가 현재 TV 시장에서 핵심으로 떠오르고 있으며 여러 기업이 경쟁에 참여하고 있다.
- 전통적인 TV와 달리, 스마트 TV는 인터넷망을 활용하므로 온라인의 모든 콘텐츠가 방송 대상이다.
- 애플 TV는 콘텐츠를 소유하는 것이 아니라 도서관에서 책을 대여하듯 콘텐츠를 대여해 소비하는 것으로 TV 패러다임을 변화시켰다.
- 구글은 안드로이드 OS의 강점을 가지고 TV 시장에 진출했으며 유튜브는 구글의 스마트 TV 경쟁력을 더욱 강화시키고 있다.

- 삼성전자와 LG전자는 자체 OS가 없어, 이를 보완하기 위해 구글의 안드로이드 OS를 기기에 탑재하고 있다.
- 소니는 스마트 TV 시장 초창기에 구글과 가장 먼저 연계해 제품을 선보이며 재기에 성공했다.
- 미래 스마트 TV의 기술로는 폴더블, 플렉서블, 롤러블, 홀로그래피 등이 있으며 현재 경쟁에서 뒤처지고 있는 우리나라 기업이 개발에 주력하고 있는 분야이기도 하다.

연습문제

단답형 문제

01 1843년, 전기학자 (   )이 영상을 전기신호로 바꿔 전송하는 기술을 발표했으며 이 기술은 팩시밀리 개발의 뿌리가 된다.

02 1897년 개발된 (   )은 텔레비전 구현에 있어 가장 핵심이 되는 기술이다.

03 미국의 필로 판즈워스가 만든 (   ) 텔레비전이 본격적인 TV의 시작이라고 할 수 있다.

04 스마트 TV란 (   )을 기반으로 영상물 및 애플리케이션 등 각종 콘텐츠를 제공하는 TV이다.

05 애플 TV는 콘텐츠를 (   )하는 것이 아니라 (   )하는 개념으로 바라보며, 음악과 비디오 콘텐츠는 이러한 방식이 소비자의 이용 행태에 더 적합하다고 생각했다.

06 스마트 TV의 형태에는 별도로 기기를 설치해야 하는 (   ) 방식과 스마트 TV 기능이 탑재된 (   ) 방식이 있다.

07 구글은 (   )를 바탕으로 스마트 TV 업계에 진출했고, 이 OS가 탑재된 TV는 모두 구글 TV로 활용될 수 있다.

08 LG전자는 최근 스마트 TV용 (   )을 출시해 사용자에게 친숙한 TV로 거듭나기 위해 노력하고 있다.

09 소니가 처음 스마트 TV를 출시했을 때 애플을 비롯한 여러 기업이 컴퓨터 키보드 같이 복잡한 모습을 한 (   )을 비판했지만, 이는 다소 논리가 약한 비판이었다.

10 컴퓨터를 비롯한 각종 디지털 정보통신 기법을 활용해 영상정보의 생성이나 기록, 재생을 해내는 디지털 (   )은 미래 영상기술로 평가받고 있다.

객관식 문제

11 **스마트 TV에 대한 설명 중 참여, 공유, 개방의 사용자 중심 개념과 가장 일치하는 특징은 무엇인가?**

① 방송과 인터넷이 접목된 서비스를 제공하는 TV이다.

② 플랫폼을 기반으로 각종 콘텐츠를 제공하는 TV를 의미한다.

③ 기존 TV 수상기에 OS를 탑재하여 서비스를 제공하는 개념이다.

④ 다양한 스마트 기기와 첨단 디바이스 자원의 서비스를 제공한다.

⑤ 공중파를 통해 콘텐츠가 전달되는 방식을 취하는 TV이다.

12 **저가정책을 편다고 비판을 받았지만, 구글과의 협력으로 스마트 TV 시장에서 성공을 거둔 TV는 무엇인가?**

① 애플 TV

② 구글 TV

③ 삼성전자 스마트 TV

④ LG전자 스마트 TV

⑤ 소니 스마트 TV

13 **다음 중 국내 스마트 TV 경쟁력 현황에 대한 설명으로 옳지 않은 것은?**

① 소니와 구글의 끈끈한 협력 때문에 삼성전자와 LG전자가 위기에 봉착했다.

② 소니는 이전부터 TV 명가로 평가받고 있어 매우 강한 경쟁상대이다.

③ 기술 혁신의 재창출만이 경쟁에서 살아남을 수 있는 방법이다.

④ 위기를 겪긴 했지만 국내 판매량은 전 세계 판매량을 훨씬 능가하고 있다.

⑤ 현재 상황은 스마트폰 시장 때보다 어려운 것으로 보인다.

14 **다음 중 삼성전자와 LG전자의 스마트 TV 업계 활동에 대한 설명으로 옳지 않은 것은?**

① 롤러블 디스플레이가 미래 시장의 주요 기술로 꼽히고 있다.

② 자체 OS가 없어 구글의 OS를 탑재시켰다.

③ 새로운 기술을 개발해 시장 선두를 다시 탈환하려고 노력하고 있다.

④ 출시하는 제품들의 기능이 콘텐츠를 소비하는 패러다임을 바꿔놓았다.

⑤ 삼성전자의 경우, 업계 최초로 애플의 아이튠즈나 에어플레이2를 탑재한 TV를 출시했다.

15 형광등과 같이 백라이트를 탑재한 TV 종류는 무엇인가?

① CRT TV

② PDP TV

③ LED TV

④ UHD TV

⑤ LCD TV

토론과제

01 국내 TV 제조 산업이 다시 세계 정상을 차지하기 위해 어떤 전략을 취하면 좋을지 논의해봅니다.

02 애플의 스마트 TV가 콘텐츠 소비문화를 어떤 식으로 바꿔놓았는지 설명해봅니다.

03 과거 삼성전자와 LG전자에게 1위 자리를 내주고 극심한 적자난을 겪었던 소니가 위기를 극복한 방법과 이를 통해 얻을 수 있는 교훈은 무엇인지 이야기나눠봅니다.

CHAPTER 11

가상현실과 증강현실이 열어가는 미래

학습목표

- 가상현실과 증강현실의 차이점에 대해 설명할 수 있습니다.
- 최근 웹툰, 영화, 애니메이션, 드라마 등에서 가상현실이나 증강현실을 다룬 사례를 찾아 설명할 수 있습니다.
- 증강현실 기술로 인해 발생하는 부가가치가 무엇인지 설명할 수 있습니다.
- 가상현실과 증강현실이 합쳐진 혼합현실 시대의 도래에 대비해 우리가 갖춰야 할 자세는 무엇인지 설명할 수 있습니다.

Preview

11장에서는 가상현실과 증강현실로 인한 사회의 변화에 대해 다루겠습니다. 가상, 증강현실 기술은 현재 여러 산업 분야에 적용되고 있습니다. 여기에 5G 기술까지 도입되면서 부가가치가 상승하고 차별화된 콘텐츠를 제공하기도 합니다. 즉, 디지털의 개념이 변화하고 있는 것입니다. 이번 장에서는 가상현실과 증강현실에 대해 이해해보고 증강현실의 부가가치 창출 사례를 다양하게 살펴봅니다. 또한 기술이 이끌 미래에 우리는 어떤 자세를 취해야 하는지도 학습해봅니다.

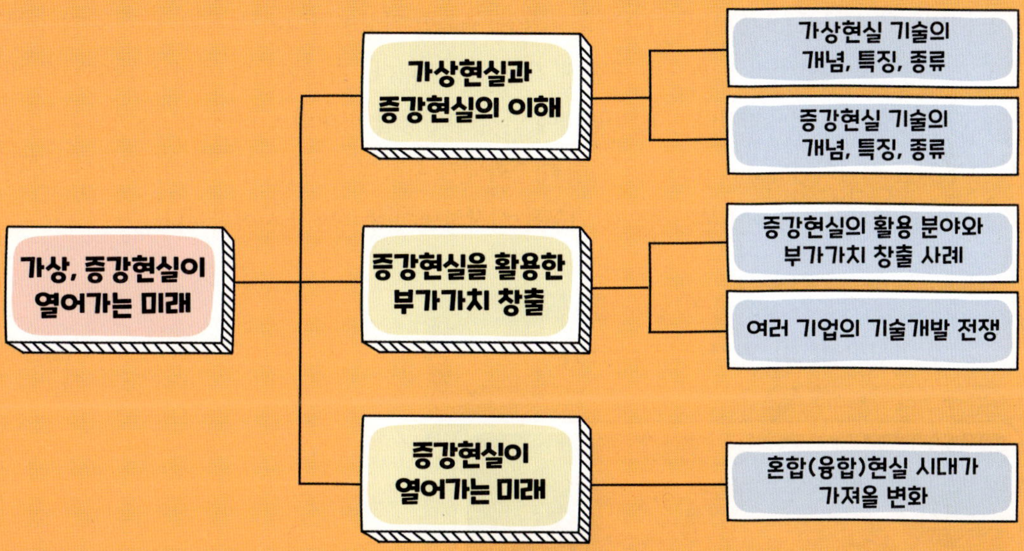

Section 01

가상현실과 증강현실의 이해

1 가상현실

가상현실(VR, Virtual Reality)이란 컴퓨터를 이용해 구축한 가상공간에서 시각과 청각, 촉각 같은 오감의 상호작용을 실제처럼 느끼도록 구현된 가상 환경입니다. 가상현실의 개념은 1955년쯤 비행 시뮬레이션에 먼저 적용되었다가 1980년대에 안경이나 장갑 형태의 인터페이스를 개발한 컴퓨터 공학자 재런 러니어(Jaron Lanier)에 의해 대중화되기 시작했습니다. 이후 문화 쪽으로도 개념이 적용되었고 전자공학자들이 본격적으로 연구를 시작하면서 주목받기 시작합니다.

가상현실(VR, Virtual Reality)

컴퓨터를 이용해 구축한 가상공간에서 시각과 청각, 촉각 같은 오감의 상호작용을 실제처럼 느끼도록 구현된 가상 환경

그림 11-1 가상현실의 개념

가상현실은 현장감, 몰입감이 상당하고 인간과 컴퓨터의 상호작용이 필요하며 하드웨어, 소프트웨어가 오감에 기반해 다양하게 적용됩니다. 또한 구현된 가상공간 내에서 사용자의 자율성이 보장된다는 특징이 있습니다.

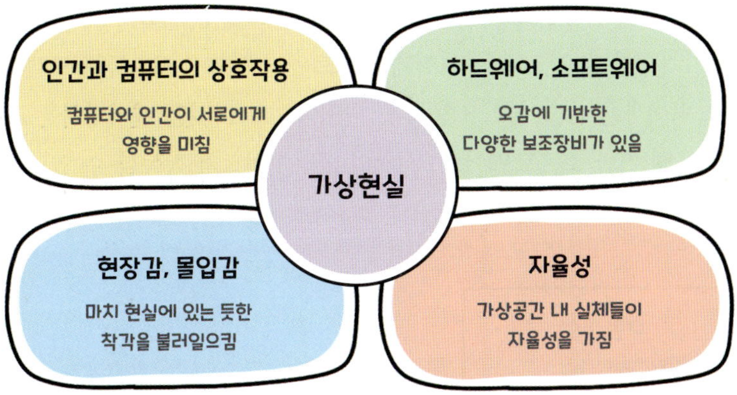

그림 11-2 가상현실의 특성

가상현실은 크게 몰입형 시스템과 비몰입형 시스템으로 나뉘며 하위 개념으로 증강현실이 있습니다. 몰입형 시스템은 HMD(Head Mounted Display) 같은 몰입형 장비를 머리에 쓰고 가상현실을 체험하는 시스템입니다. 체험할 수 있는 가상현실은 현실 기반과 비현실 기반으로 나뉩니다. 현실 기반은 그 현실 안에 완전히 들어가 있는 상태를 뜻하며 비현실 기반은 이 공간이 가상임을 완연하게 체감하고 있는 상태를 뜻합니다. 비몰입형 시스템은 데스크탑이나 모바일 같은 환경에서 직접 화면을 보며 체험하는 시스템입니다. 그래픽으로 만들어진 가상공간에서 모니터나 터치 스크린 같은 것을 보며 체험합니다. 나아가 몰입형과 비몰입형이 혼합된 하이브리드 형태의 가상현실을 뜻하는 증강현실(Hybrid VR, Augmented Reality)이 있습니다.

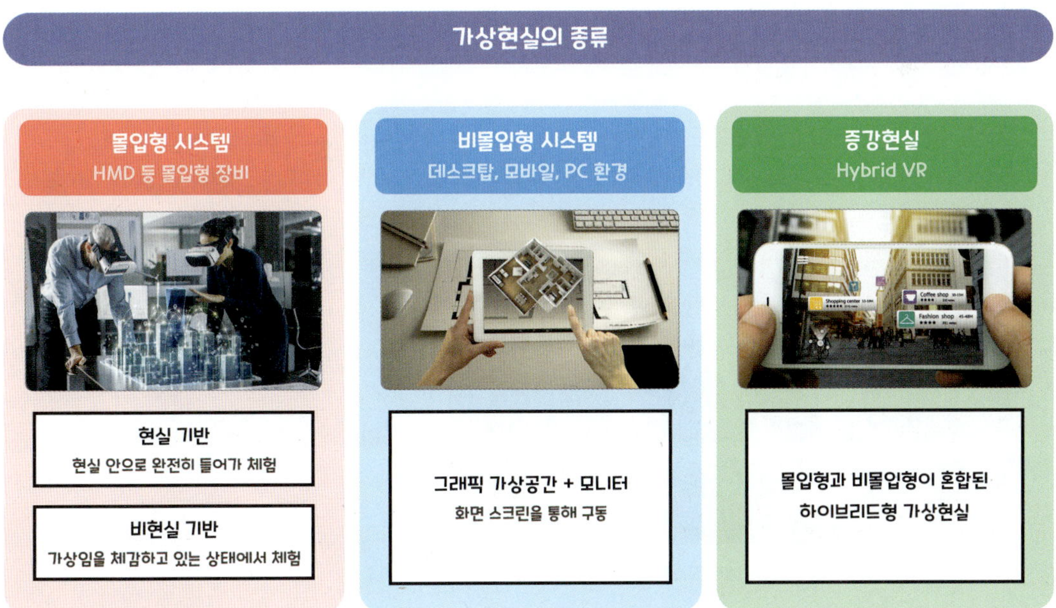

그림 11-3 가상현실의 종류

가상현실을 구현하려면 구현 기술 면에서 컴퓨터 그래픽 기술이나 네트워크 통신 기술, HMD 같은 오감을 자극하는 여러 입출력장치 기술이 필요합니다. 여기에 소프트웨어 면에서선 3D 물체 모델링을 통해 물체의 표면을 표현하고 처리하는 기술이 필요합니다. 마지막으로 이것을 렌더링하는 그래픽 렌더링 시스템이 필요합니다. 웹 기반 소프트웨어로, 서버와 클라이언트가 작동할 수 있도록 3D 물체를 표현하는 과정이 포함됩니다.

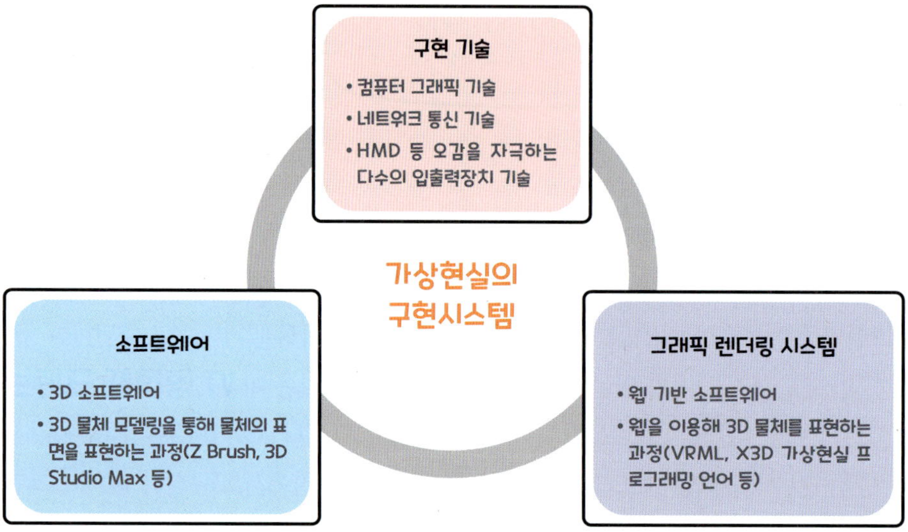

그림 11-4 **가상현실의 구현시스템**

하나 더 알기 ✓ **영화로 보는 가상현실**

가상현실을 철학적으로 가장 잘 표현한 영화 중 하나는 1999년 개봉한 워쇼스키 자매의 《매트릭스(Matrix)》입니다. '네오'라는 주인공은 뇌와 기계를 연결해 기억과 상황을 가상현실에 업로드하는데, 그렇게 들어간 세계는 모든 것을 창조할 수 있는 공간이었습니다. 매트릭스는 현실과 가상세계를 오가며 어느 곳이 진짜이고 가짜인지를 착각하게 만들어 관객들까지 혼란을 느끼게 만듭니다. 진짜와 허상, 두 세계를 오가며 겪는 혼돈 등이 잘 드러난 철학적인 영화로 평가받고 있습니다.

그림 11-5 **가상현실 배경의 영화 《매트릭스》** © https://screenrant.com

2 증강현실

앞서 설명한 가상현실의 하위 부류인 증강현실(AR, Augmented Reality)은 현실세계의 가상 정보를 실시간으로 결합해서 보여주는 기술입니다. 우리말로 '증강'은 현실 이외에 무엇인가 더 가미되었다는 뜻으로 볼 수 있는데, 정확히 말하면 현실과 가상이 혼합된 형태를 의미합니다. 따라서 증강현실 기술은 실제 환경 위에 가상의 현실을 연속체로 보여주는 것입니다. 모든 환경이 3D 이미지로 제작되는 가상현실과 달리, 실제 환경 위에 가상 정보가 중첩되어 현실감이 뛰어납니다.

증강현실(AR, Augmented Reality)

현실세계의 가상 정보를 실시간으로 결합해서 보여주는 기술

그림 11-6 증강현실의 개념

이 기술은 1990년 비행기 제조회사인 보잉(The Boeing Company)의 톰 코델(Tom Caudell)이 처음 구현하였습니다. 정비사들이 비행기 정비를 할 때 복잡한 전선을 구분하고 수리하는 데 어려움을 겪자, 이를 돕기 위해 전선 실물 화면 위에 에어태그 이미지를 겹쳐 보여준 것입니다. 덕분에 HMD를 쓰면 해당 전선의 용도, 연결 위치를 쉽게 알 수 있었습니다.

증강현실의 특징은 가상과 현실의 조합, 즉 혼합된 현실을 기반으로 한다는 점입니다. 혼합현실(MR, Mixed Reality)은 가상현실의 한 분야로, 실제 환경에 가상 사물을 합성해 원래의 환경에 존재하는 사물처럼 보이도록 하는 일종의 컴퓨터 그래픽 기법입니다. 즉, 사용자가 실제로 보는 현실세계와 정보를 통해 알려주는 가상세계가 하나의 영상으로 처리됩니다. 그래서 현실을 증가시키고 강화하는 기술이라고 부르기도 합니다. 이로 인해 오감을 통한 확장된 현장감을 느낄 수 있습니다. 인간의 감각이 컴퓨터가 제공하는 인위적인 환경을 느끼지 못하도록 현실과 가상에 근접한 환경을 구축하는 것입니다. 증강현실 기술은 현재 가상수술, 모의 비행 시뮬레이션, 건축 설계 등 여러 분야에서 활용되고 있습니다.

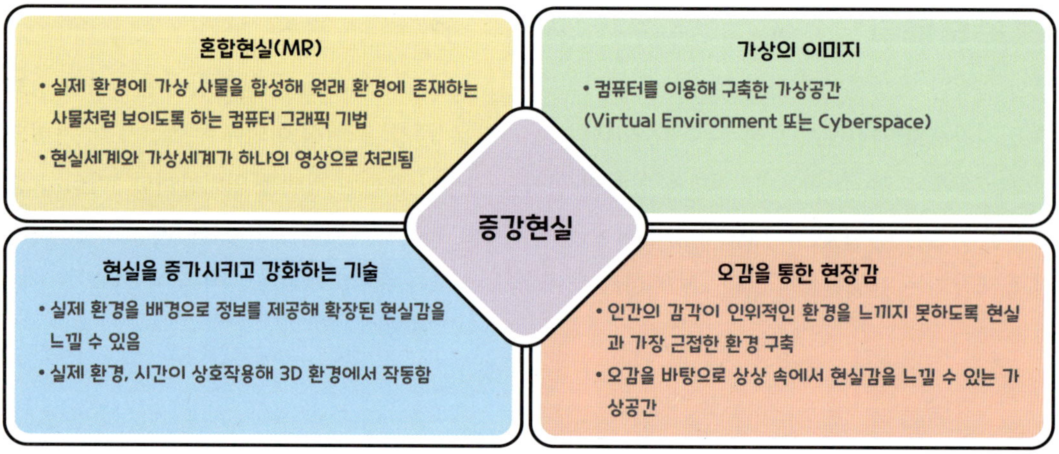

그림 11-7 증강현실의 특징

증강현실을 구성하는 기술에 대해 한번 살펴보겠습니다. 증강현실은 입력장치, 증강현실 영상을 만드는 증강현실 구현시스템, 시스템을 표현해 주는 디스플레이장치로 구성되어 있습니다.

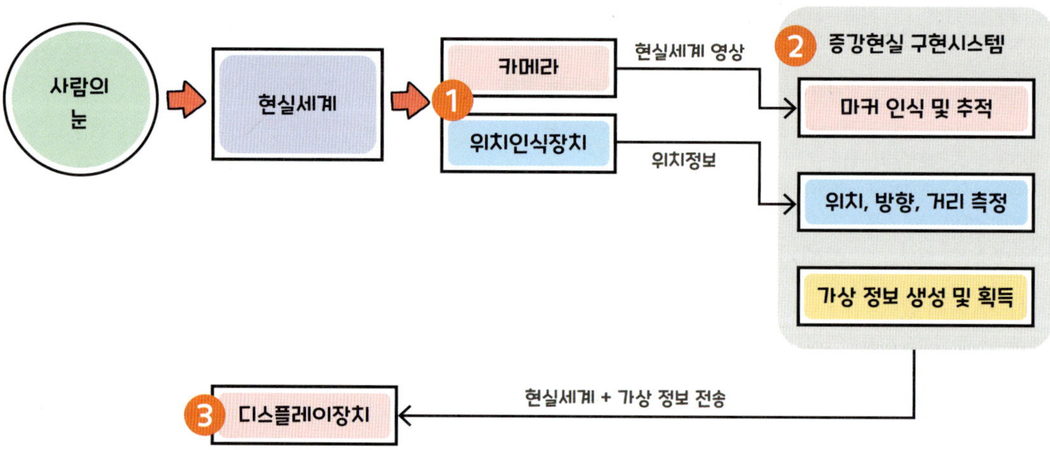

그림 11-8 증강현실 구성 기술

먼저 입력장치는 현실 정보를 획득하기 위한 장치입니다. 영상 정보를 획득하는 카메라, 사용자 위치를 파악하는 GPS, 증강현실을 화면에 표현해 주는 마커 기술, 이미지를 추적하는 트래킹 기술이 적용됩니다. 카메라나 가속도 센서, GPS 같은 동작인식장치들이 추가로 사용되고, 입력하는 장치로 데이터글러브(Data Glove)나 마우스, 터치 스크린, 스페이스볼(Space Ball), 3차원 위치 좌표 입력기 등을 쓰기도 합니다.

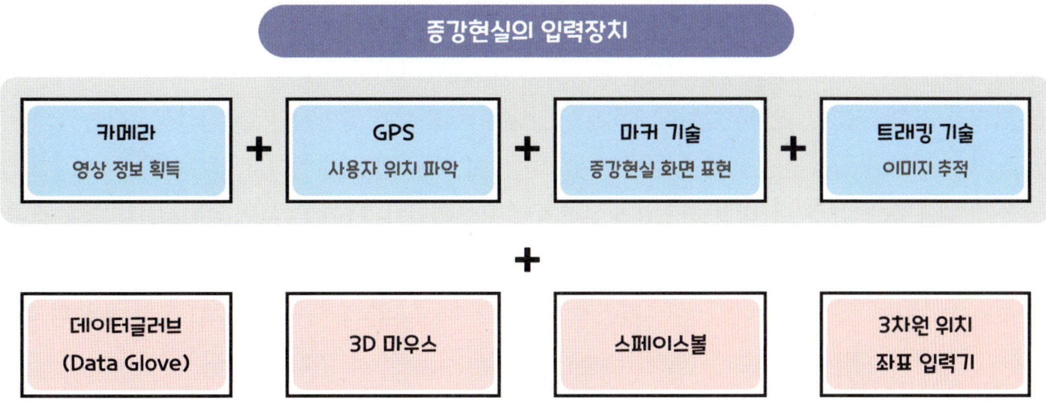

그림 11-9 증강현실의 입력장치

구현시스템에는 좌표 역할을 하는 사각형의 마커를 인식해 이를 기준점으로 하는 마커 기술(Marker Detection Technology)과 카메라로 입력된 영상에서 특징적인 점들을 추출해 이 점을 기반으로 좌표를 추출해내는 트래킹 기술(Markerless Tracking Technology)이 적용됩니다.

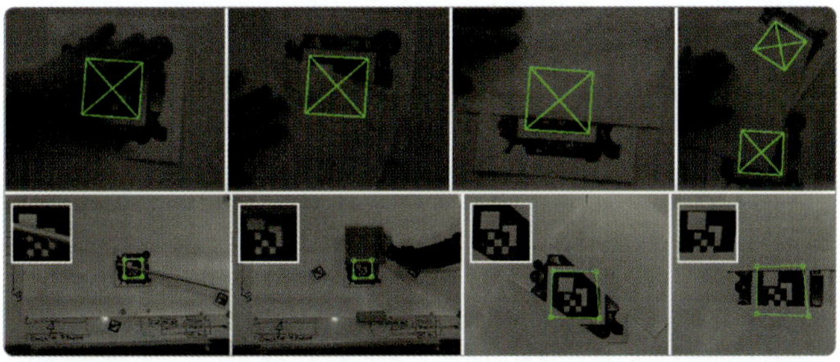

(a) 마커 기술

(b) 트래킹 기술

그림 11-10 증강현실의 구현시스템 적용 기술 © https://www.researchgate.net

마지막으로 디스플레이장치에 대해 알아보겠습니다. 가장 대표적인 장치는 HMD(헤드마운트디스플레이)입니다. 이 기기는 가상공간에서 강제적인 몰입 효과를 얻을 수 있으며 사용자의 주시 방향을 탐지해 가상 환경을 변화시킵니다. 무게가 상당해 착용감이 떨어지고 해상도도 낮다는 단점이 있습니다. 장시간 착용하면 멀미가 유발되기도 하는데 이는 점점 개선되고 있습니다. Non HMD는 소형 디스플레이장치와 대형 디스플레이장치로 구분됩니다. 소형은 무거운 HMD를 착용할 수 없는 경우에 쓰이며, 의료 분야에서 많이 사용하고 있습니다. 대형은 비행 디스플레이 시뮬레이터나 3D 셔터 안경 등이 있습니다. 핸드헬스장치(Hand-Held)는 휴대폰이나 PMC, 휴대용 디지털 수신기, 게임기와 같이 손으로 들 수 있는 장치입니다.

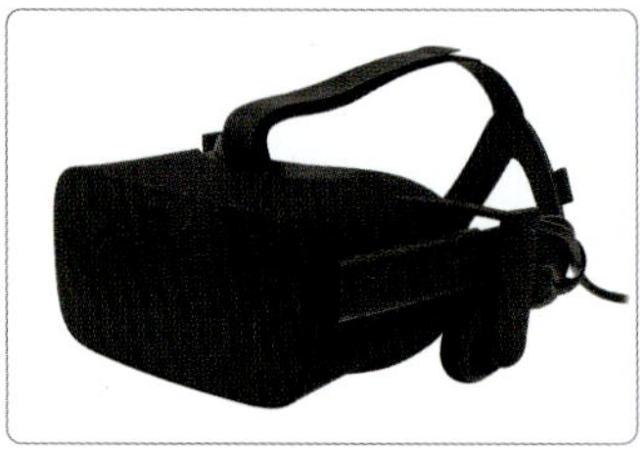
(a) HMD

(b) Non HMD

(c) 핸드헬스장치

그림 11-11 **증강현실의 디스플레이장치**

3 가상현실과 증강현실의 차이점

가상현실은 앞서 설명한 것과 같이, 특정한 상황이나 환경을 만들어 사용자가 실제로 경험하는 것처럼 느끼게 해주는 기술입니다. 오큘러스나 기어VR 같은 HMD를 끼고 완전히 그 안에 있다고 느끼게 해줍니다. 비슷하지만 다른 개념인 증강현실은 현실세계에 3D 가상 정보를 겹쳐서 보여주는 기술입니다. 즉, 가상현실과 증강현실의 가장 큰 차이점은 사용자가 직접 현실세계를 볼 수 있느냐, 없느냐입니다. 가상세계만 보여주는 가상현실과는 다르게 증강현실은 실제세계의 정보를 가미합니다.

가상현실과 증강현실의 차이점

사용자가 직접 현실세계를 볼 수 있는가?

가상현실	증강현실
가상세계만 보여줌	실제세계의 정보를 가미함

그림 11-12 **가상현실과 증강현실의 차이점**

4 메타버스

가상현실, 증강현실 이후 최근에 가장 많이 거론되고 있는 개념은 바로 메타버스입니다. 메타버스(Metaverse)란 가상과 현실이 상호작용하며 공진화하고 그 속에서 사회, 경제, 문화 활동이 이루어지며 가치를 창출하는 세상을 의미합니다. '초월, 그 이상'을 뜻하는 그리스어 'Meta'와 '세상 또는 우주'를 뜻하는 단어 'Universe'의 합성어입니다. 1992년 미국의 소설가 닐 스티븐슨(Neal Stephenson)의 소설『스노우 크래시(Snow Crash)』에서 처음 사용되었으며, '아바타'라는 용어와 함께 실제세계의 '우주(universe)'에 부합하는 인터넷 기반 3D 가상세계를 메타버스라고 명명하였습니다.

그림 11-13 메타버스의 개념

메타버스의 유형은 구현 공간과 정보의 형태에 따라 크게 4가지로 분류됩니다. 구현되는 공간이 현실 중심인지, 가상 중심인지, 구현되는 정보가 외부 환경정보 중심인지, 개인 및 개체 중심인지가 분류 기준입니다.

첫 번째 분류는 현실 중심으로, 현실공간에 외부 환경정보를 증강하여 제공합니다. 대표적인 예로 증강현실(AR)이 있습니다. 증강현실은 현실공간에 2D 또는 3D로 표현되는 가상의 물체를 겹쳐 보이게 하여 상호작용하는 환경을 의미합니다. 두 번째 분류는 가상 중심으로, 가상공간에서 다양한 개인, 개체들의 활동 기반을 제공합니다. 가상세계(Virtual Worlds)가 대표적인 예이며, 현실과 유사하거나 완전히 다른 대안적 세계를 디지털 데이터로 구축한 세계입니다. 3차원 컴퓨터 그래픽 환경에서 구현되는 커뮤니티를 총칭하는 개념입니다.

세 번째 분류는 개인 및 개체 중심으로, 개인, 개체들의 현실세계에서 이루어지는 정보를 통합 제공합니다. 라이프로깅(Lifelogging)이 대표적인 예이며 사물과 사람에 대한 일상적인 경험과 정보를 캡처, 저장, 묘사하는 기술을 뜻합니다. 네 번째 분류는 외부 환경정보 중심으로, 가상공간에서 외부 환경정보를 통합하여 제공합니다. 거울세계(Mirror Worlds)를 예로 들 수 있으며 실제세계를 가능한 사실적으로 반영하되 정보적으로 확장된 가상세계를 뜻합니다.

그림 11-14 **메타버스의 유형** ⓒ 소프트웨어정책연구소

메타버스의 4가지 유형은 독립적으로 발전하다가 최근에는 상호작용하며 융·복합 형태로 진화하고 있습니다. 다양한 범용기술이 적용되어 구현되고 있으며 이를 통해 현실과 가상의 경계가 소멸되고 있습니다. 메타버스가 만드는 가상융합경제는 경험경제(Experience Economy)가 고도화된 개념이며 인터넷의 뒤를 잇는 혁명적 변화를 가져올 것으로 예측하고 있습니다.

Section 02

증강현실을 활용한 부가가치 창출

1 증강현실의 활용

이번에는 증강현실 활용 분야에 대해 알아보겠습니다. 증강현실은 2000년대 중반까지 연구 개발 및 시험 적용에 머물러 있다가 기술적 환경이 갖춰지면서 완연한 실용화 단계에 진입했습니다. 내비게이션(Navigation)이 대표적인 사례입니다. 아이나비(iNavi) 내비게이션을 만드는 기업 씽크웨어(THINKWARE)는 X1 계열의 증강현실 내비게이션을 출시했습니다. 2D, 3D 지도로 안내하는 것이 아니라 실제 카메라로 입력받은 거리의 전경, 도로로 길을 안내합니다. 카메라가 신호등을 인식해 안내도 해주고 도로 위를 달리고 있을 때도 가야 할 길의 경로를 도로 위에 그대로 표현해줍니다.

증강현실과 사회변화

증강현실 기술은 이미 사망한 가수를 소환해 실제로 공연하는 것처럼 홀로그램 영상을 제작할 수도 있고 친한 지인, 가족들을 불러내 대화를 나눌 수도 있습니다. 또한 증강현실, 가상현실 기술은 어떤 물체에 대한 검색 방식을 완전히 바꿔놓았습니다. 예를 들어, 길을 가다 다른 사람이 입은 옷이 마음에 든다면 스마트폰 카메라로 촬영만 해도 옷에 대한 정보를 즉각적으로 알 수 있습니다. 이미지 트래킹 기술이 발전한 결과입니다. 즉, 세상이 하나의 상품을 경험하는 장으로 바뀐다는 의미입니다. 소비자들은 이제 언제 어디서나 모바일을 이용해서 정보를 얻을 수 있고 구매까지 바로 할 수 있습니다. 예전에는 매장에 방문해 직접 확인한 다음 물건을 구매했다면 이제는 인터넷으로 쉽게 주문하고 반품할 수도 있습니다. 전통적인 소매 유통 업계는 이 변화에 발맞춰 산업 구조를 바꿀 수밖에 없게 되었습니다.

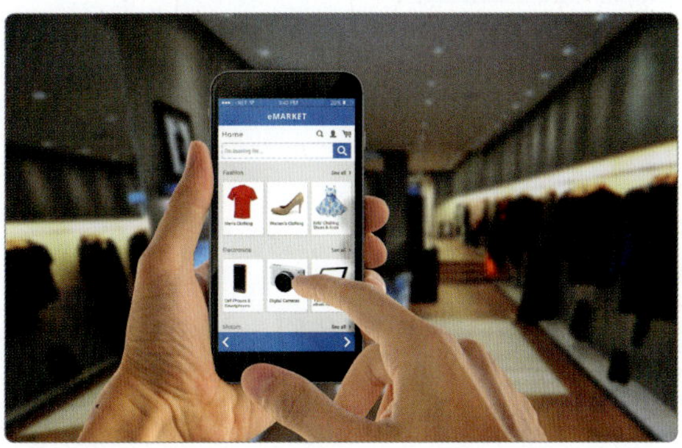

그림 11-15 소매 유통업계의 변화

증강현실 기술이 당면한 과제

앞으로 증강현실을 이용한 기술은 더욱 많이 쏟아져 나올 것입니다. 그에 앞서 증강현실 산업을 잘 육성하려면 우선, 제반 환경 조성이 중요합니다. 가상현실과 증강현실이 확대되기 위해서는 여러 가지 산업적인 규제가 풀려야 하고 정보기술을 공개하는 기법들도 필요합니다. 예를 들어, 영국 정부는 2011년, '영국 정부 포털(GOV.UK)'을 출범했습니다. 공공 데이터를 국민들에게 개방한 서비스 체계이며 일반 개발자들이나 회사는 공유 정보를 통해 개인이 정보를 모으는 것보다 많은 양의 정보를 얻을 수 있어 신뢰도 높은 기술 개발이 가능합니다. 미국 정부 또한 군사 목적으로 개발했던 GPS 기술을 1984년에 민간에 전면 개방하며 다양한 분야에 기술이 적용되기 시작했습니다. 위성수신으로 작동하는 GPS 기술이 공개되지 않았다면 내비게이션 시스템이나 여러 가지 증강현실 기술이 지금처럼 발전할 수 없었을 것입니다. 이처럼 산업 육성을 위해서는 제반 환경을 조성하고 정부가 적극적으로 여러 가지 정보를 공개할 필요가 있습니다.

또한 기술혁신, 투자의 증가로 다양한 메타버스 플랫폼 확산이 본격화될 것으로 전망됩니다. 그에 따라 메타버스 시대를 잘 살아가기 위한 준비도 필요합니다. 다양한 분야에 인간×시간×공간을 결합한 새로운 메타버스 경험을 설계하여 미래 경쟁력을 확보할 필요가 있습니다.

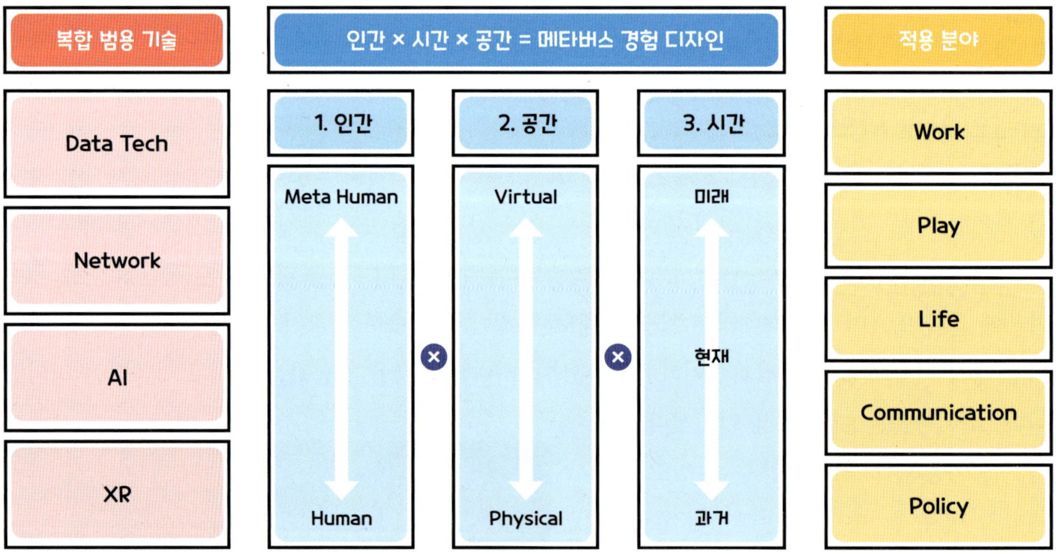

그림 11-16 **메타버스 플랫폼 확산**

2 증강현실을 활용한 부가가치 창출 사례

증강현실 기술이 산업 전반으로 퍼져가는 만큼 다양한 부가가치를 창출하고 있습니다. 관련 사례들을 한번 살펴보겠습니다.

정보 검색 분야

텍스트 기반의 전통적인 정보 검색 환경이 영상 기반으로 바뀌고 있습니다. 예전에는 검색을 하기 위해 스마트폰이나 컴퓨터를 켜고 검색창에 텍스트를 입력했지만 증강현실 기법이 도입되면서 카메라가 검색창 기능도 수행하고 있습니다. 궁금한 것이 생기면 바로 카메라로 촬영해 정보를 얻는 방식으로 바뀐 것입니다. 네이버 부동산 앱이 대표적인 사례입니다. 기존에는 집을 구하려면 부동산을 찾아가는 것이 일반적이었습니다. 그런데 증강현실 기법이 도입된 부동산 애플리케이션을 활용하면 실제 건축물의 모습을 바로 볼 수 있고, 화면에 있는 아이콘을 터치하면 조감도나 시세, 거래 연락처를 파악할 수 있으며 전세, 매매 정보 및 주변 인프라까지 파악할 수 있습니다. 어느 지역, 어느 아파트에 매물이 얼마나 남았는지를 현장에 가지 않아도 실시간으로 확인할 수 있는 것입니다. 정보 검색이 직관화, 단축화된 것을 실감할 수 있습니다.

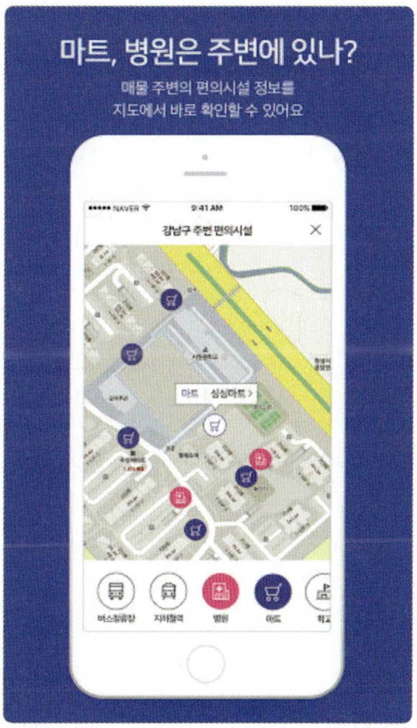

그림 11-17 **네이버 부동산 애플리케이션** © https://www.safemodapk.app

방송, 광고 분야

방송, 광고 분야에서는 증강현실 기술이 이미 활발히 사용되고 있습니다. 실제 보이는 영상에 텍스트나 관련 정보를 덧입혀 시청자나 소비자가 이전보다 더 쉽게 정보를 취득할 수 있습니다. 스포츠 중계를 보면 화면 내에 행사, 선수와 관련된 부가 정보들이 같이 뜨고, 선거 방송에서는 가상공간을 활용해 후보자들이 모션을 취하는 등 자칫 지루할 수 있는 방송에 재미를 부여합니다. 뉴스를 진행할 때도 스튜디오 내에 가상의 정보를 혼합시켜 시청자들에게 정보를 추가로 제공합니다.

그림 11-18 날씨 뉴스와 증강현실 ⓒ https://www.immersivelearning.news

광고 분야는 글로벌 패션, 명품 브랜드들이 메타버스를 활용해 자사 제품을 홍보하는 데 심혈을 기울이고 있습니다. 구찌나 루이비통, 버버리 등은 메타버스 기반 아바타 커뮤니티인 제페토(ZEPETO)에 스토어를 입점해 프로모션을 진행하기도 했습니다. 다소 '올드'하다는 느낌을 가진 브랜드들이 젊은 층을 대상으로 이미지 변신을 시도하고 있습니다.

그림 11-19 메타버스를 활용한 브랜드 홍보 ⓒ https://wwd.com

증강, 가상현실에 메타버스가 융합되면서 '버추얼 인플루언서(가상 유명인)'가 영향력 있는 마케팅 수단으로 자리 잡고 있기도 합니다. Z세대들은 가상공간에서 또 다른 자아를 형성해 현실세계에서 이루지 못하는 꿈을 실현시키고 있는데, 현실과 가상의 경계를 넘나들며 2개의 삶을 산다고 볼 수도 있습니다.

그림 11-20 **버추얼 인플루언서** © https://www.truthinadvertising.org

게임 분야

게임 분야는 특히 온라인 가상공간만으로는 현실감이 부족했던 터라 현실감 향상을 위해 기술을 적극적으로 활용하고 있습니다. 증강현실 기술이 처음 접목된 게임은 소니 플레이스테이션의 아이펫(EyePet)입니다. 가상으로 애완동물을 키우는 게임으로, 게임기에 카메라가 달려 있어 집 거실 모습이 게임 환경에 반영됩니다. 애완동물은 사용자의 움직임이나 소리에 반응하며 사용자가 매직펜으로 그림을 그리면 캐릭터가 따라 그리기도 합니다. 이렇게 만들어진 그림은 게임 내 소품으로 활용되기도 합니다.

그림 11-21 **소니 플레이스테이션 아이펫** © https://gamerinfo.net

나이앤틱랩스에서 개발한 포켓몬 고(Pokemon GO)는 증강현실 게임의 결정체라고 볼 수 있습니다. 출시 당시 전 세계적으로 인기를 끈 이 게임은 사용자가 실제 사는 지역을 기반으로 게임이 진행됩니다. 특정 장소를 가면 포켓몬을 잡을 수 있고 편의점이나 지정된 카페를 가면 충전도 가능합니다. 한때 사람들이 함께 모여 포켓몬을 잡으러 다니는 등 온라인 활동이 오프라인과 접목하는 재미난 현상이 벌어지기도 했습니다. 증강현실 게임이 실제 환경과 결합하면 얼마나 큰 부가가치를 창출할 수 있는지 보여준 대표적인 사례입니다.

교육 분야

교육 분야에서는 관찰 대상이나 학습 상황을 제공해 교부재 참고서로 증강현실 기술을 활용하고 있습니다. 대표적으로 플레이스테이션의 AR북이 있습니다. 유아기, 소아기 나잇대의 아이들은 책에 싫증을 느끼는 경우가 많은데 AR북을 활용해 무궁무진한 콘텐츠 확장을 경험할 수 있습니다. 책에 카메라를 대면 단순한 인쇄물에 불과했던 그림이 3D 그래픽으로 구현되거나 현실 환경과 융합되어 나타나기도 합니다.

그림 11-22 플레이스테이션 AR북 © https://www.mobygames.com

코로나19 팬데믹이 지속되며 비대면 온라인 수업 시장이 활기를 띠자, LG유플러스는 수요에 발맞춰 IPTV와 애플리케이션을 활용한 어린이 특화 AR 교육 콘텐츠를 개발하기도 했습니다. 세계 유명 출판사의 영어도서를 3D나 AR 콘텐츠로 생동감 있게 즐길 수 있습니다.

또한 메타버스 개념이 도입된 '대학 가상 캠퍼스'가 현실이 되고 있습니다. 그래픽으로 대학 내 주요 건물과 시설을 재현한 디지털 공간에서 학생과 교수가 아바타로 소통하며 입학식이나 축제는 물론, 강의까지 진행하는 사례가 늘고 있습니다. 순천향대학교는 메타버스 입학식을, 건국대학교는 비대면 가상 대학축제를, 숭실대학교는 단과대·동아리별 홍보 가상부스를 구현해 학생들과 교류했습니다.

그림 11-23 **대학 가상 캠퍼스** © https://learnbrite.com

의료 분야

식품의약안전처는 '가상/증강현실 기술이 적용된 의료기기의 허가/심의 가이드라인'을 발표하며 의료 분야에 기술이 적절하게 활용되도록 돕고 있습니다. 현재 의료 분야에서는 교육과 훈련, 정신적·육체적 재활 치료, 건강 관리 측면에서 기술이 쓰이고 있습니다. 새로 개발되거나 익숙하지 않은 장비의 사용법을 VR 시뮬레이션으로 익히거나 수술 현장을 VR 영상으로 중계해 교육을 진행합니다. 또한 치과 치료 환자에게 VR 헤드셋을 씌워 자연 풍경을 보여줌으로써 긴장과 고통을 낮추거나 모의 수술 시뮬레이션에 활용하기도 합니다.

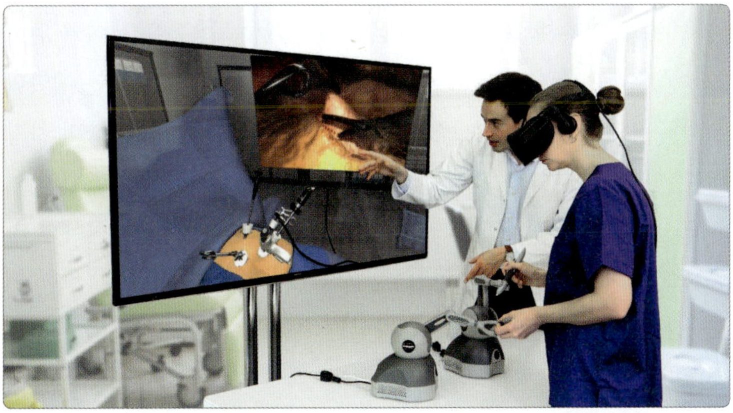

그림 11-24 **모의 수술 시뮬레이션** © https://www.digitaltrends.com

실제로 가상현실 기술은 심리치료에 긍정적 효과가 있다고 알려져 있으며 외상 후 스트레스 장애(PTSD) 치료 등에 활용되고 있습니다. 예를 들어, 불의의 사고로 엘리베이터를 타지 못하는 환자에게 HMD 기기를 씌워 에펠탑 엘리베이터를 타는 VR 영상을 보여주며 트라우마를 극복하도록 돕는 것입니다. 국내 한 방송국에서는 태안화력발전소에서 작업 중 사고를 당한 김용균 군의 작업 현장을 가상현실로 재현해 일반인이 체험하는 영상을 내보낸 적이 있습니다. 이 방송은 이탈리아에서 열린 '프리 이탈리아(Prix Italia)' 시상식에서 특별언급상을 수상하기도 했습니다.

의료 교육 분야에서는 심폐소생술 교육에 가상현실 기술을 적용해 현실감 있게 체험을 진행시키기도 합니다. 가상공간의 환경을 공공장소, 집 등 여러 선택지에서 고를 수 있고 이후 가상의 강사가 지시하는 대로 동작을 따라하는 방식입니다.

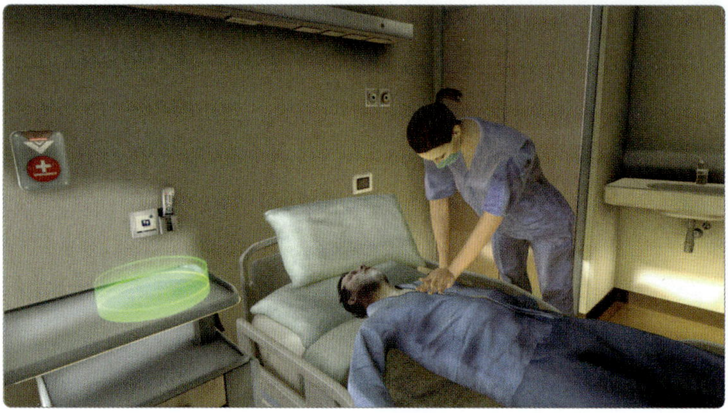

그림 11-25 가상현실 기술이 적용된 심폐소생술 교육 © https://b2b.studioevil.com

제조 분야

제조나 조립 분야에서도 증강현실 기술을 활용해 작업자의 실수를 방지하거나 효율을 높이기 위한 연구가 활발히 이루어지고 있습니다. 자동차 제조기업 BMW에서 만든 시스템이 대표적인 예입니다. 신차 관련 정비기사 교육에서 활용되는 시스템으로, 증강현실 기술이 적용된 안경을 쓰면 차량 내부 모습을 실제와 같이 확인할 수 있습니다. 다음 단계로 넘어가겠다는 음성인식이 인지되면 어떻게 정비를 해야 할지 알려주는 모션이 현실환경과 혼합되어 나타나고 정비기사는 솔루션에 따라 차량을 정비하면 됩니다. 이를 통해 교육에 드는 시간과 인력, 비용을 절감할 수 있습니다. 또한 이런 기술이 모바일 애플리케이션 시장에도 풀리면 일반인들도 자신의 차를 직접 정비하거나 살펴볼 수 있는 방향으로 활용될 수 있습니다.

이외에도 포드(Ford)는 여러 지역에 흩어져 있는 엔지니어가 실시간으로 홀로그램을 보며 협업할 수 있는 가상 작업장을 만들어 세부 설계 사항을 개선할 수 있도록 하였습니다. 미국 국토안보부는 가상현실 교육과 시뮬레이션을 결합해 폭발사고 같은 비상 상황 발생 시 투입될 인력을 훈련시키고 있습니다. 볼보(Volvo)도 가상현실 기술을 통해 각종 부품과 근로자를 사물인터넷(IoT)으로 연결하고 볼보에서 가장 노련한 작업자의 경험을 모든 근로자가 경험할 수 있도록 하고 있습니다. 이처럼 제조 산업에 적용되는 증강현실과 사물인터넷의 비즈니스 가치는 제조 처리량 증가, 교육 시간 단축, 비용 절감의 성과로 이어지는 데 있습니다.

그림 11-26 **제조 분야의 가상현실 시스템** © https://studiousguy.com

엔터테인먼트 분야

엔터테인먼트 분야는 코로나19 팬데믹으로 인한 사회적 거리두기 강화로 매출에 직격탄을 맞은 분야입니다. 콘서트나 팬미팅, 공연 등을 열 수 없게 되자 엔터테인먼트 업계는 스마트폰 속으로 무대를 옮기고 있습니다. 증강현실 기술을 활용해 스마트폰만 있으면 장소에 구애받지 않고 공연을 즐길 수 있도록 적용 범위도 확대하고 있습니다.

엔터테인먼트 업계가 가상현실보다 증강현실 기술 적용에 더 적극적인 이유는 소비자들의 접근성이 높고 콘텐츠 제작 또한 상대적으로 용이하기 때문입니다. 이종(異種) 산업 간 협업도 활발하게 진행되고 있는데, 네이버와 SM엔터테인먼트의 '비욘드 라이브'나 네이버제트(Z)가 운영하는 글로벌 AR 아바타 서비스인 제페토 등이 좋은 예입니다. 앞으로도 증강현실 엔터테인먼트 시장은 성장할 가능성이 상당히 크다고 볼 수 있습니다. 방탄소년단(BTS)은 가상현실, 증강현실, 확장현실(XR, eXtended Reality) 등 다양한 시각효과를 활용하여 무대를 꾸미기도 했습니다. 그래픽 효과로 새로운 세계가 열리는 XR 무대를 구현해, 볼류메트릭(Volumetric) 기술로 구현된 멤버가 가상의 문을 열고 걸어나오는 동작을 구현했습니다.

가상현실과 증강현실 기술이 합쳐진 혼합현실(MR, Mixed Reality)을 활용한 콘텐츠도 다양하게 제작되고 있습니다. 특히 5G 기술과 만난 혼합현실 기술은 엔터테인먼트 업계에 새로운 기회를 만들어낼 것으로 예상됩니다. 메타버스를 접목하면 복합 범용기술로 차별화된 경험 전달이 가능하고 시·공간을 초월한 새로운 경험 설계가 가능하기 때문입니다.

VR 다큐멘터리 《너를 만났다》에서는 세상을 떠난 가족과 세상에 남은 가족이 만나는 장면을 연출해 화제가 되었습니다. 이 프로그램은 '선한' 디지털 기술로 남은 가족들에게 심정적 위안을 주었다는 평가를 받으며 '아시아태평양방송연맹(ABU)' 시상식에서 TV 다큐멘터리 부문 대상을 수상하기도 했습니다.

그림 11-27 **VR 다큐멘터리 《너를 만났다》** © https://slate.com

표 11-1 **엔터테인먼트 분야의 메타버스 플랫폼 종류** © 소프트웨어정책연구소

기업명	구분	설명
로블록스 (Roblox)	게임	• 전 세계 이용자 수 : 1억 6,400만 명(2020년 8월 기준) • 가상세계를 스스로 창조하고 실시간으로 게임을 즐길 수 있는 플랫폼 • 게임개발, 아이템 판매로 연 10만 달러 이상 수익을 올리는 유저도 존재 • 가상화폐 Robux가 통용돼 경제 생태계까지 완성된 제2의 현실세계
마인크래프트 (Minecraft)	게임	• 전 세계 이용자 수 : 1억 1,200만 명(2019년 기준) • 레고 같은 블록을 쌓아 새로운 가상세상을 만드는 게임 • 2011년 서비스가 시작된 후 2014년 마이크로소프트가 3조 원에 인수
포트나이트 (Fortnite)	게임	• 전 세계 이용자 수 : 3억 5,000만 명(2020년 5월 기준) • 3인칭 슈팅 생존 게임으로 파티로얄이라는 공간에서 사용자들이 함께 어울리며 즐겁고 편한 시간을 보낼 수 있도록 지원 • 미국 힙합가수 트래비스 스콧은 포트나이트 가상 콘서트를 열어 오프라인 대비 10배 이상의 매출을 달성
제페토 (ZEPETO)	SNS	• 전 세계 이용자 수 : 2억 명(2020년 말 기준) • 3D 아바타 기반 소셜 네트워크 서비스 • 이용자는 AR 패션 아이템 제작 등으로 수익창출 가능 • 제페토에서 개최된 블랙핑크 버추얼 팬 사인회는 3,000만, 아바타 공연은 4,000만 뷰를 돌파

샌드박스 (Sand Box)	게임	• 블록체인 기반의 가상게임, 생활 플랫폼 • 플랫폼 내에서 유통되는 코인 SAND는 가상화폐 거래소 업비트와 빗썸에서 거래 가능
디센트럴랜드 (Decentraland)	생활	• 블록체인 기반의 가상세계 플랫폼 • 유저가 이름과 아바타를 직접 설정한 뒤 가상세계를 탐험 • 유저들은 업데이트, 토지 경매 등 커뮤니티와 연관된 모든 의결사항에 대해 투표할 수 있고 게임 개발사는 유저 동의 없이 게임 세계관 변경이 불가함

건설 분야

건설 분야에서는 가상현실 기술을 활용해 비용 낭비를 줄일 수 있습니다. 개발 단계 중간에 건물 설계를 조정할 수 있기 때문입니다. 감독관들은 AR 안경을 쓰고 돌아다니며 수정이 필요한 곳을 찾고, 이미 건설된 구조물 위에 앞으로 건설될 모델을 배치해 보며 검사를 진행할 수 있습니다. 건물 완공 전에 문제점을 파악해 수정할 수 있어 사후 비용을 크게 줄일 수 있습니다.

현대건설은 건설현장에 증강현실 품질관리 기술을 도입했습니다. 객체 정보 확인, 길이 측정, 3D 모델 조작기능 등을 활용할 수 있는 애플리케이션을 통해 실제 건축물 위에 3D 모델을 증강시켜 시공 후 품질을 효과적으로 예측할 수 있습니다.

그림 11-28 **건설현장 VR 점검** © https://laptrinhx.com

소매 유통, 패션 분야

최근, 온라인 쇼핑 제품 중 AR 기능을 갖춘 제품이 그렇지 않은 제품보다 실제 구매로 이어지는 비율이 94%나 높은 것으로 밝혀져 가상현실 기술의 실효성이 다시 한 번 입증됐습니다. 유명 쥬얼리 브랜드 켄드라스콧(Kendra Scott)은 웹사이트에 AR 기능을 신속하게 도입해 별도의 앱을 설치하지 않아도 귀걸이나 목걸이를 가상으로 착용해볼 수 있게 해 좋은 반응을 이끌어냈습니다.

코로나19 바이러스의 위험성으로 오프라인 매장을 찾는 소비자와 점포, 직원들의 위생과 안전이 중요해지면서 뷰티 소매업계는 화장품 테스트를 금지하고 AR 기능을 적극 도입하기 시작했습니다. 얼타(Ulta)의 AR 가상 테스팅 시스템 '글램랩(GLAMLab)'은 5,000만 건 이상의 테스트 수를 기록 중입니다.

앞으로는 D2A(Direct to Avatar) 시대, 즉 기업이 소비자에게 직접 판매하는 D2C(Direct to Consumer) 시대를 지나 아바타에게 직접 다가가는 시대가 열릴 것입니다. 포브스는 D2A 시장 규모가 2017년 300억 달러(약 33조 8,000억 원)에서 2022년 500억 달러(약 56조 4,000억 원)에 이를 것으로 전망했습니다. 젊은 층에게 브랜드를 각인시키는 데 아주 효과적이라 많은 기업이 활용할 것으로 보기 때문입니다. 2025년이 되면 세계 명품 소비의 45%가 Z세대에게서 나올 것이란 전망도 기업들을 메타버스로 모이게 하고 있습니다.

표 11-2 메타버스로 영역을 확대하는 패션기업 ⓒ 한국경제, 2021.05.21., 이지현

기업명	활용 방안
버버리(Burberry)	레이싱 게임 '비서프' 출시
랄프로렌(Ralph Lauren)	스냅챗 촬영을 위한 폴로 로고 AR 도입
발렌시아가(Balenciaga)	비디오 게임 패션쇼와 룩북(Look Book) 공개
리바이스(Levi's)	백화점 브랜드 콜스에 가상상점 입점
구찌(Gucci)	제페토에 아바타용 상품 출시
루이비통(Louis Vuitton)	게임 'LOL' 아바타와 트로피 출시
마크제이콥스(Marc Jacobs)	닌텐도 게임 '모여봐요 동물의 숲'에서 패션쇼 개최
발렌티노(Valentino)	닌텐도 게임 '모여봐요 동물의 숲'에서 패션쇼 개최

허스트 매거진(Hearst Magazines)은 PC를 기반으로 한 증강현실 서비스를 선보인 적이 있는데, 패션업계와 협업해 재미난 이벤트를 열기도 했습니다. 카메라로 자신의 모습을 찍어 웹사이트에 접속하면 잡지에서 광고하고 있는 옷을 입어볼 수 있는데, 이 모습을 콘테스트에 제출해 가장 잘 어울리는 사람을 뽑은 것입니다. 1등으로 뽑힌 지원자에게는 해당 옷을 상품으로 제공하였습니다. 온라인으로 옷을 구매하면 실제로 받아보았을 때 자신과 어울리지 않아 반품하는 경우가 많은데 이를 사전에 방지하기 위해 '가상 드레스룸' 식으로도 많이 활용되고 있는 기술입니다.

그림 11-29 **VR 피팅룸** © https://ardev.es

마케팅 분야

펩시(Pepsi)는 마케팅에 증강현실 기술을 적용해 뜻밖의 경험을 선사했습니다. 한 버스정류장에 카메라와 대형스크린을 창문처럼 설치하고 촬영된 카메라 내용을 스크린에 그대로 투영합니다. 그러면 버스를 기다리고 있는 사람들은 갑자기 외계인이나 호랑이를 보게 되면서 깜짝 놀랍니다. 현실과 가상정보가 결합된 기술로 재미를 느끼게 해 브랜드에 대한 긍정적인 경험을 준 사례입니다.

카우스(KAWS)라는 피규어를 만든 사람으로 유명한 아티스트 브라이언 도넬리는 AR 전시회를 열어 일주일에 7달러, 한 달에 30달러를 지불하면 대여할 수 있는 AR 조각품을 선보였습니다. 이 조각품은 상공에 떠 있으며 구매자는 앱을 통해 자신이 원하는 위치에 설치할 수 있습니다. 일반적인 피규어 구매와 다른 점이 없어 디지털 아트의 방향성을 잘 보여줍니다.

그림 11-30 **브라이언 도넬리의 AR 전시회** © https://www.urdesignmag.com

일본의 동경신문(東京新聞)은 색다른 방식으로 증강현실 기술을 활용했습니다. 딱딱하고 전문적인 느낌이 드는 한자는 어린이와 젊은 층이 신문을 멀리하는 가장 큰 이유였습니다. 그래서 동경신문은 전용 AR 앱을 출시했습니다. 신문의 특정 기사를 카메라로 스캔하면 헤드라인과 중요 내용을 시각화한 화면이 팝업되어, 보다 쉽고 재미있게 기사를 읽고 이해할 수 있습니다. 덕분에 잠재 독자층의 증가와 더불어 신문 구독률까지 오르는 효과를 얻었습니다.

그림 11-31 **동경신문 AR 앱** © https://wired.jp

인천공항은 공항 내 환승 편의시설에 디지털 거울인 FX미러를 설치해, 한복을 비롯한 각종 유니폼을 가상으로 착용해볼 수 있는 부스를 선보였습니다. 거울에 비친 인물의 신체를 스캔해 즉석에서 정교한 3D 의류를 착용시켜줍니다. 외국인 관광객들이 많은 호기심을 보이며 참여했고 국내 AR 기술력을 홍보하는 효과까지 거뒀습니다.

의류 브랜드 탑샵(Topshop)은 세계 최초로 실시간 라이브 스트리밍을 통한 360도 VR 마케팅을 시도했습니다. 매장에 방문한 고객에게 VR 헤드셋을 착용하게 해 실시간으로 진행되는 탑샵의 패션쇼를 관람할 수 있도록 한 것입니다. 패션쇼장 곳곳의 모습과 사운드를 생생하게 느낄 수 있어 체험자들로부터 긍정적인 반응을 얻었습니다.

그림 11-32 **탑샵 VR 패션쇼** © https://alexlambertcreative.com

코카콜라와 맥도날드(McDonald's)는 VR 헤드셋 가격이 비싼 점을 역으로 이용해 마케팅 전략을 짜기도 했습니다. 코카콜라는 제품을 포장한 종이 패키지를 접어 카드보드 만드는 법을 공유했고, 맥도날드 스웨덴 지사는 카드보드로 재활용할 수 있는 해피밀 세트 패키지를 출시했습니다. 자사의 패키지를 활용해 즐길 수 있는 VR 게임 앱까지 출시해 소비자들이 보다 저렴하고 손쉽게 VR 콘텐츠를 체험할 수 있었습니다.

그림 11-33 **맥도날드 VR 굿즈** © https://www.adweek.com

3 가상현실과 증강현실 산업경쟁

가상, 증강현실을 둘러싼 산업경쟁은 점점 치열해지고 있습니다. 앞서 살펴본 것처럼 많은 기업에서 이미 기술을 도입해 자사의 브랜드 가치를 높이는 데 활용하고 있습니다. 저렴한 HMD나 메타버스 플랫폼의 등장은 VR 기기를 살 수밖에 없는 환경을 만들 것입니다. 기기 성능이 개선되어 장시간 기기를 착용하는 것도 가능해지면 메타버스로 엮일 새로운 사회적 관계는 점점 무시하기 어려워질 것이므로 글로벌 기업들 또한 기술을 선점하기 위해 보이지 않는 전쟁을 펼치고 있습니다.

기업별 개발 현황

삼성전자는 VR 기기 개발업체인 포브(Fove)와 투자를 진행해 증강현실, 가상현실 기술을 확보했으며, VR 플랫폼도 구상하고 있습니다. 오큘러스(Oculus)와도 협력 관계를 유지하며 삼성기어나 스마트폰과 연계된 5G VR 솔루션을 접목하고 있습니다. 또한 아몰레드 LED 기술의 디스플레이를 활용해 기술적 우위를 선점하고 있으며 스마트워치와 VR 기기가 연동되게 하였습니다. 이는 차세대 스마트폰 생태계가 5G와 함께 연동되는 기술을 구현하기 위함입니다. AR 글래스는 '삼성 글래스(Samsung Glasses)', '삼성 글래스 라이트(Samsung Glasses Lite)' 등 2가지 제품을 개발 중이며, AR 글래스에 이어 갤럭시 스페이스라는 상표와 관련 특허를 등록해 새로운 VR 기기 출시에 대한 기대감을 높이고 있습니다.

그림 11-34 **삼성 AR 글래스** © https://vr-expert.com

마이크로소프트도 XBOX 360을 개발하면서 오큘러스와 협력 관계를 유지 중이며 '마이크로소프트 홀로렌즈(Microsoft HoloLens)'는 눈앞에 홀로그래픽을 실현하는 기기로 현실공간에 가상 정보를 더해 상호작용이 가능하도록 설계되어 있습니다. 혼합현실(MR)을 표방하므로 기업의 원격 지원이나 진단, 교육, 의료 분야에서 작업 숙련도를 단시간에 끌어올리는 데 도움을 줄 수 있습니다. 대중화 초입에 있는 소비자용 VR 기기처럼 산업용 AR 글래스도 성능 개선과 가격 조정이 마무리되면 보급 확산 속도는 빨라질 것으로 예상됩니다.

그림 11-35 **마이크로소프트 홀로렌즈** © https://blogs.windows.com

구글은 유튜브와 연동해 '매직리프(Magic Leap)'라는 새로운 가상 혼합현실 HMD를 개발했습니다. 저렴한 카드보드로 VR 대중화를 선도하기 위해 관련 영상을 유튜브에 배포하기도 했습니다. 앞으로 구글 안경이나 구글카도 연동해 거대한 VR 플랫폼으로 나아갈 것으로 보입니다. 또한 구글 안경이 사생활 보호 등의 논란을 일으킨 후에는 소비자용 제품 생산을 포기하고 산업용 제품에 집중해 산업체에서만 사용할 수 있는 구글 안경 엔터프라이즈 에디션을 선보였으며, 2세대 제품까지 출시한 상태입니다.

애플도 메타이오(Metaio)나 프라임센스(PrimeSense) 같은 VR 플랫폼 회사를 인수해 자체적인 VR 플랫폼을 만들고 있는 상황입니다. 메타버스 시장에 대해서도 적극적으로 전략을 취하며 헬멧형 AR 기기에 이어 글래스형, 콘텍트렌즈형 AR 기기를 구현할 것으로 예상됩니다.

소니는 플레이스테이션 시리즈와 연계해 '프로젝트 모피어스'를 출시하여 콘솔게임 시장을 적극 공략하고 있습니다. 대만의 모바일 기업 HTC는 스마트폰 연동이 아닌 일체형 '바이브 VR'을 출시하면서 전 세계 최대 유통업체인 스팀(Steam), 벨브(Valve)와 협력했습니다.

하드웨어 시장의 전망

글로벌 기업들이 기술 개발에 열을 올리면서 관련 시장의 전망도 밝아지고 있습니다. 지금까지는 고가의 PC 기반 VR이 주를 이뤘지만 오큘러스가 '오큘러스 퀘스트 2(Oculus QUEST 2)'를 299달러에 출시하면서 가격 부담을 크게 줄였습니다. 오큘러스 퀘스트는 독립형 VR로, PC에 의존하지 않고 자체 디바이스로 VR 환경을 만들 수 있는 제품입니다. 향후 VR 기기 형태는 독립형 VR로 발전할 것으로 보이는데, 이동이 자유롭고 컴퓨터와 TV가 별도로 필요하지 않아 저렴하다는 장점이 있습니다. 하지만 인터넷 환경이나 사양 조건에 따라 불완전하다는 단점이 있어 차차 개선되어야 할 부분이기도 합니다.

사실 스마트폰이나 웨어러블 기반 HMD가 VR 시장을 주도할 것은 자명한 사실입니다. HMD 종류는 크게 일체형, 스마트폰 탈부착형, 카드보드형 등이 있습니다. 일체형은 유선 기반으로 퀄리티가 좋고 콘솔게임이나 PC에 주로 이용됩니다. 가격이 비싸지만 시야각이나 몰입감이 아주 우수해 체험 강도가 훌륭하다는 평가를 받고 있습니다. 스마트폰 탈부착형은 무선 기반으로 게임이나 영화 관람, 교육에 많이 활용되고 있습니다. 카드보드형은 무선 기반의 탈부착 형태이며, 구성물이 종이라서 키트를 사서 직접 조립할 수 있어 가격도 저렴합니다.

(a) 일체형 (b) 스마트폰 탈부착형 (c) 카드보드형

그림 11-36 **HMD 종류**

PC 기반의 VR 장비로는 오큘러스의 '오큘러스 리프트'나 HTC의 '바이브' 같은 장비들이 계속 업그레이드되고 있으며 콘솔을 기반으로 하는 VR 장비로는 소니의 '프로젝트 모피어스'가 있습니다.

스마트폰에 탈부착하는 장비로는 갤럭시 '기어VR' 시리즈가 대표적이며 구글의 카드보드로 확대되고 있는 상황입니다. 독일의 칼자이스나 중국의 폭풍마경 등도 스마트폰 기반의 저렴한 VR HMD를 만들기 위해 노력하고 있습니다.

VR 장비는 PC 기반에서 활용도가 높지만 가격 부담이 적은 스마트폰 기반 위주로 시장이 바뀌고 있어 경쟁이 아주 치열할 것으로 전망됩니다. 유선 기반, PC 콘솔 기반도 무선화될 가능성이 높습니다. 하지만 무선 기반은 데이터나 배터리의 제약이 커서 장시간 게임이나 영화를 보는 것보다 단시간 콘텐츠 감상 위주로 성장할 것으로 보입니다.

현재 증강현실, 가상현실 기기 하드웨어 시장은 2025년까지 연평균 62.3%의 성장세를 보일 것으로 예상됩니다. 소비자들의 인식 변화 및 다양한 기업들의 참여, 새로운 콘텐츠의 등장으로 큰 규모의 IT 디바이스 시장이 될 것입니다. 현재 VR 디바이스 시장을 선도하고 있는 기업은 페이스북이며 마이크로소프트는 상업용 초고가제품 판매로 매출 규모 2위를 기록하고 있습니다.

가상, 증강현실 디바이스 시장 규모 전망

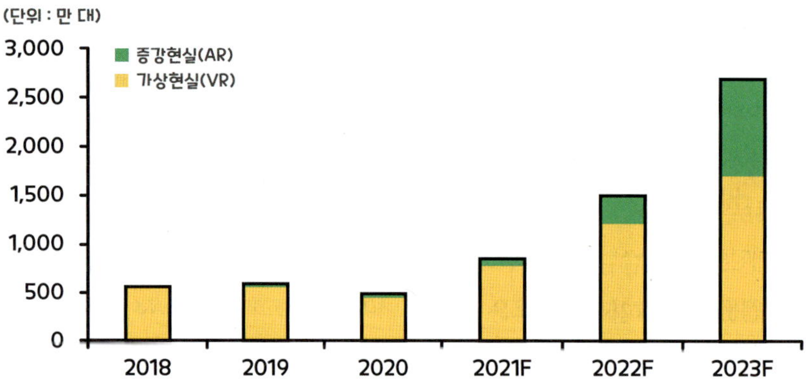

그림 11-37 가상, 증강현실 디바이스 시장 규모 전망 © 유진투자증권

Section

03 증강현실이 열어가는 미래

토요타에서는 미래 자동차에 증강현실 기술이 접목된 모습을 선보였는데, 헤드업디스플레이가 작동되는 자동차의 모습은 매우 유명합니다. 자동차 유리 앞면에 속도를 비롯한 여러 정보가 비춰지며 뒷좌석 창문에 비춰지는 광경은 현실과 결합해 증강현실 매개체로 활용됩니다. 거리가 얼마나 되는지 확인하거나 배경, 사진을 확대해서 볼 수도 있습니다. 더 나아가 디스플레이에 얹어진 사물이 무엇인지 공부까지 가능합니다. 즉, 자동차 창문이 스케치북으로, 공부장으로, 정보창으로도 확대되며 혼합된 현실을 체험할 수 있는 겁니다. 글래스와 증강현실의 혼합 기술이 미래에 어떻게 활용될지 예측해 볼 수 있는 사례입니다.

독일의 콘티넨털(Continental)은 대형 고해상도 HUD를 통해 운전자의 시야에 직접 정보를 투사하는 기술을 선보였습니다. 계기판 전문 브랜드인 비스테온(Visteon)도 HUD를 통한 차량 센서 통합 디스플레이 AR 기술을 선보였는데, 주변에서 감지된 물체의 종류나 주목도에 따라 색상을 덧입히는 형태로 운전자에게 명확한 정보를 전달한다고 합니다.

그림 11-38 독일 콘티넨털의 VR 기술 © https://next.reality.news

구글의 번역 서비스는 초기에는 텍스트를 직접 넣어야 했지만 텍스트를 카메라로 촬영해 올려도 번역을 해주는 서비스로 변화하고 있습니다. 또한 증강현실 기반 스마트 렌즈 기능을 구사하는 구글 카메라로 사물을 찍으면 번역본이 바로 뜨거나 관련 정보를 확인할 수 있습니다. '텍스트 렌즈'라는 기술로, 카메라가 자동으로 언어를 인식해 번역하거나 검색할 수 있는 기능입니다. 검색 결과도 3D 입체 영상으로 제공하는데, 예를 들어 '근육 굴곡'을 검색하면 결과 창에 3D 근육 사진을 내보냅니다. 이외에도 상품 사진을 찍으면 해당 상품과 유사한 다른 상품 정보를 제공하기도 합니다. 이러한 서비스들은 앞서 설명했던 글래스 형태의 VR 기기가 등장하면서 가능해졌습니다. 구글 안경도 소비자용 제품 개발에는 주춤했지만 앞으로 제조 기반 산업 현장에서 사용이 확대될 전망입니다.

구글은 VR 기기 개발을 위해 5,900억 원이 넘는 금액으로 매직리프(Magic Leap)를 인수하기도 했습니다. 이 회사는 아주 혁신적인 가상 HMD를 만들며, 물리적인 물체와 컴퓨터 투사 이미지가 결합되어 손에 잡히는 토템 UI를 기반으로 합니다. 눈앞에 있는 글래스를 통해 이메일을 확인할 수도 있고 벽면에 TV가 만들어지거나 게임을 할 수도 있습니다. 가상 혼합현실로 구현되는 매직리프의 게임은 현실감이 대단하다고 합니다.

페이스북은 최근 가장 공격적으로 VR 생태계를 확장하고 있습니다. 오큘러스 인수 이후 꾸준히 VR 기기를 출시하고 있으며, 오큘러스 퀘스트 2를 저렴한 가격으로 출시해 VR 기기 대중화의 시작이라고 호평을 받았습니다. 또한 현재 판매되고 있는 VR 기기들은 모두 컨트롤러를 잡고 조작하는 형태로 구성되어 있어, 핸드트래킹 기술을 개발하려고 노력 중입니다. 이를 통해 훨씬 많은 양의 콘텐츠 구현과 현실세계에 있는 듯한 몰입감을 선사할 것으로 기대됩니다.

그림 11-39 페이스북 스마트글래스 ⓒ https://ccm.net

마찬가지로 애플도 적극적인 태도를 보이며 메타버스 인프라 확산에 결정적인 역할을 할 것으로 예상됩니다. 애플이 개발한 헬멧형 AR 기기는 기존 VR 기기보다 뛰어난 몰입감을 제공하는데, 휴대용 제품처럼 느껴지지 않게 사용자 편의성을 개선할 것으로 보입니다. 또한 애플 글래스는 6개의 렌즈와 라이다 센서를 탑재한 AR 기반 헤드셋이 될 것으로 추정됩니다. AR 콘택트렌즈를 활용해 손가락 움직임을 감지하는 골무 형태의 장치 등도 개발하고 있는 것으로 알려져 있습니다.

그림 11-40 **애플 글래스** © https://www.idropnews.com

마이크로소프트의 홀로렌즈는 두 번째 버전까지 출시된 상태이며 구글 안경과 같은 증강현실 글래스입니다. 오큘러스 리프트처럼 가상현실과 혼합현실을 구현하고자 합니다. 카메라, 컴퓨터, 렌즈, 스피커, 열을 식히는 통풍구 구조로 이루어져 있으며, 자이로스코프, 모션 센서 기법을 적용해 현실 기반 가상 혼합현실의 모습을 구체적으로 표현해낸 사례입니다. 또한 차세대 칩셋 솔루션을 결합해 홀로그래픽 프로세싱으로 유닛을 탑재했는데 3D 형식이 아닌 홀로그래픽 형태로 가상 혼합현실이 구현된다는 점에서 진보된 기기로 인정받고 있습니다.

이러한 기기 개발 사례를 종합적으로 정리해 보면 이제 기술의 흐름은 가상, 증강현실을 넘어 혼합현실 시대로 나아가고 있음을 알 수 있습니다. 가상현실과 증강현실이 합쳐진 혼합현실 시대를 기반으로 별도의 정보 출력 기기 없이도 현실에서 가상 정보를 가시적으로 확인할 수 있는 시대가 다가오고 있는 것입니다. 우리가 보고 있는 실제세계와 가상공간이 혼합된 시대에서 우리는 앞으로 일어날 사회적 현상들에 대해 생각해볼 수밖에 없습니다. 앞으로는 매직리프, 구글의 렌즈, 마이크로소프트 홀로렌즈 등의 기기가 문화까지 창출하는 시대가 될 것입니다. 어느 것이 현실이고 어느 것이 가상인지 구분이 안 가는 혼란 속에서 지켜야 할 도덕성이나 인간관계에 있어 기본적으로 유지해야 할 감성관계에 대해서도 고민해 보며 기술 발전을 이뤄나가야 합니다.

요약

01 가상현실과 증강현실의 이해

- 가상현실이란 컴퓨터를 이용해 구축한 가상공간에서 시각과 청각, 촉각 같은 오감의 상호작용을 실제처럼 느끼도록 구현된 가상 환경을 뜻한다.
- 가상현실의 특징은 현장적 몰입감이 있으며 인간과 컴퓨터의 상호작용이 필요하고 하드웨어, 소프트웨어가 오감에 기반해 다양하게 적용되며, 구현된 가상공간 내에서 사용자의 자율성이 보장된다는 것이다.
- 가상현실은 몰입형 시스템, 비몰입형 시스템으로 분류할 수 있으며 하위 개념으로 증강현실이 있다.
- 증강현실이란 현실세계의 가상 정보를 실시간으로 결합해서 보여주는 기술이며, 현실과 가상이 혼합된 형태를 의미한다.
- 증강현실 기기는 입력장치, 증강현실 영상을 만드는 증강현실 구현시스템, 시스템을 표현해주는 디스플레이장치로 구성되어 있다.
- 가상현실과 증강현실의 차이는 사용자가 직접 현실세계를 볼 수 있느냐, 없느냐이다.
- 메타버스는 가상과 현실이 상호작용하며 공진화하고, 그 속에서 사회, 경제, 문화 활동이 이루어지며 가치를 창출하는 세상을 의미한다.

02 증강현실을 활용한 부가가치 창출

- 증강현실 기술은 2000년대 중반까지 연구 개발 및 시험 적용에 머물러 있다가 기술적 환경이 갖춰지면서 완연한 실용화 단계에 진입하고 있다.
- 가상현실과 증강현실이 확대되기 위해서는 산업적인 규제 해제와 정보기술 공개 등이 필요하다.
- 광고, 게임, 교육, 의료, 건축 등 다양한 분야에서 활용되어 부가가치를 창출하고 있다.

03 증강현실이 열어가는 미래

- 토요타, 독일의 콘티넨털 등의 기업은 실제 차량에 증강현실 기술을 도입하였다.
- 구글은 AR 기반 스마트 렌즈 기능을 통해 사진을 찍으면 바로 번역이 되는 기술을 개발하였다. 구글 안경 역시 이러한 기술을 도입한 사례이며 여러 산업 분야에서 활용되고 있다.
- 페이스북, 애플, 마이크로소프트 역시 관련 분야에 진출해 제품 개발에 힘쓰고 있다.
- 현실과 가상의 결합으로 만들어질 문화에 따른 윤리 문제에 대한 고민이 필요한 시점이다.

연습문제

단답형 문제

01 (　　　　　　　)이란 컴퓨터를 이용해 구축한 가상공간에서 시각과 청각, 촉각 같은 오감의 상호작용을 실제처럼 느끼도록 구현된 가상 환경을 뜻한다.

02 장비를 사용하는 가상현실 시스템은 (　　　　　　　)이고, 대표적인 장비는 (　　　　　　　)이다.

03 가상현실 시스템 중 (　　　　　　　)은 (　　　　　　　)으로 만들어진 가상공간에서 모니터나 터치 스크린 같은 것을 보면서 구동되는 시스템이다.

04 (　　　　　　　)이란 현실세계의 가상 정보를 실시간으로 결합해서 보여주는 기술로, (　　　　　　　)과 (　　　　　　　)이 혼합된 형태를 의미한다.

05 증강현실 기술의 첫 구현은 1990년 비행기 제조업체 (　　　　　　　)에서 일어났으며 이를 통해 복잡한 수리 업무 환경이 개선되었다.

06 증강현실의 특징은 가상과 현실의 조합, 즉 (　　　　　　　)이라고 할 수 있다.

07 증강현실 시스템은 (　　　　　　　), 증강현실 영상을 만드는 증강현실 (　　　　　　　), 시스템을 표현해주는 (　　　　　　　)로 구성된다.

08 증강현실 영상처리 시스템은 사각형의 마커를 인식해 처리하는 (　　　　　　　)과 카메라로 입력된 영상에서 특징적인 점들을 추출해내는 (　　　　　　　)을 활용한다.

09 메타버스는 '초월, 그 이상'을 뜻하는 (　　　　　　　)와 '세상 또는 우주'를 뜻하는 (　　　　　　　)의 합성어이다.

10 기술 발전으로 MR 시대, 즉 (　　　　　　　) 시대로 나아가고 있는 시점에서 도덕성이나 기본적으로 갖춰야 할 감성관계를 어떻게 유지할 것인지에 대해 생각해봐야 한다.

객관식 문제

11 다음 중 메타버스에 대한 설명으로 옳지 않은 것은?

① 가상과 현실이 상호작용하며 공진화하고, 그 속에서 사회, 경제, 문화 활동이 이루어지면서 가치를 창출하는 세상이다.

② '초월, 그 이상'을 뜻하는 그리스어 '메타'와 '세상 또는 우주'를 뜻하는 '유니버스'의 합성어이다.

③ 1992년 미국의 소설가 닐 스티븐슨의 소설『스노우 크래시』에서 처음 사용되었다.

④ 실제세계의 '우주'에 부합하는 인터넷 기반의 2D 가상세계이다.

⑤ 구현 공간과 정보의 형태에 따라 크게 4가지 유형으로 구분된다.

12 온라인 또는 컴퓨터 내 가상공간만으로는 현실감이 부족해 이를 향상시키기 위해 증강현실 기술을 활용하고 있는 분야는 어디인가?

① 방송, 광고 분야

② 게임 분야

③ 의료 분야

④ 제조 분야

⑤ 건설 분야

13 다음 중 증강현실에 대한 설명으로 옳지 않은 것은?

① 가상현실의 한 분야로 실제 환경에 가상 사물을 합성한 기법이다.

② 현실세계에 존재하는 사물처럼 보이도록 3D 영상처리 기법을 사용한다.

③ 사용자가 실제세계와 상호작용을 할 순 없지만 확장된 현실감을 제공한다.

④ 가상 수술, 모의 비행, 건축 설계 등 다양한 분야에서 활용된다.

⑤ 입력장치, 구현시스템, 디스플레이장치로 시스템이 구성되어 있다.

14 다음 중 가상현실에 대한 설명으로 옳지 않은 것은?

① 컴퓨터를 이용한 오감의 상호작용을 통해 실제처럼 구현된 환경이다.

② 1980년대에 컴퓨터 공학자 재런 러니어에 의해 대중화된 용어이다.

③ 몰입형, 비몰입형 시스템으로 나뉘며 하위 개념으로 증강현실이 있다.

④ 비몰입형 시스템은 비현실 기반과 현실 기반으로 나뉜다.

⑤ 몰입형과 비몰입형이 혼합된 것이 증강현실이다.

15 다음 중 구글의 증강현실 기술에 관한 설명으로 옳지 않은 것은?

① 일반 사용자들이 구글 안경의 사용을 즐기면서 시장이 확대되고 있다.

② 매직리프를 거액에 인수하며 증강현실 분야에 집중하고 있다.

③ 여러 기업의 제조현장에서 구글 안경이 활발히 활용되고 있다.

④ 카메라가 자동으로 언어를 인식해 번역하거나 검색할 수 있는 기술을 개발했다.

⑤ 증강현실 기반 스마트 렌즈 기능이 구글의 대표적인 증강현실 기술이다.

토론과제

01 가상현실과 증강현실이 합쳐진 혼합(융합)현실이 우리 생활을 어떻게 변화시킬지 이야기 나눠봅니다.

02 가상현실과 증강현실의 차이점에 대해 설명해봅니다.

03 메타버스의 정의에 대해 설명하고 메타버스 시대로 변화할 사회 모습에 대해 토론해봅니다.

CHAPTER 12

빅데이터와 사회변화 예측

학습목표

- 빅데이터에 대한 여러 정의를 설명할 수 있습니다.
- 빅데이터 등장 배경에 대해 설명할 수 있습니다.
- 빅데이터가 활용된 사례를 이야기할 수 있습니다.
- 빅데이터의 가치가 만들어지는 과정과 그에 따른 사회변화를 설명할 수 있습니다.

Preview

12장에서는 빅데이터의 발전과 그에 따른 사회적 적용 및 변화에 대해 다루겠습니다. 빅데이터는 정치, 사회, 경제, 문화, 과학기술 등 전 영역에서 사회와 인류에게 가치 있는 정보를 제공할 수 있으며 그 중요성이 점점 커지고 있습니다. 빅데이터에 대해 더 잘 알기 위해, 빅데이터의 개념과 활용 사례를 살펴보고 기술 자체를 이해하고 데이터로 이야기하는 법을 배워봅니다. 또한 빅데이터 시대를 대비한 방안과 미래 전략도 함께 학습합니다.

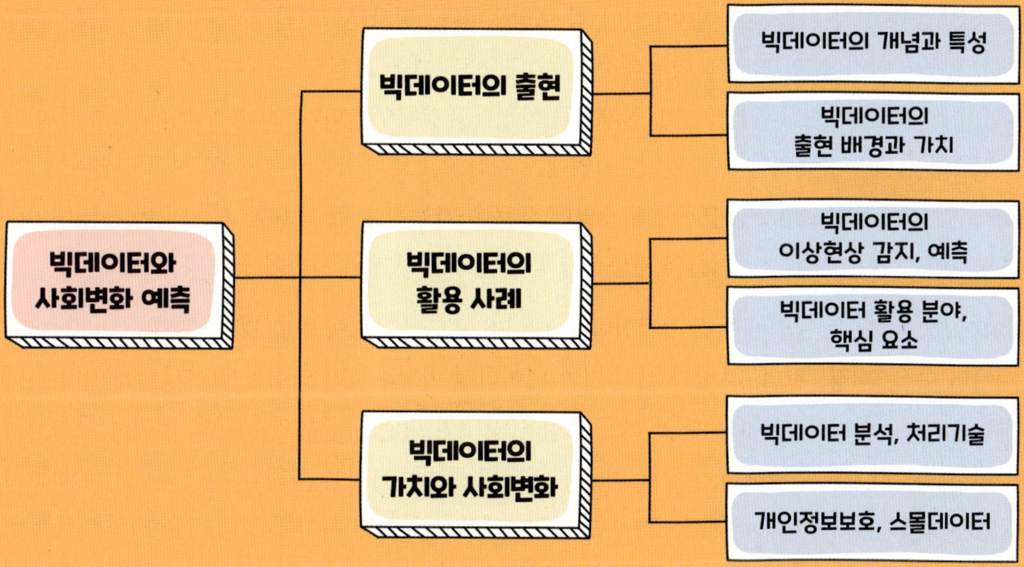

Section

01 빅데이터의 출현

1 빅데이터의 개념

4차 산업혁명을 이끌 기술에는 빅데이터가 꼭 포함됩니다. 평가분석기관 가트너(Gartner)는 빅데이터의 기술 분야가 향후 기업에 영향을 미칠 10대 전략 기술 트렌드라고 지정했습니다. 또한 IT 분야나 비즈니스에 창조적 파괴를 가할 잠재력을 가졌다고 분류했습니다. 그래서 대규모로 투자할 가치가 있으며 시행이나 채택이 늦어질수록 기업에는 위험 요소로 작용할 수 있다고 보고 있습니다. 세계경제포럼(Davos Forum)에서도 국제 개발에 새로운 가능성을 열 중요한 기술이 바로 빅데이터라고 평가했습니다. 빅데이터 기술의 가능성과 중요성에 전 세계의 이목이 집중되고 있습니다.

빅데이터(Big Data)는 정의가 여러 가지입니다. 데이터 규모에 초점을 맞출 경우, 맥킨지(McKinsey)는 데이터 수집, 저장, 관리, 분석과 같이 기존 데이터베이스의 관리 역량을 넘어서는 데이터를 빅데이터라고 정의합니다. 업무 수행 방식에 초점을 맞추면 다양한 종류의 대규모 데이터로부터 저렴한 비용으로 가치를 추출해내, 데이터의 빠른 수집과 발굴, 분석을 지원하도록 고안된 차세대 기술과 아키텍처라는 IDC의 정의가 있습니다. 가트너에서는 향상된 시사점과 더 나은 의사결정을 위해 사용되는 정보 자산이자 비용 효율이 높고 혁신적이며 대용량, 고속, 다양성의 특징을 갖는 데이터라고 정의합니다.

데이터 규모에 초점을 맞춘 정의

- 기존 데이터베이스의 관리 역량을 넘어서는 데이터

업무 수행 방식에 초점을 맞춘 정의

- 다양한 종류의 대규모 데이터로부터 저렴한 비용으로 가치를 추출해내, 데이터의 빠른 수집과 발굴, 분석을 지원하도록 고안된 차세대 기술과 아키텍처
- 향상된 시사점과 더 나은 의사결정을 위해 사용되는 정보 자산이자 비용 효율이 높고 혁신적이며 대용량, 고속, 다양성의 특징을 갖는 데이터

그림 12-1 빅데이터의 다양한 정의

하나 더 알기 **빅데이터는 어디서 만들어질까?**

빅데이터는 사람, 기계, 나아가 모든 생활과 환경 속에서 만들어지고 있습니다. 기계 측면에서는 위성이나 각종 센서, 비디오나 영상, CCTV 영상, 레코딩되고 있는 사운드, 기계와 기계 사이에서 발생하는 파일, 병원에서 쓰는 바이오 정보 등 정말 셀 수 없이 많은 곳에서 데이터가 생겨납니다. 사람 측면에서는 이메일, 문서, SNS 데이터, 업무 수행 시 만드는 데이터베이스 등이 있습니다. 이외에도 수많은 곳에서, 수많은 물체에서, 전 세계인이 데이터를 만들어내고 있으며 이 데이터들을 분석, 취합하다 보니 정말 많은 양의 데이터가 저장되고 있는 상태라고 할 수 있습니다.

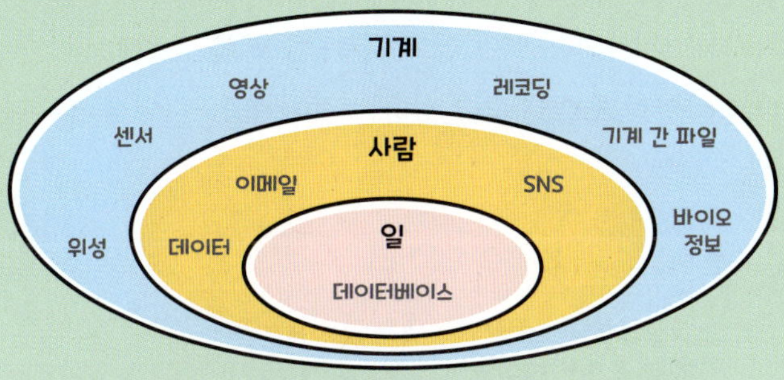

그림 12-2 빅데이터가 만들어지는 환경

빅데이터는 수십~수천 테라바이트(TB)의 큰 크기를 가지며 형태가 정해져 있지 않습니다. 비정형 데이터를 포함하며 생성·유통·소비되는 일련의 과정들이 몇 초~몇 시간 단위로 일어나 기존의 방식으로는 관리와 분석이 어려운 데이터입니다.

빅데이터의 특성은 크게 3개의 V로 표현하곤 합니다. 첫 번째 V는 다양성(Variety), 두 번째 V는 크기(Volume), 세 번째 V는 속도(Velocity)입니다. 이는 데이터를 정의하는 기준으로 사용되기도 합니다. 다양한(Variety) 형태로 수집, 저장된 대용량(Volume)의 데이터들을 아주 빠른 속도(Velocity)로 분석해서 데이터의 일정한 패턴을 찾아내고 새로운 가치(Value)를 창출하는 것입니다. 앞서 설명한 3V에 가치(Value)까지 추가해 4개의 V로 표현하기도 합니다.

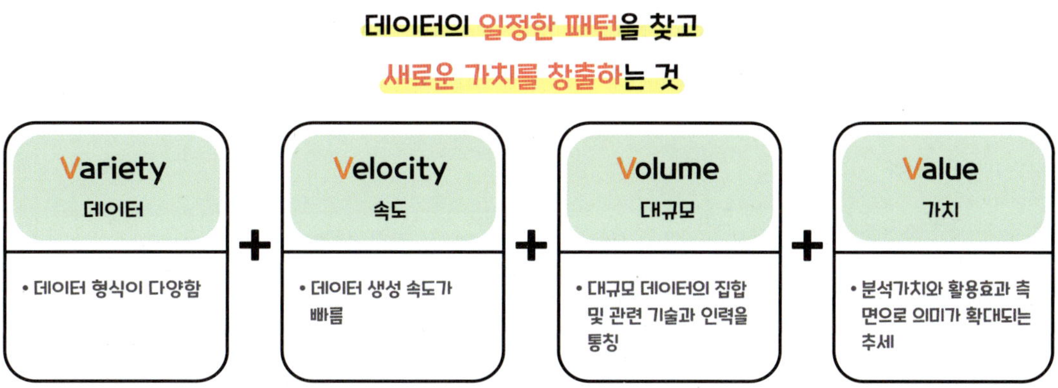

그림 12-3 빅데이터의 특성

각 요소들을 하나씩 살펴보겠습니다. 먼저, 다양성(Variety)입니다. 일반적인 데이터는 고정된 필드에 저장되는 데이터(데이터베이스)로, 대부분 정형화되어 있어 우리는 이를 정형 데이터라고 부릅니다. 예를 들어, 온라인 쇼핑몰에서 제품을 주문할 때 이름, 주소, 연락처, 결제 정보 등을 입력하는데, 이렇게 고정된 필드에 저장되는 데이터를 정형 데이터라고 합니다. 반면, 비정형 데이터는 고정된 필드에 저장되어 있지 않은, 또는 저장할 수 없는 데이터를 뜻합니다. 동영상 데이터나 영화, 영상 등이 여기에 해당합니다. 사진이나 오디오, 음악 같은 데이터, 산발적으로 이루어지는 메신저로 주고받은 대화나 채팅 내용, 지속적으로 바뀌는 위치 정보, 통화 내용 등 수없이 많은 비정형 데이터들이 있습니다. 이렇게 데이터는 다양한 모습을 하고 있다는 것이 바로 '다양성'입니다.

정형 데이터

- 고정된 필드에 저장되는 데이터 (데이터베이스)
- 온라인 쇼핑몰에서 제품 주문 시 입력하는 이름, 주소, 연락처, 결제 정보 등

비정형 데이터

- 고정된 필드에 저장되어 있지 않은, 또는 저장할 수 없는 데이터
- 동영상 데이터나 영화, 영상, 사진이나 오디오, 음악 같은 데이터, 메신저로 주고받은 대화나 채팅 내용, 위치 정보, 통화 내용 등

그림 12-4 **정형 데이터와 비정형 데이터**

크기(Volume)는 대용량을 가리킵니다. 현재 데이터양은 메가(MB), 기가(GB), 테라(TB) 단위를 넘어 제타바이트(ZB)에 들어섰다고 합니다. 이 단위가 얼마나 큰지 알 필요가 있는데, 우리가 쓰는 하드디스크가 보통 테라바이트 단위입니다. 1테라바이트는 1,024기가바이트이므로 1페타바이트는 1,024테라바이트입니다. 우리가 주로 다운받는 영화가 약 4~6기가바이트 정도라고 할 때 17만 4,000편 정도를 담을 수 있는 크기입니다. 다르게 표현해보면, 1페타바이트는 부산 해운대 백사장에 있는 모래알 수만큼 저장할 수 있는 단위입니다. 1,024페타바이트는 1엑사바이트, 1,024엑사바이트는 1제타바이트로, 1제타바이트도 굳이 모래알로 표현하자면 한반도의 모든 백사장에 있는 모래알 수×1,000배쯤으로 생각하면 됩니다. 이 정도로 많은 양의 데이터가 오늘날 전 세계에서 만들어지고 있습니다.

표 12-1 **데이터 단위**

기호	단위	기호	단위
킬로바이트(KB)	1024^1	페타바이트(PB)	1024^5
메가바이트(MB)	1024^2	엑사바이트(EB)	1024^6
기가바이트(GB)	1024^3	제타바이트(ZB)	1024^7
테라바이트(TB)	1024^4	요타바이트(YB)	1024^8

속도(Velocity)는 무수히 많은 데이터가 아주 빠른 속도로 만들어지고 있다는 의미입니다. 오늘날은 1분 만에 음악이 1만 3,000시간, 트위터 10만 건, 이메일 송·출신이 168만 건, 구글 검색이 200만 건, 유튜브 영상이 48시간 이상 만들어지고 있다고 합니다. 페이스북은 1분 동안 70만 건의 공유가 발생하고 4만 건의 '좋아요'가 기록됩니다. 흔히 사람들은 지금 시대를 5G 시대라고 부릅니다. 5G 시대에서는 1초에 20기가바이트의 데이터 무선 전송이 이루어지고, 1,000분의 1초 동안 100만 대의 기기가 동시 접속하는 초연결성을 갖습니다. 그리고 빠른 속도로 데이터를 전송할 수 있는 기술도 만들어지고 있는데, 실제로 영국의 브리티시텔레콤은 1초에 60기가바이트의 데이터를 전송하는 기술을 개발하기도 했습니다.

하나 더 알기 **기존 데이터와 빅데이터의 차이**

기존 데이터와 빅데이터의 차이는 데이터 관리 체계에 있습니다. 빅데이터는 축적, 활용, 확산, 공유된 뒤 가치가 창출됩니다. 예를 들어, 웹사이트에서 검색한 내용을 저장하면 여러 가지 패턴에 따라 정보가 관리됩니다. 이를 지식 매니지먼트 시스템이라고 합니다. 이후 정보가 공유되면 분석이 가능해지고, 분석한 내용을 토대로 상황을 인식한 추론 및 예측이 가능해집니다. 바로 이것이 빅데이터로 만들어내는 가치 창출이라고 할 수 있습니다.

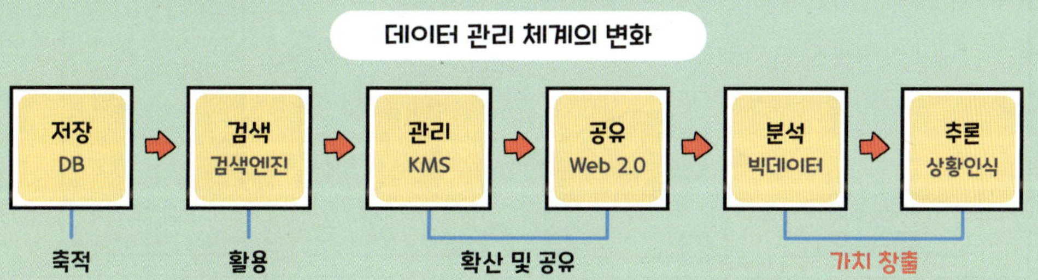

그림 12-5 데이터 관리 체계의 변화

2 빅데이터의 출현 배경과 가치

빅데이터가 출현한 배경으로는 환경적 요소를 크게 꼽습니다. 기술이 발전하면서 SNS 확산으로 만들어지는 대용량의 데이터들을 나누어 처리할 수 있게 되었고, 서버와 컴퓨터를 나눠 처리하는 분산처리기술도 발전했습니다. 또한 처리된 데이터는 클라우딩 컴퓨팅을 통해서 관리되며 스마트 기기에 아무 때나 접속해 볼 수 있는 시대가 되었습니다.

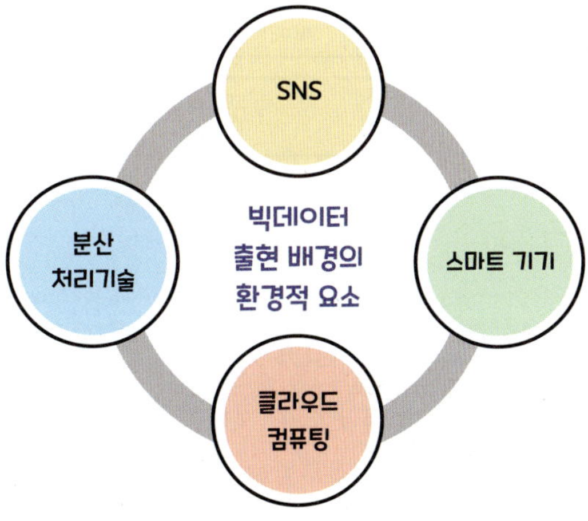

그림 12-6 빅데이터 출현 배경

1970년대에는 저명한 기관이나 대기업에서만 컴퓨터를 쓸 수 있었습니다. 이후 컴퓨터 성능이 꾸준히 발전하면서 메인프레임 컴퓨터 시대에서 PC 시대로 진화합니다. 1990년대 말까지 만들어진 데이터양은 약 100엑사바이트 정도였다고 합니다. 이후 2020년대에 진입할 때까지 만들어진 데이터양이 제타바이트를 넘어서며 본격적인 빅데이터 시대의 막이 열립니다.

인터넷과 모바일로 인한 산업혁명 이후 데이터양은 사물통신, 사물인터넷 같은 기술이 발전함에 따라 기하급수적으로 늘어납니다. 데이터의 유형도 정형 데이터보다 비정형 데이터가 더 많아졌으며 최근에는 사물이나 CCTV, 웨어러블 컴퓨팅에서 만들어진 인지정보들이 무수히 늘어나고 있는 상황입니다. 2000년대에 들어서며 구조화된 데이터가 다양성, 복합성, 소셜화를 가졌다면 이제는 현실성과 실시간성을 갖게 된 것입니다. 바야흐로 인공지능을 동반한 빅데이터의 시대에 본격 진입한 상태라고 할 수 있습니다.

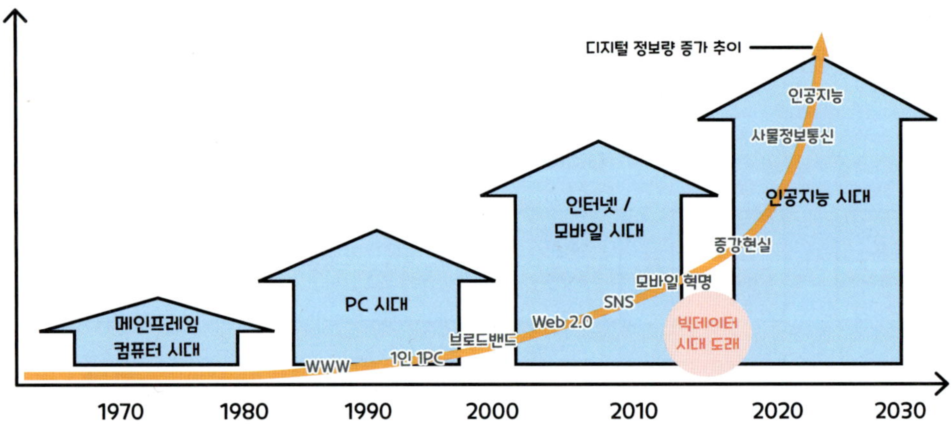

데이터 규모	엑사바이트 90년대 말 = 100EB	제타바이트 진입 2011년 = 1.8ZB	제타바이트 본격화 시대 2020년 = 2011년 대비 50배 증가
데이터 유형	정형 데이터 데이터베이스, 사무정보	비정형 데이터 이메일, 멀티미디어, SNS	사물정보, 인지정보 RFID, 센서, 사물통신
데이터 특성	구조화	다양성, 복합성, 소셜화	현실성, 실시간성

그림 12-7 **빅데이터 출현 배경**

각 기관에서는 빅데이터의 사회적 가치를 다음과 같이 이야기합니다. 먼저, 이코노미스트(The Economist)는 데이터가 자본이나 노동력과 거의 동등한 레벨로 경제적 투입 자본과 비즈니스의 새로운 원자재 역할을 할 것이라고 보고 있으며, 가트너는 데이터는 21세기의 원유이며 데이터가 미래 경제 우위를 좌우할 것이라고 강조합니다. 데이터의 경제 시대가 이미 도래했으므로 정보 고

립을 경계해야 성공할 수 있다는 이야기도 강조합니다. 맥킨지는 빅데이터는 혁신, 경쟁력, 생산성의 핵심 요소이며 의료나 공공행정 같은 5대 분야에서 6,000억 달러 이상의 가치가 창출되고 있다고 보았습니다. 미국 정부와 기술자문위원회는 국가경쟁력 부문에서 데이터를 지식으로, 또 지식을 행동으로 변환하는 전략에 집중해야 한다고 보고 있으며, 싱가포르 정부는 데이터를 기반으로 싱가포르를 위협하는 리스크에 대한 평가와 환경 변화를 탐지하고 있습니다.

Section 02

빅데이터 활용 사례

1 빅데이터 활용 분야

빅데이터의 활용 분야와 사례들을 한번 살펴보겠습니다. 앞서 설명한 대로, 우리가 현재 살고 있는 세계는 업무시스템 데이터나 로그 데이터, 웹사이트, 블로그, SNS(소셜 미디어), 동영상 등이 무수히 생겨나 차곡차곡 쌓이고 있습니다. 이렇게 쌓인 빅데이터들을 잘 분석하고 판단하면 이변이나 이상현상을 감지하거나 가까운 미래를 예측할 수 있고 현재상황을 면밀히 분석할 수도 있습니다.

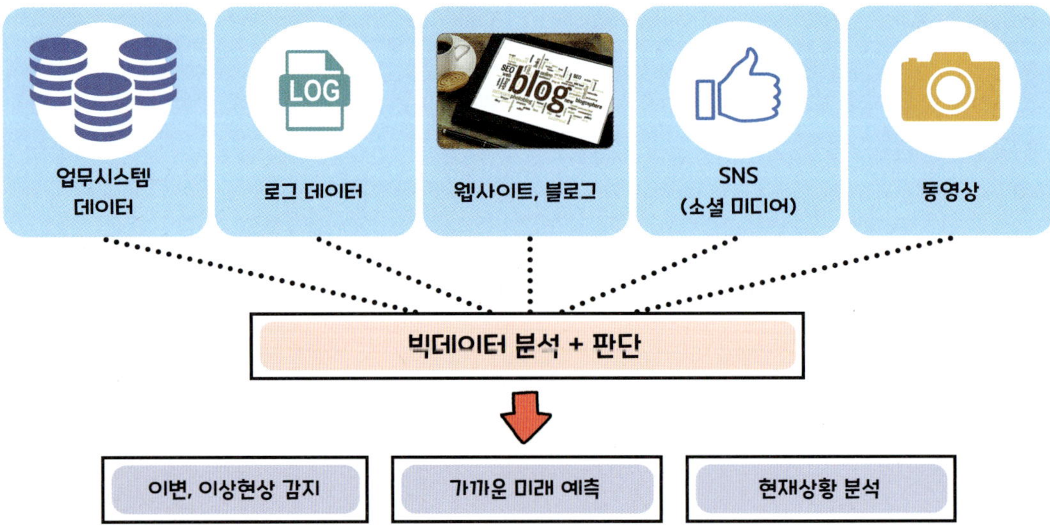

그림 12-8 빅데이터의 활용

이상현상을 감지한다는 것은, 간단히 말하면 업무 로그를 분석해 정상, 비정상 패턴을 도출하고 비정상 패턴을 이상현상으로 감지해내는 것입니다. 예를 들면 제조업에서는 불량률을 관리하다가 기계에서 이상신호가 뜨면 고장 유무를 판단할 수 있고 금융업에서는 평소와 다른 패턴으로 신용카드 결제 내역이 뜨면 이상현상으로 감지합니다. 실제로 카드회사는 갑자기 큰 금액이 결제되었다고 뜨면 고객에게 연락을 취해 확인하는데, 이상현상이 감지됐을 때 리스크를 관리하는 행위라고 볼 수 있습니다. 통신업에서는 통신의 여러 이상현상을 감지하면서 고객 이탈과 서비스 이상을 감지합니다. 특정 지역에서 통화량이 급감했다거나 통신이 원활하지 않으면 고객들이 사용량을 줄였거나 다른 통신사로 이동했다고 파악할 수 있습니다. 이런 현상들을 감지하는 데 빅데이터가 활용됩니다.

도·소매업에서는 제품의 판매량이 크게 감소하거나 증가하는 것으로 소비자의 행동 변화를 감지합니다. 또한 공공 분야에서는 대기오염이나 수질오염과 관련해 농도가 바뀌었을 때 이상현상을 감지해 대비하기도 합니다. 의료 분야에서는 환자의 건강 상태나 미숙아 검사 등을 통해 이상현상을 감지하고 마케팅 분야는 소비자들이 보내는 부정적인 메시지나 반응을 분석해 제품이나 서비스에 대한 효과를 파악합니다. 법률 분야에서는 데이터 분석을 통해 이것이 정보가 유출되고 있는 이상 패턴인지, 부정행위가 일어나고 있는 패턴인지를 알아내고 있습니다. 보안 분야에서는 평소와 로그인 정보가 다를 때, 악의적 공격이 발생할 때 나타나는 네트워크 흐름이나 신호 변화를 통해 해킹 여부를 판단합니다.

그림 12-9 빅데이터의 이상현상 감지 과정

2 빅데이터 활용 사례

도·소매 분야

편의점이나 마트에 갔을 때 일반 사이즈보다 큰 사이즈의 요구르트를 본 적이 있을 겁니다. 이 제품은 빅데이터에 기반해 만들어진 대박 상품입니다. 요구르트 제조업체가 소비자들이 요구르트를 한 줄로 사서 한번에 여러 개를 먹는 경우가 많다는 사실을 파악하고 아예 대용량의 요구르트를 출시한 것입니다. 컵라면 중 '오모리 김치찌개' 같은 상품도 소비자의 성향을 분석해 개발한 제품입니다. 식품이나 유통업체는 항상 미래의 먹거리 상품을 고민해야 하므로 소비자의 구매 패턴을 분석하고 SNS나 블로그에 게시된 상품평도 분석합니다. 그리고 소비자의 소구점, 요구점을 파악해 그에 맞는 제품을 만들어내는 것입니다.

SPA 패션 브랜드 '자라(ZARA)'는 광고를 하지 않는 회사로 알려져 있습니다. 그 자신감의 원천은 바로 빅데이터입니다. 자라는 매일 매장 데이터를 분석하는데, 모든 옷에 RFID 태그를 붙여 고객들이 탈의실에서 가장 많이 입어 본 옷이 무엇인지, 가장 많이 팔린 옷이 무엇인지, 반응이 나쁜 옷은 무엇인지 파악합니다. 영업이 종료되면 자라 매장 직원들은 RFID 태그 데이터를 바탕으로 가장 많이 팔린 옷이 무엇인지 정리해 자라 본사의 디자이너에게 전달합니다. 그러면 디자이너는 많이 팔린 옷의 디자인과 원단, 무늬, 색상 등을 참고하여 '잘 팔릴 것 같은' 신제품을 준비합니다. 고객 데이터에 기반해 디자인이 정해지므로 새 옷이 시장에서 외면당하는 경우는 드뭅니다. 그래서 자라는 1년에 딱 2번만 세일을 하고도 재고 관리를 효율적으로 할 수 있다고 합니다.

그림 12-10 **SPA 패션 브랜드 자라** © https://www.businesstoday.in

스타벅스(Starbucks)의 성공 역시 빅데이터와 연관이 있습니다. 스타벅스는 매장을 내기 전에 빅데이터를 기반으로 상권을 철저히 분석합니다. 다른 스타벅스 지점의 위치, 교통 패턴, 지역 인구 통계 등의 데이터를 수집, 분석하여 최상의 입점 위치를 찾아내는 것입니다. 신규 스타벅스 매장에 의해 기존 매장이 매출에 얼마나 타격을 입을지도 예측할 수 있다고 합니다. 또한 스타벅스는 자체 애플리케이션을 통해 소비자 정보를 수집하고 이를 바탕으로 고객의 커피 취향부터 방문 예상 시간까지 알아냅니다. 고객 취향에 맞을 법한 신메뉴를 추천해주는 서비스도 제공하고 있습니다.

그림 12-11 **스타벅스** © https://marker.medium.com

파리바게뜨(Parisbaguette)에서는 날씨 정보를 기반으로 제품 진열 방안과 제품 생산 방안을 제안합니다. 전국의 파리바게뜨 매장에 단말기를 제공해 생크림 케이크가 요일별로 얼마나 팔렸는지 등을 기록하도록 하고, 매장 주변의 날씨 예보나 요일 같은 요소를 종합해 매출 추이를 파악합니다. 특히 날씨 지수를 도입해 제품을 분별적으로 판매했더니 매출이 30%나 늘었다고 합니다.

공공 분야

공공 분야에 빅데이터가 활용된 사례로는 미국 샌프란시스코의 범죄 예방 시스템이 있습니다. 이 시스템은 과거 범죄 기록에서 범죄 패턴을 분석합니다. 지역 내에서 범죄가 가장 자주 발생한 시간대를 분석해 후속 범죄가 발생할 것 같은 지역이나 시간을 예측해 방지 대책을 마련하는 것입니다. 8년간 범죄 예방 시스템을 운영한 결과 71%의 정확도를 기록했다고 합니다.

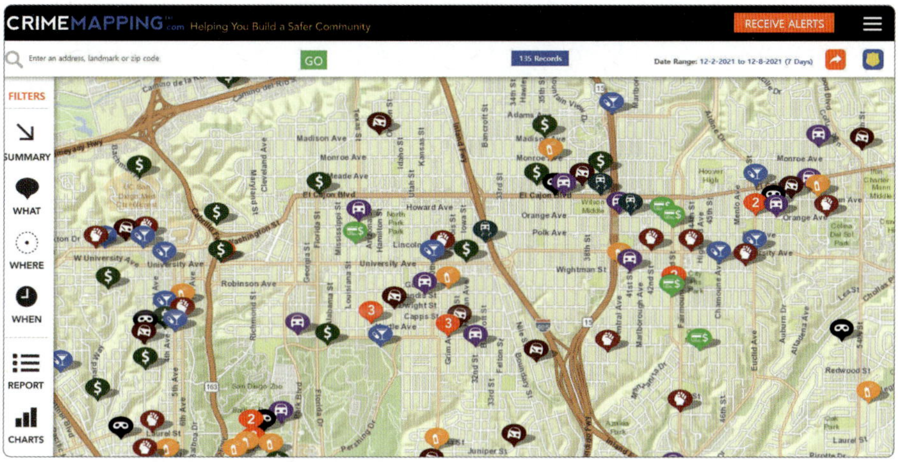

그림 12-12 미국 샌프란시스코의 범죄 예방 시스템 © https://www.crimemapping.com

미국의 FBI에서는 유전자 색인 시스템을 활용해 단시간에 범인을 검거할 수 있는 체계를 마련했습니다. 1시간 내로 범인 DNA를 분석하기 위해 주 정부 데이터와 연계해 보고데이터 실시간 분석 솔루션을 확보한 것입니다. 이후 내장된 DNA 분석 정보를 활용해 1년 만에 4만 5,500건의 범인 DNA를 적중시켰다고 합니다.

그림 12-13 미국 FBI 유전자 색인 시스템 © https://strbase.nist.gov

2013년 미국 보스턴마라톤 행사 때 일어났던 테러의 용의자를 식별한 사례도 아주 유명합니다. 행사장 근처 이동통신 기지국의 로그 기록이나 주변 사무실과 주유소, 아웃렛 등의 CCTV, 청중의 휴대폰 카메라에서 수집한 데이터 약 10테라바이트를 분석해 용의자를 찾아낸 것입니다.

국내에서는 소상공인 창업 성공률을 높이기 위해 상가 데이터와 신용카드 거래 데이터를 기반으로 빅데이터를 분석한 사례가 있습니다. 점포의 이력이나 상권분석 등을 통해 업종을 추천해주거나 이용자가 선택한 업종의 매출을 지켜주기도 합니다. 창업 후 수입을 예측하는 데 활용도가 높습니다.

의료 분야

의료 분야에서 빅데이터 활용 사례로 항상 언급되는 것은 구글의 독감 예보 시스템입니다. 사용자들이 구글 웹사이트에 남긴 검색어의 빈도를 조사하고 독감 환자 분포를 파악한 뒤 독감이 어떻게 확산될지 예측하는 시스템입니다.

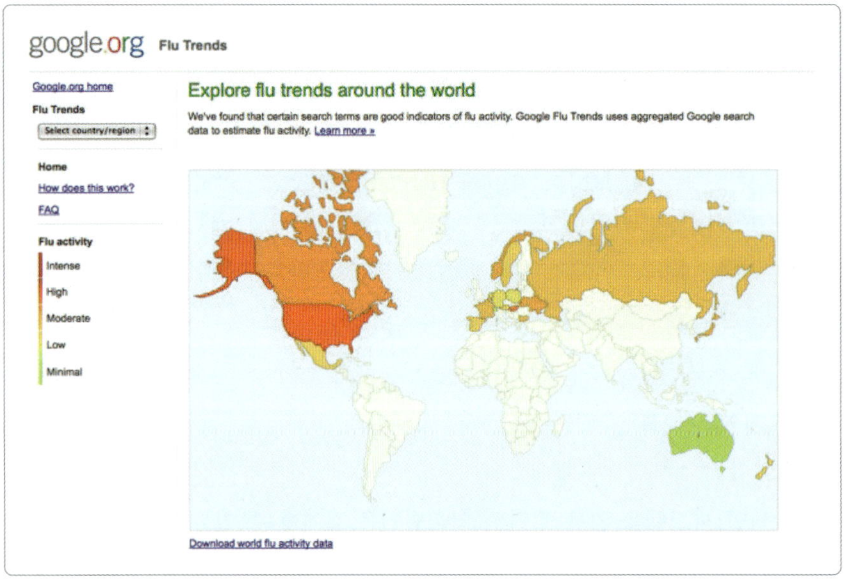

그림 12-14 **구글 독감 예보 시스템** © https://echcrunch.com

또한 빅데이터는 코로나19 방역 시스템에 효과적으로 사용되었습니다. 빅데이터 분석기술이 전염병 방역에 활용되는 이유는 간단합니다. 인간이 바이러스보다 더 빨리 움직이기 위해서입니다. 머신러닝과 딥러닝이 가능한 AI를 기반으로 하며 경기도 성남시는 '빅데이터 기반 실시간 유동인구 분석기술'이라는 방역 체계를 도입했습니다. 성남시 내 휴대전화 이용정보, 통신사 기지국 정보 등을 분석해 5분 간격으로 인구 밀집 지역을 알려주는 시스템입니다. 사람이 많이 모이는 장소를 미리 파악해 방역 대책을 마련한다는 것이 도입 목적이라 할 수 있습니다.

미숙아의 질병 감염 발견을 위해 활용된 사례도 있습니다. 캐나다 몬타리오공과대학병원에서 미숙아 4명 중 3명이 사망한 사건이 발생했는데 그 원인이 질병 감염이었다고 합니다. 그래서 병원에서는 질병의 감염 시기를 빨리 알아낼 수 없을까 고민했고, 그동안 수집하지 않았던 심전도, 혈압, 체형 수치 등을 빅데이터로 수집해 분석했습니다. 빅데이터에 융합해 나온 데이터는 약 9,000만 건 이상이었다고 하는데, 이를 활용해 의료진보다 먼저 질병 감염 여부를 파악할 수 있게 되었다고 합니다.

마케팅 분야

아마존(Amazon)에서 운영하는 도서 추천 시스템은 도서 구매의 새로운 패턴을 만들었다고 할 수 있습니다. 해당 시스템은 고객 정보의 일부를 추출해 고객들 간 유사성을 파악한 뒤 취향에 맞는 책을 추천해줍니다. 또한 구매 정보를 추출해 고객과 책 간의 연관성을 파악해 다양한 분야의 책을 추천해주기도 합니다. 이 시스템이 도입된 후 매출이 30% 이상 상승함으로써 기업 마케팅에 빅데이터가 활용된 훌륭한 성공 사례라고 볼 수 있습니다.

또한 아마존은 예측 배송 시스템을 새롭게 선보여 주목받고 있습니다. 세계 물류업계에서 독보적 위치를 차지하고 있는 아마존은 '세상의 모든 것을 판매한다'는 모토 아래 오랜 시간 축적해온 고객의 구매 기록 데이터를 기반으로 다양한 사업을 펼치고 있습니다. 예측 배송 시스템은 고객이 어떤 물건을 구매하기 전, 구매가 예상되는 물품을 예측하여 포장한 뒤 고객이 사는 곳과 가까운 물류 창고에 배송해놓고 고객이 그 물품을 주문하면 바로 배송해주는 시스템입니다. 빅데이터와 인공지능이 결합했다 하더라도 사람이 결정하는 일이기 때문에 100% 일치할 순 없으므로, 빅데이터 예측이 실패할 경우 미리 배송된 물건을 할인 가격으로 제공하거나 선물로 증정하는 등 다방면으로 고객 관리에 힘쓰고 있습니다.

그림 12-15 **아마존 예측 배송 시스템** © https://clarksvillenow.com

미국의 대형 유통 할인점 타겟(Target)의 사례 역시 유명합니다. 일전에 타겟 매장이 고객으로부터 아주 심한 항의를 받은 적이 있는데, 고등학생 딸에게 유아용품, 임신용품 관련 할인 쿠폰을 계속 보낸다며 부모가 항의를 한 것입니다. 매니저의 사과로 일단락된 이 사건은 한 달 후 상황이 역전됩니다. 실제로 고등학생 딸이 임신을 한 상태였기 때문입니다. 가족도 모르는 일을 타겟의 빅데이터 시스템이 먼저 알아냈다고 볼 수 있습니다.

미국의 월마트(Walmart)는 데이터 마이닝 장바구니 분석 시스템을 활용하는 것으로 유명합니다. 한번은 기저귀와 맥주를 나란히 진열해 놓기도 했는데, 이는 기저귀가 담긴 장바구니에는 높은 비율로 맥주가 같이 담겨 있음을 알아내 원인을 분석했기 때문입니다. 보통 부부가 마트에 함께 왔을 땐 아내가 기저귀를 살 동안 남편이 맥주를 사고, 남자가 혼자 왔을 경우는 기저귀를 사면서 맥주도 같이 사는 확률이 상당히 높았다고 합니다. 이처럼 월마트는 이동 동선을 축소시켜 매출을 올리는 전략을 펼치고 있습니다.

그림 12-16 **월마트 장바구니 분석 시스템** © https://www.delish.com

우리나라의 대표적 사례는 새벽 배송입니다. 마켓컬리(Marketkurly) 외에도 쿠팡(Coupang), SSG, 오아시스(Oasis) 등 새벽 배송 관련 시장이 점점 커지고 있는데, 새벽 배송 시스템이 원활히 이루어지려면 물품 제공 및 조달이 빠르게 이루어져야 하므로 이를 예측하는 시스템 구축이 핵심입니다. 고객이 어디에 사는지, 주로 사는 물건이 무엇인지, 언제 자주 주문하는지 등을 데이터로 예측할 수 있기 때문에 가능한 시스템이라고 볼 수 있습니다.

교통 분야

교통 분야에서는 휴대폰 사용 기록을 통해 언제, 어디에서 휴대폰이 가장 많이 사용되는지를 분석합니다. 노선을 확대하거나 축소하는 등의 계획을 세울 때 통화량이 많아지는 시각이나 지역에 대한 정보가 중요한 자료로 쓰이기 때문입니다. 이러한 분석을 통해 만들어진 노선이 서울시 심야 버스입니다. 올빼미 버스라고도 불리는 심야 버스는 심야 시간대 통화량을 분석해 노선을 정교화했습니다. 서울시의 교통 환경, 정류장 위치, 버스 전용 차로, 환승 구역을 기반으로 지역별 최적의 정류장 위치를 도출해내고, KT의 CDR 데이터를 기반으로 심야 시간 유동인구 수나 목적지 통계를 융합해 노선을 검증한 것입니다. 목적지별 금액 가중치를 부여하거나 버스 노선에 따른 운행 거리 수요를 예측하기도 합니다.

3 빅데이터 활용을 위한 핵심 요소

빅데이터를 활용하기 위해서는 기술, 자원, 인력 등 3가지 핵심 요소가 중요합니다. 빅데이터 관련 분석기술 중 대표적인 것은 퍼블릭 소프트웨어(Public Software)입니다. 그 종류로는 하둡(Hadoop), R, SQL 등이 있으며 데이터 분석 기법의 인지나 활용에 적용됩니다. 분석을 통해 가치를 발견하고 만들어내며, 활용할 수 있는 자원을 발견, 확보하는 전략으로 빅데이터가 활용되는 것입니다.

또 하나의 핵심 요소는 '사람'입니다. 사람에게 필요한 것이 무엇인지를 작업의 핵심에 두어야 한다는 것입니다. 비정형 데이터를 통해 읽어낸 사람들의 생각은 진정한 의미의 빅데이터가 되는 핵심 키입니다. 따라서 데이터 자료로서만이 아니라 빅데이터를 분석하는 인력도 중요한 요소 중 하나라고 할 수 있습니다.

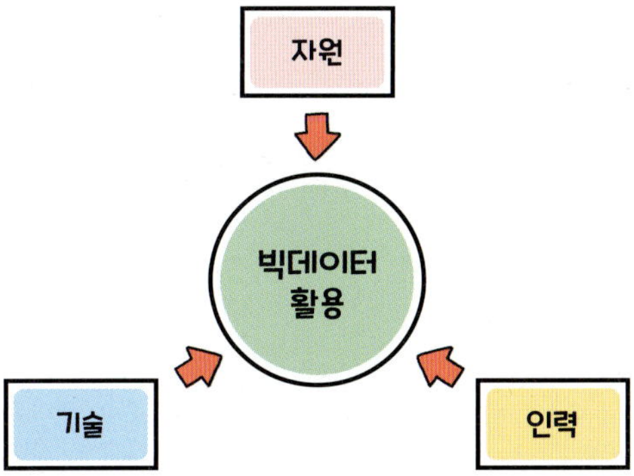

그림 12-17 빅데이터 활용의 핵심 요소

빅데이터 전문가 과정은 국가나 교육기관에서 운영하는 다양한 과정이 있는데, 중요한 자질로는 비판적 시각과 탐구력을 꼽습니다. 그리고 비즈니스 환경에 대한 이해와 이에 기반한 커뮤니케이션 능력, 개인의 만족도, 수학적 능력, 공학적 자질도 중요하게 작용합니다.

구글의 수석 경제학자 할 바리안(Hal Ronald Varian)은 빅데이터 전문 인력의 자질로 데이터를 이해하는 능력, 데이터를 처리하는 능력, 데이터에서 가치를 뽑아내는 능력, 데이터를 보기 좋게 시각화하는 능력, 데이터를 잘 전달하는 능력이 필수임을 강조하기도 했습니다.

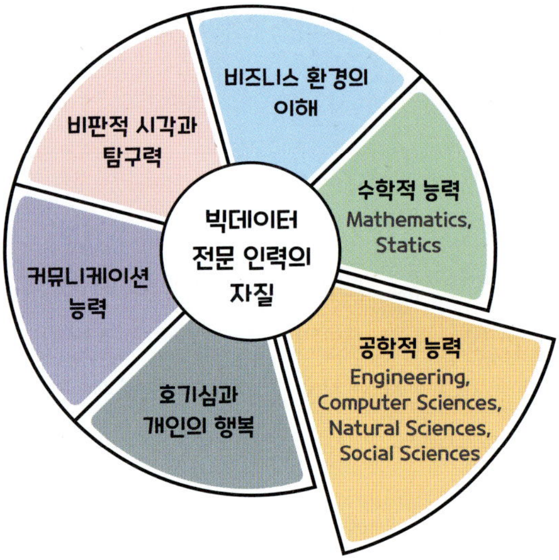

그림 12-18 빅데이터 전문 인력의 자질

Section 03

빅데이터의 가치와 사회변화

1 빅데이터 기술

빅데이터 기술을 단순화하면 다음 그림과 같습니다. 사람에게서 나오는 비정형 데이터와 구조화된 데이터, 기계에서 나오는 데이터들을 수집해 가공하고 최적화하면 의미 있는 정보를 예측해내고 만들어낼 수 있는 기술입니다.

그림 12-19 빅데이터 기술

빅데이터 기술은 처리기술과 분석기술로 나눌 수 있습니다. 처리기술은 데이터를 생성, 수집, 저장, 처리하는 일련의 과정을 뜻합니다. 그리고 이렇게 정리된 데이터를 분석하고 시각화하는 과정이 분석기술입니다.

그렇다면 빅데이터를 얻을 때 어떤 과정이 가장 중요할까요? 데이터를 수집하고 가공하는 능력은 학습을 통해 관련 기술을 습득할 수 있습니다. 하지만 데이터를 분석하고 시각화해 예측, 활용하는 능력은 개개인이 키워나가야 할 응용 기술이라고 할 수 있습니다. 즉, 데이터를 분석해 어떻게 활용하는지가 중요한 것입니다. 빅데이터를 분석하는 기술은 기반 기술이므로 소프트웨어 시스템이 많이 존재합니다. 이 시스템들을 적재적소에 활용해 정보를 어떻게 가공하느냐에 따라 데이터의 가치는 극명하게 달라집니다.

2 빅데이터 분석기술

빅데이터 분석기술로는 기술통계 분석, 추론통계 분석, 데이터마이닝 분석이 있습니다. 기술통계 분석은 기본적으로 수행하며 데이터가 가진 일반적인 특성 분석을 수행하는 과정입니다. 빈도수나 비율, 평균, 표준편차 등을 분석합니다. 그래서 주어진 문제에 대한 변수 구성이나 데이터 특성에 따라 추론통계 분석과 데이터마이닝 분석을 종합적으로 활용하는 것이 바로 빅데이터 분석기술의 핵심이라고 할 수 있습니다.

기술통계 분석

- 데이터가 가진 일반적 특성을 분석함
- 빈도수, 비율, 평균, 표준편차, 최빈값, 왜도, 5분위수 등을 산정
- 다차원분석(Drill Down & Up, Slice & Duce)을 통해 다양한 측면의 현상 파악을 중점으로 함

추론통계 분석

- 표본분석을 토대로 모집단의 특성을 추론하여 해석함
- 평균 비율 차이, 독립성 적합도, 분산·상관·회귀·시계열 분석 등을 산정
- 비교 집단 간 특성 차이, 조치 수단 간 효과 차이를 통해 관심 대상의 집단·수단을 선별하는 데 중점을 둠

데이터마이닝 분석

- 대규모 데이터에 숨어 있는 패턴을 발견하고 규칙을 도출함
- 군집, 연관, 분류, 예측 분석, 텍스트마이닝 등
- 도출된 패턴 및 규칙을 이용해 대상별(고객, 제품 등) 적용 방안 마련에 중점을 둠

그림 12-20 **빅데이터 분석기술 분류**

특히 자주 언급되는 기술은 데이터마이닝입니다. 데이터마이닝(Data Mining)이란 데이터(Data)를 채굴한다(Mining)는 뜻으로, 대량의 데이터로부터 새롭고 의미 있는 정보를 추출해 의사결정에 활용하는 작업입니다.

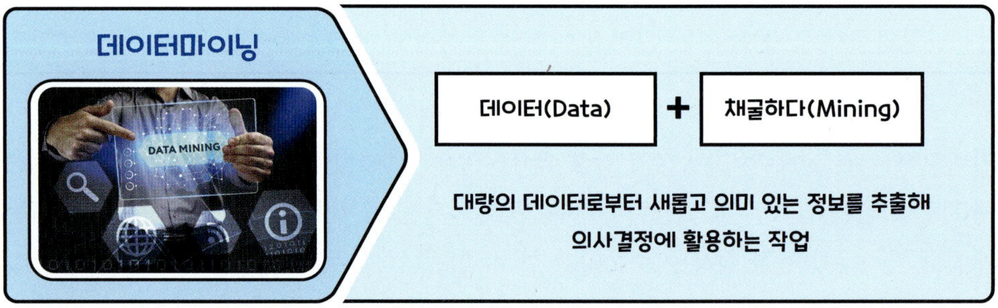

그림 12-21 **데이터마이닝 정의**

데이터마이닝은 크게 텍스트마이닝, 소셜마이닝, 클러스터 탐지로 분류할 수 있습니다. 텍스트마이닝(Text Mining)은 텍스트에 나타나는 단어를 분해해 특정 단어의 출현 빈도를 파악하며 단어 간 관계를 조사하는 기법입니다. 소셜마이닝(Social Mining)은 소셜 네트워크 연결을 바탕으로 사용자의 영향력을 측정하는 기법입니다. 소셜 네트워크상에서 입소문의 중심이 되거나 허브 역할을

하는 사용자를 찾는 데 주로 활용됩니다. 클러스터 탐지(Cluster Analysis)는 군집 분석이라고도 하는데, 비슷한 특징을 가진 개체를 합쳐 최종적으로 유사한 특성을 가진 그룹을 발굴해내는 기술입니다.

데이터마이닝 분류		
텍스트마이닝 (Text Mining) 텍스트에 나타나는 단어를 분해해 특정 단어의 출현 빈도를 파악하며 단어 간 관계를 조사하는 기법	**소셜마이닝 (Social Mining)** 소셜 네트워크 연결을 바탕으로 사용자의 영향력을 측정하는 기법	**클러스터 탐지 (Cluster Analysis)** 군집 분석이라고도 하며, 비슷한 특징을 가진 개체를 합쳐 최종적으로 유사한 특성을 가진 그룹을 발굴해내는 기술

그림 12-22 데이터마이닝 분류

좀 더 세분화하면 텍스트마이닝, 소셜 네트워크 분석, 평판 분석, 클러스터 분석, 연관 분석으로 분류할 수 있습니다. 텍스트마이닝은 앞서 정의했지만 다른 식으로 이야기하자면 자연어처리 기술을 기반으로 비정형 텍스트 데이터의 의미 있는 정보를 추출하는 과정입니다. 소셜 네트워크 분석은 개인이나 그룹의 소셜 네트워크 영향력이나 관심사, 성향, 행동 패턴을 그래프로 만들어 분석하고 추출합니다. 주로 비정형 텍스트를 다루며 감성 분석이 대표적인 예입니다. 평판 분석은 소셜 미디어에 올라와 있는 소비자들의 의견을 수집, 분석해 제품이나 서비스에 대한 정형적, 비정형적인 텍스트를 파악하고 텍스트 내용이 긍정인지 부정인지 중립인지 평판을 추출해냅니다. 여기에는 텍스트마이닝과 자연어처리 기술, 비정형 분석과 각 단어의 형태소를 분석하는 여러 기술이 복합적으로 사용됩니다. 클러스터 분석은 유사한 그룹으로 분류하는 기술이고, 연관 분석은 데이터 간의 연관성과 상관관계를 표현하는 규칙을 발견해내는 과정입니다.

3 빅데이터 처리기술

빅데이터 처리에 많이 쓰는 소프트웨어로는 하둡, R, SQL이 있습니다. 하둡(Hadoop)은 분산 시스템에서 대용량 데이터 처리 분석을 지원하는 오픈 소프트웨어입니다. 데이터 유실이나 장애가 발생했을 때 데이터 복구를 가능케 하고 여러 대의 서버에 데이터를 동시에 저장하고 처리하는 분산 처리 방식입니다. 분산 파일 시스템에 데이터를 저장하고 찾아가는 정보인 인덱스 정보를 이용해 데이터를 처리하는데, 이 인덱스 정보를 맵리듀스라고 합니다.

R은 사회통계 분야에서 많이 활용하고 있는 소프트웨어입니다. 통계 계산, 시각화를 위한 언어와

개발 환경으로 다양한 OS를 지원합니다. 매킨토시나 리눅스, 윈도우 같은 대부분의 컴퓨터 환경을 지원하고, 대용량 데이터 통계 분석을 활용할 때 데이터마이닝 기법을 사용하기도 합니다. SQL은 비관계형 DB입니다. 키와 값의 여러 쌍으로 이루어져 있으며 인덱스나 데이터를 분리해 일관성과 유효성까지 추출해내는 공개 소프트웨어입니다.

ETL 기술은 다양한 소스 시스템에서 필요한 데이터를 추출, 변환, 전송, 로딩하는 과정입니다. 비정형 데이터를 관리하는 분산 데이터베이스 기술, 인메모리 기술, 분산파일시스템 기술, 패턴 순서와 자연어처리 과정을 거쳐 데이터 시각화까지 진행합니다.

데이터베이스는 도서관이라고 생각하면 됩니다. 수많은 데이터를 일정한 기준에 맞춰 저장하며 이용자가 쉽게 검색할 수 있도록 분류해줍니다. 이를 데이터베이스 매니지먼트 시스템이라고 하며 이때 사용되는 소프트웨어가 바로 SQL입니다. 비주얼라이제이션(Visualization), 즉 시각화는 분석된 데이터를 효과적으로 이해할 수 있도록 하는 기술입니다. 도표나 그래프 등을 사용해 이해하기 쉽게 만듭니다.

이 기술들이 합쳐져 빅데이터를 처리하는데 그 과정은 다음 그림과 같습니다. 수집 부분에서는 ETL 기술이 접목되며 저장 부분에서는 데이터베이스 기술이 적용됩니다. 실시간 처리부터 분산 처리 부분까지는 하둡을 많이 쓰며 분석 부분에서는 R이 많이 쓰입니다. 표현 부분은 비주얼라이제이션을 활용합니다.

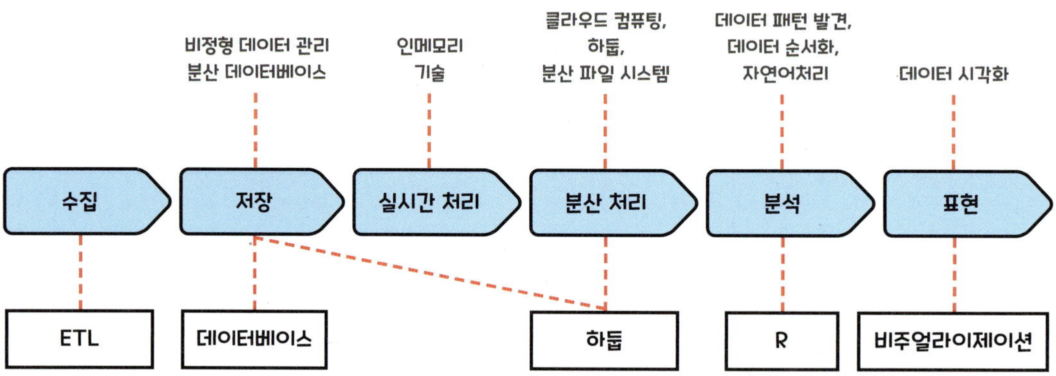

그림 12-23 빅데이터 처리 과정

4 웹사이트에 접목된 빅데이터

빅데이터 기술과 처리 과정에 대해 이야기를 들으면 해당 기술은 주로 특정 분야에서 산업적인 접근으로 활용될 것이라 여겨집니다. 하지만 의외로 실생활에서도 직접 적용해볼 수 있는 웹사이트들이 있습니다. 몇 가지 예시를 소개해보겠습니다.

워드클라우드

워드클라우드(Word Cloud)는 문서의 키워드나 개념을 직관적으로 파악할 수 있게 핵심 단어를 시각적으로 돋보이게 하는 기법입니다. 해당 문서에서 많이 언급된 단어일수록 크게 표현해서 문서의 핵심을 한눈에 들어오게 합니다. '워드클라우드생성기' 웹사이트를 이용하면 쉽게 적용해볼 수 있습니다.

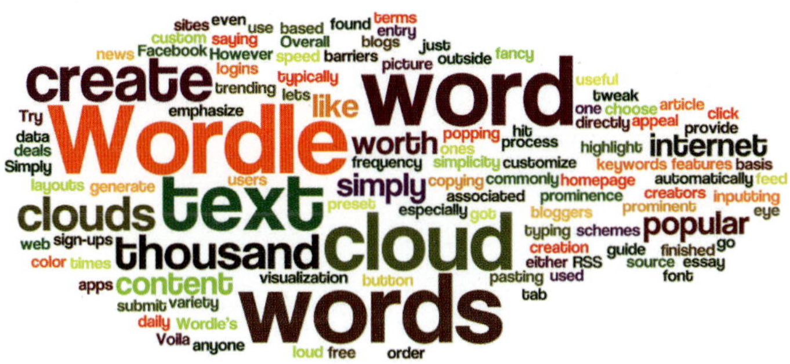

그림 12-24 **워드클라우드** © https://www.cnet.com

워드잇아웃

워드잇아웃(WordItOut)은 워드클라우드 관련 사이트로, 문서나 글을 복사해 붙여넣으면 워드클라우드를 만들어줍니다.

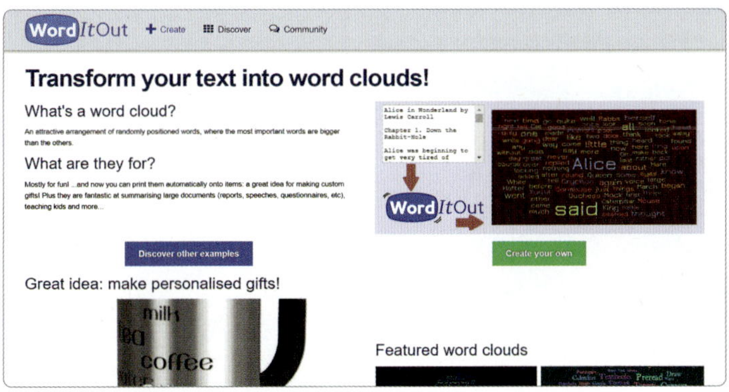

그림 12-25 **워드잇아웃** © https://worditout.com

빅카인즈

빅카인즈(Bigkinds)는 뉴스나 기사 속 인물을 분석할 때 많이 쓰는 사이트입니다. 분석하고 싶은 단어를 넣으면 일자별 언론 보도량이나 최다 빈출어 등을 뽑아낼 수 있으며 여기에도 워드클라우드 기법이 사용됩니다.

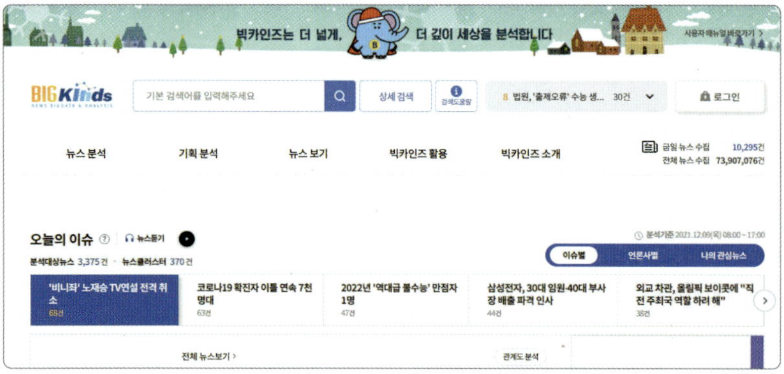

그림 12-26 **빅카인즈** © https://www.bigkinds.or.kr

서울시 빅데이터 캠퍼스, 스마트서울 포털

서울시는 방대한 양의 공공데이터를 한곳에 저장해 교통, 환경, 안전, 도시문제 해결 등 다양한 분야에 활용할 수 있도록 빅데이터 플랫폼(S-Data 사업, Smart Seoul Data)을 구축하고 있습니다. 공공데이터를 통합관리, 개방, 활용하는 공공기관 최초의 빅데이터 플랫폼이라 할 수 있습니다.

서울시 빅데이터 캠퍼스는 민간, 공공기관에서 수집한 데이터를 누구나 이용할 수 있도록 제공하고 있으며 가상 분석 환경까지 지원합니다. 스마트서울 포털은 스마트시티를 지향하며 첨단기술을 활용해 서비스를 확대하고 시민들이 편하게 인프라를 누릴 수 있도록 지원합니다.

그림 12-27 **서울시 빅데이터 캠퍼스, 스마트서울 포털**

구글 트렌드, 네이버 데이터랩

구글 트렌드는 여러 데이터를 시각화해주는 서비스로 검색 빈도 키워드를 분석해낼 수 있습니다. 비슷한 사이트로 네이버 데이터랩이 있습니다.

그림 12-28 **구글 트렌드** © https://towardsdatascience.com

5 빅데이터와 개인정보

빅데이터가 실생활 곳곳에 도입되고 많은 분야에서 활용될수록 그에 따른 부작용도 만만치 않습니다. 말 그대로 온갖 정보들이 데이터베이스로 쓰이므로 공공정보를 넘어선 개인정보까지 데이터로 활용될 가능성이 높습니다. 관련 사례들을 살펴보며 빅데이터 기술의 양면성에 대해서도 생각해봅시다.

개인정보 헐값 매매

스마트폰이나 메일함에 쌓이는 스팸 메시지, 메일은 어떻게 오는 걸까요? 개인정보를 알려준 적이 없는 곳에서 광고 마케팅 전화가 오기도 합니다. 이는 개인정보가 헐값에 매매되기 때문에 가능한 일입니다. 미국에서는 7억 명에 달하는 소비자 정보가 한꺼번에 거래된 일도 있었는데, 가격을 따져보니 이름이나 주소 같은 기본 정보는 1인당 0.0005달러에 거래되었다고 밝혀져 논란이 되었습니다. 암이나 당뇨, 임상 우울증 환자의 자료는 인당 0.26달러에 판매되기도 했는데, 이는 해당 정보를 통해 유의미한 데이터를 뽑아낼 수 있기 때문입니다. 기업들이 데이터를 조금이라도 더 모으기 위해 혈안이 된 상황에서 벌어진 일이라 개인정보가 더는 개인의 것만이 아닌 시대가 온 것 같기도 합니다.

페이스북 개인정보 유출 사건

페이스북은 2010년 광범위한 이용자 데이터 수집을 허용하는 '개발자용 Open Graph API version 1.0'을 출시했습니다. 사유를 따로 설명하지 않아도 데이터 사용이 가능한 구조였습니다. 2013년, 영국 케임브리지 대학교 연구자인 알렉산드르 코건(Aleksandr Kogan)이 이 시스템을 활용해 설문조사 앱을 개발했는데, 설문에 참여한 27만 명 이상의 개인정보를 제3자 사이트에 넘기는 일이 발생합니다. 이에 겹쳐, 2014년에는 페이스북이 뉴스 피드를 조작해 사람의 감정에 미치는 영향을 실험하다가 이용자들로부터 큰 반발을 샀습니다. 이후 페이스북은 2015년 해당 사이트 지원을 중단했는데, 이후로도 페이스북 개인정보가 대선에 사용되는 등 여파가 컸습니다. 현재 페이스북은 제한적으로만 데이터를 제공하고 있는 상태입니다. 무분별한 개인정보 수집 허용으로 많은 사람들이 피해를 본 사례입니다.

페이스북 - 케임브리지 애널리티카 정보 유출 사건

넷플릭스 다큐멘터리 《거대한 해킹(The Great Hack)》은 개인정보가 정치적으로 악용된 사례를 집중 조명한 작품으로, 페이스북-케임브리지 애널리티카 정보 유출 사건을 다루고 있습니다. 케임브리지 애널리티카(CA, Cambridge Analytica)는 수천만 명에 달하는 페이스북 가입자 정보를 확보해 2016년 미국 대선과 영국 브렉시트 홍보 등에 정치적 목적으로 악용했습니다. 당시 케임브리지 애널리티카가 정보를 넘겨받은 상대가 바로 앞선 사례에서 언급한 알렉산드르 코건입니다. 소셜 미디어와 웹사이트 등 무한한 인터넷 세상에 계속 생성되고 있는 데이터들은 그 양이 너무 많기 때문에 제대로 보호하기 힘듭니다. 데이터를 관리, 제어할 수 없어 빈틈이 생기면 어떤 일이 벌어질 수 있는지 함축적으로 알게 된 사건이라고 할 수 있습니다.

그림 12-29 개인정보 유출 사건을 다룬 다큐멘터리 《거대한 해킹》

미국 국가안보국(NSA) 프리즘 폭로사건

2013년, 미국의 국가안보국(NSA)에서 컴퓨터 기술자로 일하던 에드워드 조지프 스노든(Edward

Joseph Snowden)은 NSA가 도·감청 프로그램을 통해 구글, 페이스북, 마이크로소프트, 애플의 전 세계 이용자들의 통화, 이메일, 검색 결과를 지속적으로 수집해왔다고 폭로했습니다. 미 정부는 국가의 안보를 위한 수집, 분석이라고 해명했지만 결국은 개인의 정보나 자유가 국가보안이라는 명목하에 희생되었다고 볼 수 있습니다. 전 세계가 점점 하나로 연결되고 있는 시대에 개인정보가 앞으로 어떤 식으로 활용될지는 미지수이기 때문에 우려스러운 일이 아닐 수 없습니다.

그림 12-30 **에드워드 조지프 스노든** © https://www.vanityfair.com

6 스몰데이터의 시대

빅데이터가 중요해진 만큼 스몰데이터도 중요해지고 있습니다. 스몰데이터(Small Data)는 개인의 취향과 생활 방식 등 사소한 행동 등에서 나오는 개인화된 데이터를 의미합니다. 빅데이터 분석이 유효한 건 사실이지만 빈틈이 생길 수밖에 없으므로 그 빈 공간을 채울 수 있는 것이 스몰데이터가 아닐까 싶습니다. 빅데이터가 공통의 특성을 찾아낸다면 스몰데이터는 차별화된 개인의 특성을 찾아냅니다. 개인의 취향이나 필요, 건강 상태, 생활양식 등을 세밀하게 관찰해서 나오는 정보들을 활용하는 것입니다. 빅데이터는 이미 발생한 데이터를 통해서 트렌드를 예측하고 깊게 분석해 경쟁력 있는 정보를 뽑아내지만 정보 수집에 한계가 있고 데이터양만으로는 메울 수 없는 부분이 분명히 존재합니다. 이때 스몰데이터를 이용하면 소비자의 작은 행동 하나하나까지 파악해 충족되지 못한 그 무언가를 찾아낼 수 있습니다.

그림 12-31 **스몰데이터**

스몰데이터를 잘 활용한 사례는 완구 회사로 유명한 레고(Lego)입니다. 레고는 2000년대 초 판매 부진으로 파산 직전에 이르자, 빅데이터를 분석해 아동들은 인내심이 부족하기 때문에 복잡한 블록에 관심을 두지 않는다는 사실을 얻어냅니다. 그래서 쉽게 조립할 수 있는 블록 판매를 늘렸지만 매출은 크게 늘지 않았습니다. 그러던 차에 우연히 독일에 사는 11세 소년의 집을 방문하게 됐는데, 그 소년이 가장 자랑스러워하고 중요시했던 것은 스케이트보드를 배우면서 닳아 낡아버린 운동화였다고 합니다. 여기서 레고는 힌트를 얻습니다. 아동들은 자신이 직접 완성한 고생의 산물인 블록을 아주 자랑스러워하고 중요시한다는 것입니다. 그래서 레고는 블록의 크기를 더 작게 만들고 상세한 조립 설명서를 넣어 긴 시간 동안 공들여 조립할 수 있게 했습니다. 레고가 개인의 업적으로 인정받을 만한 가치를 가지게 된 것입니다. 이러한 전략은 대성공을 거두며 어른들도 꾸준히 찾는 가장 성공한 장난감 회사로 자리 잡습니다. 스몰데이터 활용의 아주 훌륭한 사례라고 볼 수 있습니다.

그림 12-32 복잡한 레고 완성품이 주는 가치 © https://www.amazon.com

7 데이터 3법과 마이데이터

4차 산업혁명 시대의 핵심 자원인 데이터를 활용할 수 있는 근거가 마련되자 본격적으로 가명정보 데이터를 활용한 연구와 제품개발이 활성화될 것이라 기대되고 있습니다. 그러나 민감정보를 활용해 기업이 수익을 창출하는 과정에서 개인정보의 오남용 문제가 발생할 것을 우려하는 목소리도 높습니다. 4차 산업혁명의 원유로 불리는 '데이터'의 활용은 충분한 논의를 거쳐 문제점을 보완하고 안전한 데이터 활용이 이루어질 수 있도록 노력해야 합니다.

그래서 국회는 데이터 관련 법안을 마련해 법적인 테두리 안에서 정보를 활용할 수 있도록 하고 있습니다. 통칭 '데이터 3법'이라고 불리며, 「개인정보보호법」, 「정보통신망 이용촉진 및 정보보호 등에 관한 법률(약칭 : 정보통신망법)」, 「신용정보의 이용 및 보호에 관한 법률(약칭 : 신용정보법)」이 포함됩니다.

데이터 3법의 시행은 '내 데이터의 주인은 나'라고 주장할 수 있는 근거가 마련된 것과 같습니다. 「신용정보법 개정안」에 '개인신용정보 전송요구권'이 포함되어 있기 때문입니다. 이는 "내 데이터는 직접 관리할 테니, 내가 지정하는 제3자에게 데이터를 보내달라"고 요청할 수 있다는 의미입니다. 그러면서 개인정보의 주체, 즉 본인의 정보를 본인이 활용할 수 있는 '마이데이터' 관련 산업(신용정보관리업)에도 큰 관심이 쏠리고 있습니다.

하나 더 알기 ✓ **빅브라더의 시대**

빅데이터 시대가 빅브라더(Big Brother) 시대로 나아갈 수 있다는 우려도 있습니다. 빅브라더란 소설가 조지 오웰(George Orwell)이 1949년에 출간한 소설 『1984』에 나오는 단어입니다. 소설 속 전체주의 국가인 오세아니아를 통치하는 수수께끼의 독재자를 일컫는 말로 모든 곳에 존재하지만 보이진 않으며 언제 어디서나 시민을 감시, 통제하며 독재적인 권력을 유지합니다. 빅데이터는 우리를 둘러싼 모든 곳에서 정보를 얻으며 그 정보를 활용해 사업을 하거나 정책을 만듭니다. 정보의 중요성이 커질수록 정보에 매일 수밖에 없는 아이러니가 발생하므로 더더욱 빅브라더의 출현을 경계할 필요가 있습니다.

그림 12-33 『1984』의 빅브라더

8 4차 산업혁명과 빅데이터의 중요성

4차 산업혁명 시대에는 데이터를 지배하는 기업이 혁명을 주도할 것이라고 합니다. 데이터를 더 잘 활용하기 위해 알고리즘 개발 경쟁이 치열하며, 특히 데이터 플랫폼 생태계를 주도하는 기업으로 거듭나기 위한 노력이 상당합니다. 스스로 데이터를 확보할 수 있는 생태계를 구축하고 이익을 공유하는 기업으로 가야만 4차 산업혁명 시대에 성공을 거둘 수 있다는 의견이 지배적이기 때문입니다. 글로벌 IT 기업인 구글, 아마존, 애플, 페이스북 등은 이미 자체적인 플랫폼과 기업, 이용자의 데이터를 연결해 산업 영역을 확장하고 있는 상황입니다.

그림 12-34 4차 산업혁명과 빅데이터

요약

01 빅데이터의 출현

- 데이터 규모에 초점을 맞춰 빅데이터를 정의하면, 기존 데이터베이스의 데이터 수집, 저장, 관리, 분석의 역량을 넘어서는 데이터라고 할 수 있다.
- 업무 수행 방식의 관점에서 빅데이터를 정의하면, 다양한 종류의 대규모 데이터로부터 저렴한 비용으로 가치를 추출해내는 데이터를 의미한다.
- 가트너는 향상된 시사점과 더 나은 의사결정을 위해 사용되는 정보 자산이자, 비용 효율이 높고 혁신적이며 대용량, 고속, 다양성의 특징을 갖는 데이터를 빅데이터라고 정의한다.
- 빅데이터의 특징에는 3V인 다양성(Variety), 속도(Velocity), 규모(Volume)가 있으며 가치(Value)를 추가해 4V라고 부르기도 한다.
- 빅데이터는 소셜 네트워크의 확산, 분산처리기술의 발전, 클라우딩 컴퓨팅 기술의 도입, 스마트 기기 보급 등의 환경적 요소를 배경으로 출현하였다.

02 빅데이터의 활용 사례

- 빅데이터를 분석하고 현상을 판단함으로써 이상현상을 감지하거나 가까운 미래를 예측하는 데 활용할 수 있다.
- 도·소매, 공공, 의료, 마케팅, 교통 등 다양한 분야에서 빅데이터 분석을 기반으로 한 시스템이 활용되고 있으며 그 가치도 점점 커지고 있다.
- 빅데이터를 활용하기 위한 핵심 요소에는 기술, 자원, 인력이 포함되며, 가장 중요한 것은 사람, 즉 인력이라고 할 수 있다.
- 빅데이터를 다루는 데 능숙한 인재가 되기 위해서는 비판적 시각, 탐구력, 비즈니스 환경에 대한 이해, 커뮤니케이션 능력, 개인의 만족도, 수학적 능력, 공학적 자질 등이 필요하다.

03 빅데이터의 가치와 사회변화

- 빅데이터와 관련한 기술은 빅데이터 처리기술과 빅데이터 분석기술로 나눌 수 있다.
- 대표적인 빅데이터 분석기술은 데이터마이닝 기술이며, 종류로는 텍스트마이닝, 소셜 마이닝, 클러스터 탐지(군집 분석)가 있다.

- 이외에도 기술통계 분석, 추론통계 분석이 빅데이터 분석기술의 대표적인 예이다.
- 빅데이터를 처리하는 기술에는 적절한 소프트웨어를 선정하는 판단력과 소프트웨어를 잘 다루는 능력이 중요하다.
- 빅데이터 처리에 많이 쓰이는 대표적인 소프트웨어로는 하둡, R, SQL이 있다.
- 빅데이터와 관련한 개인정보침해 문제가 발생하고 있으므로, 정보 사용 허용 범위와 규제 방안을 정리할 필요가 있다.

연습문제

단답형 문제

01 (   )에 초점을 맞춰 빅데이터를 정의하면, 기존 데이터베이스 관리의 역량을 넘어서는 데이터를 의미한다.

02 빅데이터의 중요한 특성 세 가지는 3V로 표현되는데, 다양성을 뜻하는 (   ), 규모를 의미하는 (   ), 속도를 의미하는 (   )가 있다.

03 데이터는 (   )와 (   )로 구성되어 있으며, 다양한 데이터의 모습을 갖고 있다고 해서 '다양성' 측면과 연결된다.

04 한반도의 모든 백사장에 있는 모래알 수×1,000배 정도의 용량으로 비유할 수 있는 데이터 단위는 (   )이다.

05 기존의 데이터와 빅데이터의 가장 큰 차이점은 데이터 (   )의 변화이다.

06 서버와 컴퓨터들이 나눠서 처리할 수 있는 기술인 (   )의 발전은 빅데이터가 출현하는 데 큰 역할을 하였다.

07 무수히 많은 데이터를 분석하면 이변이나 (   )을 감지할 수 있고 가까운 미래를 (   )할 수도 있다.

08 (   )을 감지한다는 것은 업무 로그를 분석해 정상, (   ) 패턴을 도출해내는 것을 의미한다.

09 도·소매 분야에서는 큰 사이즈의 요구르트를 출시하는 등 빅데이터를 활용해 소비자의 (   )을 파악해 적절한 제품을 만들어내려고 한다.

10 빅데이터 활용을 위한 핵심 요소 중 가장 중요한 것은 (   ), 즉 인력이다.

객관식 문제

11 다음 중 빅데이터에 대한 설명으로 옳지 않은 것은?

① 기존 DBMS의 데이터 저장, 관리, 분석 역량을 넘어서는 데이터이다.
② 향상된 시사점과 더 나은 의사결정을 위해 사용되는 정보 자산이다.
③ 수십 메가바이트(MB)의 정형 데이터를 저장하고 분석하는 기술이다.
④ 이상현상을 감지하거나 가까운 미래 예측 및 현황 분석에 활용한다.
⑤ 의료, 마케팅, 공공 등 여러 분야에서 활발하게 활용되고 있다.

12 다음 중 빅데이터의 특징과 가장 거리가 먼 것은?

① Valid
② Variety
③ Volume
④ Velocity
⑤ Value

13 다음 중 스몰데이터에 대한 설명으로 옳지 않은 것은?

① 개인의 취향, 필요, 건강 상태, 생활 양식에서 나오는 소량의 정보이다.
② 개인의 행동들을 세밀하게 관찰하여 활용한다.
③ 소비자 행동의 공통적 부분을 파악해 활용한다.
④ 빅데이터의 반대 개념이다.
⑤ 대량의 데이터로는 메울 수 없는 부분을 공략한다.

14 다음 중 빅데이터 전문 인력에게 필요한 자질과 거리가 먼 것은?

① 데이터를 이해하는 능력
② 데이터를 처리하는 능력
③ 데이터를 보기 좋게 시각화하는 능력
④ 데이터를 잘 전달하는 능력
⑤ 데이터를 잘 수집하는 능력

15 **다음 중 빅데이터가 활용된 사례로 옳지 않은 것은?**

① 패션 브랜드 자라는 소비자의 행동에 관한 데이터를 분석해 디자인에 적용한다.

② 미국은 보스턴마라톤 테러 용의자를 식별하기 위해 행사장 근처 데이터와 청중의 휴대폰 카메라 데이터도 수집했다.

③ 코로나19 방역 시스템을 위해 빅데이터가 활용되고 있다.

④ 아마존의 도서 추천 시스템은 매우 대표적인 빅데이터 분석 모델이지만, 매출에는 크게 도움이 되지 않았다.

⑤ 심야버스의 노선을 만들기 위해 휴대폰 사용기록 데이터가 활용되었다.

토론과제

01 개인정보를 유출해 빅데이터로 악용하는 사례가 늘고 있습니다. 관련 사례를 제시해보고 어떻게 방지하면 좋을지 토론해봅니다.

02 빅데이터를 활용하기 위한 핵심 요소 중 왜 '사람'이 가장 중요한지 그 이유를 설명해봅니다.

03 빅데이터를 활용해 이상현상을 감지한 사례에 대해 이야기해봅니다.

CHAPTER 13

감성기술과 하이테크, 하이터치

학습목표

- 본인이 경험해보거나 생각해본 감성기술에 대해 설명할 수 있습니다.
- 감성을 자극하는 광고나 마케팅 사례 중 인상적이었던 내용을 이야기할 수 있습니다.
- 감성기술의 프로세스와 분류, 대표 사례를 설명할 수 있습니다.
- 생체인식, 안면인식 기술 등의 동향에 대해 설명할 수 있습니다.

Preview

13장에서는 감성기술과 관련된 사회변화에 대해 다루겠습니다. 감성기술은 감성공학이라고도 합니다. 즉, 인간의 감성을 정량적으로 측정, 평가해서 이를 제품이나 환경 설계에 적용하고 인간의 삶을 더욱 편리하고 안락하게 만드는 기술입니다. 이런 기술은 '하이테크'와 '하이터치'에도 적용되어 개인의 감성에 중요한 영향을 미칩니다. 이번 장에서는 감성기술에 대한 개념과 사례 등을 살펴보고 이와 연관된 파생기술과 하이테크, 하이터치 산업에 대해서도 전반적으로 알아보겠습니다.

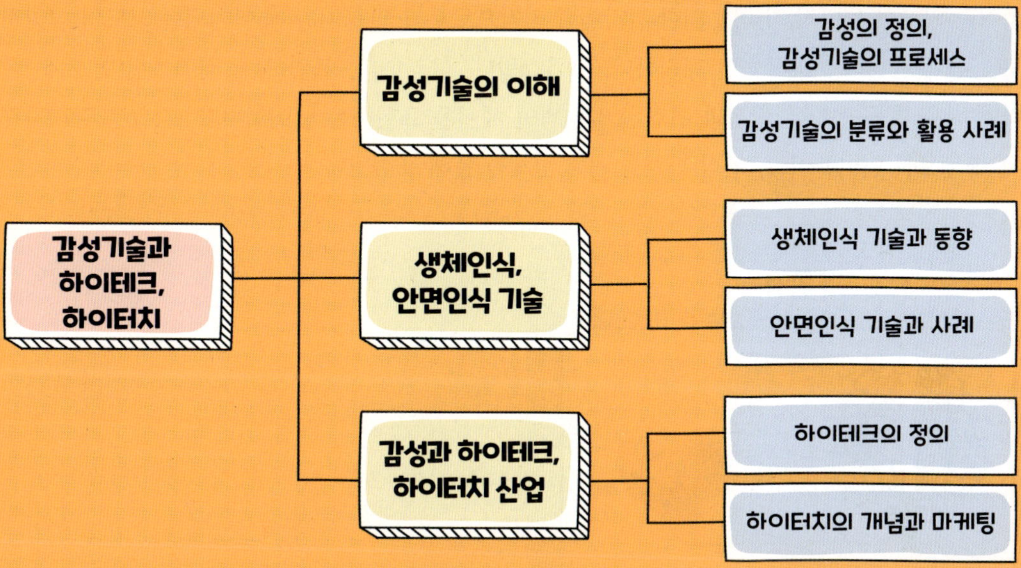

Section
01 감성기술의 이해

1 감성기술의 개념 및 분류

감성이란 외부의 물리적 자극에 의한 감각이나 지각으로부터 인간 내부에 야기되는 고도의 심리적인 체험을 뜻합니다. 예를 들면 쾌적하다, 고급스럽다, 불쾌하다, 불편하다, 감격스럽다, 기분 나쁘다와 같은 것들이 모두 감성과 관련된 심리적인 체험을 표현하는 단어입니다. 감성은 감각기관을 통해 정보를 받아들이고, 인식 과정을 거쳐 신체를 통해 표현됩니다.

감성

외부의 물리적 자극에 의한 감각이나 지각으로부터
인간 내부에 야기되는 고도의 심리적인 체험

그림 13-1 감성의 정의

감성을 기계들이 인식할 수 있게 바꿔 표현해보면, 먼저 감각기관을 통해서 정보를 받아들이는 것은 자극이 될 것입니다. 다시 말해서 인풋(Input) 과정입니다. 인식 과정을 거친다는 것은 처리, 프로세싱 과정이며 신체를 통해서 표현한다는 것은 아웃풋(Output) 과정입니다. 기계가 이 과정을 거쳐 감성을 기술적으로 받아들이는 데에는 상당히 어려운 작업이 필요합니다. 예를 들어, 불쾌와 쾌적의 기준은 어떻게 세울 수 있을까요? 사람이 느끼는 불쾌함은 '아주 불쾌하다', '조금 불쾌하다' 등으로 다양하기 때문에 우선은 표본을 추출해야 합니다. 그 뒤, 여러 표본을 가지고 일반적인 감각의 정도를 표준으로 설정해야 합니다. 그래야 기계가 해당 감정을 두고 표준을 넘어서느냐, 못 미치느냐를 구분해 감정의 세기를 표현할 수 있습니다. 이러한 과정을 정립하는 것이 바로 감성기술입니다.

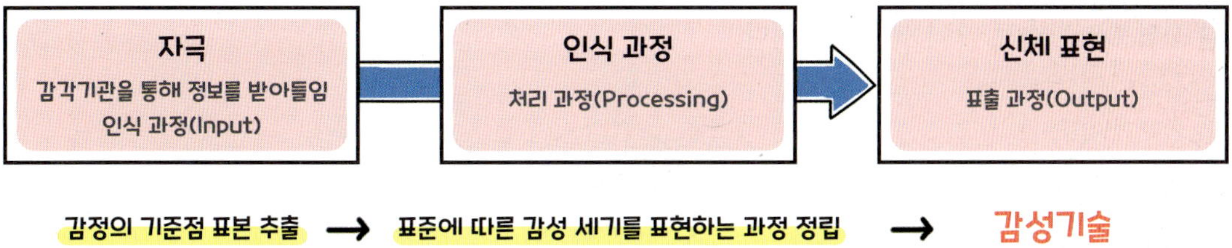

그림 13-2 **감성기술의 정의와 프로세스**

감성기술은 인간의 감성을 정량, 정성적으로 측정하고 과학적으로 분석, 평가해서 제품이나 환경 설계에 응용합니다. 그리고 이 응용된 것을 통해 편리하고 안락하고 안전한, 더 나아가서는 인간의 삶을 쾌적하게 하고자 합니다. 그래서 감성공학이라고 부르기도 합니다.

연구 영역은 인간과 기계 또는 인간과 환경 사이의 인터페이스 부분이라고 할 수 있습니다. 인간의 생리적, 심리적 특성을 고려한 인터페이스 설계, 즉 전체 시스템의 효율이나 편의성, 쾌적함을 향상시키는 데 초점을 둔 연구입니다. 핵심 기술을 살펴보면 인간에 대한 여러 가지 센서와 맞춤 기술이 있는데, 인간공학기술이나 오감센서기술, 마이크로 가공기술, 디자인기술, 가상현실기술 등이 있습니다.

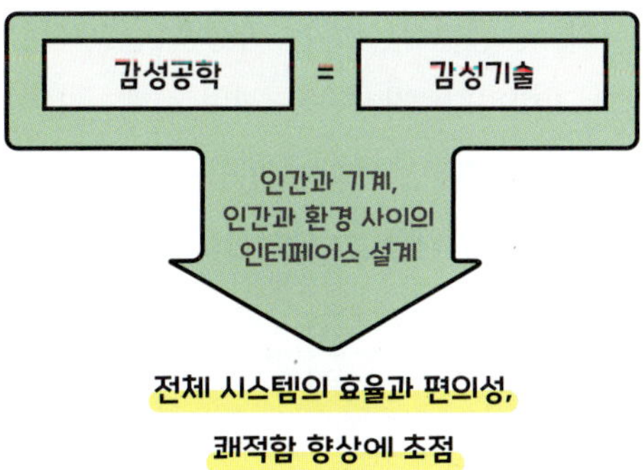

그림 13-3 **감성기술과 감성공학**

감성기술은 앞서 설명했듯이 인간의 정서와 감정을 연구하는 분야입니다. 감성의 유발, 인식, 행동에 대한 제반 원리를 규명하고 활용하는 학문이므로 분류 항목도 다양합니다. 한국감성과학회에서는 감성을 측정하고 평가하는 이론, 감성의 심리와 생리, 감성디자인 콘텐츠, 감성융합, 감성과 관련된 의류, 산업, 환경 등의 5가지 분류로 나누고 있습니다.

최근에는 이 분류에 감성이 들어간 콘텐츠, 즉 문화 콘텐츠 기술도 포함되었습니다. '문화 콘텐츠 기술'이란 인간의 감성요소를 분석, 조합, 생성해서 감성적 반응, 교감 등이 가능한 콘텐츠를 창작, 표현, 전달, 소비할 수 있도록 하는 총체적인 기술을 의미합니다. 기본 5가지 분류에 요즘 변화하고 있는 감성기술을 다시 한번 재조합해보면 감성 인식 기술, 감성 UI 기술, 감성 표현 기술, 감성 정보 DB 기술로 나눠볼 수 있습니다.

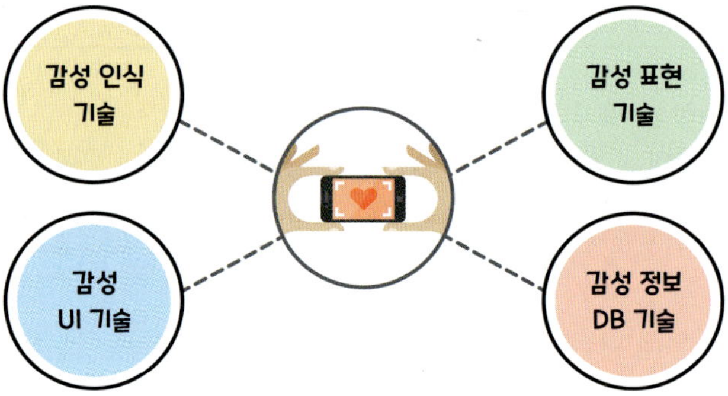

그림 13-4 **감성기술의 대표 분야**

2 감성기술의 분야별 사례

감성 인식 기술

감성 인식 기술이란 인간의 감성 상태를 통해 인간과 인간, 인간과 기기의 상호작용 효율성을 높일 수 있는 감성을 인식하거나 추론하는 엔진기술을 의미합니다. 감성을 인식하는 과정은 먼저 사람이 여러 가지 경험이나 심리를 통해 감성을 느끼는 것에서 시작합니다. 감성을 느끼면 신체 반응이 생기고, 이 반응을 여러 가지 센서 장치로 추론하고 측정합니다. 그러면 내부에 만들어놓은 엔진, 즉 분석 알고리즘을 통해 감성을 분석해서 감성 상태를 판단하는 것입니다.

그림 13-5 **감성 인식의 과정**

이 기술에는 여러 측정 센서가 포함되는데, 예를 들면 사람의 맥박을 확인하는 맥파 측정이나 뇌에서 나오는 뇌파를 측정하는 뇌전도, 근육에서 나오는 근육파를 측정하는 근전도, 피부에서 나오는 여러 가지 파형을 확인하는 피부 전도도 등이 있습니다. 사람에게서 나오는 여러 생체 신호를 인식하는 기술이라고 할 수 있습니다.

다소 추상적일 수 있는 감성 인식 기술을 사례로 한번 알아보겠습니다. 가장 대표적인 예는 '웨어러블 컴퓨터(Wearable Computer)'입니다. MIT 미디어랩에서 개발한 감성 인식 측정 컴퓨터 중 하나로 인간의 감성 상태를 측정하기 위해 개발되었습니다. 또 다른 예로는 '스마트워치(Smart Watch)'가 있습니다. 스마트워치는 사용자 몸에 장착한 컴퓨터 개념으로, 장비를 착용한 사람의 감성 신호나 패턴을 인식할 수 있는 센서와 도구로 착용자의 감성 상태를 인식합니다. 최근에는 심박수나 피부 반응 상태도 감지할 수 있어 인식률이 더욱 높아지고 있습니다.

그림 13-6 **스마트워치** © https://www.hunterrehab.com.au

필립스(Philips)에서는 프로브 프로젝트(Probes Project)의 일환으로 사람의 감정을 읽어내는 목걸이 '바이브(Vibe)'를 개발했습니다. 전기가 통하는 도전성 잉크와 텍스타일 센서가 합쳐졌으며 착용자의 감정에 따라 목걸이 불빛이나 디스플레이가 여러 가지 패턴으로 변합니다.

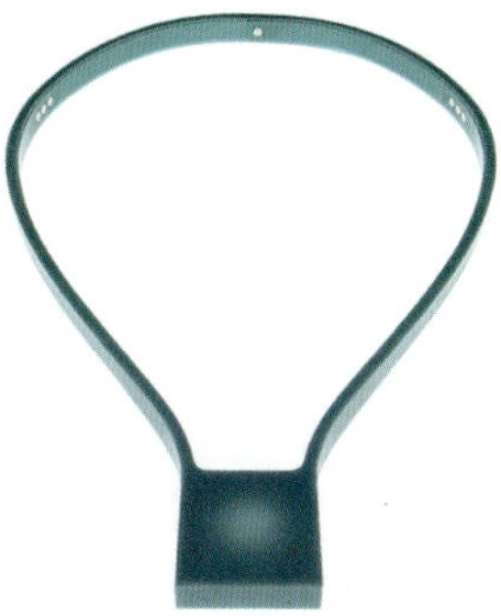

그림 13-7 **필립스 바이브** © https://www.vhmdesignfutures.com

'래셔널라이저(Rationalizer)'라는 감성 특정 시스템은 주로 재택 투자가들이 사용하는데, 이모션 미러(Mirror of Emotions)를 통해 사용자의 감성 상태를 파악하고 빛의 패턴으로 표현해줍니다. 일반적인 감정 상태에서 흥분할수록 붉은색 계열로 변하므로 나의 감정 상태를 객관적으로 파악할 수 있습니다. 그래서 항상 냉철한 판단을 유지해야 하는 투자자들이 많이 사용합니다.

그림 13-8 래셔널라이저 시스템 ⓒ https://fliphtml5.com

감성 UI 기술

감성 UI(유저 인터페이스) 기술은 감성 인지 엔진을 통해 사용자의 감정과 의도를 인지하고 감성을 증감해 표현하는 인터페이스 기술을 뜻합니다. 감성 추론 인지 분야에 해당하므로 정량적 감성 센싱 기술을 통해 취득한 다양한 내용을 파라미터와 같은 것들에 기반해 공학적 접근 방식으로 모델링하고 추론 및 인지하는 기술입니다. 음성 신호나 영상 정보, 생체 신호 같은 것들을 추론하고 인지하는 과정이라고 볼 수 있는데, 사용자의 감성 정보를 종합적으로 판단해서 의도에 맞는 기능을 제공하는 기술이기도 합니다.

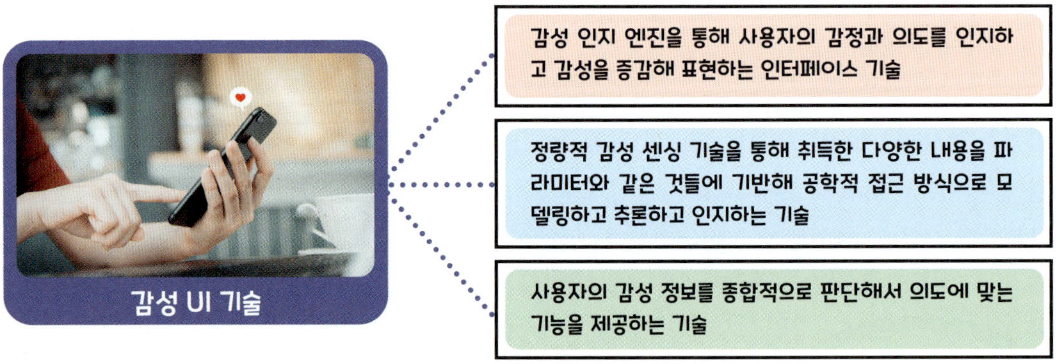

그림 13-9 감성 UI 기술의 정의

감성 UI 기술은 자동차 운항 분야에서 많이 활용되고 있는데, 대표적인 예가 재규어(Jaguar)의 운전자 시선 추적 시스템이나 토요타(Toyota)의 운전자 표정이나 얼굴 모습을 기반으로 졸음을 인지하는 시스템입니다. 생체정보를 받아서 운전자의 여러 가지 상황을 파악하는 시스템, 예를 들면 심박 측정 센서를 안전벨트에 장착해 지속적으로 운전자의 상태를 확인하는 기술은 자동차 스스로 위험 상황을 인지해 주행을 제어하고 운전을 도와주는 기능으로 활용됩니다.

토요타의 아이얼러트 시스템(EyeAlert)은 자동차 대시보드에 카메라를 장착해 운전자의 위아래 눈꺼풀을 지속적으로 모니터링합니다. 눈이 감기는 속도나 눈꺼풀의 상태를 통해 운전자가 졸음운전을 하는지, 아픈지 등을 파악해 사고를 예방합니다. 뇌파를 탐지해 운전자의 주변 환경을 인지하는 방법도 개발되었지만 아직 완벽하게 상용화되진 않았습니다. 현재는 고개의 움직임이나 각도, 안구의 개방 각도 등을 인지해서 모니터링하는 시스템으로 운영되고 있습니다.

그림 13-10 **토요타 아이얼러트 시스템** © https://mag.toyota.co.uk

BCI(브레인 컴퓨터 인터페이스) 기술도 상당히 발전하고 있는데, 헤드셋 형태의 뇌 인터페이스로 뇌파 분석 센서를 통해 여러 의도나 감정을 파악합니다. 컴퓨터, 게임기, 장애인을 위한 보조기구 등으로 활용되고 있습니다. 가장 유명한 시스템은 이모티브 시스템(Emotiv Systems)의 '프로젝트 에폭(Project Epoc)'입니다. 머리에 헤드셋처럼 생긴 뇌파 측정 장비를 착용하고 컴퓨터와 연결된 여러 가지 기능을 작동시키면, 뇌파 분석을 통해 사람이 키보드나 마우스를 조작하지 않아도 의도에 따라서 컴퓨터가 작동됩니다.

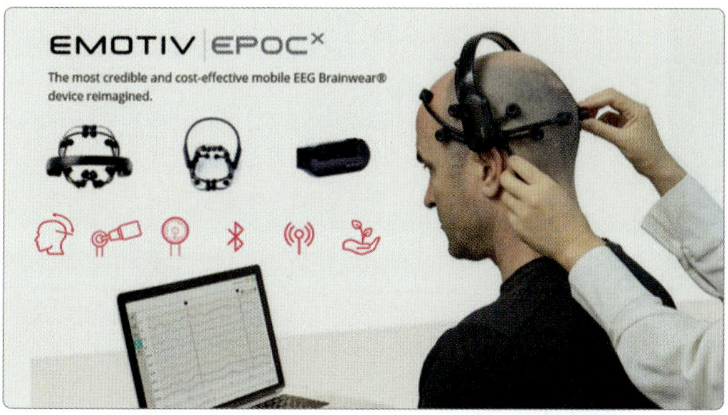

그림 13-11 **프로젝트 에폭** © https://www.tegakari.net

BCI 기술

앞서 간단히 설명한 BCI 기술에 대해 좀 더 자세히 알아보겠습니다. BCI(Brain Computer Interface) 기술은 인간의 두뇌와 컴퓨터를 직접 연결해 뇌파로 컴퓨터를 제어하는 인터페이스 기술입니다.

BCI(Brain Computer Interface) 기술

인간의 두뇌와 컴퓨터를 직접 연결해 뇌파로 컴퓨터를 제어하는 인터페이스 기술

그림 13-12 **BCI 기술의 정의**

이 기술은 뇌파 측정 부위와 활용되는 뇌파의 특징에 따라 여러 유형으로 나뉩니다. 먼저 뇌파를 측정하는 부위에 따라 침습형과 비침습형으로 분류됩니다. 침습형은 두피, 사람 뇌, 피부에 센서 장비를 아예 장착하는 방식입니다. 시술이 필요하므로 외과적인 부작용이 발생할 수 있습니다. 비침습형은 헤드셋 같은 장비를 쓰는 방식으로, 침습형보다 뇌파를 측정하는 민감도가 떨어집니다. 활용되는 뇌파의 특징이 뇌파를 유도하느냐, 뇌파를 인식하느냐에 따라 유도 방식과 인식 방식으로 나뉩니다.

BCI 기술의 대표적인 사례는 뉴로스카이(NeuroSky)에서 개발한 '스타워즈 포스 트레이너(Star wars force trainer)'입니다. 장난감으로 개발된 이 제품은 뇌파를 측정하는 헤드셋을 쓰고 기기 속 공이 떠오른다고 생각하면 실제로 뇌파가 측정되어 공이 떠오릅니다.

그림 13-13 **스타워즈 포스 트레이너** © https://discover.hubpages.com

의학 분야에서도 활발하게 쓰이고 있는데, 지텍(G-Tec)에서 만든 인텐딕스(Intendix)는 사지마비 장애인들의 새로운 표현 방법으로 각광받을 거라고 전망되고 있습니다. 대화를 할 순 없지만 의식은 있는 환자들의 생각을 감지해 표현해 주는 기술이 적용되어 있습니다.

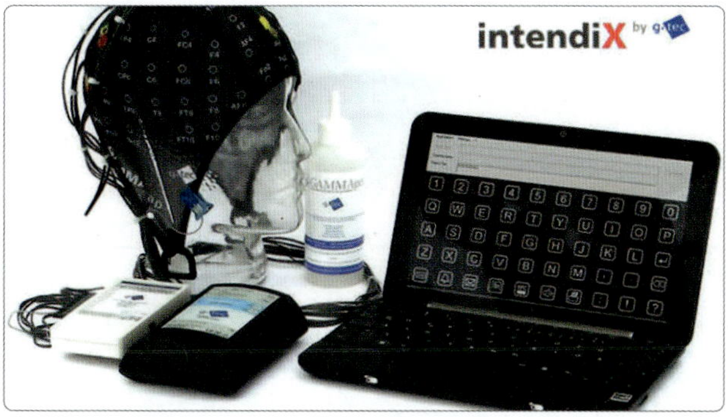

그림 13-14 **인텐딕스** © https://www.cnet.com

카네기멜론 대학교의 빈 허 교수팀은 비침습형 BCI 기술을 이용해 컴퓨터 커서의 위치를 연속으로 추적해 움직이는 로봇 팔을 세계 최초로 개발했습니다. 뇌전도 신호를 통해 실시간으로 로봇기기를 제어하는 것도 가능합니다.

스탠퍼드 대학교 연구팀은 65세 사지마비 환자 뇌에 칩을 심어 뇌파를 읽은 뒤 글을 써주는 '마인드라이팅(Mindwriting)' 시스템을 개발했습니다. 국제학술지 《네이처》는 2021년, 이 시스템을 통해 삐뚤빼뚤하게 쓰인 알파벳 소문자 26자를 표지에 싣기도 했습니다. 이후 인공지능이 발전하면서 환자의 상상에서 나오는 신호를 학습해 높은 확률로 글자를 변환하는 기술도 구현이 가능해졌습니다. 시간 흐름에 따라 변화하는 데이터를 학습하는 순환신경망(RNN) 기술을 이용해, 환자가 글씨 쓰기를 상상할 때 나오는 신호를 시간 순차적으로 읽어나가며 글자 구조를 재구성하는 방식입니다. 컴퓨터는 이 과정을 10여 차례 학습하자 상상 속 글쓰기를 실제 글자로 변환하기 시작했다고 합니다. 초당 90자를 입력하는데 정확도는 94.1%라고 합니다.

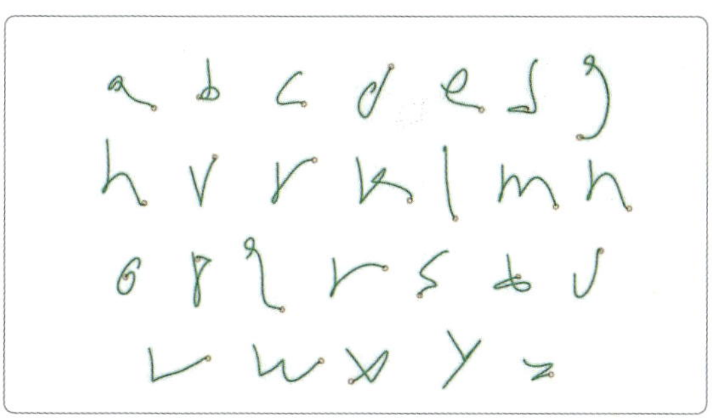

그림 13-15 **마인드라이팅** © https://www.technologynetworks.com

감성 정보 DB 기술

감성 정보 DB 기술은 감성 정보를 데이터베이스화하고 정보의 저장이나 추출을 용이하게 하는 기술입니다. 사용자의 감성을 인지해 원하는 콘텐츠를 파악하는 데 있어 다양한 엔진을 사용해 검색, 생성, 변환하는 기술입니다. 콘텐츠의 기능성 평가 결과를 새로운 콘텐츠 설계에 적용시키므로 콘텐츠 제작 기술까지 포함합니다.

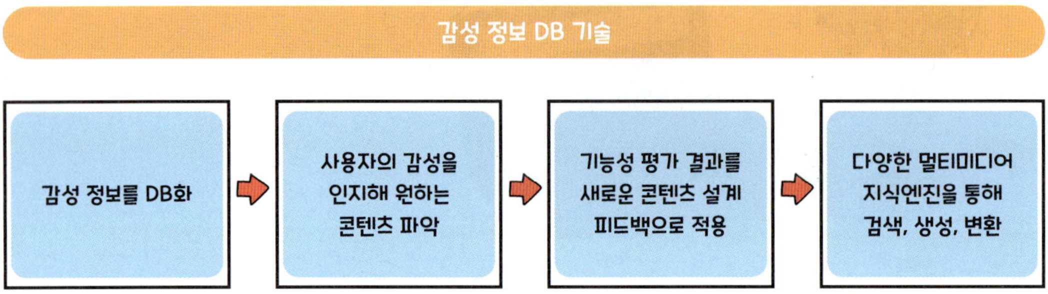

그림 13-16 **감성 정보 DB 기술**

관련 사례로는 필립스의 '감성 센싱 드레스'가 있습니다. 이 기술은 착용자의 감성에 따라 옷의 밝기가 변하며 파이버 옵틱 드레스 기술과 같이 사용자의 움직임에 따라 빛이 다르게 표현됩니다. 필립스 제품은 착용자의 감성에 따라 드레스에 있는 LED 불빛이 다른 모양으로 나타납니다. 이 밖에 여러 가지 시범적인 감성 센싱 드레스가 계속 만들어지고 있는 상황입니다.

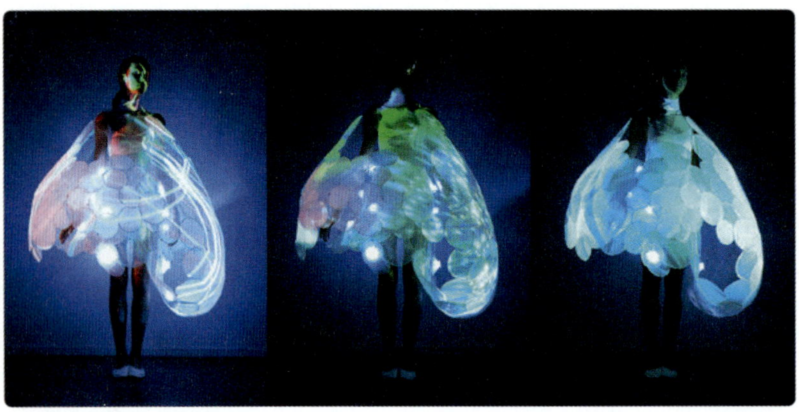

그림 13-17 **필립스의 감성 센싱 드레스** © https://crosslabcollab.wordpress.com

MIT 미디어랩에서는 폭스바겐(Volkswagen), 아우디와 협업해 길을 안내해주는 감성 주행 도우미 '아이다 시스템(AIDA)'을 만들었습니다. 운전자에게 찡그린 표정으로 음성 메시지를 보내며 감성 표현을 하는 로봇이 장착된 주행 안내 시스템입니다. 사용자가 속도를 올리면 로봇은 우울한 표정을 짓거나, 기름이 떨어진 상태가 되면 뭔가 부족하다는 듯 표현하기도 합니다. 과속 방지 등을 안내할 때도 얼굴로 감성을 표현합니다.

그림 13-18 **아이다 시스템** © https://robots.media.mit.edu

극장에서 쉽게 체험할 수 있는 3D, 4D 영화도 대표적인 예입니다. 디지털 영화에 오감 체험 요소를 추가한 것으로, 주말 기준 관객 점유율이 90% 이상일 정도로 상당히 큰 성공을 거둔 적용 분야 중 하나입니다. 현재는 미각과 관련된 센서 연구가 진행되고 있어, 앞으로는 후각, 미각까지 느낄 수 있는 영화가 등장할 것으로 보입니다.

예술 분야는 워터 프로젝션 기술, 감성 정보 DB를 활용한 인터랙션, 드론, 조명 제어 기술 등의 감성 접목 기술을 활용해 무대 위에서 판타지를 창조하기도 합니다. 드론에 장착된 조명이 사용자의 움직임과 교감하면서 빛으로 표현되거나 배우가 노래를 할 때 맵핑 기술을 접목해 감정을 고조시키기도 합니다. 애니메이션이나 영화 제작 시에는 모션 캡처(Motion Capture) 기법이 많이 사용되는데, 실제로 살아 있는 듯한 캐릭터를 화면에 구현할 수 있습니다.

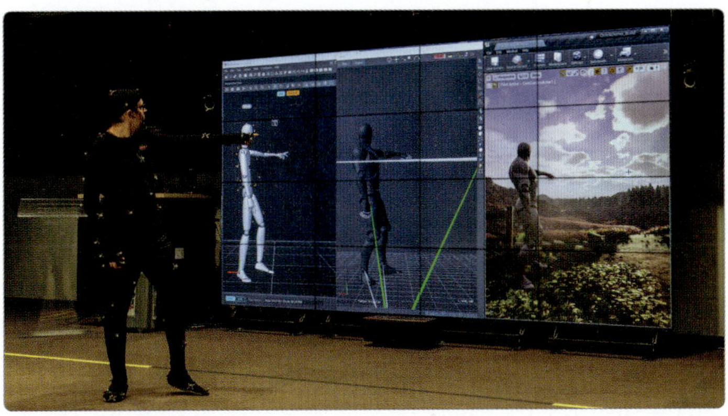

그림 13-19 **모션 캡처 기술** © https://www.artstation.com

Section 02

생체인식, 안면인식 기술

1 생체인식 기술 동향

감성 인식 기술이 가장 먼저 산업화된 분야는 생체인식(바이오메트릭스, Biometrics) 분야입니다. 생체인식 기술이란 측정 가능한 신체적 특성을 추출해 본인 여부를 비교, 확인하는 기술입니다. 차세대 정보 보안 기술로 주목받고 있는데, 신체 일부를 활용한다는 점에서 편리하며 분실이나 도용 위험이 없어 보안 효과가 아주 뛰어납니다. 개인의 신체적 특징이나 목소리 같은 고유 정보를 이용해 식별 인증하므로 신원을 확인하는 데 주요하게 작용합니다. 현재 보안이나 출입관리, 검역, 헬스케어 등의 분야에서 널리 사용되고 있습니다. 또한 핀테크 산업이나 금융 규제 관련 산업 쪽에서 공인인증서를 대신해 활용되고 있어, 비대면 실명 확인을 위한 생체인식 기술로서의 적용이 확대될 전망입니다.

생체인식 기술은 신체적 특징에 따라 지문인식, 홍채인식, 안면인식, 정맥인식으로 분류됩니다. 지문인식은 지문의 디지털 영상을 획득해 사용자를 인식하는 기술이며 홍채인식은 홍채의 고해상도 이미지 패턴을 적외선으로 촬영해 인식합니다. 안면인식은 코, 입, 턱, 눈썹, 골격 등을 분석해 인식하는 기술이라 정보 제공에 거부감이 낮다는 장점이 있습니다. 정맥인식은 적외선을 통해 혈관을 투사한 다음 잔영을 통해 신원을 확인하는 기술입니다.

표 13-1 생체인식 기술 분류

신체적 특징에 따른 분류	지문인식	적용 센서를 이용해 지문의 디지털 영상을 획득한 후 사용자를 인식하는 기술
	홍채인식	홍채의 고해상도 이미지 패턴을 적외선으로 촬영하고 디지털 변환하여 개인의 고유한 특징을 추출하는 기술
	안면인식	얼굴 전체보다 코, 입, 눈썹, 골격 등을 분석하여 인식하는 기술로, 정보 제공에 대한 거부감이 낮음
	정맥인식	적외선을 이용해 혈관을 투사한 뒤 잔영을 통해 신원을 확인하는 기술

그럼, 생체인식 기술 활용 사례를 한번 살펴보겠습니다. 애플은 2015년부터 새로운 터치 지문인식 기술인 포스 터치 기술(Force Touch)을 아이폰6S에 적용하기 시작했습니다. 손가락이나 펜으로

터치 스크린을 누를 때 누르는 힘의 강도를 인식하여 동작하는 기술로 세게 누르면 굵게, 약하게 누르면 가늘게 표현됩니다. 모바일 네트워크 보안업체 오센텍(AuthenTec)을 약 3억 5,000만 달러에 인수하여 기술개발한 지문인식 방식과 지문인식 센서를 자사 제품에 적용하고 있습니다. 아이폰 X 시리즈를 출시하면서는 지문인식보다 안면인식이 20배 더 안전하다고 판단해 터치 ID를 페이스 ID로 대체하였습니다.

그림 13-20 **애플의 포스 터치 시스템** © https://www.businessworld.in

안드로이드 계열은 2015년에 출시된 안드로이드 6.0 버전부터 지문인식 기능 장치를 추가하였으며 OS에 생체인식 기술을 탑재했습니다. 이미지를 통해 개개인을 자동으로 식별하는 컴퓨터 지원 응용프로그램인 안면인식 시스템을 통해 여권이나 주민등록증, 신용카드를 대체한 신원 확인도 가능합니다. 기업에서는 출퇴근 관리나 출입문 통과 시 신원 확인에 활용하기도 합니다. CCTV 영상을 통해 범죄 용의자나 특정한 사람을 추출, 분석해내는 모니터링이나 얼굴을 대조해 범죄자를 색출하는 작업에도 적용되고 있습니다.

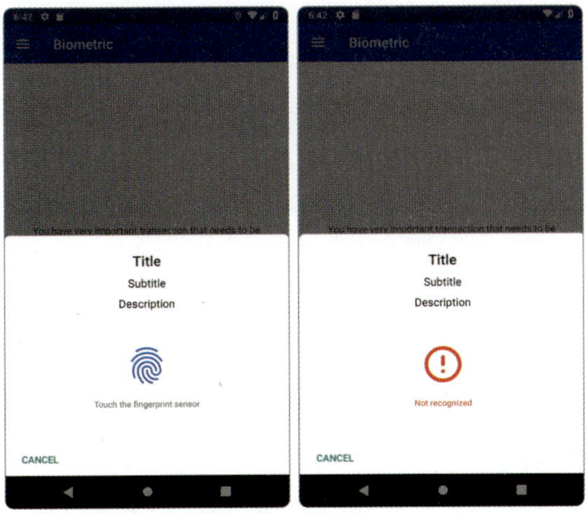

그림 13-21 **안드로이드 지문인식 시스템** © https://medium.com

안면인식 기술이 직접적인 터치 없이도 신원 확인이 가능하다 보니 현재 글로벌 IT 기업들은 안면인식 기술 확보를 위해 인수합병에 열을 올리고 있는 상황입니다. 페이스북은 얼굴인식 소프트웨어 업체 페이스닷컴(Face.com)과 얼굴 이미지 분석 업체 파시오매트릭스(FacioMetrics)를 인수했습니다. 구글은 웨어러블 업체 핏빗(Fitbit)과 얼굴인식 소프트웨어 업체 뷰들(Viewdle) 외 여러 인공지능 업체를 인수하고 있습니다. 애플은 동작인식 센서 전문업체 프라임센스(PrimeSense), 얼굴인식 기술업체 리얼페이스(RealFace)를 인수해 안면인식 관련 기술을 확보해 나가고 있습니다.

2 안면인식 시장의 전망

안면인식 기술은 CCTV를 이용해 영상 감시를 하거나 용의자 검색 및 탐색을 위해 쓰일 수 있고 열쇠나 비밀번호를 대신해 집이나 회사 출입관리에 활용하거나 결제시스템 개인 인증 방법으로 쓸 수도 있습니다. 이처럼 안면인식은 굉장히 다양한 분야에 활용도 높게 적용할 수 있는 기술입니다.

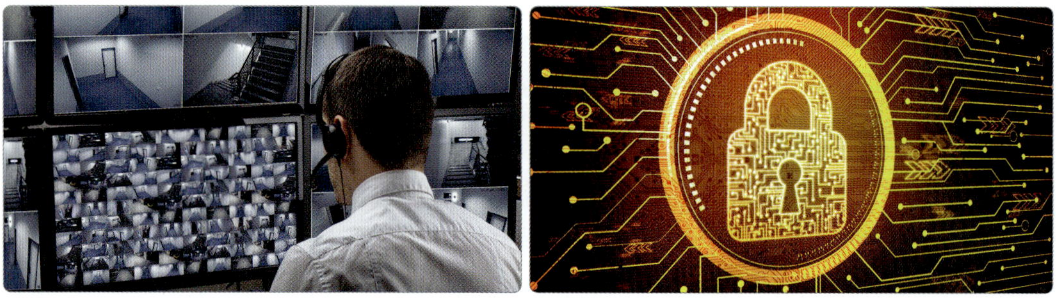

그림 13-22 안면인식 기술 활용의 다양성

전 세계 안면인식 기술 시장은 연평균 성장률 17.2%를 기록하며 2020년 38억 7,200만 달러에서 2025년 85억 7,500만 달러에 이를 것으로 전망되고 있습니다. 용도에 따라 법 집행기관, 액세스 제어, 감정인식, 참석 추적 및 감시, 기타로 분류되는데 각 분류별 성장률은 다음과 같습니다.

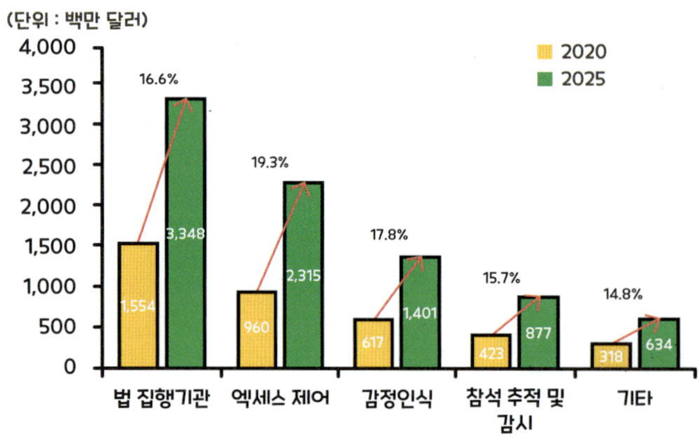

그림 13-23 안면인식 시장의 용도별 성장 추이

© Marketsandmarkets

얼굴인식, 안면인식 시스템은 정리하면, 디지털 이미지를 통해 사람을 자동으로 식별하는 컴퓨터 지원 응용프로그램입니다. 살아 있는 이미지의 특징이나 안면 데이터베이스를 서로 비교할 수 있게 되면서 발전한 기술입니다. 시스템 원리를 간단히 살펴보면, 카메라가 얼굴의 눈, 코 같은 주요 지점을 찾아 거리를 계산합니다. 얼굴의 다른 부분도 분석해 외형이나 질감을 비교하고 이를 통합해 근본적으로 차별화되는 얼굴의 독특한 지형도를 만들어냅니다. 이 과정을 거쳐 스마트폰이나 얼굴인식 시스템이 사람의 얼굴을 등록해 개개인의 독특한 안면인식 정보 데이터베이스가 만들어집니다. 관련 기술의 발전으로 만들어진 시스템이므로 앞으로도 새로운 기술이 개발 및 접목될 가능성이 높습니다.

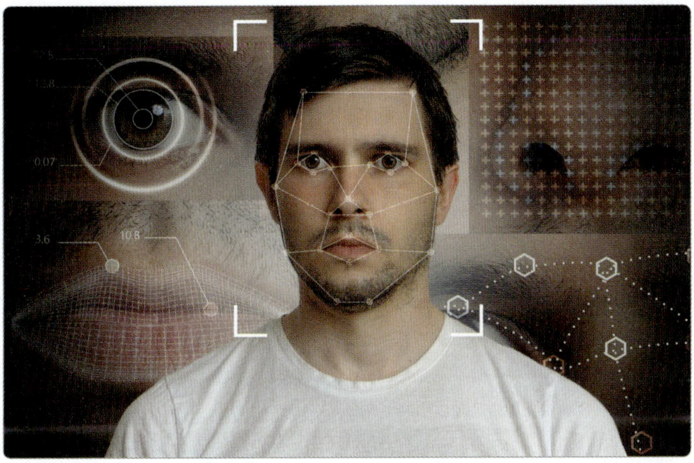

그림 13-24 **얼굴인식**

3 기업의 안면인식 기술개발 현황

앞서 여러 기업이 안면인식 개발에 열을 올리고 있다고 설명하였는데, 기업별 개발 현황을 좀 더 다양하게 살펴보겠습니다.

우선, 페이스북은 '태그 제안'이라는 기술을 활용하는데, 이 기술은 사용자 식별이 가능해 일종의 '얼굴지문'과 같습니다. 페이스북 사용자가 사진에 태그를 생성하면 SNS상에서 머신러닝 시스템이 이미지의 얼굴 픽셀을 분석하고 탬플릿을 만듭니다. 그러면 페이스북은 탬플릿에 숫자, 문자열을 표시해 사용자 고유의 탬플릿을 할당합니다. 이후 사용자가 새로운 사진을 올리면 데이터베이스를 가지고 내부 시스템에서 자동으로 비교, 분석합니다. 얼굴이 분석되면 '~~가 태그되었다'는 태그 제안을 적용하는 것입니다. 이 기술은 사람을 식별하는 데 탁월한 기능을 발휘하고 있습니다.

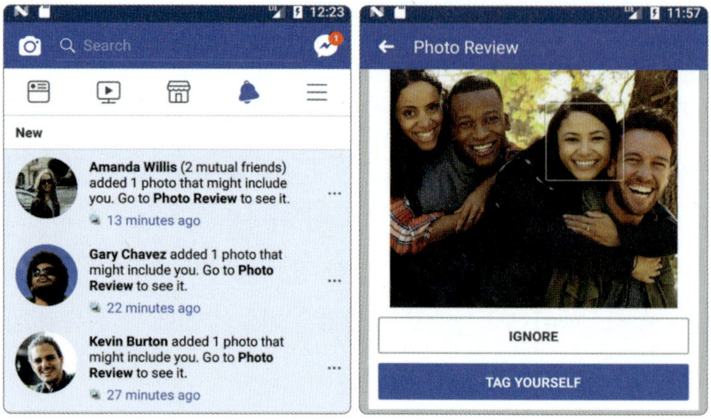

그림 13-25 페이스북의 태그 제안 © https://wccftech.com

세계 최대 뷰티 업체 로레알(L'Oréal)은 증강현실 및 인공지능 기업 모디페이스(ModiFace)를 인수해 새로운 알고리즘을 개발했습니다. AI SDK 기술이라고 부르며 어느 각도에서 촬영된 얼굴이든, 또는 얼굴이 조금 가려졌다 하더라도 자료로 입력할 수 있습니다. 영상 및 사진의 실시간 얼굴 분석 및 특징을 추적하는, 아주 고도의 정밀한 3D 얼굴 특징 추적 기능입니다. 입술이나 눈 밑 주름, 홍채 크기, 피부 특징을 포함해 거의 70개에 달하는 사람의 고유 변수를 분석합니다. AR SDK 라는 피부 평가 시뮬레이션도 도입되어 피부 상태까지 분석이 가능합니다.

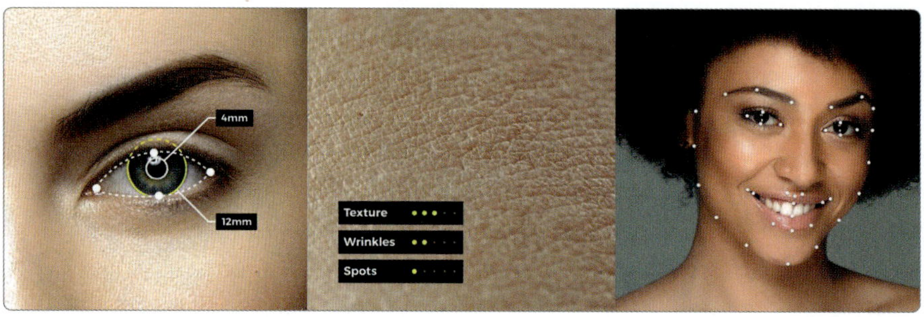

그림 13-26 모디페이스 © https://digital.hbs.edu

애플은 앞서 이야기했듯 아이폰에 페이스 ID 기술을 활용하고 있습니다. 아이폰 X 시리즈부터 노치 디자인이 적용됐는데, 디스플레이 상단이 검은색 띠처럼 된 디자인을 말합니다. 새로운 깊이의 촬영이 가능한 카메라와 다양한 센서가 장착되어 있는데, 적외선 카메라와 조명 관련 기기, 도트 프로젝터가 포함되어 있습니다. 그래서 어두운 공간에서도 얼굴인식이 가능하며 안경을 착용했을 때도 감지할 수 있습니다. 도트 프로젝터는 적외선 카메라로 읽어낸 얼굴에 대한 깊이 맵을 작성해 3만 개 이상의 핀포인트를 만듭니다. 애플이 새롭게 선보였던 애니모지(Animoji)도 도트 프로젝터를 적용한 서비스 애플리케이션입니다.

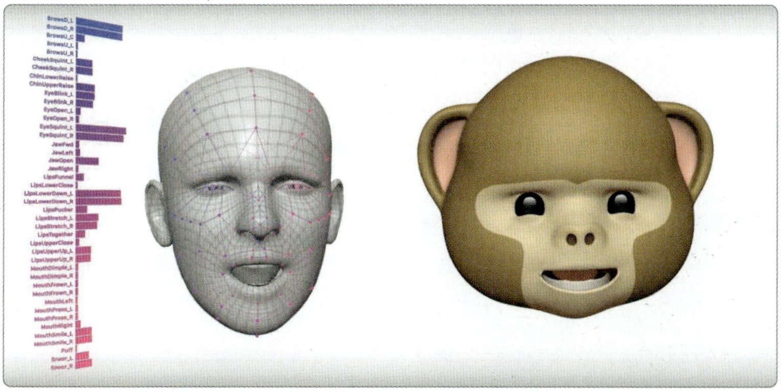

그림 13-27 애니모지 서비스 © https://blog.emojipedia.org

최근에는 코로나19로 마스크를 상시 착용하는 일이 늘어나자, 애플은 업데이트를 통해 마스크를 써도 얼굴인식이 가능하게 하였습니다. 사용자가 입과 코를 모두 가리고 있어도 애플워치를 착용하고 있으면 페이스 ID를 통해 아이폰 잠금을 해제할 수 있습니다. 잠금이 해제되면 애플워치에 진동이 울립니다. 이 기능은 아이폰 설정에서 '애플워치로 아이폰 잠금 해제하기'를 선택해야 사용 가능하며 인증이 완료된 애플워치여야 합니다. 또한 기기 간 간격이 가까워야 합니다.

파인드페이스(Findface)는 러시아의 벤처기업으로, 안면인식 기술을 활용해 사람의 감정까지 인식할 수 있는 기술을 개발했습니다. 모스크바 경찰당국은 이 기술을 CCTV에 접목해 범죄 용의자나 테러 용의자를 찾아내는 데 활용하고 있습니다.

중국의 알리페이(Alipay)는 독일 하노버 정보통신박람회(CeBIT)에서 안면인식 기술을 이용한 결제 방식을 공개했었습니다. 알리바바의 마윈 회장은 "얼굴인식을 통한 결제시스템을 가동시킬 것이며, 만약 알리페이를 사용하다 피해가 생긴다면 그 피해액을 전액 보상하겠다"며 강력한 정책까지 발표했습니다.

그림 13-28 알리페이 © http://www.splendidcomms.com

마이크로소프트는 페이스 API 기술(Face API)로 얼굴인식을 진행하고 있습니다. 페이스 API라는 안면인식 프로그램은 나이, 성별, 감정을 감지할 수 있으며 2장의 사진을 두고 동일인인지 판별하는 비교 분석도 제공합니다. 윈도우 10 계열은 로그인할 때 얼굴인식을 활용할 수 있습니다.

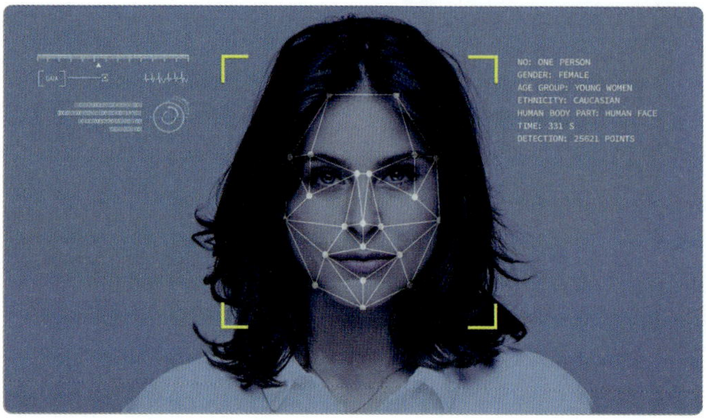

그림 13-29 마이크로소프트 페이스 API © https://www.engadget.com

국내 얼굴인식 보안솔루션 업체 파이브지티(Five GT)는 유페이스키(Ufacekey)라는 도어락을 선보였습니다. 일반적인 현관 잠금장치가 아니라 AI 딥러닝 기술을 활용한 스마트홈 얼굴인식 보안 로봇입니다. 적외선 카메라가 달려 있어 어두워도 얼굴인식이 가능합니다. 이 기술로 범죄자, 테러범을 검거한 사례도 있을 정도로 얼굴인식 기능이 뛰어납니다.

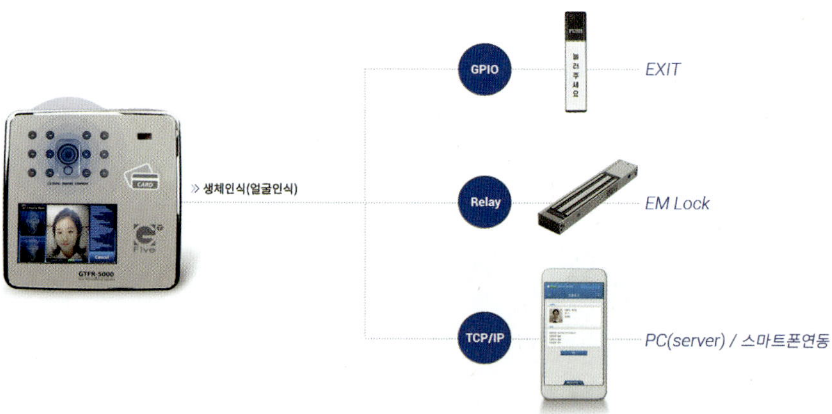

그림 13-30 파이브지티의 유페이스키 시스템 © FiveGT

4 안면인식 기술 적용 분야

안면인식 기술은 보안, 결제, 운송/물류, 교육, 공공서비스, 의학 등 다양한 분야에서 적용되고 있습니다.

보안 분야

안면인식 기술이 가장 많이 적용된 분야는 보안 분야일 것입니다. 한 예로, 미국 뉴욕시의 다리와 터널에는 운전자의 얼굴을 인식하는 카메라가 설치되어 있으며 테러범을 찾는 데 활용하기 위해 설치를 확대할 예정이라고 합니다. 앞서 언급했던 보스턴마라톤 대회에서 테러가 발생했을 때도 테러 용의자 사진을 선명하게 인식시킨 다음 해상도를 높이고 CCTV로 들어온 모든 영상을 분석해 범인을 찾아냈습니다.

비슷한 예로, 중국 난창시에서는 경제사범을 체포하는 데 안면인식 기술을 활용했습니다. 6만 명이 자리하고 있던 콘서트장 영상을 분석해 범인을 찾아낸 것입니다. 영국에서도 UEFA 챔피언스리그 경기장 CCTV 영상에 안면인식 기술을 활용해 범죄 용의자를 검거한 사례가 있습니다. 이를 통해 안면인식 기술의 분석 수준이 상당한 궤도에 올라와 있음을 확인할 수 있습니다.

그림 13-31 안면인식 기술을 활용한 범인 검거(보스턴마라톤 테러) © https://news.sky.com, https://www.irishmirror.ie

출입관리 분야에서도 중요 시설의 신분 확인, 보안 시설의 출입 통제용으로 기술이 활용되고 있습니다. 중국 북경 사범대학, 미국의 샌프란시스코 대학은 기숙사에 안면인식 출입관리 시스템을 구축했습니다. 미국의 라스베이거스, 워싱턴 D.C., 뉴욕의 JFK 공항에도 안면인식 시스템을 운용 중이며 최근에는 미국과 캐나다 육로 국경에 안면인식기를 도입하고 있습니다.

그림 13-32 안면인식 출입관리 시스템
© https://www.biometricupdate.com

LG CNS는 코로나19 바이러스가 전 세계적로 퍼지자 기존의 안면인식 출입관리 시스템에 열화상 카메라 기능을 결합한 서비스를 개발했습니다. AI가 임직원 얼굴을 분석해 마스크를 쓰지 않거나 입에 걸치는 경우 또는 체온이 높은 경우 출입을 금하고, 마스크를 제대로 착용하거나 정상 체온일 때만 출입을 허가하는 기능입니다.

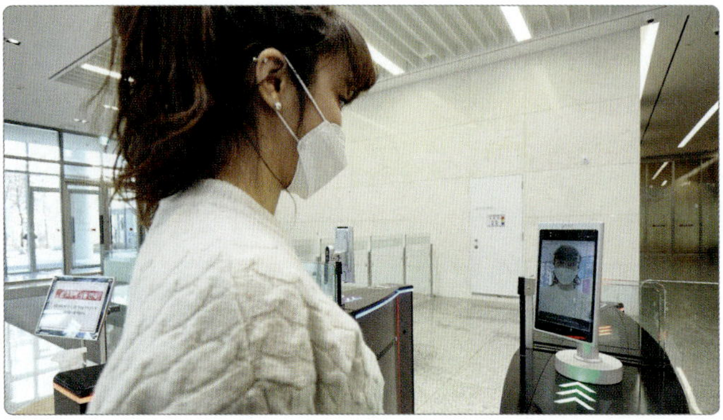

그림 13-33 **LG CNS의 열화상 카메라** © https://www.biometricupdate.com

결제 분야

모바일 결제 리서치 회사 크론 컨설팅(Crone Cunsulting)은 앞으로 모바일 금융 서비스의 50% 이상에 안면인식 기술이 적용될 것이라고 전망했습니다. 중국 알리바바의 알리페이는 '스마일 투 페이'라는 안면인식 결제시스템을 공개한 뒤 상용화를 진행하고 있습니다. 국내 롯데 면세점이 해당 시스템을 도입해 중국 고객의 편의성을 높이는 데 활용하고 있습니다.

우리나라에서도 안면인식 결제 서비스가 보급 초기 단계에 있습니다. 신한은행은 안면인식 결제시스템인 페이스페이(FacePay)를 도입했습니다. LG CNS도 안면인식 시스템과 블록체인, 클라우드 등 IT 신기술을 결합한 '안면인식 커뮤니티 화폐' 서비스를 출시해 사내 식당에 적용했습니다.

그림 13-34 **LG CNS 안면인식 결제시스템** © https://www.biometricupdate.com

이 서비스는 AI 안면인식 기술을 기반으로 직원의 신원을 파악한 후 미리 등록해 놓은 블록체인 기반 커뮤니티 화폐로 자동 결제되도록 설계되었습니다. 결제 시 기계나 사람 간의 불필요한 접촉을 없앰으로써 바이러스 감염 확률을 크게 낮출 수 있다는 장점이 있습니다.

운송/물류 분야

운송, 물류업에서는 물건을 수령할 때, 공유 택시를 탑승할 때 안면인식 기술을 활용해 안전하고 편리한 서비스를 제공하고 있습니다. 중국의 앤트그룹(Ant Group)이 제공하는 택배 보관함 안면인식 기술은 해당자가 맞는지 확인한 뒤 물건을 수령할 수 있도록 하는 서비스이며, 중국판 우버인 디디추싱에서도 운전자의 신원을 보장하기 위해 안면인식 기술을 도입했습니다.

그림 13-35 **운송/물류업의 안면인식 서비스** © http://www.expressboo.com

교육 분야

교육 분야에서는 수험생 본인 확인, 도서 대여 시 본인 확인에 안면인식 기술을 적용한 사례가 있습니다. 2018년에는 중국 광둥성이 대입고사 신청일 당시 얼굴을 사전 등록하고 허위 정보가 등록됐는지 감별하는 데 안면인식 기술을 활용했습니다. 중국 저장이공대학, 금융직업학교는 도서관에 안면인식 기술을 도입해 학생증을 소지하지 않더라도 책을 대여할 수 있도록 시스템화하였습니다.

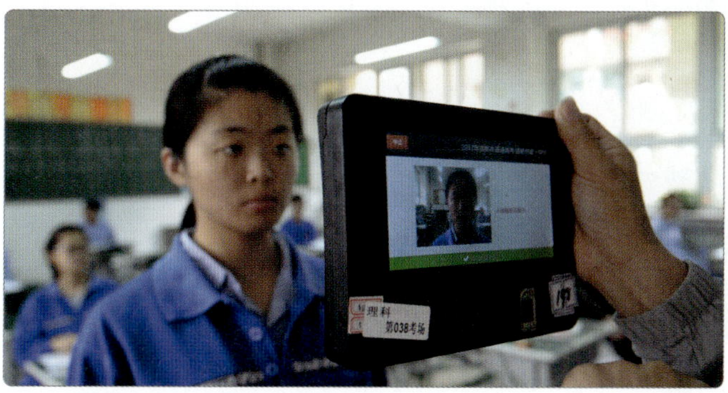

그림 13-36 **교육 분야의 안면인식 기술 활용**
© https://www.scmp.com

공공서비스 분야

중국의 경우, 세금 납부부터 무단횡단자 색출까지 다양한 공공 정책 분야에 안면인식 기술을 활용하고 있습니다. 중국의 톈탄공원은 화장실 휴지를 훔쳐가는 사람들을 막기 위해 안면인식을 해야만 휴지를 제공하는 시스템도 도입했습니다. 또한 중국의 산둥성이나 광둥성 같은 주요 대도시에는 교차로에 안면인식기와 스크린을 설치해 무단횡단자를 단속하고 있습니다. 안면인식기 설치 후 위반 건수가 200건에서 20건으로 감소되는 등의 효과를 얻었다고 합니다.

그림 13-37 **안면인식 기술을 활용한 무단횡단자 단속** © https://www.scmp.com

의학 분야

의학 분야에서도 안면인식 기술이 적극적으로 활용될 것으로 기대되고 있습니다. 워싱턴대학교 연구팀은 스마트폰 셀프카메라를 이용해 췌장암이나 간염의 예후를 알 수 있는 애플리케이션인 '빌리스크린(Biliscreen)'을 개발했습니다. 셀프카메라로 눈 또는 얼굴 피부를 찍으면 컴퓨터 비전과 인공지능을 활용해 췌장암의 예후를 진단해줍니다. 신생아의 얼굴, 몸, 피부 사진으로 황달 여부도 판단합니다.

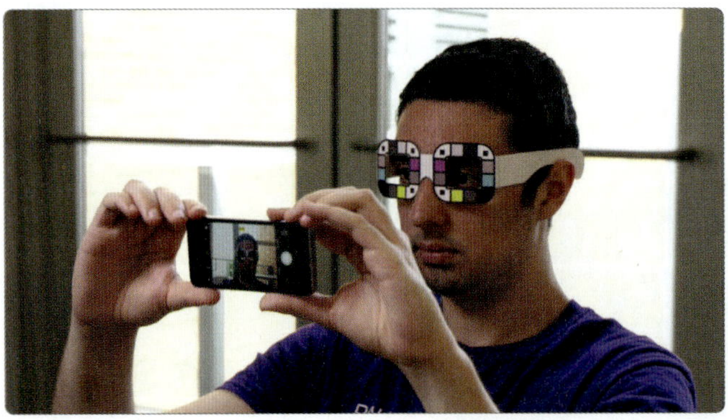

그림 13-38 **빌리스크린** © https://ubicomplab.cs.washington.edu

또한 스탠퍼드 대학교 연구진과 인공지능 기업 코그노아(Cognoa)는 구글 안경과 안면인식 시스템, 인공지능 기술을 결합해 자폐 아동을 위한 '수퍼파워글래스(Superpower Glass)' 프로젝트를 추진하고 있습니다. 자폐증을 앓고 있는 아이들이 수퍼파워글래스를 착용하면 주변에 있는 사람들의 감정을 파악할 수 있도록 돕는 서비스입니다. 구글 안경에 탑재된 카메라와 안면인식 소프트웨어가 사람들의 감정 상태를 읽은 후, 구글 안경 디스플레이에 이모티콘이나 문자 등의 형태로 사람들의 감정 상태를 알려줍니다. 안면인식에서 한발 더 나아가 행복감, 분노, 놀람, 슬픔, 두려움, 모욕감, 혐오감 등의 감정을 읽을 수 있다는 점이 중요하며, 자폐 아동이 사람과 교감하는 데 필요한 '사회적인 단서(Social Que)'를 이해하고 공감하는 능력을 키우는 데 도움을 줄 수 있습니다.

그림 13-39 **수퍼파워글래스** © https://newsela.com

Section 03

감성과 하이테크, 하이터치 산업

1 하이터치와 하이테크

이번에는 감성과 마케팅, 기술의 결합인 하이테크, 하이터치, 하이터치 마케팅에 대해 알아보겠습니다. 하이테크(High-tech)는 일상생활에 일의 효율성, 편리함 등을 가져오는 첨단 기술이며 하이터치(High-touch)는 감성과 연관된 고감도, 즉 마음을 움직이게 하는 정서적 반응을 의미합니다. 하이터치 마케팅은 하이테크 제품, 서비스 등을 제공할 때 소비자의 오감, 정서적 반응을 겨냥해 마케팅하는 것을 의미합니다.

하이테크 (High-tech)	하이터치 (High-touch)	하이터치 마케팅
일상생활에 일의 효율성, 편리함 등을 가져오는 첨단 기술	감성과 연관된 고감도, 즉 마음을 움직이게 하는 정서적 반응	하이테크 제품, 서비스 등을 제공할 때 소비자의 오감, 정서적 반응을 겨냥해 마케팅하는 것

그림 13-40 **하이테크, 하이터치, 하이터치 마케팅 정의**

예전에 삼성전자 갤럭시S3 시리즈가 출시됐을 때 하이터치 마케팅이 적용된 광고가 방영된 적이 있습니다. 핸드폰의 기능을 강조하던 기존 광고들과 달리, 공항에서 헤어지는 연인의 슬픔, 결혼식장에서의 행복, 가족과 함께 하는 기쁨 등 사람의 감성에 초점을 맞춘 내용을 담았습니다. 이렇게 기계와 사람의 감성이 결합해 강점을 극대화하는 것이 하이터치 마케팅의 핵심이라고 할 수 있습니다.

2 하이콘셉트

하이터치를 잘 활용하려면 하이콘셉트(High Concept)를 이해할 필요가 있습니다. 하이콘셉트는 서로 연관이 없어 보이는 아이디어를 결합해 남들이 생각하지 못한 새로운 아이디어를 만들어내는 것으로, 어떤 경향과 기회를 파악하는 능력을 종합적으로 지칭하는 개념이라고 할 수 있습니다.

미래학자 다니엘 핑크(Daniel H. Pink)는 그의 저서『새로운 미래가 온다(A Whole New Mind)』에서 창조적, 독창적, 예술적 콘텐츠에 바탕을 둔 패러다임인 하이콘셉트가 이 시대를 대표하는 소비 가치의 기준이라고 주장한 바 있습니다. 특히 기업들이 제품 혁신을 통해 비용을 절감하고 고객의 가치 제고를 통해 차별화하고자 하는 전통적인 전략은 한계에 부딪혔다며 하이콘셉트의 중요성을 강조했습니다. 또한 하이콘셉트를 성공적으로 구현하기 위해서는 인간의 섬세한 감정을 파악해 공감을 이끌어내는 하이터치가 아주 중요하다고 보았습니다.

그림 13-41 미래학자 다니엘 핑크 © https://ideamensch.com

관련 예로, 스파게티 관련 제품을 판매하는 돌미오(Dolmio)는 하이콘셉트 기반의 재미있는 광고를 연출했습니다. 식사 시간이 되어도 가족 구성원들이 핸드폰이나 TV 때문에 식사에 집중하지 못하는 여러 가정의 모습이 보여진 후 돌미오의 후추 그라인더가 등장하는데, 이 도구는 후추를 갈려고 통을 돌리면 와이파이가 차단되는 기능이 탑재되어 있습니다. 부모가 후추 그라인더를 완성된 스파게티 위에 뿌리자 집안의 모든 기기가 꺼지고 아이들은 당황하거나 화를 내기도 합니다. 하지만 그 덕분에 가족 식사 시간이 마련되었음을 강조하며 즐겁게 식사하는 가정의 모습을 보여주며 끝이 납니다. 이런 광고는 제품과 크게 연관이 없는 내용을 담고 있지만 감성적으로는 시청자의 마음을 건드리면서 제품이나 브랜드를 긍정적으로 바라보게 만드는 역할을 합니다.

그림 13-42 돌미오의 하이콘셉트 광고 © https://www.youtube.com/watch?v=HUgv5MDF0cQ

3 데카르트 마케팅

하이콘셉트와 더불어 데카르트 마케팅의 중요성도 커지고 있습니다. 데카르트 마케팅(Techart Marketing)은 기술(tech)과 예술(art)이 결합한 예술 감각 상품 마케팅으로, 하이테크 제품에 예술을 녹여낸 디자인을 적용하는 것입니다. 소비자의 정서를 자극하는 마케팅이라 하이터치 마케팅의 한 방법으로 볼 수 있습니다.

데카르트 마케팅은 가전이나 IT 제품 마케팅에 처음 쓰이기 시작했으며 현재는 자동차, 식품, 생활용품 등 전 산업 분야에서 다양하게 적용되고 있습니다. LG전자에서 팝 아트의 거장 키스 해링(Keith Haring)의 작품을 휴대폰 후면에 삽입해 출시한 것이 대표적인 예이며, BMW에서 앤디 워홀(Andy Warhol), 데이비드 호크니(David Hockney) 등 유명 아티스트들과 협업해 '아트카'를 제조하기도 했습니다.

그림 13-43 **BMW의 아트카**
© http://www.bimmerfile.com

삼성전자에서는 주얼리 디자이너 마시모 주끼(Massimo Zucchi), 패션 디자이너 앙드레 김이 디자인한 지펠 냉장고를 선보이기도 했으며 뱅앤올룹슨(Bang&Olufsen)은 차량용 오디오를 만들어 BMW, 아우디, 메르세데스 벤츠 등에 접목시켜 고급스러운 이미지를 강조하였습니다. 뱅앤올룹슨은 오디오를 하나의 예술품으로 승화시키려는 노력을 인정받아 16개의 제품이 뉴욕 현대미술관에 영구 소장되기도 했습니다.

그림 13-44 **뱅앤올룹슨 차량용 오디오**
© https://www.topspeed.com

우리나라에서 많은 사랑을 받고 있는 오뚜기 진라면은 30주년을 맞아 특별 에디션을 출시하기도 했습니다. 스페인 화가 호안 미로(Joan Miró)의 작품을 모티브로 무한한 꿈과 유쾌한 상상력을 자극하는 패키지를 디자인한 것입니다. 명품 브랜드 루이비통은 포스트모던 예술가 제프 쿤스(Jeff Koons)의 마스터즈 유화 시리즈를 가방 디자인에 활용해 기존의 루이비통 패턴에서 벗어난 색다른 느낌의 컬렉션을 선보였습니다. 실제로 루이비통은 예술가의 작품을 활용한 후 몇천억 원의 매출을 올리는 등의 효과를 봤다고 합니다.

그림 13-45 루이비통과 제프 쿤스의 콜라보레이션 © https://www.verdict.co.uk

4 하이터치 마케팅 사례

이제 하이터치 마케팅 사례를 한번 살펴보겠습니다. 먼저, 도미노피자는 배달 로봇을 만들어 뉴질랜드에서 시범적으로 가동하며 하이터치 마케팅을 선보였습니다. 위치 추적 기술과 레이더 기술을 이용해 장애물을 피하며 온장고 기능까지 탑재한 로봇은 피자가 식지 않도록 온도를 유지하며 배달을 합니다. 로봇이 따뜻한 피자를 특정 장소까지 배달하는 모습이 홍보 영상으로 공개되며 시청자들에게 재미를 선사했습니다.

그림 13-46 도미노피자 배달 로봇
© https://www.cnet.com

욕실용품 전문점인 배스스토어(Bathstore)는 화장실에서 사용할 수 있는 재치 있는 애플리케이션을 개발해 하이터치 마케팅으로 활용했습니다. '사일런트 루(Silent Loo)' 애플리케이션을 실행하면 수돗물 소리, 샤워 소리 등이 재생돼, 새어나가기 민망한 소리를 가려줍니다. 출시 당시 사용자들의 재미난 반응을 끌어낼 수 있었습니다.

그림 13-47 **배스스토어의 사일런트 루 애플리케이션** © https://www.youtube.com/watch?v=Luio1SLuWf0

스포티파이(Spotify)의 주크박스는 사람이 입고 있는 옷을 스캔해 성향을 파악하고 어울리는 노래를 틀어주는 서비스입니다. 엔터테인먼트 페스티벌에서 활용되기도 했으며 감성과 로봇이 결합한 마케팅 사례라고 할 수 있습니다. 하이파이브 로봇도 비슷한 사례인데 박람회 등에서 하이파이브를 해주는 로봇을 설치해 관람객들과 감성적인 교감을 나누도록 하는 마케팅 전략에 활용되곤 합니다.

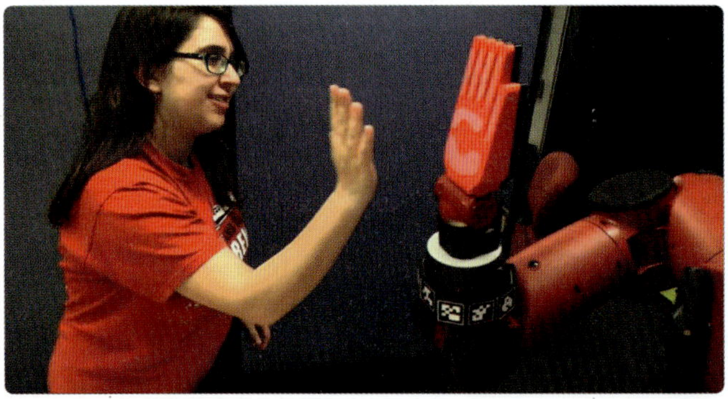

그림 13-48 **하이파이브 로봇** © https://uk.pcmag.com

공익 캠페인에 활용된 사례도 상당히 많습니다. 한 예로, '운전 중 스마트폰 작동 금지' 캠페인 광고는 택시 운전사가 술을 마시는 것처럼 행동을 취해 승객이 화를 내거나 우려하는 모습을 담습니다. 그다음 택시 운전사가 운전 중 스마트폰을 만질 때 승객들이 별다른 불만을 표하지 않는 모습을 보여주며 안전 인식에 경각심을 심어주는 효과를 연출합니다. 스마트폰 사용 또한 음주운전만큼 위험하다는 의미를 전달하기 위해 기획한 실험 영상이라고 할 수 있습니다.

현대차그룹은 감정인식 기술이 적용된 키즈 모빌리티 '리틀빅 이모션(Little Big e-Motion)'을 개발해 어린이 환자 치료에 시험 운용하는 등 하이터치 기술을 사회에 환원하고 있습니다. 미래 자율주행 시대에 필수적인 자동차와 탑승자 간 교감을 가능하게 하는 감정인식 차량 컨트롤 기술(EAVC)을 기반으로 만들어졌습니다. 광고 영상이 유수 광고 시상식에서 수상을 하는 등 전 세계적으로 좋은 반응을 얻었으며 최근에는 실제 치료 과정에 활용되는 모습이 담긴 영상도 공개했습니다.

그림 13-49 **현대차그룹의 리틀빅 이모션** © https://www.piston.my

이모티콘을 활용한 하이터치 마케팅 사례도 많습니다. 폭스바겐이 차량사고의 위험성을 전달하는 이모티콘을 개발하거나 영화관 광고와 문자를 접목한 마케팅이 큰 호응을 얻었습니다. 특히 영화관 광고는 자동차를 운전하는 영상을 보여주다가 관 내 입장객 휴대폰으로 문자를 보내, 사람들이 문자를 보는 순간 자동차 사고 장면이 나오도록 연출해 운전 중 휴대폰 사용의 위험성을 충격요법 마케팅으로 알렸습니다.

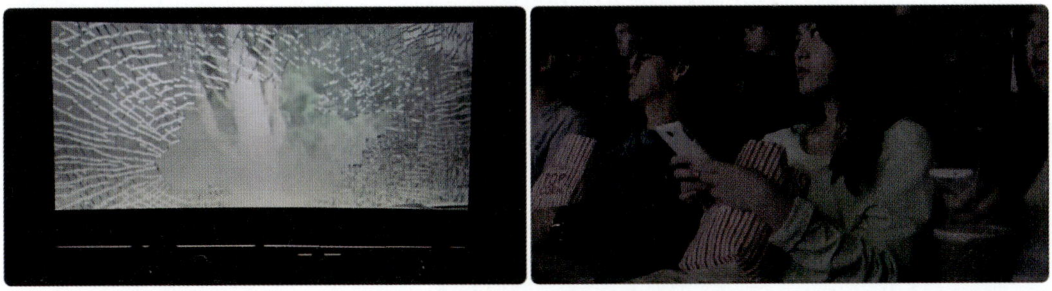

그림 13-50 **폭스바겐 영화관 광고** © https://www.youtube.com/watch?v=-J2Qz4AEU0M

이외에도 포드는 스마트폰 자판을 활용해 자전거를 타거나 운전을 할 때 문자를 쓰지 못하도록 자판 디자인이 바뀌는 마케팅을 선보였습니다. BMW도 영어 스펠링 곳곳에 사고 장면이나 수술 장면을 삽입해 휴대폰 사용의 위험성을 강조하는 마케팅을 시도했습니다.

비슷한 사례로 노르웨이 도로안전 위원회에서는 운전 중 스마트폰을 사용하는 엄마 버전, 아빠 버전 영상을 만들었는데, 운전 중 울리는 휴대폰을 꺼내기 위해 옷, 가방 속을 뒤적이던 손에 술병이 딸려나오는 연출을 통해 운전 중 스마트폰 사용이 음주운전만큼 위험함을 알렸습니다. 벨기에 광고회사는 운전 중 휴대폰을 사용하는 모습을 포스터로 만들어 그 모습이 영정사진이 될 수 있다는 섬뜩한 광고를 진행하기도 했습니다.

그림 13-51 벨기에 광고회사의 운전 중 스마트폰 사용 위험 캠페인 © https://osocio.org

영화홍보에는 디스플레이와 모션 캡처 기법을 조합해 실감 넘치는 경험을 제공하는 하이터치 마케팅 전략이 쓰이기도 했습니다. 《배트맨 대 슈퍼맨: 저스티스의 시작(Batman v Superman: Dawn of Justice)》은 참여자의 얼굴에 배트맨이나 슈퍼맨 의상을 합성시켜주고 해당 모습을 메일로 보내주는 마케팅을 진행했습니다. 패션업계 이야기를 다룬 《쥬랜더(Zoolander)》는 영화관 복도를 사진기 플래시가 터지는 레드카펫처럼 만들어 관람객도 영화 주인공이 되어 보는 마케팅을 진행했습니다. 또한 음성인식과 모션인식을 교묘하게 페어링시켜 좋아하는 영화 속 장면에 내 목소리를 더빙하는 서비스가 적용된 사례도 있습니다.

그림 13-52 영화홍보 하이터치 마케팅 © https://www.youtube.com/watch?v=QPZgwK34cgA

토요타는 레이싱에 어울리는 특수한 시트를 만우절에 공개해 사람들에게 재미를 선사했으며 버거킹은 1인용 소포장을 통해 소비자의 공감대를 끌어냈습니다. 미래형 아기 장난감을 선보이는 장난감 회사 피셔프라이스(Fisher-Price)의 하이테크 기반 하이터치 마케팅도 미래의 육아 환경을 가늠해 볼 수 있는 좋은 사례로 평가받고 있습니다. 교육 환경의 미래를 보여주는 델컴퓨터(Dell)의 광고와 영국의 이동통신사 보다폰(Vodafone)에서 만든 스마트폰과 연결한 자동차 방향 표시 기능, 삼성전자의 오토바이 바람막 관련 투명 스크린, 하이테크 기법이 담긴 영상도 하이테크 기반의 하이터치 감성 마케팅 사례입니다.

그림 13-53 **피셔프라이스의 하이터치 마케팅** © https://www.youtube.com/watch?v=2BPidRZ_F5Y

이처럼 감성기술은 기술 분야, 문화산업 분야에 다양하게 접목되어 생체인식 기술과 더불어 큰 시장을 형성할 것으로 예측되고 있으며 그렇게 발전해 나가고 있는 상황임을 여러 사례를 통해 확인할 수 있습니다.

요약

01 감성기술의 이해

- 감성이란 외부의 물리적 자극에 의한 감각이나 지각으로부터 인간 내부에 야기되는 고도의 심리적인 체험을 뜻한다.
- 기술적인 측면에서는 감각기관을 통해 정보를 받아들이고 인식의 과정에서 이를 처리하며 신체 표현과 같이 표출하는 과정으로 볼 수 있다.
- 감성기술의 분류로는 감성측정/평가/이론, 감성심리/생리, 감성디자인/콘텐츠, 감성융합, 감성의류/산업/환경 등이 있다.
- 감성 인식 기술이란 인간의 감성 상태를 통해 인간과 인간, 인간과 기기의 상호작용 효율성을 높일 수 있는 감성을 인식하거나 추론하는 엔진기술을 뜻한다.
- 감성 UI 기술은 감성 인지 엔진을 통해 사용자의 감정과 의도를 인지하고 감성을 증감해서 표현하는 인터페이스 기술을 말한다.
- BCI 기술이란 인간의 두뇌와 컴퓨터를 직접 연결한 뒤 뇌파를 통해 컴퓨터를 제어하는 인터페이스 기술을 의미한다.

02 생체인식, 안면인식 기술

- 사람의 측정 가능한 신체적 특성을 추출해 본인 여부를 비교, 확인하는 생체인식 기술 분야는 차세대 정보 보안 기술로 주목받고 있다.
- 안면인식 기술은 CCTV를 통해 영상을 감시하거나 개인 인증, 결제시스템에 쓰이는 등 활용 분야가 매우 다양해질 전망이다.
- 보안, 출입관리, 열화상 카메라, 결제시스템, 의료 분야와 관련한 많은 기업이 안면인식 기술 상용화에 노력하고 있다.

03 감성과 하이테크, 하이터치 산업

- 일상생활에 일의 효율성, 편리함 등을 가져오는 첨단 기술을 하이테크라고 부른다.
- 하이터치란 고감도, 즉 마음을 움직이게 하는 정서적 반응을 뜻하며, 소비자의 오감, 정서적 반응을 겨냥하여 마케팅하는 것을 하이터치 마케팅이라고 한다.
- 많은 기업이 소비자의 감성을 자극하는 여러 마케팅을 펼치고 있다.

연습문제

단답형 문제

01 감성의 이론적 기초를 제공하고, 감성을 측정하고 평가하는 방법론을 연구하는 감성과학의 분류를 (   ) 분야라고 한다.

02 외부 환경에 대한 인간의 감성적 반응에 관한 심리 및 생리학적 연구를 하는 감성과학의 분류를 (   ) 분야라고 한다.

03 감성과학의 분류 중 (   ) 분야는 인간에게 보다 편안하고 쾌적한 디자인을 개발하며, 감성과 관련된 다양한 콘텐츠를 개발하는 연구 분야이다.

04 인간과 기계 간 인터페이스, 로보틱스 등 공학적 측면과 문화, 사회, 예술 등 감성과 관련된 다학제 간의 연구 분야를 (   ) 분야라고 한다.

05 인간의 감성 상태를 통해 인간과 인간, 인간과 기기의 상호작용의 효율성을 높일 수 있는 감성을 인식하거나 추론하는 엔진기술을 (   )이라고 한다.

06 감성 인식 기술의 대표적인 사례는 사용자의 몸에 부착하거나 착용할 수 있는 (   ) 기기이다.

07 (   ) 기술은 감성 인지 엔진을 통해 사용자의 감정과 의도를 인지하고 감성을 증감해서 표현하는 기술이다.

08 인간의 두뇌와 컴퓨터를 직접 연결한 뒤 뇌파를 통해서 컴퓨터를 제어하는 인터페이스 기술을 (   )라고 부르며, 의료 분야에서 활발하게 사용되고 있다.

09 착용자의 감성에 따라서 옷의 밝기가 변하는 기술인 (   ) 기술은 감성 정보 DB 기술의 대표적 사례이다.

10 (   )라고도 불리는 (   ) 기술은 사람의 측정 가능한 신체적 특성을 추출해 본인 여부를 비교, 확인하는 기술이다.

객관식 문제

11 다음 중 안면인식 기술에 관한 설명으로 옳지 않은 것은?

① CCTV 영상 감시 또는 출입관리 등 다양한 분야에서 활용되고 있다.
② 안면인식 기술 시장은 향후 꾸준히 커질 것으로 전망된다.
③ 디지털 이미지를 통해 사람을 자동으로 식별하는 프로그램이라고 할 수 있다.
④ 여러 기업이 안면인식 기술 관련 업체의 인수합병에 열을 올리고 있다.
⑤ 애플은 페이스 ID 기술을 가지고 있지만, 터치 ID 기술을 꾸준히 고수하고 있다.

12 다음의 설명은 감성기술 분야 중 어느 분야에 대한 설명인가?

> 감성을 콘텐츠/사용자에게 표현하고 전송하여 감성 교감을 극대화할 수 있는 기술

① 감성 측정/평가 분야 ② 감성 추론/인지 분야 ③ 감성 인터렉션 분야
④ 감성 콘텐츠 제작 분야 ⑤ 감성의류/산업/환경 분야

13 감성기술의 프로세스 중 감각기관을 통해 정보를 받아들이는 과정을 무엇이라고 하는가?

① 인식(Input) 과정 ② 처리(Processing) 과정 ③ 표출(Output) 과정
④ 데이터 전송 과정 ⑤ 데이터 수집 과정

14 다음 중 감성 UI 기술 적용 사례에 해당하지 않는 것은?

① 토요타 아이얼러트 시스템
② 닛산 뇌파 분석 시스템
③ 필립스 바이브
④ 뉴로스카이 스타워즈 포스 트레이너
⑤ 지택 인텐딕스

15 다음 중 감성 인식 기술에 대한 설명으로 옳지 않은 것은?

① 여러 측정 센서가 필요하다.
② 사용자가 심리적으로 느낀 감성을 알고리즘을 통해 분석해 상태를 판단한다.
③ 대표적인 사례로는 웨어러블 기기가 있다.
④ 감성 상태를 알 수 있는 시스템인 래셔널라이저는 투자자들이 많이 사용한다.
⑤ 뇌파를 분석하는 BCI 기술도 대표적인 기술로 꼽힌다.

토론과제

01 안면인식 기술의 사례와 안면인식 시장의 전망, 추세에 대해 토론해봅니다.

02 감성기술이 작동하는 프로세스에 대해 설명해봅니다.

03 BCI 기술의 작동원리와 대표적인 사례에 대해 이야기나눠봅니다.

CHAPTER 14

문화기술과 미래사회

학습목표

- 10년 후 자동차, 스마트폰, 컴퓨터 등이 어떻게 변화할지 예측해볼 수 있습니다.
- 미래학의 정의와 목적에 대해 설명할 수 있습니다.
- 과거에 상상한 미래 모습을 예로 들어 미래기술 발전의 원동력에 대해 설명할 수 있습니다.
- 기업들이 그린 미래의 모습과 예측의 의미가 무엇인지 설명할 수 있습니다.

Preview

14장에서는 문화기술과 미래사회에 대해 다루겠습니다. 4차 산업혁명과 함께 정치, 경제, 사회, 문화에 이르는 전 분야에서 폭넓은 변화가 이루어지고 있습니다. 스마트 사회는 인류 역사의 한 획을 긋는 새로운 혁명입니다. 미래사회의 모습을 예측하고 대비하기 위해 미래학에 대한 개념과 학자들의 의견을 한번 알아보겠습니다. 또한 과거에는 미래를 어떻게 상상했는지 미래 비전 흐름을 살펴보겠습니다. 마지막으로 국내외 기업의 미래 연구 추진 상황을 살펴보며 미래정보사회의 메가트렌드를 전망해봅니다.

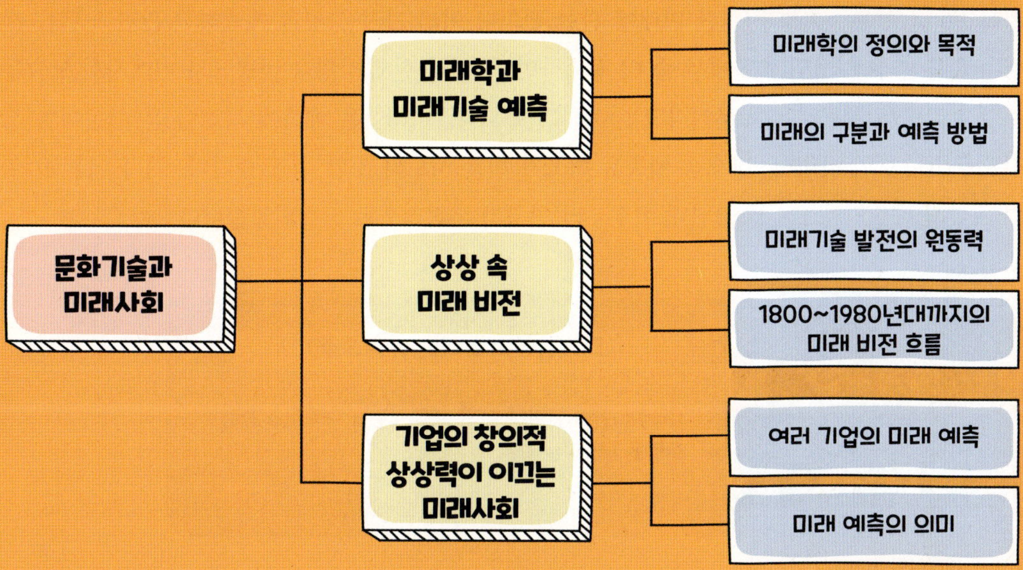

Section 01 미래학과 미래기술 예측

1 미래학

미래학(Futurology, 未來學)이란 미래에 관한 변화나 여러 가지 상황을 예측하고 관련 모델을 제공하는 학문입니다. 정의 측면에서 좀 더 정리하면, 과거와 현재 상황을 바탕으로 미래사회 모습을 예측하고 모델을 제공하는 학문이라고 이해하면 됩니다. 미래학은 예측에 목적을 둔 학문이며 장기적으로 대규모의 사회적, 경제적 예측을 하고자 하는 시도라고 할 수 있습니다. 이 용어는 1940년대 초부터 사용되었으며 1960년대 이후부터 연구가 본격적으로 진행되었습니다.

미래학(Futurology, 未來學)

미래에 관한 변화나 여러 가지 상황을 예측하고 관련 모델을 제공하는 학문

그림 14-1 **미래학의 정의**

미래를 좀 더 세부적으로 나누면 현미래(現未來, 10년), 근미래(近未來, 10^2년), 중미래(10^3년), 원미래(10^4년)로 구분할 수 있으며, 이 구분에 따라 체계적인 예측을 진행하기도 합니다.

2 미래기술 예측 방법

미래기술과 미래사회를 예측하기 위한 연구 방법론에는 정성적인 방법과 정량적인 방법이 있습니다. 정성적인 방법은 소위 말하는 FGI(Focus Group Interview) 방식입니다. 전문가들에게 미래기술에 대한 관점이나 견해를 인터뷰해 얻은 자료를 종합해 예측하는 것입니다. 주관적인 견해를 종합하는 것이므로 해당 기술의 전문가를 확보하는 것이 아주 중요합니다. 정량적인 방법은 과거부터 현재까지 기술이 발전해온 흐름을 수치화한 뒤 분석해 미래 흐름을 예측하는 것입니다. 좀 더 쉽게 풀어 얘기하면, 과거에도 분명 미래를 예측한 견해들이 있었을 것입니다. 현재 시점은 과거가 예측한 미래이므로 과거에 예측한 견해가 들어맞았는지 아닌지를 수치화할 수 있습니다. 하지만 분석 대상 기술에 대한 과거 데이터가 충분해야 하고, 해당 기술이 적용되는 사회·경제적 상황이 지금의 상황과 큰 차이가 없어야 한다는 점이 중요합니다.

정성적 방법

- 전문가 인터뷰 및 설문을 통해 미래기술에 대한 주관적 견해를 종합하여 예측함
- 해당 기술의 전문가를 확보하는 것이 중요

정량적 방법

- 과거부터 현재까지 기술이 발전해온 흐름을 수치화한 뒤 분석해 미래 흐름을 예측함
- 분석 대상 기술에 대한 과거 데이터가 충분해야 하고, 해당 기술이 적용되는 사회·경제적 상황이 지금의 상황과 큰 차이가 없어야 함

그림 14-2 미래 기술 예측 방법

3 미래학자의 이론

시대가 변화하는 흐름이 빨라지면서 최근 들어 미래학자들의 활동도 활발해지고 있습니다. 유명한 미래학자의 이론으로는 크게 3가지가 있는데, 존 나이스비트의 메가트렌드 이론, 레이 커즈와일의 특이점 이론, 토마스 프레이의 미래 예측 이론입니다. 하나씩 차례로 살펴보겠습니다.

존 나이스비트

존 나이스비트(John Naisbitt)는 아주 유명한 미래학자입니다. 그는 1982년, 저서 『메가트렌드(Megatrends)』를 통해 '메가트렌드' 용어를 처음 제시했습니다. 메가트렌드는 현대 사회에서 일어나고 있는 거대한 조류로 정의되고 있으며, 탈공업화 사회와 글로벌화, 경제 분권화, 네트워크형 조직 등이 특징입니다.

그림 14-3 존 나이스비트

© https://www.archyde.com

산업사회는 점차 정보사회로 변화하고 있습니다. 국가경제는 세계경제로 변화할 것이고, 단기적 안목은 장기적 안목으로 변화할 것입니다. 또, 집권적 조직은 분권적 조직으로, 계층 사회는 네트워크 사회로 변화할 것입니다. 우리에게도 익숙한 사실이긴 하지만 이런 전 세계의 메가트렌드 방향을 예견한다는 것은 조직적이고 체계적인 방법론을 기반으로 합니다. 존 나이스비트는 책 출간 당시, 분야별 거대한 흐름을 메가트렌드로 정의하고 정보사회, 글로벌 경제, 분권화, 네트워크형 조직 등 10개의 특징을 제시하며 사회적으로 큰 반향을 일으켰습니다.

하나 더 알기 **한국의 메가트렌드**

국가과학기술위원회와 한국과학기술평가원에서 2035년까지의 한국의 메가트렌드를 예측해보았습니다. 요약하면 다음과 같습니다.

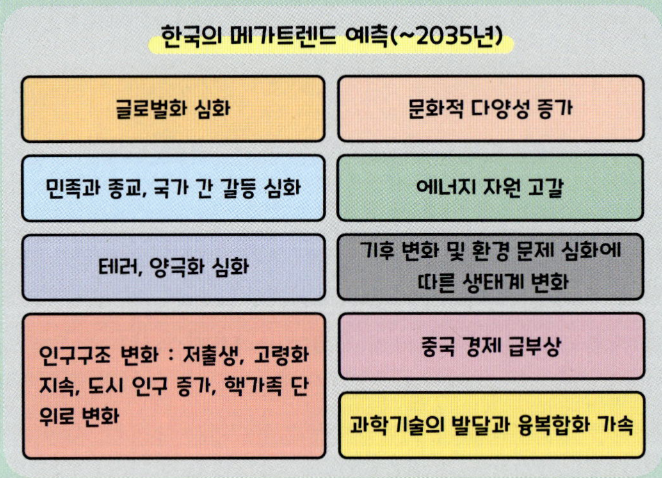

그림 14-4 **한국의 메가트렌드 예측**

한국정보화지능원에서는 우리나라의 주 연구기관에서 발표한 미래 전망 자료를 수집한 뒤 종합 분석해 사회, 기술, 경제, 환경, 정치 분야에 관한 15대 메가트렌드를 도출했습니다. 분석 결과를 살펴보면, 미래사회는 시간, 공간, 지식 간 관계가 확장되고 새로운 가능성이 형성되거나 핵심 가치가 변화할 것으로 보입니다. 특히 과거의 하드웨어적 가치보다 소프트웨어적 가치, 인간 중심적 가치의 중요성이 점점 커질 것으로 전망했습니다.

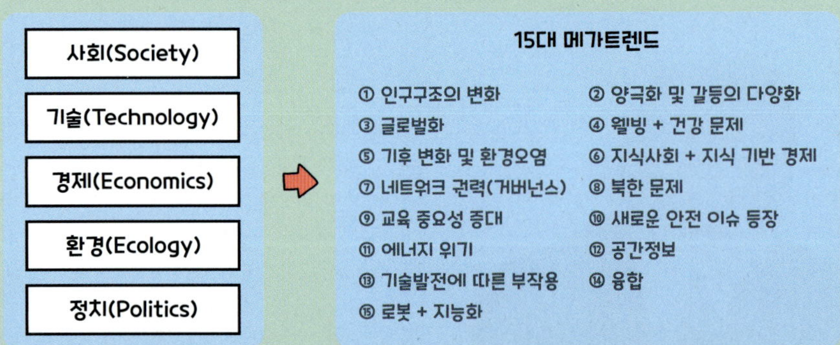

그림 14-5 **한국정보화진흥원이 도출한 메가트렌드**

레이 커즈와일

미래학자이자 구글 엔지니어 이사인 레이 커즈와일(Ray Kurzweil)은 2007년 저서 『특이점이 온다』를 출간하며 '특이점 이론'을 처음 언급했습니다. 특이점(Singularity)이란 기술이 인간을 넘어서 새로운 문명을 낳는 시점을 의미합니다.

그림 14-6 **레이 커즈와일** © https://www.inc.com

레이 커즈와일은 유전공학이나 나노 기술, 로봇공학, 인공지능 등의 기술이 혁명적으로 발전해 인류 문명이 생물학적 수준을 넘어서는 순간이 올 것임을 예측했습니다. 유전공학을 통해 생물학의 원리를 파악하고, 나노 기술을 통해 그 원리들을 자유자재로 조작하게 될 것이라고 본 것입니다. 이러한 작업이 가능해지면 인간 신체의 모든 부분을 인공으로 만들 수 있으며 인간은 신과 다름없는 존재가 된다고 볼 수 있습니다. 그리고 기계가 감히 넘볼 수 없는 정신 영역까지 인공으로 만드는 것이 가능해지면 결국 인공지능이 인간을 뛰어넘는 순간이 도래할 것이라고 보았습니다. 이 지점은 순식간에 찾아올 것이며 물질계를 인공지능이 통제하게 되면 문명은 생물학적 인간의 손아귀를 벗어난다는 의미와 같습니다.

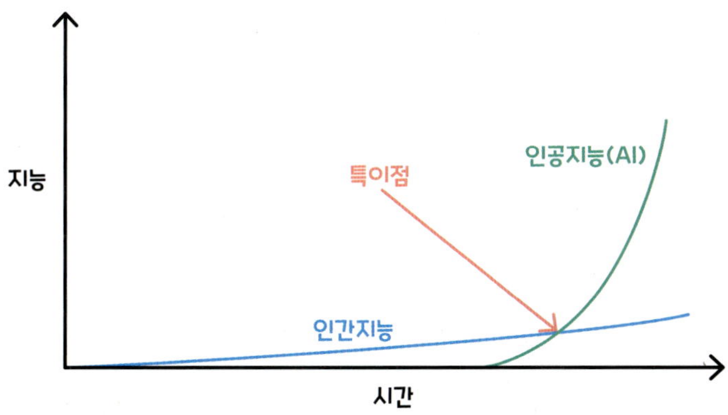

그림 14-7 **특이점** © https://towardsdatascience.com

레이 커즈와일은 기술은 발전할수록 가속도가 붙는다는 점을 고려하여 2043년경에는 특이점을 통과할 것이라고 주장합니다. 또한 여러 ICT 기술을 기반으로 서로 다른 분야 간 경계가 허물어지는 융합의 시대가 일반화될 것이며, 이로 인해 미래사회는 더욱더 복잡하고 극심한 변화를 맞이할 것이라고 보고 있습니다. 이러한 과정을 통틀어 '특이점의 도래'라고 부릅니다.

레이 커즈와일은 미래 예측의 중요한 줄기로 인간과 기계의 결합을 언급하기도 했습니다. '레이 커즈와일의 진화 6단계 모델'을 보면, 5단계에서 기술과 인간지능의 융합이 이루어져 인간을 창조할 수 있을 것이라고 보고 있습니다. 진화는 인간을 창조했고 인간은 기술을 창조했다는 논리와 함께 인간은 점점 발전하는 기술과 합심해 차세대 기술을 창조한다는 의미입니다. 특이점이 도래하면 인간과 기술의 구별도 사라질 것입니다.

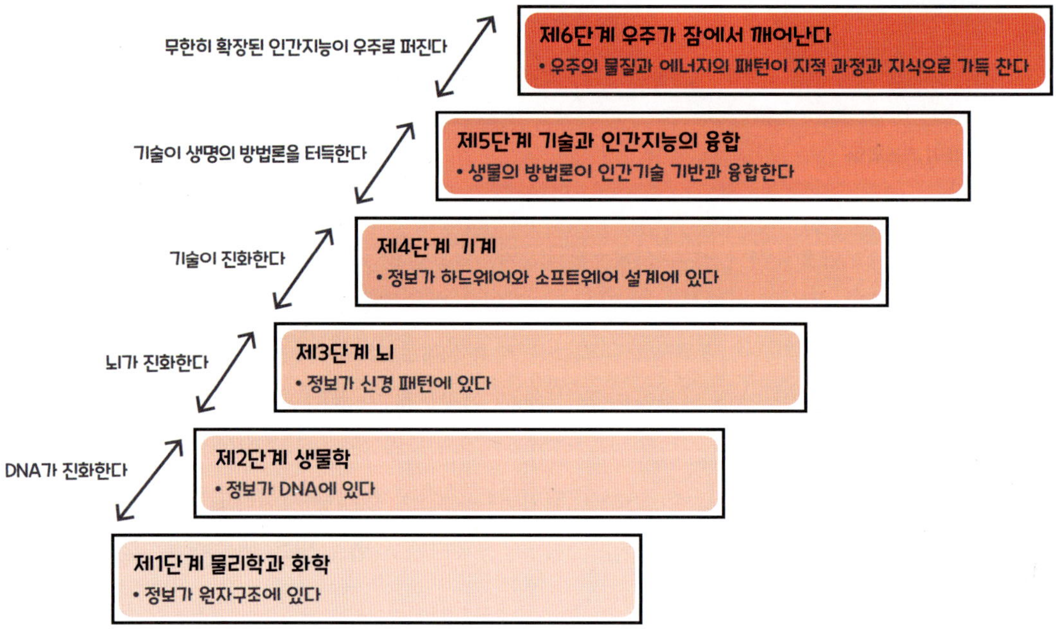

그림 14-8 레이 커즈와일의 진화 6단계 모델 ⓒ 한국정보화진흥원

토마스 프레이

다빈치연구소(Davinci Institute) 소장이자 2006년 구글이 선정한 미래학 분야 최고의 석학인 토마스 프레이(Thomas Frey)는 저서 『미래와의 대화』를 통해 근미래를 예측했습니다. 전 세계 상위 0.1% 천재들의 모임인 '트리플 나인 소사이어티(Triple Nine Society)' 소속이기도 한 토마스 프레이의 미래 보고서는 미 항공우주국(NASA)과 같은 유명기관을 포함해 기업 정책에도 영향을 미쳤습니다. 그중 가장 주목을 받은 내용은 2030년까지 20억 개의 직업이 사라진다는 것이었습니다. 해당 보고서에는 한반도가 5년 이내 통일될 것이라는 예측도 있어 비상한 관심을 끄는 내용이 많았습니다.

그림 14-9 **토마스 프레이** © https://www.impactlab.com

토마스 프레이는 현재 다빈치연구소에서 마이크로 대학(Micro College)을 운영 중입니다. 마이크로 대학은 3개월이라는 짧은 기간 동안 실험적인 교육 과정을 가르치는 대학입니다. 변화 속도가 너무 빨라 4년제 대학으로는 사회가 원하는 인재상을 배출할 수 없을 거라는 예측에 기반해 만든 교육기관입니다.

또한 그는 앞으로 부상할 일자리와 능력을 14가지 정도로 구분했는데 다음의 항목을 살펴보면 현재는 없는 직업도 상당히 많습니다.

향후 부상할 일자리와 능력

① 일자리 전환 매니저(Transitionist)	⑧ 백래셔(Backlasher)
② 팽창주의자(Expensionist)	⑨ 라스트마일러(Last Miler)
③ 극대화 전문가(Maximizer)	⑩ 콘텍스추얼리스트(Contextualist)
④ 최적화 전문가(Optimizer)	⑪ 윤리학자(Ethicist)
⑤ 변곡점 전문가(Inflectionist)	⑫ 철학자(Philosopher)
⑥ 현존산업종료가(Dismantler)	⑬ 이론가(Theorist)
⑦ 피드백루퍼(Feedback Looper)	⑭ 기록자(Legacist)

그림 14-10 **토마스 프레이의 향후 부상할 일자리와 능력 14가지**

미래직업에 대해서도 약 120가지를 예시로 들었는데, 주요 미래직업으로는 빅데이터나 드론, 3D 프린터 활용, 무인자동차 분야 등이 있습니다. 간단히 살펴보면 다음과 같습니다.

빅데이터 활용 분야
- 데이터 폐기물 관리자
- 데이터 인터페이스 전문가
- 컴퓨터 개성 디자이너
- 데이터 인질 전문가
- 개인정보보호 관리자

드론 활용 분야
- 드론 분류 전문가
- 드론 조종 인증 전문가
- 환경오염 최소화 전문가
- 악영향 최소화 전문가
- 드론 표준 전문가
- 드론 도킹 설계자, 엔지니어
- 자동화 엔지니어

3D 프린터 활용 분야
- 3D 프린터 소재 전문가
- 3D 프린터 비용 산정 전문가
- 3D 프린터 잉크 개발자
- 3D 프린터 패션 디자이너
- 3D 음식 프린터 요리사
- 신체 장기 에이전트
- 3D 비주얼 상상가

무인자동차 분야
- 교통 모니터링 시스템 플래너, 디자이너, 운영자
- 자동 교통 건축가 및 엔지니어
- 무인 시승 체험 디자이너
- 무인 운영 시스템 엔지니어
- 응급상황 처리 대원
- 충격 최소화 전문가
- 교통 수요 전문가

그림 14-11 토마스 프레이가 제시한 주요 미래직업

미래학자들이 전망하는 미래사회

앞서 설명한 3명의 미래학자 외에도 많은 학자들이 미래사회를 전망하고 있습니다. 가상현실 사회를 이야기한 유엔미래포럼 회장 제롬 글렌(Jerome C. Glenn), 인공지능 사회를 이야기하는 윌리엄 할랄(William Halal), 드림 소사이어티를 주장하는 롤프 옌센(Rolf Jensen), 하이콘셉트나 하이터치를 이야기한 다니엘 핑크(Daniel Pink) 등이 있으며 프로슈머 경제를 이야기한 앨빈 토플러(Alvin Toffler)와 바이오 경제를 언급한 스탠 데이비스(Stan Davis) 등도 있습니다. 이야기의 핵심은 다 다르지만, 결국 미래사회 변화의 기반에는 ICT 기술이 자리하고 있음을 알 수 있습니다.

미래사회 / 학자	내용
'가상현실 사회' 제롬 글렌(Jerome C. Glenn)	모든 사람이 '사이버 나우(Cyber Now)'라 불리는 특수 콘텍트렌즈와 특수 의복으로 24시간 사이버 세상과 연결됨
'인공지능 사회' 윌리엄 할랄(William Halal)	앞으로는 가치나 목표, 지각이 중요한 '영감의 시대'가 될 것
'드림 소사이어티' 롤프 옌센(Rolf Jensen)	이성, 과학, 논리가 지배하는 시기에서 탈피해 상상력과 감성이 중요한 드림 소사이어티(Dream Society)로 진입
'하이콘셉트, 하이터치' 다니엘 핑크(Daniel Pink)	예술적, 감성적 아름다움을 창조하는 하이콘셉트, 공감을 이끌어내는 하이터치 능력을 갖춘 인재 필요
'프로슈머 경제' 앨빈 토플러(Alvin Toffler)	프로슈머(Prosumer)가 향후 경제 체제를 더욱 혁신적으로 바꾸고 부를 창조할 것
'바이오 경제' 스탠 데이비스(Stan Davis)	정보기술과 바이오 관련 기술이 융합되어 창조된 바이오 경제로 나아갈 것

그림 14-12 미래학자들이 전망하는 미래사회

미래사회는 정보사회의 대안이 아닌 진화 형태로 나아갈 것입니다. 현재의 정보사회가 심화, 고도화되면서 시공간 지식 관계가 확장됨에 따라 새로운 가능성이 형성되거나 핵심 가치가 변화하는 모습을 보일 것이라는 의미입니다. 지금까지의 혁명에서 사회의 패러다임을 뒤바꾼 기술이 있었듯, 미래사회 변화의 바탕에는 ICT 기술이 자리할 것입니다. ICT 기술은 바이오 나노 기술, 여타 과학기술과 융합해 삶의 형태를 바꾸는 데 일조할 것입니다.

미래학자 윌리엄 할랄의 미래기술 예측 사이트인 '테크캐스트(TechCast)'에서는 기술이 온라인화되고 하이테크화를 거쳐 현명한 사회를 이끌 것이라고 전망합니다. 테크캐스트에서 정의한 20년간의 기술발전 시나리오를 보면, 2010년까지는 온라인 시대를 거치며 정보시스템 및 전자상거래 등이 지속적으로 발전하며 2014년에 이르면 전 세계 대부분의 사람들이 지능형 기기를 갖고 다닌다고 합니다. 대표적으로 스마트폰이 있으며 기기를 통해 자동 번역, 질의응답 서비스를 제공받는 하이테크 시대로 변모합니다.

2020년대에 진입하면 그린 비즈니스, 즉 대체 에너지 같은 지속 가능성 기술이 발전하고 인공지능이 생활에 도입되면서 차세대 컴퓨팅으로 원격의료, 가상 교육이 가능한 전자 정보 발전이 가속화될 것이라고 보았습니다. 또한 바이오테크가 개인화되면서 약품이나 유전자치료요법 등이 비약적으로 발전해 인간의 평균 수명이 많이 늘어날 것이라고 보았습니다.

이후 2030년 정도가 되면 지구상의 위기에 대한 전 세계적 자각이 일어날 것이라고 예측합니다. ICT 기술을 기반으로 한 정보기술의 진보는 생태학적 재난에 따른 기후변화를 방치하지 않고 진보된 에너지 기술의 발전과 협업을 이룰 것이며, 여기에는 국가 간 협력이 필요함을 강조했습니다. 즉, 앞으로의 변화는 ICT 기술을 근간으로 하며 사람이 가진 상상력에 의해 촉진될 것으로 전망할 수 있습니다.

테크캐스트의 기술발전 시나리오	
온라인 시대(2010)	• 2010년대에는 정보시스템 및 전자상거래 발전이 지속됨 • 2014년에는 전 세계 대부분의 사람들이 지능형 PC, 인터넷, TV, 스마트폰 등을 사용해 의견 교환이 원활해짐
하이테크 시대(2020)	• 그린 비즈니스, 대체 에너지 등이 지속 가능성을 촉진 • 인공지능이 생활에 도입되며 차세대 컴퓨팅으로 원격의료, 가상 교육, 전자 정부 발전이 가속화됨 • 바이오테크는 개인화된 의료 및 약품, 유전자치료요법, 암 치료제, 기타 진보된 헬스케어를 제공할 것
전 세계적 자각(2030)	• 성숙의 위기에 대한 전 세계적 자각이 일어나는 시기 • 정보기술 진보는 생태학적 재난에 따른 기후변화를 방지하고 진보된 에너지의 기술발전 및 협업, 환경 보존에 대한 국가 간 협력을 강조하게 될 것

그림 14-13 테크캐스트의 기술발전 시나리오

하나 더 알기 ✓ **상상력과 더불어 진화하는 미래사회**

미래사회 발전의 근간을 이루는 ICT 기술의 중심에는 사람이 있고, 사람에게는 상상력이 있습니다. 인류는 상상력을 기반으로 미래 비전을 만들었습니다. 앞으로 사회가 어떻게 변할지, 기술은 어떻게 발전할지에 대한 모습을 그림으로, 사진으로, 영상으로 꾸준히 기록했습니다. 예측했던 대로 흘러가기도 하고, 훨씬 더 발전하기도 하고, 다른 방향으로 나아가기도 하는 등 인류의 사회는 오랜 시간 변해왔습니다. 다음 절에서는 과거 130년 간의 미래 비전 데이터를 살펴보며 무한한 상상력의 의미를 이야기해보겠습니다.

그림 14-14 **상상력과 더불어 진화하는 미래사회**

Section 02

상상 속 미래 비전

과거에는 미래 모습을 어떻게 상상했을까요? 1800년대부터 현재까지의 미래 비전 모습들을 한번 알아보도록 하겠습니다. 비전 속 어떠한 기술이 발전해왔는지, 당시 예측한 미래 생활이 실제로 얼마나 구현되었는지에 대해 분석해봅시다.

1 1800년대

먼저 1882년에 그려진 그림을 한번 보겠습니다. 프랑스 작가가 그린 《오페라 보러 가는 저녁》이라는 그림은 2000년이 됐을 때의 모습을 상상하여 일러스트레이션으로 그려졌습니다. 이 시기 프랑스에서는 소설가 쥘 베른(Jules Verne)의 『해저 2만리(Vingt mille lieues sous les mers)』, 『지구 속 여행(Voyage au centre de la Terre)』, 『80일간의 세계 일주(Le Tour du monde en quatre-vingts jours)』 같은 SF 소설이 출간되어 미래에 대한 관심이 높아졌을 때였습니다.

이러한 사회적인 조류와 분위기에 영향을 받은 그림에는 하늘을 나는 비행 도구를 타고 오페라를 보러 가는 모습이 담겨 있습니다. 물론 신분과 계급은 사라지지 않고 그대로 담겨 있는데, 귀부인은 자가용 비행기를 타고 다니는 반면, 일반 서민이나 중류층은 택시 비행기나 사람이 가득한 버스 비행기를 타고 있습니다. 그 모습이 오늘날 우리가 타고 다니는 비행기와 매우 흡사하며 좌석 등급에 따라 서비스도 다릅니다.

1882년이면 우리나라는 아직 갑오개혁이 일어나지 않은 시기로 초가집을 짓고 짚신을 신고 다녔는데 동시대 프랑스의 상상력 가득한 그림을 보니 놀랍기만 합니다.

그림 14-15 기술 발전의 상상 : 1800년대

© 프랑스 의회도서관(Library of Congress. La Vie Electrique, 1892)

2 1900년대

1800년대를 지나오면서 산업혁명으로 인해 인간 문명은 커다란 변화를 겪었습니다. 그래서 1900년 프랑스에서는 그 시기를 기점으로 2000년에는 사회가 어떤 모습으로 변해 있을지 상상한 그림을 주제로 공모전이 열렸습니다. 이 공모전에서 당선된 작품들은 모두 우편엽서로 발간되었고 프랑스 파리 만국박람회에 전시되었습니다.

대표적인 수상작은 100년 후 미래가 되면 병원균을 방역할 수 있을 것이라고 전망하였습니다. 1900년 당시만 하더라도 콜레라나 장티푸스가 한번 발병하면 걷잡을 수 없이 퍼져 많은 사람들이 목숨을 잃곤 했습니다. 그래서 병원균을 미리 방역하고 백신을 찾아내 예방하는 일은 먼 미래에나 가능할 것이라고 생각한 것이 그림에 잘 드러나 있습니다. 또한 하늘을 나는 도구를 타고 테니스를 치는 것, 물속에서 크로켓 경기를 하는 것, 버스가 하늘을 날아다닐 것 등의 상상력 가득한 그림이 있습니다.

그림 14-16 **기술 발전의 상상 : 1900년대(1)** © https://paleofuture.com

100년 후 미래인 2000년이 되면 더 많은 공장이 생겨나 지구는 매연과 공해로 지상에서 살 수 없는 공간이 될 것이므로 사람들은 다 지하 도시로 내려가 살게 될 것이라는 그림도 있습니다. 심지어는 지구가 사람으로 가득 차 사람들이 강 위나 바다 위에서 풍선을 달고 살아갈 것이라고 예측하는 그림도 그려졌습니다. 더 구체적으로는 한 수사관이 건물 안에서 엑스레이로 용의자들을 투사해 감시하는 모습, 해저에서 잠수함으로 관광하는 모습이 그려지기도 했습니다.

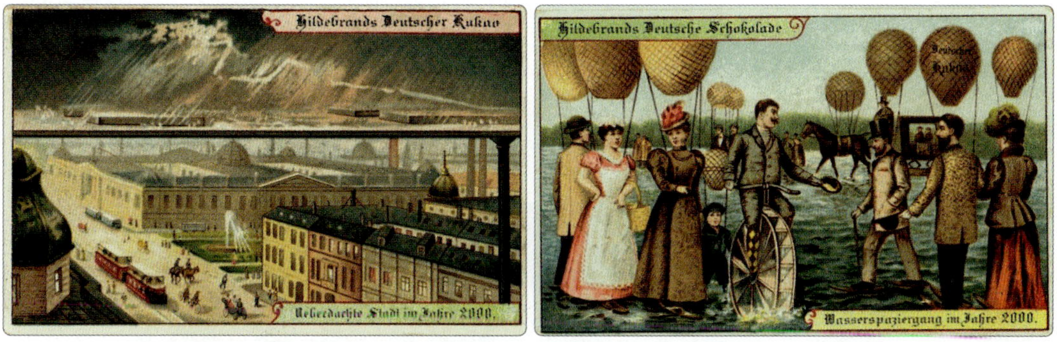

그림 14-17 **기술 발전의 상상 : 1900년대(2)** © https://boredomtherapy.com

오늘날 마트나 공항에서 흔히 볼 수 있는 무빙페이먼트(Moving Pavement)를 예측한 그림도 있어 상당히 신기합니다. 컨베이어벨트 구조이며 가만히 서 있으면 원하는 목적지로 이동할 수 있는 이 장치는 당시 그림을 본 에디슨 연구소가 영감을 받아 실제로 제작하기도 했습니다. 파리 만국박람회에 150m 길이의 무빙페이먼트가 설치되었던 기록이 있으며 상상이 즉각 현실로 구현된 사례라고 볼 수 있습니다.

그림 14-18 **기술 발전의 상상 : 1900년대(3)** © https://boredomtherapy.com

1901년의 한 그림은 2000년이 되면 건물이 모두 고층 빌딩이어서 건물 사이를 연결하는 버스가 생길 것이라고 예측하기도 하고, 1903년의 한 잡지에 실린 만화에서는 자동화된 식당과 자동판매기형 식사를 그림으로 담았습니다. 만화 주인공 제이 빌렛은 길을 걷다가 '자동화된 점심식사'라는 간판을 보고 호기심에 식당 안에 들어갑니다. 기계가 외투를 벗겨주고 모자도 받아줍니다. 제이 빌렛이 자동화시스템이 탑재된 식탁에 앉아 버튼을 누르자 그에 맞는 음식이 나오고, 또 다른 버튼을 누르면 빈 접시가 자동으로 식기세척기 안으로 들어가고 또 다른 버튼을 누르면 계산서가 나오기도 합니다. 만화답게 마지막은 재치 있게 끝나는데, 제이 빌렛이 음식을 다 먹고 담배를 피우자 기계가 담배 연기에 오작동해 기기 안 모든 음식이 제이 빌렛에게 쏟아집니다. 실제로 이 만화 속 자동판매기는 1930년경에 구현됩니다. 뉴욕 맨해튼 지하철역에 설치된 자동판매기에는 피자나 파이 같은 음식이 담겨 있었으며, 동전을 넣고 버튼을 누르면 음식이 나왔습니다. 터무니없는 만화적 상상이라고 여겨지던 아이디어가 아주 기발한 영감을 가진 혁신적 사고일 수 있음을 확인한 사례입니다.

그림 14-19 기술 발전의 상상 : 1900년대(4) © https://paleofuture.com

혁신적인 사고가 드러난 또 하나의 사례는 1908년에 스미소니언 매거진(Smithsonian Magazine)에 게재된, 무선전화기를 상상한 그림입니다. 그림 속 인물은 모자에는 이동통신용 안테나가 달려 있고 등에는 탁상용 전화기를 짊어진 채 걸어다니며 통화를 하고 있습니다. 당시는 유선전화 보급도 귀하던 시절이라 길거리를 걸으며 통화를 한다는 상상은 아주 혁신적이었습니다. 100년 후에나 가능할 것이라고 생각했겠지만 휴대전화는 75년 후인 1983년 모토로라에 의해 실현됩니다.

그림 14-20 기술 발전의 상상 : 1900년대(5) © https://paleofuture.com

3 1910년대

1910년 파리 만국박람회 전시에서 접수받은 상상 그림은 이전보다 좀 더 자세한 내용을 담고 있습니다. 예를 들면 소방관이 하늘을 나는 도구를 장착하고 고층 빌딩에 퍼진 불을 끄는 모습이나 구동기가 달린 신발을 타고 다니는 사람들의 모습입니다. 자동화된 이발소나 전자화된 기차를 타고 파리에서 북경까지 한번에 오가는 모습을 상상하기도 했습니다. 욕실에서 머리를 감거나 손톱 다듬는 일을 로봇이나 기계가 해줄 것이라는 상상 그림도 있었습니다.

그림 14-21 기술 발전의 상상 : 1910년대(1) © https://paleofuture.com

특히 뉴스를 읽어주는 기계가 생길 것이라는 상상은 현재의 라디오나 TV를 떠올릴 수 있으며, 집안에 극장 시스템이 구축될 것이라는 상상은 홈시어터를 떠올리게 합니다. 원격 교육에 대한 상상도 있는데, 한 학생이 기계를 힘들게 돌리고 있으면 선생님은 그 기계에 책들을 집어넣습니다. 그러면 기계가 책을 자동으로 읽어서 헤드폰을 쓴 학생들에게 들려주는, 지금으로 치면 광학 문서 스캐닝과 음성인식 엔진 시스템과 비슷합니다.

그림 14-22 기술 발전의 상상 : 1910년대(2) © https://remotedevice.net, https://boredomtherapy.com

4 1920년대

1920년대에는 1만 년 후 미래를 상상하는 잡지 기사가 나오기도 했습니다. 한 미래 예측가는 지구는 공해에 찌들어 지구상에서 살 수 없게 될 것이고, 공중에 떠 있는 도시를 만들어 그 도시에서 공기를 자체 공급할 것이라고 이야기했습니다. 그리고 도시와 도시 간 이동은 우주에서 우주인들이 유영하는 것처럼 특수 장비를 타고 왔다 갔다 할 것이라고 상상했습니다.

그림 14-23 **기술 발전의 상상 : 1920년대(1)** © http://paleo-future.blogspot.com

SF 소설 작가 휴고 건스백(Hugo Gernsback)은 미국 SF 영화의 창시자격인 인물로, 그의 이름을 따 SF 소설 분야의 저명한 상인 '휴고상'이 만들어지기도 했습니다. 그는 1925년에 50년 후의 미래인 1975년의 모습을 신문에 기고합니다. 한 가정주부가 무선 영상통화기를 사용해 남편과 통화하는 모습을 담았는데 당시에는 황당하고 너무 먼 미래 이야기라는 평을 받았습니다. 그런데 이 기술은 40년 후인 1964년, 미국의 AT&T가 아날로그 영상, 음성 정보 통신기술로 피처폰을 만들며 실현됩니다. 당시 그가 기고한 영상통화 글은 오늘날 아주 정밀한 예측이라고 평가받고 있습니다.

그림 14-24 **기술 발전의 상상 : 1920년대(2)** © https://paleofuture.com, https://www.scribd.com

1926년에는 미래의 공항 모습을 예측한 그림도 나오는데, 개인화된 자가용 비행기가 많을 것이므로 도시 곳곳에 미니 공항들이 높게 솟아 있을 것이라고 예측했습니다.

그림 14-25 **기술 발전의 상상 : 1920년대(3)** ⓒ https://paleofuture.com

5 1930년대

1930년에는 100년 후인 2030년의 가족생활 모습을 예측한 기사가 등장하는데, 아침은 뉴욕에서, 점심은 런던에서 먹으며 일주일에 16시간만 일하는 세상이 올 것이라고 예측했습니다. 또한 인공지능과 로봇이 인간의 노동력을 대체하는 시대를 상상하기도 했습니다. 굉장히 빠른 속도의 교통수단을 탄 사람들의 모습도 묘사되어 있는데, 2030년에 이 예측이 과연 이루어질지 의문이 들면서도 요즘 사회의 기조와 기술발전 속도를 보면 가능할지도 모르겠다는 생각이 듭니다.

그림 14-26 **기술 발전의 상상 : 1930년대(1)** ⓒ https://paleofuture.com

1939년에는 일상 업무를 볼 때도 영상통화가 가능한 전화기가 보급될 것이라는 내용으로 사진을 합성한 기고 글이 나옵니다. 영상통화에 대한 상상이 미래생활의 대표적인 소재로 꾸준히 언급되기 시작하자 동영상으로 만들어지기도 합니다. 영상으로 얼굴을 보며 통화한다는 것, 유선에서 나아가 무선으로 통화를 한다는 것이 당시 사람들에게 대단한 미래기술로 생각됐음을 알 수 있습니다.

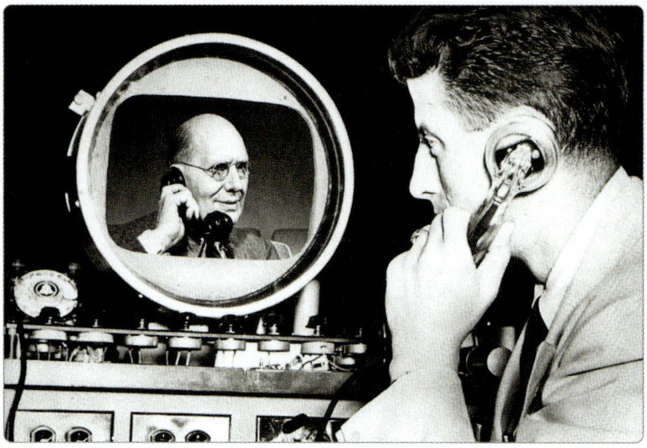

그림 14-27 **기술 발전의 상상 : 1930년대(2)** © https://paleofuture.com

6 1940년대

1940년대가 되면 가전제품 관련 상상도 구체적으로 묘사됩니다. 1942년에 상상한 라디오의 미래 그림이 대표적입니다. 현재의 복합가전기처럼 오디오 기기나 TV가 결합되어 테이블 형태로 디자인되고 가구로도 사용될 것을 예측하고 있습니다.

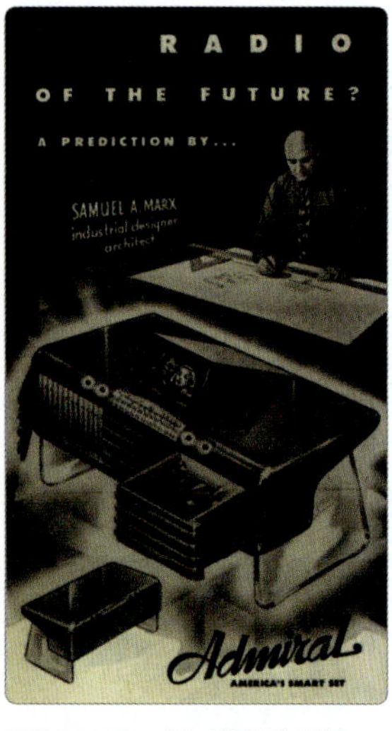

그림 14-28 **기술 발전의 상상 : 1940년대(1)** © https://library.duke.edu

1948년에는 가까운 미래를 예측한 영상이 처음으로 등장합니다. 한 12년 후의 자동차 모습을 예측했는데, 상당히 매끄러운 디자인이 등장하며 회전 각 같은 것들도 상당히 변화할 것이라고 예측했습니다. 주차를 할 때도 단순히 주차만 하는 게 아니라 버튼을 누르면 자동차 본체를 들어 올려 아무도 차를 훔쳐갈 수 없게 만드는 기술이 탑재되었다고 상상하기도 합니다. 중형 자동차에 대한 예측도 영상으로 만들어졌는데, 실제 디자인 프로토타입을 만들어 예측에 활용하고 그것을 영상으로 찍어 구체적으로 상상했다는 점에서 큰 의미가 있습니다.

그림 14-29 **기술 발전의 상상 : 1940년대(2)** © https://paleofuture.com

7 1950년대

1950년에는 디즈니에서 상상한 미래 모습들이 선보여집니다. 디즈니의 그림에는 50년대 사람들이 꿈꾸었던 21세기 주택이나 교통수단이 자세히 묘사되어 있습니다. 가정에는 대형 스크린이 가득 차 있으며 하늘을 나는 개인용 비행체를 타고 나닙니다. 이러한 상상들은 다큐멘터리로까지 만들어지기도 했습니다.

디즈니가 직접 만든 영상은 50년 후인 2000년 가정생활의 모습을 담고 있습니다. 욕실에서 높낮이가 조절되는 세면대를 쓰며 욕실 인터폰을 통해 외부 방문객과 이야기 나누는 장면도 등장합니다. 하지만 이 다큐멘터리에 나왔던 미래 예측 모습들 중 실현된 것은 없는 듯해 근 미래의 예측이 항상 잘 들어맞는 건 아니라는 사실을 알 수 있습니다.

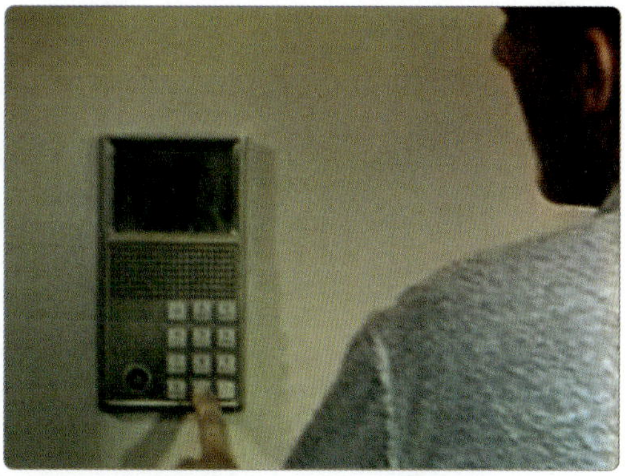

그림 14-30 **기술 발전의 상상 : 1950년대(1)**
© https://youtu.be/IVMAeSNZZz0

한 벤처기업에서는 '미래는 지금이다'라는 동영상을 만듭니다. 제작된 영상의 주요 화면을 살펴보면 가정용 홈비디오 시스템이나 영상통화기, 전자음악 편집제작기 등을 실제로 구현한 구체적인 장면을 볼 수 있습니다. 전자음악 편집에 대한 예측도 등장합니다. 당시 컴퓨팅 작업은 키보드를 이용한 입력이 아니라 OMR 카드에 구멍을 뚫어 컴퓨터에 명령어를 입력하는 것이었습니다. 그래서 카드를 펀칭해 컴퓨터에 음악 악보를 입력하면 미디 음악으로 연주되는 모습을 구현하였습니다.

그림 14-31 **기술 발전의 상상 : 1950년대(2)** © https://www.dailymotion.com

8 1960년대

1960년대에 예측된 한 만평에서는 통신수단이 크게 변한 모습을 보여주었는데, 병원에서 영상통화로 원격 강의를 듣는 아이의 모습이 담겨 있습니다. 이때 예측한 모습은 오늘날 실현되어 많은 사람들이 동영상 강의를 듣고 있습니다.

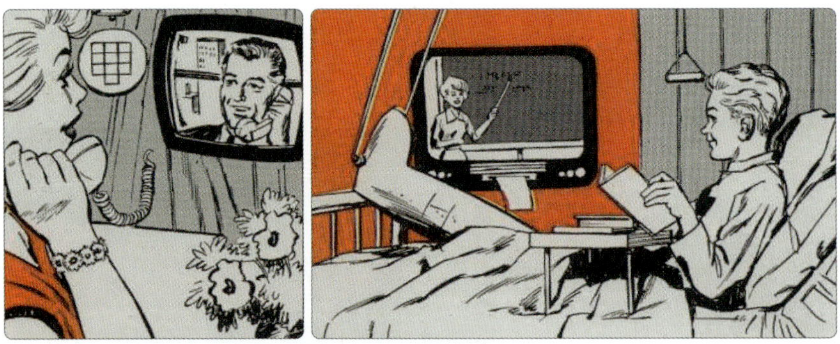

그림 14-32 **기술 발전의 상상 : 1960년대(1)** © https://paleofuture.com

1962년에는 13년 후의 미래를 상상한 모습이 나왔는데, 바로 TV에 대한 예측입니다. 당시에는 브라운관형 TV를 주로 사용했는데 13년 후가 되면 소형화, 평면화된 브라운관형으로 변화할 것이라고 예견했습니다. 디자인의 콘셉트를 실제 모형으로 만들어보기도 했습니다.

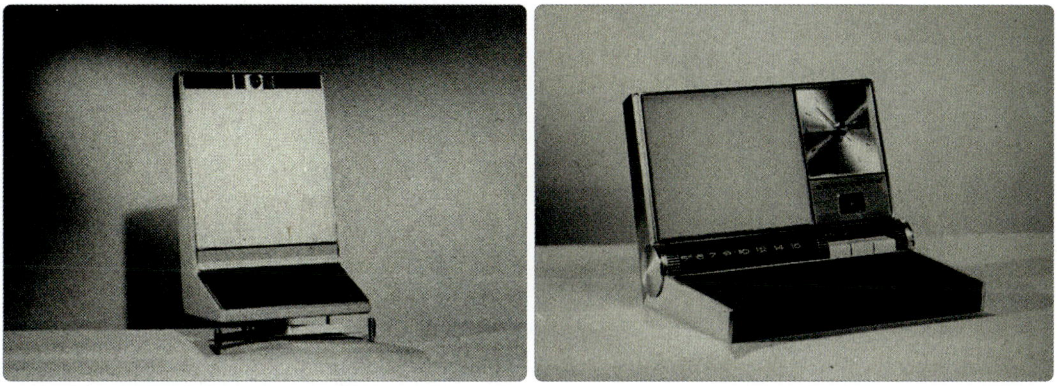

그림 14-33 **기술 발전의 상상 : 1960년대(2)** © https://paleofuture.com

9 1970년대

1970년대 역시 영상전화기에 대한 예측이 사진으로 만들어져 신문에 게재됩니다. 1978년에는 가정형 도우미 로봇에 대한 예측이 잡지에 실렸으며 미래에는 로봇이나 컴퓨터가 일상화될 것이라는 예측이 구체적으로 표현되고 있습니다. 이때의 상상이 100년 후 모습을 예측한 것인지는 모르겠지만, 오늘날의 로봇 청소기나 휴머노이드 로봇 개발 속도를 생각해보면 점차 상상에 다가가고 있는 것 같습니다.

Tomorrow's Servants

Today we have many different gadgets in our homes. They make housework and gardening easier. In future we may have robot servants to do all the jobs in the home.

In charge of tomorrow's servants will be a robot brain. It will run the house. It will control other machines electronically. The brain will work vacuum cleaners, lawn mowers, washing machines, food mixers, automatic cookers and other gadgets.

We will be able to give the brain its orders, telling it what jobs to do and when to do them. If we forget to mow the lawn, the robot brain will remind us. Then we can tell the robot to get on with the job.

There may be walking robots to do the dusting, and to lay and clear the table. The robots in the picture are real. One is called Quasar. Quasar can vacuum carpets, mow lawns, carry trays of food, and even take the dog for a walk! At the door is another robot, called the Maid Without Tears.

One day people may not go out to work at all. They will work from home, using television and robots. The robot brain will suggest meals for the day. It will order our shopping, finding out from other robots in the local stores where the best buys are. The goods will be packed and delivered to our home by robots.

그림 14-34 **기술 발전의 상상 : 1970년대(1)** © https://paleofuture.com

또 따른 예측은 벽면 장착형 TV나 캠코더, URT 로봇, 영상전화기 같은 것들이 가정마다 설치되고 컴퓨터와 연동하여 작동된다는 것입니다. 홈네트워킹을 예상한 모습이 상당히 구체적으로 표현되어 있습니다.

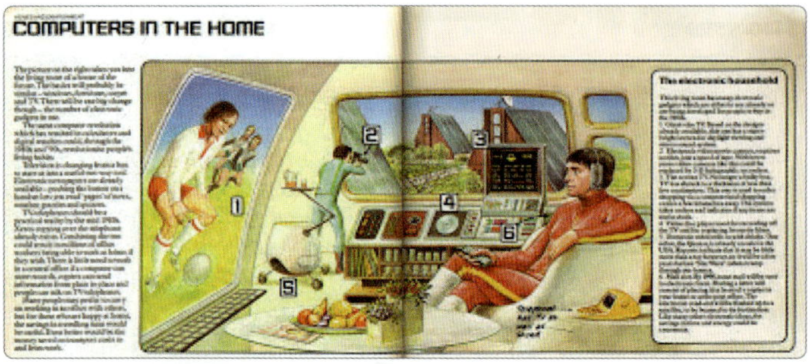

그림 14-35 기술 발전의 상상 : 1970년대(2) © https://paleofuture.com

10 1980년대

1980년대에는 게임이 홀로그램화되어 아이들이 더욱 열광할 것이라는 예측도 나타납니다. 가상현실 게임에 푹 빠진 현대 아이들의 모습과 크게 다르지 않은 것 같습니다.

그림 14-36 기술 발전의 상상 : 1980년대(1) © https://paleofuture.com

홈엔터테인먼트 시스템에 대한 예측도 잡지에 등장하는데, 미래에는 무안경 3D 입체 영상이 상영될 것이라는 예측을 합니다. 가정용 TV에 본격적으로 3D 입체 화면이 상용화된 시기가 2009년이고, 2011년 무안경 3D 입체 디스플레이가 출시되었으니 30년 정도를 앞선 예측이라고 볼 수 있습니다.

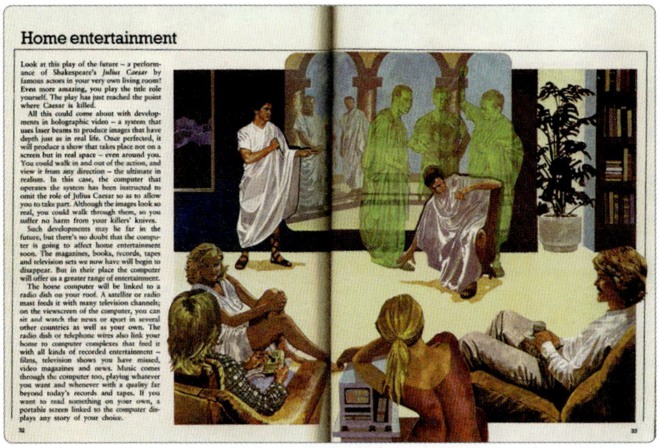

Home entertainment

Look at this play of the future – a performance of Shakespeare's *Julius Caesar* by famous actors in your very own living room! Even more amazing, you play the title role yourself. The play has just reached the point where Caesar is killed.

All this could come about with developments in holographic video – a system that uses laser beams to produce images that have depth just as in real life. Once perfected, it will produce a show that takes place not on a screen but in real space – even around you. You could walk in and out of the action, and view it from any direction – the ultimate in realism. In this case, the computer that operates the system has been instructed to omit the role of Julius Caesar so as to allow you to take part. Although the images look so real, you could walk through them, so you suffer no harm from your killers' knives.

Such developments may lie far in the future, but there's no doubt that the computer is going to affect home entertainment soon. The magazines, books, records, tapes and television sets we now have will begin to disappear. But in their place the computer will offer us a greater range of entertainment.

The home computer will be linked to a radio dish on your roof. A satellite or radio mast feeds it with many television channels; on the viewscreen of the computer, you can sit and watch the news or sport in several other countries as well as your own. The radio dish or telephone wires also link your home to computer complexes that feed it with all kinds of recorded entertainment – films, television shows you have missed, video magazines and news. Music comes through the computer too, playing whatever you want and whenever with a quality far beyond today's records and tapes. If you want to read something on your own, a portable screen linked to the computer displays any story of your choice.

32

그림 14-37 기술 발전의 상상 : 1980년대(2) © https://paleofuture.com

특히 1980년대 말에는 글로벌 ICT 기업들의 예측이 시작됩니다. 특히 애플은 '프로젝트 2000'이라는, 2000년대가 됐을 때 애플의 기술에 의해 어떤 미래가 다가올지를 영상으로 찍어 보여주기도 했습니다. 영상에서는 아이패드같이 생긴 태블릿이 사람의 발음을 교정시켜주고 작은 화면과 연동된 N스크린 현상 기술, 애플이 추구하는 시리(Siri)의 모습도 볼 수 있습니다. 특히 이때는 태블릿 관련 디자인 특허를 등록하며 기술의 기반을 다지던 시기였기에 실제로 구현될 기술을 미리 보는 것이라 할 수 있었습니다.

Section 03

기업의 창의적 상상력이 이끄는 미래사회

1 ICT 기업의 발전(1990년~미래)

1990년대 이후부터는 ICT 기업들의 비약적인 발전이 시작됩니다. 이제는 단순히 글이나 그림으로 미래를 예측하는 것이 아니라 기업에서 개발과 연구를 통해 구체적으로 상상하기 시작합니다. 기업들의 대표 사례를 통해 1990년대 이후부터의 미래 예측에 대해 살펴보겠습니다.

기업들의 예측은 이런 식으로 이루어졌습니다. 미국 유명 통신업체 AT&T는 2000년대를 상상한 영상을 만들었는데, 요리를 하던 남편이 아내에게 요리에 필요한 재료를 사오라고 컬러 문자 메시지와 쿠폰을 보내는 모습이 담겨 있습니다. 1990년대는 1세대 이동통신 시대이므로 AT&T가 예측한 컬러 화면과 송수신 서비스는 오늘날과 비교했을 때 정확한 예측이라고 할 수 있습니다.

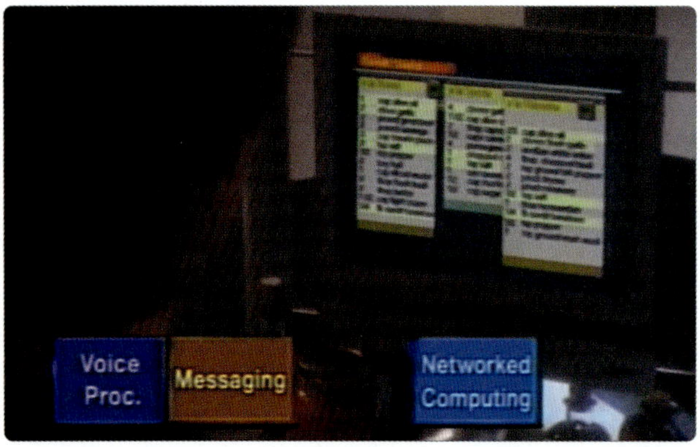

그림 14-38 AT&T–Cooking in the Future ⓒ 유튜브 Matt Novak

모토로라(Motorola)

미국의 전자기업 모토로라에서는 2000년대에 들어서며 무선통신 생활상이 어떻게 변할까에 대한 영상들을 만들어 선보였습니다. 휴대용 소형 컴퓨터를 통해 원활한 영상통화가 이루어지는 모습을 상상하거나 구급차 시스템의 발전에 대해 예측하기도 했습니다. 가령, 유무선 통신 시스템의 발전으로 응급환자를 처치할 때 고화질 영상통화로 전문가의 도움을 받을 수 있는 것입니다. 해당 기술은 적어도 3세대 이동통신 기술 수준 이상이 되어야 구현이 가능하지만 모토로라가 생각하는 미래 기술 발전 방향에 대해 생각해 볼 수 있는 장면입니다.

그림 14-39 **모토로라-2000 A.D.** © http://www.dailymotion.com

AT&T

AT&T에서 1993년도부터 제작한 미래 비전 영상은 무선 인터넷과 연관된 다양한 삶을 항목별로 예측했습니다. 세계적인 통신업체답게 유무선 통신망의 발전과 고속 통신기술이 적용된 문화, 사회, 교육, 게임, 쇼핑 등 다채로운 분야를 영상으로 만들었습니다. 오지나 극지방에 연결된 통신망, 항공기에서도 사용 가능한 영상통화, 태블릿 PC를 이용한 혼합현실, 증강현실 시스템, 가상현실 3D 게임의 투명 디스플레이, 가상 드레싱 시스템, 첨단 교육 시스템 등이 등장합니다.

특히 극지대에서의 영상통화 장면은 실시간 번역도 이루어지는 모습을 볼 수 있습니다. 또한 유학을 마치고 돌아온 딸이 공항에서 계속 통화하는 모습을 마뜩잖게 여긴 부모가 실시간 번역으로 딸이 무슨 이야기를 하는지 알아보는 내용의 영상이 나오기도 했습니다. 확인해보니 공부에 관한 내용이어서 부모가 오해한 것이라며 마무리되는데, 글로벌 통신의 발전상이 그대로 나타나 있습니다.

그림 14-40 **AT&T-극지대 영상통화와 실시간 번역** © http://www.dailymotion.com

증강현실을 활용한 여러 가지 기법들도 선보였습니다. 산업 현장에서 첨단화된 태블릿을 통해 현상을 분석하거나 가상현실과 접목된 혼합현실이 실현되는 등의 모습이 담겨 있습니다. 결혼을 앞둔 딸이 웨딩숍에 가서 옷을 여러 벌 갈아입는 것이 번거로우니 가상으로 드레스 입은 모습을 보는 가상 드레싱에 관한 내용이나 혼합현실 게임이 너무 재밌어서 숙제도 깜박 잊고 게임에 몰두하는 학생을 둔 가정의 모습을 묘사하기도 했습니다.

그림 14-41 **AT&T-혼합현실 게임을 하는 아이들** ⓒ https://youtu.be/gc6mQtTssFU

디스플레이 외형의 변화도 구체적으로 표현되어 있습니다. 투명 디스플레이, 플렉서블 디스플레이를 사용하는 생활상이 담겨 있는데 1993년에 예측한 영상이라는 점에서 큰 의미가 있습니다. 당시에는 영상 속 기술들이 10년 후 실현될지 의문을 가졌겠지만 우리는 지금 이 영상을 당연하게 생각할 정도로 상상이 현실이 된 세상 속에 살고 있기 때문입니다.

그림 14-42 **AT&T-투명 디스플레이** ⓒ https://youtu.be/-crU5Z7hEKA

교육 분야 영상은 초등학교, 중학교의 미래 모습을 구현했습니다. 자녀의 교육 환경을 둘러보러 온 부모가 교실 풍경을 보고 깜짝 놀라는데, 아이들의 학교는 최첨단 기술이 접목된 환경을 기반으로 하고 있었기 때문입니다. 노트북, 듀얼 스크린, 터치 조작 등이 접목된 자녀의 교육 환경에 흡족해

하는 부모의 모습을 볼 수 있습니다. '선마이크로 시스템즈'라는 대형 워크스테이션 제작업체에서 만든 미래 컴퓨팅 환경 영상들에는 내면을 활용한 디스플레이 콘셉트, 전자책에 대한 디스플레이 방식, 태블릿을 활용한 여러 가지 산업 공정들에 대한 모습, 실시간 검색과 영상 연결에 대한 미래 컴퓨팅 기술이 담겨 있습니다.

그림 14-43 AT&T-첨단 교육 시스템 © https://youtu.be/bN2lETFCJlw

시스코(CISCO)

2020년대에 들어서면서 먼 미래를 예측하는 일이 어려워지자, 근미래와 현미래 위주의 예측이 많이 등장합니다. 네트워크 장비 전문 회사 시스코는 대표적으로 소등 관리에 대한 미래상을 구현했습니다. 상사가 퇴근을 하면서 직원에게 사무실 전원 소등을 부탁하는데, 직원이 앉은 자리에서 원격으로 조절 가능하다고 이야기하는 모습을 담았습니다. 네트워크 통신을 이용해 전원을 제어하는 모습이 네트워크 장비 전문 회사와 상당히 잘 어울리는 상상입니다.

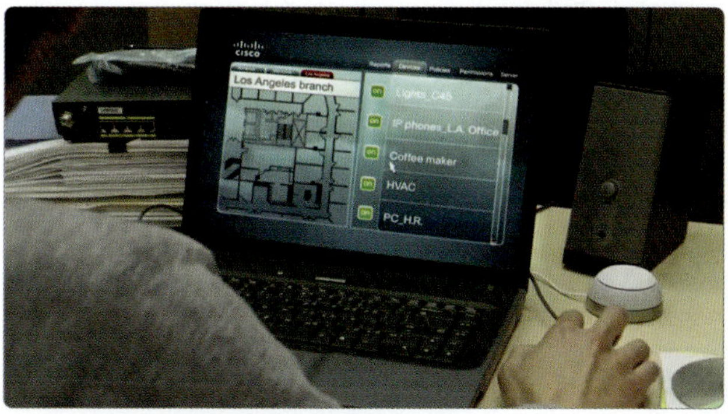

그림 14-44 시스코-소등 관리 원격 제어 시스템 © https://youtu.be/qoW9hh0m578

가상 피팅룸에 대한 영상도 있는데, 한 여성이 매장에서 옷을 직접 입어보지 않아도 착용 상태를 확인할 수 있는 가상 피팅룸을 활용하는 모습을 보여줍니다. 가상 피팅룸 기술은 오늘날 이미 구현되고 있으며 나아가 가상 결제시스템까지 도입될 것으로 보입니다.

교육 현장에서 학생들이 우주에 있는 우주인과 실시간으로 소통하는 모습을 영상화하기도 했습니다. 통신기술이 발전해 수업 시간에 우주인과 실시간 통화가 가능함을 보여주며 이러한 기술은 5G 형태를 예측한다는 걸 알 수 있습니다. 우리나라에서 최초로 우주인이 선발돼 우주로 나아갔을 때도 당시 우리나라 상공을 통과하면서 한 학생과 실시간 통신을 하기도 했습니다.

그림 14-45 **시스코-수업 시간 내 우주인과 실시간 소통** © https://youtu.be/ejtapMoI6Tg

TAT

리서치 인 모션(Research In Motion Limited)에 인수된 스웨덴 전자기기 업체 TAT는 2002년에 설립되어 모바일 기기, 가전, 자동차, 사용자 인터페이스 등을 제작했습니다. 이 회사의 미래 예측은 상당히 구체적이고 혁신적입니다. 짧게는 6개월에서 5년 사이의 근미래를 예측했는데 상당히 정확하며 실제 구현까지 도달하기도 했습니다.

예를 들어, '2014년의 일상'이라는 영상은 우리가 모바일 기기와 함께 하는 삶을 그대로 담아냈습니다. 아침에 침대에서 뒤척이다 휴대폰을 들고 여러 사이트를 둘러보는 것, 플렉서블 디스플레이를 사용하는 것 등의 생활 묘사가 구현되고 있습니다. 휴대폰의 UX, UI 발전 방향을 상당히 구체적으로 표현하기도 했습니다.

그림 14-46 **TAT-Horizon 2D-3D Map & List**

NTT 도코모(NTT docomo)

일본의 모바일 전문 기업 NTT 도코모는 일본 전신전화처에서 분할되어 독자적인 노선을 걷고 있는 전문 회사입니다. 1990년대 말 공개한 10년 후 미래 비전 영상은 놀라움을 자아내게 하는데, 아이패드 같은 전자 매거진 발행 서비스나 3D 입체 영상 서비스, 보행자 탐지, 자동 번역 시스템, 리얼 타임 사고 처리 시스템, 지문인식 시스템, 음성 예약 시스템 등이 등장하며 매우 정확도 높은 예측을 선보였으며 반 이상의 기술이 오늘날 상용화되어 있습니다.

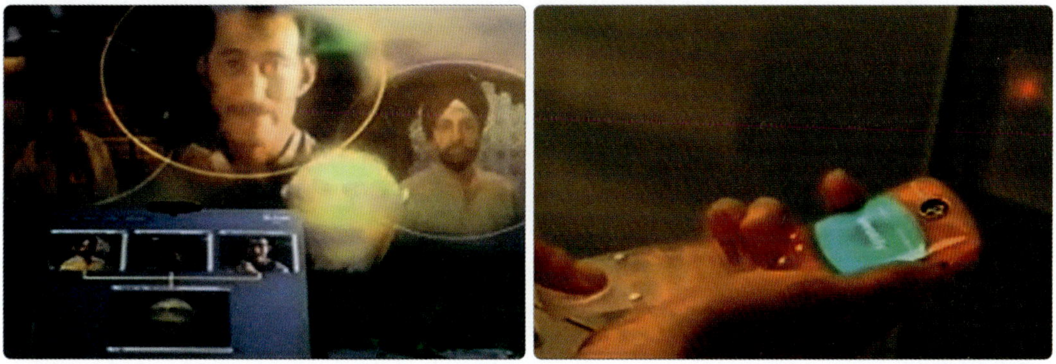

그림 14-47 **NTT 도코모의 미래 비전** © https://youtu.be/CsCj9yx9esQ

문화와 기술의 융합 관련 영상에서는 고령화 사회에서 가상현실과 증강현실 기술이 어떻게 결합되고 문화와 생활에 어떻게 스며들 것인지를 보여줍니다. 관광 분야나 세계 각지의 변화 양상 등도 구현하는 등 NTT 도코모는 영상을 꾸준히 선보이며 자신들이 추구하는 미래기술을 보여주고 있습니다.

그림 14-48 **NTT 도코모의 문화와 기술의 융합** © https://youtu.be/9RV8-p-oiEQ

삼성전자

삼성전자는 2011년부터 미래 비전 영상을 제작하고 있습니다. 삼성전자가 개발 중인 디스플레이 소자와 미래 생활상을 접목해 어떻게 변화할지 보여줍니다. 2014년 영상에는 삼성전자로부터 펼쳐질 미래 디스플레이 기술과 모바일 기술이 아주 잘 드러나 있으며 글로벌 IT 기업으로써 한 영역을 차지하고 기술을 선도해 나가는 모습을 보여주고 있습니다.

그림 14-49 **삼성전자의 미래 비전** ⓒ https://youtu.be/XylvSIY0MTM

현대자동차

현대자동차는 미국 라스베이거스 컨벤션센터에서 열린 세계 최대 IT 전시회 'CES 2020'에서 인간 중심의 미래도시 구현을 위한 혁신적인 미래 모빌리티 비전을 공개했습니다. 현대자동차가 제시한 미래 모빌리티 솔루션은 도심 항공 모빌리티, 목적 기반 모빌리티, 모빌리티 환승 거점 등 3가지입니다. UAM은 하늘과 지상을 연결하고 PBV는 도로 위에서 사람과 사람을 연결하며, 이 2가지 스마트 모빌리티가 미래도시 전역에 설치될 허브(Hub)와 연결돼 하나의 커다란 모빌리티 생태계를 형성할 것이라는 내용입니다.

그림 14-50 **현대자동차의 미래 비전** ⓒ https://evtol.com

마이크로소프트

마이크로소프트의 미래 비전 영상은 상당히 정확하기로 유명합니다. 체계적인 예측을 통해 다양한 분야의 영상을 제작했는데, 가령 2004년에는 유통의 미래, 2005년에는 금융의 미래, 2006년에는 제조업의 미래, 2007년에는 헬스케어 및 의료 분야의 미래, 2008년에는 터치 UI의 미래, 2009년에는 종합적인 유비쿼터스의 미래 등 2011년, 14년, 15년에도 미래 비전을 꾸준히 발표했습니다.

특히 2009년에는 향후 10년을 종합 예측하는 퓨처 비전 몽타주 영상을 만들었는데, 이 영상에는 유비쿼터스 인프라나 디스플레이 조작 방식, 다양한 IT 융합 기술이 예측되어 있습니다. 당시에는 꿈의 미래라고 이야기하곤 했으나 10년이 지나지 않아 실현된 기술이 상당히 많으므로 마이크로소프트의 예측력이 상당함을 알 수 있습니다.

각 영상에 담긴 내용을 간단히 살펴보겠습니다. 2003년에 발표된 영상에서는 10년 후에나 가능할 것이라고 표현된 윈도우홈 콘셉트를 확인할 수 있습니다. 와이파이를 기반으로 한 이동형 디바이스가 강조되고 있으며 무선 네트워킹 와이파이, 소형화와 터치화된 헬스 기기 장비 등이 구현되고 있습니다. 이 영상 속 기술들은 10년이 아닌 5년 만에 대부분 완성되었습니다.

그림 14-51 마이크로소프트-2003년 윈도우홈 콘셉트 © https://youtu.be/mM5VWVwlQoo

2004년 영상은 유통의 미래를 담았으며, 마트를 방문한 고객들이 모바일 기기로 제품의 위치를 찾는 모습을 묘사하고 있습니다. 매장 직원들도 태블릿 기기를 활용해 재고를 파악하고 가격을 관리하는 등 현장에 모바일 기기 사용이 일반화된 모습이 구현되었습니다. 2005년 금융의 미래 영상에서는 매장에서 근무하는 창구 접수 직원들이 사라진 은행의 모습, 실시간 집계된 금융 정보와 빅데이터 분석에 의한 컨설팅 모습 등이 표현되고 있습니다.

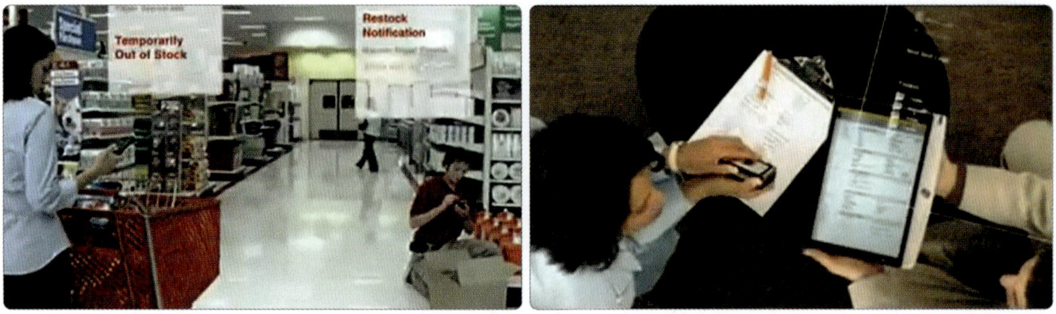

그림 14-52 마이크로소프트-2004년 유통의 미래, 2005년 금융의 미래

2006년 제조업의 미래 영상에서는 개인 맞춤화된 자동차가 만들어지거나 3D 프린터로 구현 가능한 나만의 제조품에 대한 모습, 증강현실 기술이 접목된 제조 기획 업무 환경 등 '제조 2.0'으로 발전된 모습이 담겨 있습니다. 2007년 헬스케어 및 의료 분야의 미래 영상에서는 여러 센싱 장비를 통해 건강을 체크하는 모습을 다루기도 했습니다. 병원에서는 의료진이 태블릿을 통해 환자를 관리하고 장비 위치를 파악하며, 원격으로 진료를 보기도 합니다. 환자들도 가정에서 네트워크 연동을 통해 건강을 관리합니다.

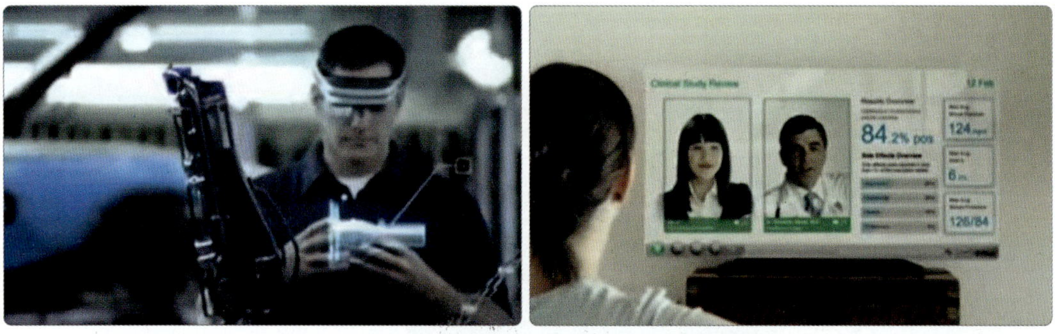

그림 14-53 마이크로소프트-2006년 제조업의 미래, 2007년 헬스케어 및 의료 분야의 미래

2008년 터치 UI의 미래 영상에서는 터치 UI가 서피스 개념으로 발전한 모습을 볼 수 있습니다. 퓨처 비전 몽타주의 모든 기술을 집약한 영상으로, 앞으로 10년간 마이크로소프트가 이끌 기술 혁신의 방향이 담겨 있습니다. 휴대폰 간 연동으로 자료 공유가 용이하고 결제시스템도 네트워크와 연결되어 간단한 터치로 실행할 수 있는 등 새로운 생활상을 선보였습니다.

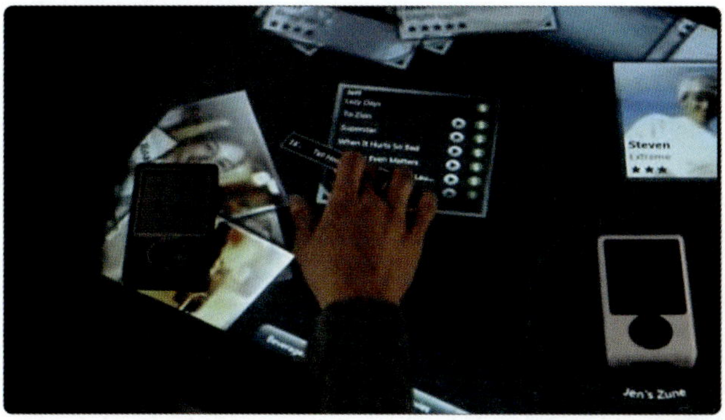

그림 14-54 마이크로소프트-2008년 터치 UI의 미래 © https://youtu.be/6VfpVYYQzHs

2009년 유비쿼터스의 미래 영상에서는 마이크로소프트의 기술이 어디에나 존재하는 미래상을 담았습니다. 학교, 가정, 기업 등 장소와 상관없이 자유롭게 기기 사용이 가능하며 활동에도 제약이 없는 일상을 묘사합니다.

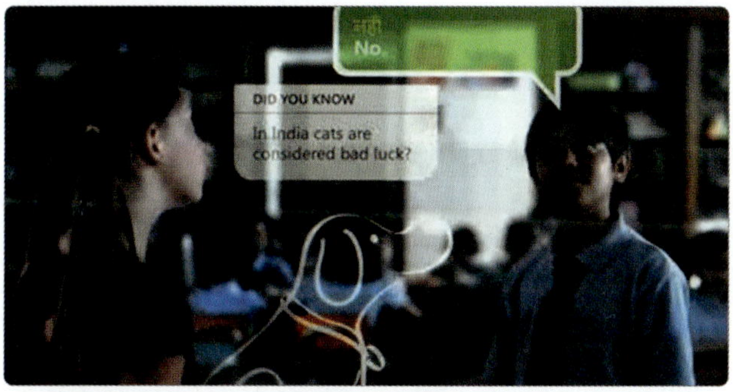

그림 14-55 마이크로소프트-2009년 유비쿼터스의 미래 © https://youtu.be/DSlrp0uhNRE

마이크로소프트 오피스팀은 이후로도 분야별 미래 비전 영상을 계속 발표합니다. 2012년 미래 비전 영상은 증강현실, 가상현실이 구현된 장면들을 보여주며 스마트 글래스를 통해 세상을 바라보는 시각이 가상과 융합된 현실로 옮겨가고 있음을 시사하고 있습니다.

그림 14-56 마이크로소프트-2012년 미래 비전
© https://youtu.be/Z5-6gB9_c10

2015년 미래 비전 영상은 혼합현실의 모습을 눈여겨볼 수 있습니다. 특히 기기의 변화가 두드러지는데, 아주 얇고 가벼워진 기기를 사람들이 들고 다니며 어떻게 활용하는지, 발전한 디스플레이 기술을 통해 업무 활동이 어떻게 변화할지를 그대로 보여주고 있습니다.

그림 14-57 마이크로소프트-2015년 미래 비전 © https://youtu.be/w-tFdreZB94

하나 더 알기 ✓ **마이크로소프트 협력 업체의 미래 비전**

코닝(Corning)은 커버글래스 산업을 선도하는 기업으로, 강화유리인 '고릴라 글래스(Gorilla Glass)'를 개발해 대다수의 스마트 기기에 적용하고 있습니다. 2012년 《유리가 만드는 일상》이라는 제목의 2가지 영상을 공개했는데, 버전 1에서는 가정, 직장 등 활동적인 영상 위주로, 버전 2에서는 의료, 관광, 교육 분야 등의 가상현실, 홀로그래피 관련 기술 영상 위주로 구현했습니다. 유리가 우리 삶을 얼마나 바꿀 수 있는지를 첨단 유리기술을 통해 보여줍니다.

그림 14-58 2012년 코닝 미래 비전
© https://youtu.be/jZkHpNnXLB0

일본의 IT 서비스 기업인 NTT 데이터에서 선보인 2018년 미래 비전 영상에서도 기술과 함께 하는 사람들의 일상을 잘 담아냈습니다. 쇼핑을 하거나 업무를 볼 때, 식사를 하거나 운동, 게임을 할 때도 발전한 기술이 모든 것을 함께 하는 모습을 볼 수 있습니다. 마이크로소프트는 디바이스의 변화를 이야기하며 얇고 가벼워진 기기와 디스플레이 기술의 중요성을 강조했는데, 해당 영상에 디바이스 기술의 변화와 오피스 업그레이드의 중요성이 잘 담겨 있습니다.

그림 14-59 2018년 NTT 데이터 미래 비전
© https://youtu.be/OkBx8NDnqds

2 기술의 진보와 미래기술 예측의 의미

이렇게 많은 지면을 할애해 과거에 미래를 예측한 자료들을 살펴보았는데, 여기서 한 가지 의문이 들 수 있습니다. 사람은 왜 미래 예측을 하는 걸까요? 변화한 미래 모습을 미리 아는 것이 우리 삶에 큰 도움이 될까요? 미래사회의 변화는 문화와 어떤 관계가 있고 상상력은 어떻게 미래를 이끌어 가는 걸까요?

미래 비전은 창의적 상상이 신기술, 신상품 개발을 주도할 수 있다는 가능성을 제시한 대표적인 사례들입니다. 단순히 영상을 만들어 외형상 매력도를 높이는 것뿐만 아니라, 상상력과 창의성을 기초로 미래의 지향점을 제시하고 고객의 잠재욕구를 찾을 수 있는 것입니다.

실제로 과거의 자료들을 종합해 분석하면 제시되었던 기술 중 80% 이상이 오늘날 상용화된 상태입니다. 상상으로 표현했던 기술들을 기획자들이 잘 잡아낸 것도 있지만 다른 측면으로는 과학자나 엔지니어들이 그림이나 영상에서 영감을 얻었다고도 볼 수 있습니다. 즉, 미래 비전이 연구 계획의 모티브로 제공된 것입니다.

SF 소설계의 거장이자 미래학자인 아서 클라크(Arthur Charles Clarke)의 소설『3001 최후의 오디세이(3001, The Final Odyssey)』에는 우주정류장과 연결된 튜브 엘리베이터가 묘사되어 있습니다. 미 항공우주국(NASA)은 이 소설에서 아이디어를 얻어 실제 우주정류장 엘리베이터를 개발하고 있습니다. 창의력이 뛰어난 누군가가 미래를 상상해 구체화한 그림이나 영상으로 표현하면 그에 영감을 얻은 과학자나 엔지니어들은 상상력을 실현시키기 위한 연구를 시작하기도 합니다. 이것이 바로 창의적인 상상력이 주도하는 문화와 기술개발의 모습입니다.

그림 14-60 우주 엘리베이터(Space Elevator) © https://www.rbth.com

여러 기술에 대한 예측과 그 예측이 실현된 역사의 기반에는 인간의 기발한 상상력이 자리하고 있습니다. 이제 인문, 경제, 예술, 공학, 사회 등 각 분야를 막론하고 상상력에서 영감을 얻어 기술이 발전하고 협업이 이루어지는 융합의 시대가 도래하고 있습니다.

미래에 어떠한 일이 일어날까를 예상하는 것은 우리가 무엇을 원하는지, 어느 방향으로 발전하고 진화하길 원하는지 알아내는 것에서 출발합니다. 그러니 미래기술의 발전 방향을 남들보다 먼저 알아내고 대응하는 것이 앞으로의 경쟁력을 유지하고 확보할 수 있는 전략의 출발점임을 잘 알아두어야 합니다.

요약

01 미래학과 미래기술 예측

- 미래학이란 미래에 관한 변화나 여러 가지 상황을 예측하고 관련 모델을 제공하는 학문이다.
- 과거, 현재 상황을 바탕으로 미래사회 모습을 예측하고 그 모델을 제공하는 학문을 미래학이라고 정의하기도 한다.
- 미래학의 목적은 장기적으로 대규모적인 사회 및 경제의 변화를 예측하는 것이다.
- 미래는 현미래, 근미래, 중미래, 원미래로 구분할 수 있다.
- 미래를 예측하는 방법으로는 전문가 의견 같은 주관적 견해를 종합해 예측하는 정성적 방법과 과거부터 현재까지의 기술발전 흐름을 바탕으로 수치를 분석해 예측하는 정량적 방법이 있다.
- 대표적인 미래학자로는 존 나이스비트, 레이 커즈와일, 토마스 프레이가 있다.

02 상상 속 미래 비전

- 1800~1980년대에 상상한 미래 그림이나 영상을 통해 당시 사람들이 예측한 미래의 모습을 엿볼 수 있다.
- 상상한 미래와 실제 구현된 기술의 공통점과 차이점을 살펴보면 미래기술 발전을 이끄는 원동력이 무엇인지 파악할 수 있다.
- 당시에는 허무맹랑한 이야기처럼 들렸던 기술이 예측한 것보다 빠르게 구현되기도 했는데, 이러한 결과를 이끌어낸 것은 창의적인 상상력 덕분이라고 할 수 있다.

03 기업의 창의적 상상력이 이끄는 미래사회

- 1990년대에는 글로벌 ICT 기업들의 비약적인 발전이 이루어지는데 모토로라, AT&T가 대표적이다.
- 모토로라에서는 2000년대에 무선통신이 생활화되면서 휴대용 소형 컴퓨터로 영상통화가 이루어지는 모습을 상상했다.
- AT&T는 세계적인 통신업체답게 유무선 통신망의 발전과 함께 고속통신 기술이 적용된 문화, 사회, 교육 등의 미래를 예측했다.

• 2000년대에 들어서며 먼 미래의 예측이 힘들어지자 시스코, TAT는 10년 이내의 근미래, 현미래 위주로 미래 비전을 구현하였다.

• 마이크로소프트, 삼성전자, NTT 도코모, 현대자동차 등 많은 기업들이 미래 비전 영상을 꾸준히 발표하며 자사의 기술개발 방향을 선보이고 있다.

연습문제

단답형 문제

01 미래학 이론 중 현대사회에서 계속적으로 일어나는 조류를 (　　　　　　　　　)라고 하며 기술이 인간을 넘어 새로운 문명을 낳는 시점을 (　　　　　　　　　)이라 한다.

02 미래학의 목적은 장기적으로 대규모적인 (　　　　　　　　　) 및 (　　　　　　　　　) 변화를 예견하는 시도라고 할 수 있다.

03 미래를 기간별로 구분하면 (　　　　　　　　　), (　　　　　　　　　), (　　　　　　　　　), (　　　　　　　　　)로 나눌 수 있다.

04 미래기술을 예측하는 방법에는 전문가의 주관적 견해를 종합해 예측하는 (　　　　　　　　　) 방법과 기술이 발전해온 흐름을 수치화하여 분석하는 (　　　　　　　　　) 방법이 있다.

05 미래학자 레이 커즈와일은 (　　　　　　　　　)의 발생 시기를 (　　　　　　　　　)쯤으로 예측하고 있다.

06 구글에서 최고의 미래학자로 선정한 토마스 프레이는 20년 후에 사라지거나 부상할 (　　　　　　　　　)에 대해 예측하였다.

07 1900년대 프랑스 파리 만국박람회에 설치된 (　　　　　　　　　)는 미래를 상상해 그린 그림을 (　　　　　　　　　)가 살펴보고 감명받아 제작한 것이다.

08 미국 SF 계의 거장인 (　　　　　　　　　)은 무선 영상통화기를 사용하는 모습을 신문에 기고한 바 있다.

09 2000년쯤 되자 먼 미래의 예측이 상당히 힘들어져, 대부분 10년 이내의 (　　　　　　　　　), (　　　　　　　　　) 위주로 예측했다.

10 2004년에 마이크로소프트에서 발표한 미래 비전 영상에는 (　　　　　　　　　) 인프라나 (　　　　　　　　　), 여러 IT 융합 기술이 구현되어 있다.

객관식 문제

11 다음 중 미래학에 대한 설명으로 옳지 않은 것은?

① 과거 또는 현재 상황을 바탕으로 미래사회 모습을 예측하는 학문이다.
② 예측의 목적을 가진 과학 분야이다.
③ 장기적으로 대규모적인 사회적, 경제적 변화를 주도하고자 하는 학문이다.
④ 미래학이라는 용어는 1940년대 초부터 쓰였고, 연구는 1960년대에 본격화되었다.
⑤ 통상적으로 현미래, 근미래, 중미래, 원미래와 같이 구분해 체계적으로 예측한다.

12 다음 중 미래기술을 예측하는 방법에 대한 설명으로 옳지 않은 것은?

① 정성적 방법과 정량적 방법이 있다.
② 정성적 방법은 전문가 인터뷰 및 설문을 바탕으로 한다.
③ 주관적 견해를 종합하여 예측하는 것을 정성적 방법이라고 할 수 있다.
④ 정량적 방법을 사용할 때는 분석 대상 기술에 대한 과거 데이터가 충분하지 않아도 가능하다.
⑤ 미래의 흐름을 수리적으로 예측하는 방법을 정량적 방법이라고 한다.

13 다음 중 한국의 메가트렌드에 해당하지 않는 것은?

① 글로벌화 심화 ② 갈등의 심화 ③ 인구 구조의 변화
④ 문화적 다양성 감소 ⑤ 에너지 자원의 고갈

14 프랑스 파리 만국박람회에 전시된 상상 그림 중 100년 후 미래에는 병원균을 방역할 수 있을 것이라고 예측한 시기는 언제인가?

① 1800년대 ② 1900년대 ③ 1910년대 ④ 1920년대 ⑤ 1950년대

15 다음 중 1980년대의 미래 예측에 대한 설명으로 옳지 않은 것은?

① 미래의 홀로그래피 게임화를 그린 그림이 있다.
② 홈엔터테인먼트 시스템에 대한 예측이 잡지에 등장했다.
③ 미래에는 홈시어터가 3D 입체 영상으로 상영될 것이라 상상하기도 했다.
④ 글로벌 ICT 기업들의 예측이 시작된 시기이다.
⑤ 브라운관 TV가 평면 디스플레이 방식으로 변환되는 모습을 예견했다.

토론과제

01 이번 장에서 학습한 미래 비전들은 상상력이 신기술, 신상품 개발을 주도할 수 있다는 가능성을 제시한 대표적인 사례입니다. 이러한 영상이 만들어진 이유를 무엇이라고 생각하는지 이야기나눠봅니다.

02 특이점의 개념과 발생 시기에 대해 알아보고 이에 대비해 우리가 갖춰야 할 자세는 무엇인지 토론해봅니다.

03 미래학의 정의와 목적에 대해 설명해봅니다.

찾아보기

찾아보기